Das Kriegsjahr 1809
in Einzeldarstellungen

Das Kriegsjahr 1809 in Einzeldarstellungen

Österreichs Thermopylen –
Der Volkskrieg in Tirol – Aspern – Wagram

Mit einem Vorwort von
Christoph Tepperberg

W-H EDITION WINKLER-HERMADEN

Gedruckt mit Unterstützung der Abteilung Kultur und
Wissenschaft des Amtes der NÖ Landesregierung

Teilweiser Reprint der Originalausgaben aus dem Bestand der Bibliothek des
Kriegsarchivs im Österreichischen Staatsarchiv

www.edition-wh.at

ISBN 978-3-9502688-2-9

Christoph Tepperberg

EINLEITUNG ZUR NEUAUFLAGE

Das Kriegsjahr 1809 in der österreichisch-ungarischen Militärgeschichtsschreibung

Der Feldzug des Jahres 1809 erscheint im Bewusstsein der Nachwelt als Höhepunkt, ja geradezu als Inbegriff des Kampfes gegen Napoleon und übt bis heute eine starke Faszination aus. Denn wenn auch diese Kampagne für Österreich insgesamt ungünstig verlief, so brachte sie doch die erste Niederlage des bis dahin als unbesiegbar geltenden Korsen.

1809 war zweifellos ein besonderes Jahr für Österreichs Waffen: Die heldenhafte Verteidigung der innerösterreichischen Festungswerke gegen die Truppen Eugènes de Beauharnais, der glänzende Sieg des Generalissimus Erzherzog Carl bei Aspern gegen Napoleon und der von Andreas Hofer in Tirol organisierte Volksaufstand gegen Bayern und Frankreich waren Ereignisse, deren man sich in der Habsburgermonarchie für immer und ewig erinnern wollte.

Daher sind gleich nach dem Feldzug die ersten Schilderungen dieser Waffentaten geschrieben worden, zunächst von den Zeitgenossen – noch ganz im Banne eigener Erlebnisse, so etwa von dem Wiener Hofbibliothekar und Magistratsbeamten Anton Ferdinand Reichsritter von Geusau (1746–1811), vor allem aber von dem politischen Publizisten, Historiker, Archivdirektor und Freiheitskämpfer Joseph Hormayr Freiherr zu Hortenburg (1781–1848). Danach sind zahllose populäre Darstellungen und Erzählungen, Truppengeschichten und wissenschaftliche Abhandlungen erschienen. Sie alle nutzten dem Kaiserstaat zur Förderung des Volkspatriotismus und zur Stärkung des Selbstbewusstseins sowie des Korpsgeistes seiner Armee.

Die wichtigsten Darstellungen des Feldzuges sind um 1909 zum 100-Jahr-Jubiläum im k. und k. Kriegsarchiv entstanden, denn dem Kriegsarchiv oblag als militärischem Zentralarchiv und Zentrum der Militärgeschichtsforschung zugleich die „amtliche" Militärgeschichtsschreibung der Habsburger Monarchie. Das „amtliche" Feldzugswerk zum Kriegsjahr 1809 ist eine anhand der Originalquellen akribisch erarbeitete wissenschaftliche Publikation in vier Bänden:

> Krieg 1809 (Kriege unter der Regierungszeit des Kaisers Franz. Im Auftrag des k. und k. Generalstabes herausgegeben von der Direktion des k. und k. Kriegsarchivs).

Nach den Feldakten und anderen authentischen Quellen bearbeitet in der kriegsgeschichtlichen Abteilung des k. und k. Kriegsarchivs. Verlag Seidel & Sohn. Wien 1907–1910.

1. Regensburg. Von Eberhard Mayerhoffer von Vedropolje. Nebst Kartenband. Mit einer politischen Vorgeschichte von Oscar Criste. 1907.
2. Italien. Von Maximilian Ritter von Hoen und Alois Veltzé. 1908.
3. Neumarkt, Ebelsberg, Wien. Von Maximilian Ritter von Hoen, Eberhard Mayerhoffer von Vedropolje und Hugo Kerchnawe. 1909.
4. Aspern. Von Maximilian Ritter von Hoen und Hugo Kerchnawe. 1910.

Die Reihe blieb unvollendet und berücksichtigt daher nicht alle Aspekte des Feldzuges. So fehlt darin vor allem eine Bearbeitung der entscheidenden Schlacht bei Wagram.

DAS KRIEGSJAHR 1809 IN EINZELDARSTELLUNGEN

Parallel zu diesem ausführlichen, mit wissenschaftlichem Anmerkungsapparat und zahlreichen Akten- und Kartenbeilagen ausgestatteten Werk ist vom nahezu gleichen Autorenkreis eine reich illustrierte populäre Darstellung erschienen, die weite Verbreitung fand und sich großer Beliebtheit erfreute:

Das Kriegsjahr 1809 in Einzeldarstellungen. Unter Leitung Seiner Exzellenz des Feldmarschalleutnants Emil von Woinovich herausgegeben von einem Kreise von Offizieren des k. und k. Heeres. Redigiert von Hauptmann Alois Veltzé. Verlag C. W. Stern (Buchhandlung L. Rosner). Wien und Leipzig 1905–1910.

Die Gesamtausgabe umfasst 11 Bände und berücksichtigt alle Schauplätze des Feldzuges:

1. Österreichs Thermopylen. Von Hauptmann Alois Veltzé. Illustriert von J. Karger. 1905, 3. und 4. Aufl. 1909.
2. Der Volkskrieg in Tirol. Von Oberleutnant Rudolf Bartsch. 1905.
3. Aspern. Von Maximilian Ritter von Hoen, Major des Generalstabskorps. 1906.
4. Napoleon und seine Marschälle. Von Hauptmann Oscar Criste. 1906.
5. Erzherzog Karl und die Armee. Von Hauptmann Oscar Criste. 1906.
6. Kämpfe in der Lika, in Kroatien und Dalmatien. Von Feldmarschalleutnant Emil von Woinovich. 1906.

7. Die Schill'schen Offiziere. Von Oberleutnant Rudolf Bartsch. 1909.
8. Wagram. Von Oberstleutnant Max Ritter von Hoen. 1909.
9. Der Friede von Schönbrunn. Von Hauptmann Dr. Gustav Just. 1909.
10. Die Landwehr anno neun. Von Major Ferdinand Strobl von Ravelsberg. 1909.
11. Kriegsbilder aus Polen, Steiermark und Ungarn. Von Hauptmann Alois Veltzé mit teilweiser Benützung von Aufzeichnungen aus dem Nachlasse des Hauptmanns Dr. Gustav Just. 1910.

Aus Anlass des 200-Jahr-Jubiläums 2009 gelangen in der vorliegenden Reprintausgabe vier Bände dieser Reihe zum Wiederabdruck, die uns die zentralen Ereignisse des Feldzuges in eindrucksvoller Weise in Erinnerung rufen:

Band 1: Österreichs Thermopylen
Band 2: Der Volkskrieg in Tirol
Band 3: Aspern
Band 8: Wagram

Im 1. Band, der außergewöhnliche Popularität erlangte, schildert Alois Veltzé den verbitterten Kampf um die festen Plätze Innerösterreichs im Mai und Juni 1809. Im 2. Band erzählt Rudolf Bartsch über den großen Volksaufstand der Tiroler unter Andreas Hofer. In den Bänden 3 und 8 berichtet Maximilian Ritter von Hoen über Erzherzog Carls glänzenden Sieg am 21./22. Mai und dessen blutige Niederlage am 5./6. Juli, die den Feldzug zugunsten Napoleons entschied.

DIE HERAUSGEBER UND AUTOREN

Die Liste der Herausgeber und Autoren der beiden Werke „Krieg 1809" und „Das Kriegsjahr 1809 in Einzeldarstellungen" enthält alle bedeutenden Namen der Militärgeschichtsforschung der ausgehenden Donaumonarchie:

- Emil Woinovich Freiherr von Belobreska (* 23. 4. 1851 Petrinja/Kroatien; † 13. 2. 1927 Wien)
- Maximilian Ritter von Hoen (* 17. 2. 1867 Fulda/Hessen; † 2. 9. 1940 Scheifling an der Mur)
- Ferdinand Strobl Freiherr von Ravelsberg (* 22. 12. 1858 Sadska/Böhmen; † 19. 8. 1914 Wien)
- Alois Veltzé (* 15. 2. 1864 Totis/Ungarn ; † 21. 3. 1927 Wien)
- Oscar Criste von Dal (* 18. 3. 1858 Bukarest; Todesort und Todesdatum unbekannt)

- Dr. Gustav Just (* 5. 9. 1865 Waag-Neustadtl/Ungarn; † 2. 4. 1909 Wien)
- Eberhard Mayerhoffer von Vedropolje (* 17. 10. 1870 Leitmeritz/Böhmen; † 7. 10. 1914 Wien)
- Hugo Kerchnawe (* 10. 2. 1872 Klosterneuburg/NÖ; † 6. 6. 1949 Wien)
- Rudolf Hans Bartsch (* 11. 2. 1873 Graz; † 7. 2. 1952 St. Peter bei Graz)

Es handelt sich dabei durchwegs um Offiziere des k. und k. Kriegsarchivs, ausgewiesene Militärhistoriker und anerkannte Spezialisten für die Geschichte der Feldzüge von 1809 und 1813–1815. Mit einer Ausnahme: Rudolf Hans Bartsch. Er war zwar ebenfalls als Offizier im Kriegsarchiv eingeteilt, doch lag sein schriftstellerischer Schwerpunkt nicht auf der Militärgeschichte, sondern, wie wir noch sehen werden, auf dem Gebiet der gehobenen Unterhaltungsliteratur.

Wir wollen nun die Biographien derjenigen Herausgeber und Autoren, die für die vorliegende Reprintausgabe von besonderer Bedeutung sind, etwas eingehender betrachten:

Emil Woinovich Freiherr von Belobreska
(* 23. April 1851 Petrinja, Kroatien; † 13. Februar 1927 Wien)

Woinovich war der Sohn eines Militärbaudirektors, dessen Familie ihren Ursprung auf den Ort Belobreska im Komitat Krassó zurückführte. Er stammte somit aus dem Gebiet der ehemaligen Militärgrenze und hat auch selbst stets seine Identität als „Grenzer" betont. 1866 kam er an die Theresianische Militärakademie zu Wiener Neustadt, aus welcher er 1870 als Leutnant zum Infanterie-Regiment Nr. 25 ausgemustert wurde. Nach Absolvierung der Kriegsschule dem Generalstab zugeteilt, wurde er 1879 als Hauptmann in das Generalstabskorps übernommen und wirkte bei der Bekämpfung des Aufstandes in Bosnien und der Herzegowina mit. Nach einjähriger Verwendung bei der Militär-Mappierung kam Woinovich 1883 in das Reichs-Kriegsministerium. 1887 wurde er zum Generalstabschef der 18. Infanterietruppendivision designiert, jedoch bereits im Herbst 1888 als Lehrer für „Strategie und Kriegsgeschichte" an die Kriegsschule berufen. 1893 bis 1896 war Woinovich Chef des Evidenzbüros des Generalstabes, übernahm dann das Kommando des Infanterie-Regiments Nr. 26 in Gran (Esztergom), kam aber bald als Brigadier nach Prag. Von dort wurde er schließlich an das Kriegsarchiv nach Wien berufen, dessen Leitung er als Nachfolger Leander von Wetzers am 13. November 1901 übernahm. 1903 wurde er zum Feldmarschallleutnant, 1908 zum General der Infanterie ernannt und trat 1916, vom Kaiser in den Freiherrnstand erhoben, nach sechsundvierzigjähriger Dienstzeit in den Ruhestand.

Die wissenschaftliche Tätigkeit Woinovich' begann mit seiner Berufung an die Kriegsschule, an der er zusammen mit Franz Conrad von Hötzendorf vier Jahre lang tätig war. In dieser Stellung verhalf er einer neuen didaktischen Richtung zum Durchbruch: Er ließ das bis dahin vorwiegend theoretisch betriebene Studium der „Strategie" in den Hintergrund treten und legte, entgegen der bisher geübten Lehrpraxis, das Hauptgewicht auf das Studium neuerer Feldzüge. Den Niederschlag dieser Lehrtätigkeit bildeten seine „Elemente der Kriegführung" (1894, 2. Aufl. 1901).

Als Woinovich die Direktion des Kriegsarchivs übernahm, dessen kriegsgeschichtlicher Abteilung er selbst vorstand, konnte er sich ganz der Wissenschaft widmen. Unter seiner Leitung erlebte die wissenschaftliche und literarische Produktion des Kriegsarchivs einen neuen Höhepunkt. Es gelang ihm den unter Feldzeugmeister Leander von Wetzer (1840–1904) begründeten hervorragenden Ruf des Kriegsarchivs weiter zu mehren, insbesondere durch die zu den großen Jubiläen der Feldzüge von 1809 und 1813–1815 verfassten Werke. Eine mehrbändige Arbeit über den russisch-türkischen Krieg 1877–1878 wurde publiziert (1902–1911), Generalmajor Eduard Ritter von Steinitz (1839–1911) arbeitete an seinem grundlegenden Werk über den Feldzug 1866 (1903–1907), Oskar Criste verfasste seine dreibändige Biographie Erzherzog Carls (1912), Hugo Kerchnawe eine Reihe wertvoller Studien, darunter gemeinsam mit Alois Veltzé eine Biographie des Feldmarschalls Karl Fürst zu Schwarzenberg (1913). Wohl musste in diesen Jahren die eigene Forschungstätigkeit Woinovich' hinter den Aufgaben des Herausgebers und des Archivdirektors zurückstehen, doch war es seine Persönlichkeit, die seine Mitarbeiter anzog und zu höchsten wissenschaftlichen Leistungen anspornte.

Neben den Generalstabswerken und Einzeluntersuchungen war es vor allem auch die populäre Darstellung der österreichischen Kriegsgeschichte, die Woinovich am Herzen lag, denn er war sich – nach seinen eigenen Worten – der „werbenden Kraft historischer Bildung" stets bewusst. Diesem Zwecke dienten auch die von ihm geleiteten Einzeldarstellungen der Ereignisse von 1878 und 1809–1813, von welchen er einige selbst verfasste.

Mit dem Ausbruch des Weltkrieges 1914 begann das Kriegsarchiv unter Woinovich' Leitung eine andere Art der schriftstellerischen Tätigkeit zu entfalten. Nun stand nicht die wissenschaftliche Aufarbeitung der Militärgeschichte im Vordergrund, die umfangreichen literarischen Arbeiten hatten vielmehr den Zweck, die breite Öffentlichkeit über die Leistungen der k. und k. bewaffneten Macht in literarisch-propagandistischer Weise zu informieren und in den Völkern der Monarchie das Gefühl der Zusammengehörigkeit wachzuhalten. So entstanden bereits in den Jahren 1915 und 1916 die Sammelwerke „Auf dem Felde der Ehre“ und das „Ehrenbuch der österreichisch-ungarischen Wehrmacht“. Diese Abhandlungen wurden nach dem für Österreich unglücklichen Ausgang des Weltkrieges zu Denkmälern der Größe und Tragik der Habsburgermonarchie.

Maximilian Ritter von Hoen
(* 17. Februar 1867 Fulda, Hessen; † 2. September 1940 Scheifling an der Mur, Steiermark)

Hoen entstammte einer österreichischen Militärfamilie, wurde in der Theresianischen Militärakademie zu Wiener Neustadt erzogen und 1887 beim Infanterie-Regiment Hoch- und Deutschmeister Nr. 4 eingeteilt. Danach absolvierte er die Generalstabsausbildung an der Kriegsschule in Wien, wurde 1893 dem Generalstab zugeteilt, 1896 Hauptmann im Generalstabskorps und wirkte 1896–1902 sowie 1903–1911 in der kriegsgeschichtlichen Abteilung des Kriegsarchivs. Dazwischen versah er Truppen- und Generalstabsdienst. 1911 zum Oberst befördert, finden wir ihn 1911–1912 als Vorstand des Pressebüros des Kriegsministeriums, 1912–1914 abermals in der kriegsgeschichtlichen Abteilung. 1905–1912 oblag ihm zudem die Leitung des Pressedienstes der Manöverleitungen, 1908–1911 war er auch Vortragender für den Generalstabsdienst an der militärärztlichen Applikationsschule. Im Ersten Weltkrieg wirkte Hoen (1915 Generalmajor, 1918 Feldmarschallleutnant) von 1914–1917 als Kommandant des Kriegspressequartiers, der Propagandazentrale der k. und k. bewaffneten Macht, ab 1. Jänner 1916 zugleich als Direktor des Kriegsarchivs, an dessen Spitze er bis zu seiner Versetzung in den Ruhestand im Jahre 1925 verblieb.

1908 äußerte General Woinovich über Hoen: „... hat sich als Kriegshistoriker einen weit über die Grenzen der Monarchie bekannten Namen zu machen gewusst und im Kriegsarchiv kaum noch zu Überbietendes geleistet“, und im selben Jahr nannte ihn der Chef des Generalstabes Franz Conrad von Hötzendorf „ganz hervorragend begabt für historische Arbeiten“. Besondere Verdienste erwarb sich Hoen nach dem Ersten Weltkrieg durch die Überleitung des Kriegsarchivs aus einer militärischen Anstalt in ein dem Bundeskanzleramt unmittelbar unterstelltes Institut, das er so als international anerkannte Forschungseinrichtung erhalten konnte.

Ebenso wie Woinovich war Maximilian von Hoen nicht nur als Autor, sondern auch als Organisator kriegsgeschichtlicher Publikationen bedeutend. Durch Heranziehung geeigneter Mitarbeiter vermochte er in kurzer Zeit grundlegende Arbeiten zu vollenden. Neben den großen Feldzugsarbeiten zum Erbfolgekrieg 1740–1748 sowie zu den Napoleonischen Kriegen 1809 und 1813–1815 machte er sich um eine österreichische Darstellung des Siebenjährigen Krieges 1756–1763 verdient, für den es bekanntlich kein amtliches österreichisches Geschichtswerk gibt. Auch zur Schlacht bei Wagram - ebenfalls amtlich nicht bearbeitet - lieferte er bedeutende Beiträge (1906, 1909). An den Werken über den Weltkrieg 1914–1918 hatte er großen Anteil. Von Einzeldarstellungen wurde die Schilderung der Reiterschlacht von Jaroslawice 1914 besonders bekannt: „Die letzte Reiterschlacht der Weltgeschichte (Jaroslawice 1914)" (1929), außerdem die Truppengeschichten der Infanterie-Regimenter Hoch- und Deutschmeister Nr. 4, Rainer Nr. 59 und Egerländer Nr. 73. Erwähnenswert sind auch die Kataloge zu den Kriegsbilder-Ausstellungen des Kriegspressequartiers (1915–1917). Schließlich hinterließ der verdienstvolle Historiker Manuskripte zur Geschichte des Kriegsarchivs aus der Zeit seiner eigenen Direktionsführung: die sogenannte „Hoen-Chronik".

Alois Veltzé
(* 15. Februar 1864 Totis (Tata), Ungarn; † 21. März 1927 Wien)

Alois Veltzé entstammte einer österreichischen Beamtenfamilie. Er wurde 1884 aus der Theresianischen Militärakademie zu Wiener Neustadt als Leutnant zum Tiroler Jäger-Regiment ausgemustert und kam bereits 1894 in das Kriegsarchiv, dem er bis zum Zusammenbruch der Donaumonarchie angehörte: 1895 Hauptmann, 1909 Major, 1913 Vorstand der Bibliothek, 1913 Oberstleutnant, 1914 Leiter der Literarischen Gruppe, ab 1915 Vorstand der Schriftenabteilung, 1916 Oberst, 1920 pensioniert. Danach wirkte er als italienischer Staatsbürger als Vertreter der italienischen Regierung beim Österreichischen Kriegsarchiv.

Seine wissenschaftlichen Kenntnisse bereicherte Veltzé durch Absolvierung des Instituts für Österreichische Geschichtsforschung an der Universität Wien sowie durch Reisen in die Schweiz, nach Italien, Norwegen, Dänemark, Schweden, Tunis, Algier und Marokko.

Veltzé war einer der fruchtbarsten und erfolgreichsten österreichischen Militärhistoriker. Als Autor, Mitautor und Herausgeber war er an insgesamt 122 historischen Abhandlungen beteiligt und bediente sich dabei auch des Pseudonyms „A. Hinnenburg". Von besonderer Bedeutung sind seine umfangreichen Arbeiten über die Kriegsjahre 1809 und 1813–1815 sowie das gemeinsam mit Hugo Kerchnawe verfasste biographische

Werk „Feldmarschall Karl Fürst zu Schwarzenberg, der Führer der Verbündeten in den Befreiungskriegen“ (1913), dann „Die Wiener Stadtguardia“ (1902) und „Veltzés Armee-Almanach. Ein militär-statistisches Handbuch aller Heere“ (1906–1914).

Im Weltkrieg 1914–1918 entfaltete Veltzé ein besonderes Talent darin, die Bevölkerung über die Kriegsereignisse in anschaulicher Weise zu informieren. Hierzu richtete man im November 1914 im Kriegsarchiv unter seiner Leitung die „Literarische Gruppe“ ein, die mit der publizistischen Aufbereitung des Kriegsgeschehens betraut war und für deren Arbeiten er zahlreiche Schriftsteller und schriftstellerisch begabte Offiziere gewinnen konnte, u. a. Rudolf Hans Bartsch, Franz Theodor Csokor, Franz Karl Ginzkey, Alfred Polgar (Polak), Rainer Maria Rilke, Felix Salten, Viktor Hueber und Stefan Zweig. Eine typische Arbeit dieser Gruppe war z. B. das Werk „Unsere Offiziere. Episoden aus den Kämpfen der österreichisch-ungarischen Armee im Weltkrieg 1914/15. Unter der Leitung von Emil Woinovich von Belobreska herausgegeben und redigiert von Alois Veltzé unter der Mitarbeit von Rudolf Hans Bartsch, Franz Karl Ginzkey, Viktor Hueber und Stefan Zweig“ (1915).

Rudolf Hans Bartsch
(* 11. Februar 1873 Graz, Steiermark; † 7. Februar 1952 St. Peter bei Graz)

Der Sohn eines Militäroberarztes absolvierte die Kadettenausbildung in Fischau, Eisenstadt und Graz-Liebenau. Danach versah er als Leutnant (1895) und Oberleutnant (1900) Dienst in der Kartenabteilung und in der kriegsgeschichtlichen Abteilung des Kriegsarchivs. Während dieser Zeit absolvierte er von 1901 bis 1903 als außerordentliches Mitglied den Ausbildungskurs am Institut für Österreichische Geschichtsforschung. 1911 trat er als Hauptmann in den Ruhestand. Auf Mobilitätsdauer aktiviert, wirkte er von 1914 bis 1917 zusammen mit anderen bedeutenden Dichtern und Schriftstellern in der Literarischen Gruppe des Kriegsarchivs.

1908 errang er mit seinem Roman „Zwölf aus der Steiermark“ einen ungewöhnlichen Erfolg. In der Folge schrieb er zahllose Romane, Novellen und Feuilletons, auch einige Dramen und Gedichte. Bartsch schuf einen eigenen Romantypus, wobei unter Idealisierung von Charakteren Episoden und Stimmungen aus dem „alten Österreich“ in sentimental-romantisch-verklärender Weise eingefangen werden.

Von seinen unzähligen Publikationen seien hier nur einige wenige genannt: „Der Volkskrieg in Tirol“ (1905), „Als Österreich zerfiel ... 1848“ (1905, anonym), „Haynau. Eine psychologische Studie“ (1907), „Zwölf aus der Steiermark“ (1908), „Die Schill'schen Offiziere“ (1909), „Vom sterbenden Rokoko“ (1909), „Das grüne Wien“ (1911), „Schwammerl. Ein Schubert-Roman“ (1912), „Die steirische Landschaft“ (1914), „Der Flieger. Ein Roman aus dem Serbenkrieg“ (1915), „Grenzen der Menschheit“ (1923), „Erzählungen“ (1925), „Das Lächeln der Marie Antoinette“ (1932) und „Kleine Geschichte aus Mozarts Freundeskreis in Salzburg“ (1934).

Bartsch, der ab 1918 als freier Schriftsteller in der Steiermark lebte, erhielt 1951 den Peter-Rosegger-Preis und war Ehrenbürger der Stadt Graz. In Graz und Leibnitz wurden Straßen nach ihm benannt.

DAS KRIEGSJAHR 1809 IM ÜBERBLICK

Nach der Zerschlagung der preußischen Streitmacht durch die Franzosen in der Doppelschlacht von Jena und Auerstädt (1806) und dem Sieg Napoleons über Russland in den Schlachten von Eylau und Friedland (1807) stand dem Korsen nur noch Österreich als europäische Großmacht gegenüber. Die Habsburger Monarchie hatte inzwischen, trotz der ihr durch den Pressburger Frieden (1805) auferlegten schweren Lasten, viel für den Wiederaufbau ihrer Armee getan. Im Jahre 1808 schien der Aufstand in Spanien, der dort starke französische Kräfte band, einen neuerlichen Waffengang gegen Napoleon zu begünstigen. So entschloss man sich im Februar 1809, trotz energischen Abratens des Generalissimus und Armeereformers Erzherzog Carl, zum Krieg. Der Feldzug wurde auf drei Kriegsschauplätzen geführt: mit einer Hauptarmee in Süddeutschland und zwei Nebenarmeen in Italien und Polen.

Die österreichischen Streitkräfte bestanden aus neun Armeekorps und zwei Reservekorps. Die Korps I bis VI und die beiden Reservekorps bildeten mit 180.000 Mann die Hauptarmeee unter Erzherzog Carl, die der Hauptmacht Napoleons und den Rheinbundtruppen mit 170.000 Streitbaren gegenüberstand. Das VII. Korps unter Erzherzog Ferdinand d'Este trat mit 32.000 Mann gegen die 14.000 Mann starken Kräfte des Fürsten Józef Poniatowski in Polen an, während einander im Süden die Armee von Innerösterreich (VIII. und IX. Korps) unter Erzherzog Johann und die französische Italienarmee des Vizekönigs Eugène de Beauharnais mit je 70.000 Mann gegenüberstanden. In Tirol begann am 9. April 1809 unter Andreas Hofer der bewaffnete Aufstand gegen die bayerischen und französischen Besatzer.

Bald aber zeigte sich, dass der Feldzug von Österreich verfrüht begonnen worden war. Die anfänglichen Erfolge Erzherzog Johanns bei Venzone, Pordenone und Sacile (11.–16. April) wurden durch die Niederlagen der Hauptarmee bei Regensburg (18.–23. April) völlig zunichte gemacht. Während das VII. Korps in Polen von diesen Ereignissen mehr oder minder unberührt blieb, lösten sie bei beiden Haupt- und Südarmeen großräumige Bewegungen in Richtung Wien aus. Die mit viel Optimismus begonnene Offensive verwandelte sich in einen verlustreichen Rückzug zur Deckung der Reichshaupt- und Residenzstadt.

Nach dem für beide Seiten blutigen Gefecht von Ebelsberg an der Traun (3. Mai) konnte Napoleon auf dem rechten Donauufer ungehindert bis Wien vorstoßen und die für eine Verteidigung absolut ungeeignete und mangelhaft vorbereitete Stadt am 13. Mai fast ohne Gegenwehr in Besitz nehmen. Erzherzog Carl hatte trotz anstrengender, drei Wochen dauernder Gewaltmärsche die Hauptstadt nicht mehr zu retten vermocht.

Auch auf dem südlichen Kriegsschauplatz fielen während der zweiten Maihälfte fast alle festen Plätze, Malborghet, Predil, Tarvis, Präwald, Laibach und die obersteirischen Sperren an die französische Südarmee. Nur der Grazer Schlossberg blieb weiterhin in österreichischer Hand.

Am 21./22. Mai schien der Sieg des Erzherzogs über Napoleon bei Aspern das Blatt noch einmal zu wenden, doch wurde dieser Erfolg durch die schwere Niederlage bei Deutsch-Wagram am 5./6. Juli wieder zunichte gemacht. Am 10./11. Juli kam es zu einem letzten Gefecht bei Znaim, das für die habsburgische Armee ebenfalls unglücklich verlief. So endete der Feldzug am 14. Oktober 1809 im Frieden von Schönbrunn mit der Auferlegung neuerlicher empfindlicher Kriegslasten und mit erheblichen Gebietsverlusten für die Monarchie.

Der Tiroler Volksaufstand verlief, insbesondere in den drei Bergiselschlachten (11./12. April, 29. Mai und 13. August), durchaus erfolgreich. Nach dem Frieden von Schönbrunn wagte Andreas Hofer, nun völlig auf sich gestellt, die Fortsetzung des Kampfes, unterlag aber am 1. November in der 4. Schlacht am Bergisel einer bayerisch-französisch-italienischen Übermacht, wodurch auch in Tirol der Widerstand zusammenbrach.

Der Autor: Hofrat Dr. Christoph Tepperberg, MAS, ist Direktor des Kriegsarchivs (Wien).

Österreichs Thermopylen 1809.

DAS KRIEGSJAHR 1809

IN

EINZELDARSTELLUNGEN

UNTER LEITUNG SR. EXZELLENZ GENERAL DER INFANTERIE

EMIL VON WOINOVICH

HERAUSGEGEBEN VON EINEM KREISE VON OFFIZIEREN DES K. U. K. HEERES.

REDIGIERT VON

HAUPTMANN ALOIS VELTZÉ.

BAND 1.

WIEN UND LEIPZIG, 1909
C. W. STERN
VERLAG.

ÖSTERREICHS THERMOPYLEN

VON

HAUPTMANN ALOIS VELTZÉ.

ILLUSTRIERT VON J. KARGER.

3. UND 4. AUFLAGE.

WIEN UND LEIPZIG, 1909
C. W. STERN
VERLAG.

Druck von Gustav Röttig & Sohn in Oedenburg.

Vorwort.

1809 ist das Heldenjahr in der Geschichte Österreichs. Hundert Jahre sind nun bald ins Land gezogen, seit an jenem 21. und 22. Mai der Glaube an die Unbesiegbarkeit des großen Korsen vernichtet wurde — und jedem Patrioten schwebt noch heute der Name „Aspern" auf den Lippen, wenn er mit berechtigtem Stolz das herrliche Denkmal auf dem äußeren Burgplatz in Wien bewundert, welches das dankbare Vaterland seinem großen Sohne gesetzt.

Einer Episode aus dieser denkwürdigen Schlacht ist das Motiv entnommen; Erzherzog Karl ist hoch zu Roß dargestellt, in jenem Augenblick, als er die Fahne des Regiments Freiherr von Zach Nr. 15 ergriff, um es zum Sturm zu führen, um der Armee den Weg zu weisen zu einer der glänzendsten Waffentaten, die ihre jahrhundertelange, ruhmreiche Geschichte aufzuweisen hat.

Jedermann kennt in großen Zügen die Ereignisse jener schweren Zeit; als wenige Wochen nach Aspern die Heere einander abermals in Schlachtordnung gegenüberstanden, blieb das blutige, verzweifelte Ringen der beiden Feldherren um die Siegespalme bei Wagram am ersten Tag unentschieden. Erst am zweiten vermochte Napoleon seine Übermacht voll in die Wagschale zu werfen und durch einen Sieg sein schon bedenklich ins Wanken geratene Ansehen wieder aufzurichten.

Noch einmal konnte der große Korse Österreich den Fuß auf den Nacken setzen und es zwingen, durch harte Bedingungen den Frieden zu erkaufen; es geschah zum letztenmal!

Wohl zog der Franzosenkaiser als Sieger heimwärts, aber die Blüte seines Heeres war auf den Schlachtfeldern von Aspern und Wagram geblieben, der gewaltige Kampf hatte den Kern seiner Macht als Opfer gefordert.

In den schneebedeckten Gefilden Rußlands fand, einige Jahre später, die durch lange Friedensarbeit wiederaufgerichtete große Armee ihr Grab, und als Napoleon 1813 mit seinen jungen, kaum ausgehobenen Truppen auf den Feldern von Leipzig dem endlich geeinten Europa Trotz bieten wollte, da versagte sein Glück und unter den Streichen der Freiheitskämpfer stürzte das mächtige Gebäude in Trümmer, welches der Wille eines Einzelnen der Welt zur Geisel aufgerichtet hatte.

Sind mithin Österreichs Kämpfe im Jahre 1809 die würdigen Vorläufer der großen Befreiungskriege, so sind sie uns besonders noch weit mehr als eine Aneinanderreihung glorreicher Waffentaten, weit mehr als selbst ein siegreicher Feldzug.

Gerade jenes Österreich, welches Napoleon nur zu oft so geringschätzend behandelte und dessen Fortbestand er nur so lange dulden wollte, als es seiner Laune paßte, dasselbe Österreich, welches nach dem Ausspruch seiner zahlreichen Feinde reif war beim ersten Windhauch zusammenzustürzen, um in tausend Stücke zu zerschellen, gerade dieses Reich stand 1809 allein auf, wie ein Mann, zum verzweiflungsvollen

Kampf gegen den Unterdrücker des Gesamtvaterlandes, der gemeinsamen Monarchie.

Das Herzensband, welches Volk und Dynastie seit Jahrhunderten umschlang, hatte der Eroberer, der selbst wohl nie Vaterlandsliebe in diesem edlen Sinn empfunden hatte, nicht gebührend in Rechnung gestellt; den Patriotismus der Völker, die Liebe zum Herrscherhaus und die Erinnerung an die Vergangenheit konnte er mit Bajonetten allein nicht unterdrücken! Je mehr Napoleon gegen diese heiligsten Gefühle der Menschen sündigte, desto fester setzten sie sich im Herzen des Einzelnen fest, um desto mehr mußte aber auch der Staat bedacht sein, durch kraftvolles Eingreifen im richtigen Augenblick, dem Verblassen dieses so überaus wertvollen Geistes entgegenzuwirken.

Aber ein neues Heer sollte dem Feind gegenübertreten; nicht nur von der Wirkung organisatorischer Maßnahmen, nicht von der Komplettierung der Effektivstände oder von der Neueinteilung in Armeekorps allein, erhoffte man den Sieg — auf breiter Grundlage sollte ein mächtiges Gebäude erstehen, zur Stütze für die Armee, zur Ausfüllung der Lücken, welche im Krieg Tod und Krankheiten in ihre Reihen rissen.

Die Liebe zur angestammten Scholle, die Anhänglichkeit an liebgewordene Sitten, Gebräuche und Gewohnheiten, die Verehrung für die milde, stets hilfreiche Hand der Herrscher des Landes, waren die Quadern hiezu, welche gekittet wurden durch das Wachrufen der Erinnerung an glorreiche Epochen, an die Taten und Kämpfe der Väter im ganzen, weiten Reich.

Wem das Mittel zur Verfügung steht, durch Entfesselung nationaler Leidenschaften, durch Chauvinismus, auf die Massen zu wirken, dem wird es immer leichter fallen Patriotismus zu pflegen, als demjenigen, der mit diesen Faktoren nicht rechnen darf.

Um wie viel schwieriger aber war diese Aufgabe bei einem Staat, dessen Wurzeln gewaltsam aus dem Boden gerissen waren, auf dem er durch Jahrhunderte hindurch gelebt und gewirkt hatte, der seine ganze Kraft aufwenden mußte an dem Wiederaufbau des Vertrauens seiner Völker?

Hier galt es Patriotismus zu w e c k e n, an den neuen Wänden jene alten Bilder dem Auge vorzuführen, die das

Gefühl erweckten, als befänden wir uns noch in unserem einstigen Heim, nur beengt, bedrückt von fremdem Geist.

Und diese Gedanken fanden ihre trefflichsten Anwälte in den kaiserlichen Prinzen aus dem Stamme Habsburg.

Erzherzog Johann stand in erster Linie unter den Männern, welche die Notwendigkeit eines entscheidenden Waffenganges zwischen Österreich und Frankreich erkannten, und es unterliegt keinem Zweifel, daß er die eigentliche Seele der Kriegspartei war. Er war aber auch der erste, welcher die unermeßlichen Kräfte, die in der Volksseele schlummerten und die seinerzeit schon von der großen Habsburgerin, Maria Theresia, zum Wohle des Reiches entfesselt worden waren, systematisch heranziehen wollte für die Sache des Vaterlandes; ihm treu zur Seite finden wir die Erzherzoge Ferdinand und Maximilian.

Und während der Generalissimus der Armee, der unvergeßliche Erzherzog Karl, rastlos an dem Werden einer mächtigen Armee arbeitete, versuchte es die mehr dem Idealismus zuneigende Natur seines jüngeren Bruders auf den Edelsinn der Völker zu wirken, in Tirol, in Dalmatien, zum Teil auch in Italien die Keime zur Abschüttlung des Fremdenjoches zu setzen, in den Provinzen aber die Begeisterung für die Wiedergeburt des alten Kaiserstaates zu erwecken.

Unter seiner Leitung setzten sich die Blüte des Adels, das Bürgertum an die Spitze der Bewegung, alle Stände drängten zu den Waffen, die Institute der Landwehren, der Reserven lebten sich im Volke ein und der Aufruf zur Bildung von Freibataillonen wurde mit Jubel aufgenommen.

Die Armee war kein Fremdkörper mehr im Staate, sie ward Fleisch vom eigenen Fleische: Österreich hatte das herrlichste Bündnis geschlossen — das des eigenen Volkes mit seiner braven Armee!

Und die Armee hat ihre Schuldigkeit getan, gleich ausdauernd im Glück wie im Unglück. Aber auch die Völker des weitausgedehnten, vielsprachigen Reiches waren treu gestanden zu Kaiser und Thron: die Deutschen in Tirol und in den österreichischen Erbländern, die Böhmen und Polen, gleichwie die Ungarn, Kroaten, Slovenen, Rumänen und Serben.

Schwer war die Aufgabe, welche Österreich auf seine

Schultern genommen hatte. Nicht nur der gigantische Arm des napoleonischen Frankreich erhob sich drohend zum vernichtenden Schlage, auch Italien, Polen, Holland, alle Rheinbundstaaten — das will heißen, außer Preußen ganz Deutschland — mußten mit in den Krieg, indes die Truppen Rußlands nur eines Winkes harrten, um in Ostgalizien einzurücken und sogar den Türken wurden Hoffnungen gemacht auf Erweiterung ihres Besitzstandes.

Nach allen Weltgegenden hin mußte Österreich Front machen. Fast eine halbe Million Fußsoldaten, 30.000 Reiter stellte es auf, mehr als 800 Geschütze wurden in den Kampf gesendet. Unermeßlich blutig war das Ringen. Nebst Aspern und Wagram zählen wir noch die Schlachten von Sacile, An der Piave, Abensberg, Eggmühl, Raab, Znaim, dann 25 Treffen, endlich bei 300 Gefechte und Affären von Bedeutung. Auf den Marchfeld allein betrugen die Schlachtverluste der beiden Armeen über 100.000 Mann, das ist mehr als ein Dritteil des Gesamtstandes — eine Verhältniszahl, welche in der Kriegsgeschichte nur ganz vereinzelt angetroffen wird.

Zu schön sind die Waffentaten dieses Jahres, um sie ganz der Vergessenheit anheimfallen zu lassen. Sie sollen nicht nur als lose Blätter in den Geschichten der einzelnen Regimenter herumflattern — sie sind Ehrentage aller Völker Österreichs, der ganzen Armee, vollwertig vielen anderen, stets wieder verherrlichten Siegen, überwertig jenen von der Publizistik anderer Länder bis zum Überdruß aufgebauschten Episoden von oft allergeringstem Belang.

Und keine Geschichte, keine Armee ist so reich, um freiwillig verzichten zu können auf die bleibende Erinnerung an Taten ihrer Söhne, auf welche stolz zu sein sie ein gutes Recht haben.

Der Ruhm des Erzherzogs Karl überstrahlt noch heute alle anderen Heldentaten des Jahres 1809. Und doch haben die Bauernschlachten der Tiroler, die Kämpfe in den karnischen und julischen Alpen, in den dalmatinischen Gebirgen, gleichwie in den Niederungen Italiens, Polens und Ungarns das Recht, neben der Sonne von Aspern selbst als Sterne erster Größe am Firmament zu glänzen. Wurden doch abseits von Aspern in wenigen Monaten für Österreichs Ruhmeshalle 1 Großkreuz, 10 Kommandeur- und 71 Ritterkreuze des Militär-Maria-Theresienordens erstritten.

Sollte es da nicht möglich sein, durch Einzeldarstellungen, durch Monographien das Interesse eines größeren Leserkreises wachzurufen? Nicht durch Schlachtendichtungen, wie sie vielfach gang und gäbe sind, sondern durch geschichtlich treue Schilderungen, welche es nicht zu scheuen haben, auch dem kritischen Auge des Historikers standzuhalten.

Das vorliegende Büchlein wagt, als Vorläufer künftiger, diesen Versuch; es führt uns nach Österreichs Thermopylen, nach Malborghet und Predil, an jene Stätten, nach welchen zur Jahrhundertwende die dankbaren Blicke des Vaterlandes in erster Linie sich richten sollen.

Die Namen Hermann und Hensel werden der heranwachsenden Jugend schon in den Schulen als nachahmungswerte Muster soldatischer Treue und Plichterfüllung vor Augen geführt — aber ihr Zusammenhang mit der tapferen Armee und ihrem jugendfrischen fürstlichen Führer, welcher 1809 in Italien die ersten und wahrlich nicht die mindesten Lorbeeren sich erwarb, ist von der Geschichte zu lose geknüpft worden, als daß von diesen Ereignissen ein Schimmer des Lichtes auf jene zurückfiele.

Unter den Taten des italienischen Heeres rühmte Napoleon beim Willkommen, welches er von Wien aus den Truppen des Prinzen Eugen zurief, auch die Eroberung von Malborghet und Predil. Indem wir dies besonders verzeichnen und die Tapferkeit unserer damaligen Gegner neidlos anerkennen, erhöhen wir nur die Bewunderung für die Leistungen unserer eigenen Truppen.

Mögen diese Zeilen dazu beitragen, die Erinnerung an so glorreiche Tage unserer vaterländischen Geschichte wachzurufen, und wachzuerhalten das Gefühl der Bewunderung für die Tapferkeit der Soldaten und jener vielen Braven, welche 1809 in den von ihrem Blut getränkten Gefilden Kärntens die ewige Ruhe gefunden haben.

Gleich Leonidas bei Thermopylä, gleich Zrinyi bei Szigeth haben Hermann und Hensel die eigene Ehre, das Wohl der Armee und des Vaterlandes, über das eigene Leben gestellt.

An den Denkmälern der beiden Helden legen wir nach nun bald 100 Jahren dankbar und pietätvoll diese schlichten Worte nieder und beugen unser Knie vor der Seelengröße dieser Männer, deren Verhalten ein leuchtendes Vorbild sein soll noch für unsere Kinder und Kindeskinder, wenn jemals wieder die friedliche Stille jener grünenden Täler, jener felsenumsäumten Stätten unterbrochen werden sollte, durch den Donner der Geschütze, durch das wilde Getümmel eines neu entfesselten Krieges.

Erzherzog
Johann

Nach schweren Kämpfen hatten die Österreicher im April des Jahres 1809 die französische Armee vom Isonzo bis an die Etsch zurückgedrängt. Erzherzog Johann war mit dem Gros durch die italienische Tiefebene vorgerückt, FML. Chasteler von Kärnten aus durch Tirol und etschtalabwärts bis südlich von Ala vorgedrungen. Unter dem Schutz der Festungswerke Veronas sammelte Prinz Eugen Beauharnais seine geschlagenen Truppen, ergänzte sie durch Zuzüge aus Italien, aus Frankreich, aus Neapel und war entschlossen, die ihm äußerst gefährliche Vereinigung der beiden Gruppen zu vereiteln.

Schon seit mehreren Tagen wurde an der Goua und am Alpen mit größter Erbitterung und mit wechselndem Glücke gekämpft; fast schien es, als wollte sich der endgiltige Erfolg, gleichwie bei Pordenone und Sacile, wieder an Habsburgs Doppelaar heften und als sollte seine stolze Flagge bald auf den Türmen von Verona wehen.

Da — mit einem Schlag — änderte sich die Situation ganz gewaltig. An der Spitze der Großen Armee hatte Napoleon Österreichs Heer unter Erzherzog Karl in mehreren blutigen Gefechten um Regensburg geschlagen, zersprengt; das Gros desselben zog nördlich der Donau nach Böhmen, die Gruppe Hiller südlich des Stromes gegen den Inn.

Unaufhaltsam wälzten sich die feindlichen Heeressäulen nach vorwärts: der Weg nach Wien war ihnen offen.

Um das nun gefährdete, von Truppen ganz entblößte nördliche Tirol zu schützen, eilte FML. Chasteler, ohne einen Befehl abzuwarten, an die bedrohten Pässe, hiedurch die rechte Flanke der an der Etsch stehenden Armee des Erzherzogs Johann preisgebend.

Ein kurzer Vorstoß des Feindes konnte die Franzosen in wenigen Tagen in die Valsugana und im weiteren Verlauf in den Rücken der österreichischen Aufstellung führen. Unter diesen Verhältnissen, welche verschärft wurden durch die Notwendigkeit, dem bedrängten Tirol Verstärkungen zuzusenden und einen Teil der Landwehr rückzuberufen, mußte sich der kaiserliche Prinz entschließen, mit seiner siegreichen Armee Oberitalien zu räumen; die Aufhebung der Blockade von Venedig wurde vorbereitet, die Zernierungskorps von Palmanova und Osoppo wurden entsprechend verständigt.

Am 1. Mai begann der Rückzug. Schon am 2. wurde bei Montebello, Tavernelle, Olmo heftig gekämpft, es folgten dann die Nachhutgefechte bei Bassano, Castelfranco, Treviso.

In ununterbrochener Fühlung mit dem lebhaft nachdrängenden Gegner gelangte die österreichische Armee am 6. nachmittags an die Piave; erst wenige Stunden vorher war der Armeetrain über den Fluß gezogen.

Um dem Fuhrwerk einen genügenden Vorsprung zu gewähren, vielleicht auch in der Hoffnung, durch einen entscheidenden Erfolg den französischen Vormarsch ganz zu lähmen, nahm Erzherzog Johann hier nun doch eine Schlacht an.

Am 8. Mai wurde vom frühen Morgen bis in die

sinkende Nacht gekämpft; bei ihrem Einbrechen hatte Prinz Eugen Beauharnais den Übergang forciert und blieb im Besitz des Schlachtfeldes am linken Ufer der Piave. Ein Teil der zurückgehenden österreichischen Armee, die während der Schlacht abgetrennte Gruppe GM. Kálnássy, marschierte gegen Codroipo und erhielt im späteren Verlauf den Auftrag, über Udine an den Isonzo zu rücken und sich daselbst mit dem Blockadekorps von Palmanova unter FML. Zach zu vereinigen.

Das Gros rückte über Conegliano gegen den Tagliamento, übersetzte denselben bei S. Daniele und ließ zur Deckung des Rückzuges bei diesem Ort eine starke Nachhut zurück. Am 11. griffen die Franzosen mit überlegenen Kräften diese Truppen an und warfen sie nach blutigem Ringen gegen Venzone zurück.

Schon vorher hatte das französische Oberkommando die Divisionen Lamarque und Broussier, unter dem von Napoleon nach langer Verbannung wieder in Gnaden aufgenommenen General Macdonald, gegen den Isonzo instradiert, um gemeinsam mit der Besatzung von Palmanova das Istrianische mit Triest, dann Krain zu besetzen.

Der Division Seras wurde die Straße über Cividale und Karfreit isonzoaufwärts angewiesen, während das Gros des Heeres längst der Fella über Pontebba vorzugehen hatte. Als Vereinigungspunkt dieser beiden Gruppen war der wichtige Straßenknotenpunkt von Tarvis angegeben.

Prinz Eugen Beauharnais hatte höchst unzuverlässige Nachrichten von den Befestigungsarbeiten bei Malborghet und am Predil erhalten; nach diesen mußte er aber annehmen, daß sie nicht imstande seien, den Vormarsch der Armee wirksam aufzuhalten. In der Hoffnung, schon durch eine einfache Umgehungsbewegung die Österreicher zum Aufgeben dieser Sperren zu bewegen, befahl er den Truppen der Division Fontanelli, durch das Raccolanatal, beziehungsweise durch den Dognagraben vorzustoßen, auf welchen Wegen man in den Rücken der beiden Forts gelangt.

Wie sehr die oberwähnte Annahme verfehlt war und welche Opfer an Zeit und Menschen es den Franzosen kosten sollte, bevor sie diese Hindernisse aus dem Wege räumen konnten, werden die folgenden Zeilen zeigen.

Man schrieb den 12. Mai 1809.

Lautlos zogen die österreichischen Kolonnen die Straße entlang, welche den mannigfachen Windungen des Tagliamento und der Fella folgend, durch das enge, unwirtliche, von mächtigen Bergriesen eingefaßte Tal hinanführt. Man vernahm nur die dumpfen Tritte der Bataillone, das unvermeidliche Geklirr der Waffen.

Die Kunststraße, die aus den lachenden Gefilden Italiens in direkt nördlicher Richtung der Grenze des Kaiserreichs bei Pontebba zustrebt, war durch die anhaltenden Regengüsse der letzten Tage aufgeweicht, zerstampft von vorausgezogenen Reitermassen, durchfurcht von der schweren Last der langen Wagenreihen des Armeetrains, welcher um die Mittagszeit von Venzone aufgebrochen war.

Es war Befehl gegeben, eine Stockung des Marsches um jeden Preis hintanzuhalten, steckengebliebene Fuhrwerke bei Seite zu räumen.

Am Vormittag war ein Teil der Armee des Erzherzogs, unter Kommando des Banus, FML. Ignaz Grafen Gyulai, vorausgezogen, um in Eilmärschen, zum Teil auf requirierten Wagen, über Tarvis nach Krain zu gelangen und dem befürchteten Vorstoß des feindlichen Heeres vom Isonzo her zu begegnen.

Nachmittags setzte der kaiserliche Prinz auch die letzten Truppen des österreichischen Gros in Marsch — er wollte noch am selben Tag Pontafel erreichen.

Die Nachhut: die kampferprobten Regimenter Strassoldo Nr. 27 und St. Julien Nr. 61 befehligte GM. Graf Colloredo, der Held von Porcia in der Schlacht bei Sacile; er hatte die Orte Gemona und Ospedaletto, dann jene Einsattlung, S. Agnese genannt, besetzt, über welche eine Seitenstraße, das Fort Osoppo umgehend, nach Venzone übersetzt.

Die Kolonnen waren kaum im Marsch, als gegen 5 Uhr dumpfer Kanonendonner hörbar wurde, der das Anrücken der verfolgenden Armee des Prinzen Eugen Beauharnais ankündigte. Erzherzog Johann war soeben als letzter von Venzone abgeritten, von wo er einen Bericht über seine Lage und über seine Pläne an das kaiserliche Hauptquartier abgesendet hatte. Es war nichts Gutes zu melden. Seit ihn die Niederlagen der Hauptarmee in Deutschland gezwungen hatten, seine so verheißungsvoll begonnene Siegeslaufbahn in Italien jählings abzubrechen, wollte das Mißgeschick nicht von seinem Wege weichen.

Die Rückzugsgefechte an der Piave und am Tagliamento hatten schwere Opfer gekostet und das nun von Venzone deutlich herüberschallende Kampfgetöse ließ erwarten, daß die Erreichung des angestrebten Zweckes: Zeit zu gewinnen, erneuert überreich bezahlt werden müsse.

Val di Ferro nennen die Italiener bezeichnenderweise dieses Tal, welches, nach der Einmündung der Fella in den vielfach zerfaserten Tagliamento, die Zugehörigkeit zu Italiens blauem Himmel förmlich abzuleugnen scheint.

Schroffe, karstige Formationen begleiten den Wanderer durch die düstere Enge; nur vereinzelt stehen Häusergruppen, Gehöfte längs der öden Mauern, wenn ein Stückchen Grün den Menschen lockt sein Dasein an diese Scholle zu binden.

Gerade dort, wo der Fluß fast in einer Senkrechten, seinen bislang südwärts gerichteten Lauf verläßt, treten die Felsen so nahe aneinander, daß dem Gestein der Weg durch unsägliche Mühe abgetrotzt werden mußte, um Raum zu schaffen für weiteres Nebeneinanderziehen.

Chiusa Forte oder Chiusa Veneta, auch alte Klause, heißt dieser Engpaß, den schon Venedigs Macht als Sperre gegen Norden benützt hatte; ein mächtiges Tor verschloß 1809 die Straße, eine steinerne Barre das Tal. Aber sie konnte umgangen, von den Höhen eingesehen werden und deshalb hatten die Franzosen die halbverfallenen Werke vor Monatsfrist, beim Vormarsch der Österreicher, ohne Schwertstreich geräumt.

Hart am Hang steiler Felswände führend, wechselt die Straße öfter das Ufer und übersetzt Torrenten, die sich ihrem Zug entgegenstellen; die zumeist aus Stein erbauten Brücken ließ der Erzherzog durch kleine Piketts der an der Queue marschierenden Genieabteilungen zur Sprengung herrichten, um wenigstens der feindlichen Kavallerie ein zu scharfes

Nachdrängen zu verwehren, die Artillerie womöglich ganz lahm zu legen.

Dann ritt er langsam die Reihen seiner Soldaten entlang, nach vorwärts. Scheu blickten diese zu ihrem Führer empor, als wollten sie aus seinen Mienen lesen, was die nächsten Tage bringen würden. Nichts mehr von der Begeisterung jenes Heeres, welches der jugendliche Prinz vor kaum Monatsfrist von den Höhen der Alpen und des Karstes in die fruchtbaren Ebenen Italiens, von Sieg zu Sieg, geführt. Kein Jauchzen bei seinem Anblick, kein fröhlicher Gesang in ihren Reihen! Nur das eiserne Muß hielt die meist jammervoll gekleideten, frierenden Gestalt in Reih und Glied, die es nie begreifen, nie überwinden konnten, daß sie einem Gegner weichen mußten, den sie bei Pordenone und Sacile, an der Gua und am Alpone besiegt und vom Isonzo bis an die Türme Veronas geworfen hatten.

Selbst die da und dort eingeteilten Landwehren, welche jeder Schritt der engeren heimatlichen Scholle näher brachte, blieben stumm; nur Unmut spiegelte sich wider in ihren verdrossenen Mienen.

Und mit solchen Truppen sollte man einer, durch leichterrungene Erfolge übermütigen, an Zahl bedeutend überlegenen Armee die Spitze bieten! Wie ganz anders war's noch gerade an dieser Stelle vor wenigen Wochen, als Oberstleutnant Volkmann mit einigen Bataillonen die ganze Division Broussier zum Kampf stellte und nach blutigem Ringen die dreifache Uebermacht zurückwarf.

Solche und ähnliche Gedanken mochten des jugendlichen Prinzen Sinn gefangen nehmen, als er, scheinbar ganz apathisch, seinem Pferd die Wahl des Weges überließ. Sonst ein leidenschaftlicher Freund der Berge, schien er augenblicklich gar keinen Sinn zu haben für die Schönheiten der Natur, die von Zeit zu Zeit ein Sonnenstrahl, den dichten Schleier der Wolken durchbrechend, dem Beschauer enthüllte.

Aber plötzlich flammt sein Auge, hoch richtet er sich auf im Sattel und während er seinem Pferd die Sporen tief in die Weichen bohrt, daß dieses vor Schmerz sich bäumt und in einem mächtigen Satz nach vorwärts schnellt, greift der aus seinen Träumen wiedererwachte Reiter mit Kraft in die Zügel, trabt an seinen Bataillonen, Regimentern, an der Tete der Kolonne vorbei nach vorwärts, immer weiter, bis zu dem heimatlichen Dorf Pontafel; erst hier hielten Roß und Reiter.

Der unerschütterliche Glaube an den endlichen Sieg der gerechten Sache, bildet einen der hervorstechendsten Züge in dem Charakterbilde des Erzherzogs. Wenn Mißgeschick ihn auch für kurze Zeit niederzubeugen vermochte, so verzweifelte er doch niemals und richtete sich immer wieder auf, zu neuer Tat. Seinem Mund entstammt der Ausspruch: „daß derjenige, der am Glück seines Vaterlandes zweifelt, nicht würdig sei, ein Mitglied desselben zu sein."

So hoffte er jetzt dem Feind an den Grenzen Kärntens ein entschiedenes Halt gebieten zu können und als dies mißlang, reorganisierte er sein Heer in Westungarn, schlug die Schlacht bei Raab und sammelte seine Truppen nach ihrem unglücklichen Ausgang am linken Donauufer zu frischem Kampf. Selbst nach dem Waffenstillstand von Znaim stritt er mit aller Macht gegen den Friedensschluß und trat ein für einen Kampf auf Leben und Tod — leider vergeblich!

Langsam war der Erzherzog aus dem Sattel geglitten; liebkosend fuhr er über den Hals des erschöpften Tieres, lockerte selbst die Gurten und langte mechanisch in die Tasche, um dem Pferde das schon gewohnte Stückchen Zucker zu reichen.

Jetzt konnte man ihn näher betrachten: Eine Gestalt von jugendlicher Elastizität — der kaiserliche Prinz stand im 28. Lebensjahre — nicht viel über Mittelgröße, schlank, fast zart gebaut, mit äußerst sympathischen, etwas zur Schwermut neigenden Gesichtszügen.

Weit hinterher folgte die Suite; beim Herannahen seines Lakaien warf Erzherzog Johann dem Rosse die Zügel über den Kopf und schritt dem Hause zu, welches der quartiermachende Offizier ihm bezeichnet hatte. Auch hier dieselbe Stille, derselbe Druck auf allen Gemütern; achtungsvoll, barhaupt standen die Leute in den Straßen, aber kein lautes Willkommen war ihm entgegengeklungen.

Ungeachtet seiner durch den anhaltenden Regen ganz durchnäßten Kleidung breitete der unermüdliche Feldherr sofort die Karte am Tische aus und begann die Dispositionen mit

Bleistift auf einen Bogen Papier zu werfen; als sein Generalstabschef, Oberst Graf Nugent, mit dem Stabe gemeldet wurde, waren die Entschlüsse schon festgelegt.

Gegen die Pässe Kärntens richtete der Gegner den Hauptstoß: hier wollte Erzherzog Johann persönlich das Kommando führen, um den siegestrunkenen Truppen des Vizekönigs die Stirn zu bieten.

Die vielen Detachierungen, die Unterstützung, welche den braven Tirolern geboten werden mußte, die Sorge um die Erhaltung Istriens und Krains hatten die österreichischen Streitkräfte noch mehr als die Verluste mitgenommen.

Die Brigade Schmiedt war schon bei Bassano aus dem Armeeverbande geschieden, die Truppen des FML. Zach und die Brigade Kálnássy waren nach dem Görzischen instradiert, um die Isonzolinie zu halten; und neue Verstärkungen mußten dahin abgesendet werden, denn die Nachricht, daß General Macdonald mit zwei Divisionen und der starken Besatzung von Palmanova unter General Schilt in Eilmärschen gegen Istrien rücke, mußte schwere Besorgnisse erwecken. So hatte sich der Erzherzog entschlossen, auch noch den Rest des IX. Armeekorps auf dem Umweg über Pontebba, Tarvis, Wurzen nach Laibach zu dirigieren und dem Kommandanten desselben, dem Banus FML. Grafen Ignaz Gyulai, die Verteidigung des Küstenlandes, Krains, im weiteren Verlauf auch Kroatiens und die Unternehmungen gegen Dalmatien, im selbständigen Wirkungskreis übertragen.

Nun zählte der Kern der innerösterreichischen Armee nur mehr 24 Bataillone Linie, 9 sehr schwache Landwehrbataillone, dann 16 Eskadronen mit zirka 40 Geschützen.

Nach Dotierung der beiden Sperren bei Malborghet und Predil mit entsprechender Besatzung, verfügte der Erzherzog die Aufstellung einer starken Gruppe bei Tarvis, in den zum Teil noch aus dem Jahre 1798 stammenden Verschanzungen und zwar: je 3 Bataillone Franz Jellachich und Reisky, 2 Bataillone Oguliner, 1 Bataillon Szluiner, die Marburger und Cillier Landwehr, dann 4 Eskadronen Otthusaren und 11 Geschütze, unter dem Befehl des bisherigen Kommandanten des VIII. Armeekorps, FML. Albert Grafen Gyulai, eines Bruders des Banus von Kroatien.

Mit dem Gros des Heeres marschierte der tapfere, kampferprobte FML. Frimont, ein besonderer Liebling des Erzherzogs, nach Arnoldstein und Villach. Er befehligte von St. Julien 3, Strassoldo 3, Allvintzy 3, von den Banalisten 2, den Grenadieren 4, Grazer Landwehr 5 Bataillone, dann 12 Eskadronen Erzherzog Josef- und Otthusaren mit 30 Geschützen.

Von hier aus hoffte Erzherzog Johann in der Lage zu sein, sowohl die zunächstliegende Stellung bei Tarvis jederzeit unterstützen zu können, als auch durch eventuell notwendige Diversionen nach Tirol, beziehungsweise nach Krain, tatkräftig und entscheidend in den Verlauf der Ereignisse eingreifen zu können.

FML. Marquis Chasteler, unter ihm der rührige Diplomat Hormayr, schützte mit 12 Linien-, 8 Landwehrbataillonen, 7 Eskadronen und dem zahlreichen Landsturm das wiedergewonnene Tirol; die ihm von Bassano aus zugesendete Verstärkung, die Brigade Schmiedt, war schon in Brixen eingetroffen, während Hauptmann Zuccheri mit einem Detachement von 10 Kompagnien bei Pieve di Cadore stand und einen feindlichen Vormarsch durch das Piavetal zu dämmen hatte. Die schleunigste Armierung des Forts bei Sachsenburg wurde angeordnet, um die rechte Flanke der Armee in Kärnten zu decken.

Die soeben dem Kommando des Erzherzogs unterstellte Division Jellachich hielt Radstadt und hatte Auftrag, den Rücken der Armee zu decken, indem sie die Pässe gegen Salzburg, das obere Ennstal und die Straße über die Tauern sperrte.

Das Nachhutgefecht bei Venzone hatte wieder schwere Opfer gefordert, die Übermacht des Gegners die österreichischen Reihen stark gelichtet: der kühne General Graf Colloredo wurde von den braven Steyrern des 27. Regiments Strassolde schwerverwundet vom Kampfplatz getragen, das Regiment St. Julien zählte unter den Toten seinen Kommandanten, Oberst Recsay. Die letzten Plänkler hatten Venzone gegen 9 Uhr abends verlassen, erst spät nachts stellte die Nachhut ihre Vorposten bei Resiutta auf.

Den Dispositionen gemäß setzte sich das Gros der Österreicher am 13. Mai zeitlich morgens in Marsch und erreichte Saifnitz und Tarvis, am nächsten Tag Arnoldstein und Villach.

Gleich nach Übersetzung der reißenden Pontebbana und mithin der Grenze bei Pontafel fällt die Straße in einem rechten Winkel nach Osten ab: nördlich begleitet von den karnischen, südlich von den julischen Alpen.

Canaltal nennen die Kärntner diese Strecke. Weit weniger wild und romantisch als auf italienischem Boden, begegnen wir hier schon ausgedehnten Flecken und Weilern, grünenden Matten in der Tiefe, Fichten- und Tannenforsten bis hinauf zu den hohen Zinnen des Gebirges.

In sanfter Steigung führt die Fahrstraße vorbei an Leopoldskirchen, Lußnitz, St. Kathrein, Malborghet und Uggowitz hinan nach Saifnitz, welches schon 800 Meter über dem Meer liegt; nach einer Stunde Weges gelangt man nach Tarvis, wo auch die Straße über den Predil Einkehr hält.

Dann gabeln sich die Wege wieder in die Täler der Save und der Drau. Zahlreiche Gräben münden von Nord und Süd in das Canaltal; sie sind zumeist nicht gangbar, Steingerölle geleiten sie zu Tal, wo oft breite Schuttkaren fruchtbares Land überdecken.

Nur zwischen Uggowitz und Saifnitz, hinter dem Gebirgsdorfe Wolfsbach, öffnet sich das zwar kurze, aber verhältnismäßig breite Hochtal der Seisera, bekannt durch seine landschaftliche Schönheit, wichtig wegen des hier einlaufenden Überganges aus Italien über den hohen Gebirgssattel bei Somdogna, welcher nach schwieriger Wanderung in sieben Stunden bewältigt werden kann.

Erzherzog Johann war seinen Truppen vorausgeeilt, um die Befestigungen bei Malborghet und Predil, dann die Verschanzungen bei Tarvis zu besichtigen.

Die Arrièregarde war am 13. bis Dogna und Pontafel, am 14. bis zum Sattel von Saifnitz, der Wasserscheide zwischen dem Adriatischen und Schwarzen Meer, zurückgegangen; auf der Höhe gegen das Raccolanatal zu stand Hauptmann Gries mit 3 Kompagnien Strassoldo, bei Somdogna eine schwächere Abteilung, bei der alten, verfallenen Flitscher Klause Generalstabshauptmann Lenardini mit einem Bataillon, zur Deckung des Debouchés aus dem Isonzotal und der Straße über den Predil.

Pioniere hatten den Auftrag, beim Anrücken des Gegners die Kommunikationen unpraktikabel zu machen — eine Maßnahme, die leider nirgends zum gewünschten Erfolg führte.

Flitscher Klause.

Zwei Kompagnien hielten Ponte di Legno, östlich von Pontafel, je eine solche stand in Leopoldskirchen und St. Kathrein; Hauptmann Mamula führte hier das Kommando. Er wurde am 13. abends von der Vorhut des französischen Generals Desaix angegriffen und bis gegen den Ort Malborghet zurückgedrückt; erst die eintretende Nacht setzte dem äußerst hitzigen Gefecht ein Ende, welches hauptsächlich um den Besitz der Häusergruppen von St. Kathrein geführt worden war.

Mamula hatte vom Kommandanten des Nachtrabs den gemessenen Befehl, sich unter dem Schutz des Forts auch noch den nächsten Tag zu behaupten und dann langsam gegen Tarvis zurückzuweichen. Waren einesteils Rücksichten für die noch nicht beendete Verproviantierung Malborghets, die FML. Albert Gyulai bestimmten, einige Kompagnien im Vorfeld der Befestigung zu verwenden, so waren die Nachrichten, die er am Abend des 13. in Saifnitz erhielt, geeignet diesen Entschluß noch zu festigen.

Gegen den Dognagraben vorgeschobene Patrouillen hatten den Anmarsch einer stärkeren feindlichen Abteilung gemeldet, die schon am Spätnachmittag von der Paßhöhe bei Somdogna zu Tal ging und aus dem Seiserakessel gegen Wolfsbach Richtung nahm; es waren 2 Bataillone des 22. leichten französischen Infanterieregiments unter Major Daguzan, welche General Durutte von seiner Division bei Dogna im Fellatale, mit dem Befehl abgetrennt hatte: langsam und stets auf der Höhe des Gros vorzugehen, nach Maßgabe des allgemeinen Vorrückens Wolfsbach zu besetzen und die Verbindung des Forts mit dem österreichischen Nachtrab zu bedrohen.

Durch Siegeszuversicht sorglos gemacht, rückten die Franzosen auf dem schmalen, kaum praktikablen Gebirgssteig immer weiter vor und bald gewahrte man, ganz in der Nähe der Häuser des kleinen Dorfes Wolfsbach, ausgedehnte Lagerfeuer. Landleute versicherten, daß der Feind zum Teil sogar Kantonnements bezogen habe, daß nur einige Posten an der Lisière des Ortes stünden, der Talausgang aber ganz unbewacht sei.

Es lag daher nahe, die gänzliche Außerachtlassung aller gebotenen Vorsicht seitens des Gegners zu benützen und sich durch einen Überfall dieser überaus unangenehmen, ja sogar gefährlichen Nachbarschaft zu entledigen. Major Csorich des Generalstabes hatte sich freiwillig erbötig gemacht, die Gegend sowie die Lage des feindlichen Lagers zu rekognoszieren und der österreichischen Kolonne als Führer zu dienen.

In aller Stille wurde das Regiment Franz Jellachich bereitgestellt, die Leute entledigten sich der Tornister, um 2 Uhr nachts setzte sich alles in Marsch; das erste Bataillon mit ungeladenen Gewehren längs der Straße, das zweite auf den Hängen, um bei einem etwaigen Echec als Rückhalt zu dienen.

Bei Morgengrauen übersetzte Major Ghequier, der Kommandant des ersten Bataillons, die fast trockene Seisera, warf, ohne einen Schuß zu tun, die schlaftrunkenen französischen Posten über den Haufen und stand mitten im feindlichen Lager, noch bevor die gegnerischen Bataillone sich von der Überraschung erholen konnten. Das Gepäck, die Waffen im Stich lassend, suchte jeder sein Heil in der Flucht: die Zerrissenheit des Terrains, das Halbdunkel erleichterten das Entkommen. Immerhin wurden bei 300 Gefangene gemacht, worunter sich der Kommandant des Detachements und 7 Offiziere befanden; zahlreiche Waffen, Munition und Lagergeräte wurden erbeutet. An Verwundeten und Toten zählte man beim Gegner 23 Mann, der Rest zerstreute sich im Gebirge; auf österreichischer Seite fielen nur 8 Gemeine.

Da Gyulai mit Recht annahm, daß die zersprengte Kolonne nur der Vortrab einer nachrückenden, stärkeren Kraft sei, hatte er einen Teil der Infanterie Frimonts — die Brigade Colloredo — von Arnoldstein gegen Tarvis vorrücken lassen, dagegen das Regiment Jellachich vor Wolfsbach, Reiskyinfanterie und Otthusaren bei Saifnitz aufgestellt. Kaum hatte Erzherzog Johann von diesen — allerdings eigenmächtigen — Maßregeln Kenntnis erhalten, als er, besorgt um den wichtigen Abschnitt bei Tarvis, den schon in Marsch gesetzten Truppen Gegenorder zukommen ließ, sie zur sofortigen Umkehr befehligte, Gyulai aber den strikten Auftrag zugehen ließ, sich auf die Verteidigung der ihm angewiesenen Stellung zu beschränken und alle seine Truppen dahin zurückzunehmen: „So ist es, wenn man sich nicht an dem hält, was der Kommandierende befiehlt und Änderungen in den Dispositionen veranlaßt, was kein Untergebener sich je anmaßen sollte, da er nicht die Pläne wissen kann, die der

Chef hat. Es diene Ihnen für die Zukunft zur Richtschnur, wir sind nicht so reich an Streitkräften, daß man damit verschwenden könne: es gilt dem Staate. Es bleibt unabänderlich bei meinem ersten Befehl, heute nachts muß er vollzogen sein". Villach, 14. Mai 1809, 9 Uhr abends.

Unterdessen hatte Hauptmann Gries von Raibl aus gemeldet, daß der Feind mit starken Infanterieabteilungen durch das Raccolanatal im Anmarsch und binnen kurzem ein Angriff

Raibl mit dem Fünfspitzenberg.

zu erwarten sei; da es von äußerster Wichtigkeit war, die Franzosen wenigstens so lange aufzuhalten, bis die Truppen des österreichischen Nachtrabs von Malborghet und Saifnitz nach Tarvis zurückgezogen waren, wurde eilends ein Bataillon Szluiner zur Unterstützung des bedrohten Detachements abgesandt.

Aber die wenigen Kompagnien Strassoldo hatten der feindlichen Übermacht schon weichen müssen, die erschöpften

Truppen der Verstärkungskolonne wurden durch ein gegnerisches Umgehungsmanöver zum Halt, endlich aber zum Weichen nach Kaltwasser gezwungen; um 5 Uhr nachmittags fiel Raibl in die Hände der Franzosen, welche hiemit die Verbindung mit dem Fort Predil unterbunden hatten.

Die allgemeine Situation war daher am 14. Mai folgende:

Der österreichische Nachtrab hielt bei Tarvis, im allgemeinen auf den Höhen jenseits des Schlitzabaches, der rechte Flügel angelehnt an den Weißenbach, der linke an die felsigen Abstürze des Fünfspitzenberges, eines Ausläufers des großen Mangart; schwache Abteilungen Landwehr standen noch auf der Einsattlung von Saifnitz, dann in Flitschl, Hauptmann Gries mit 7 Kompagnien an der Maut bei Kaltwasser, Hauptmann Lenardini mit 1 Bataillon am Predil. Die Sperren von Malborghet und Predil waren entsprechend besetzt und armiert.

Vom österreichischen Gros war die Division FML. Frimont in Arnoldstein und Maglern, mit Kavallerieabteilungen im Gailtal, die Brigade Kleinmayrn in Villach, wohin auch Erzherzog Johann sein Hauptquartier verlegt hatte.

Prinz Eugen Beauharnais war Kommandant der französisch-italienischen Armee; dem Sohne Josefinens aus erster Ehe lächelte Napoleons Gunst in hohem Maße und das Vertrauen des großen Korsen hatte ihn zum Vizekönig von Italien und trotz seiner Jugend — er stand im selben Alter wie Erzherzog Johann — zum Chef des Heeres, zum Vorgesetzten so vieler in Kampf und Sieg ergrauter Generale gemacht.

Sie murrten zuerst insgeheim, nach den ersten Niederlagen sogar offen; aber der eiserne Wille des jungen Mannes zwang sie zum Gehorsam, der Erfolg sicherte ihm späterhin die Autorität.

Von gedrungener, kräftiger Gestalt, sprach aus seinen sonst nichts weniger als einnehmenden Gesichtszügen eine eiserne Willenskraft; der Tod seines Vaters auf dem Schafott hatte ihn frühreif zum Manne gemacht, aber sein offenes Wesen, sein lebhaftes Temperament nahmen unwillkürlich gefangen.

Die Eigenschaft, die Napoleon bei seinen Generalen am meisten schätzte: unbedingten Gehorsam, besaß er im vollsten

Maß und es war mehr als Verehrung, es war fast Furcht, die er seinem kaiserlichen Adoptivvater gegenüber empfand.

Der Vizekönig hatte sich noch am Abend des 13. zur Avantgarde begeben; seine Absicht ging dahin, unbekümmert um die beiden Forts, Umgehungskolonnen gegen die österreichische Zentralstellung bei Tarvis vorgehen zu lassen, diese zu nehmen und durch einen raschen Vorstoß nach Villach seinen Gegner in das Drau- und Savetal abzudrängen, um die direkte Straße nach Wien frei zu bekommen.

General Desaix war dementsprechend am 14. mit 4

PRINZ EUGEN BEAUHARNAIS

Bataillonen gegen den Ort Malborghet vorgedrungen und es gelang ihm nach leichtem Gefecht die wenigen Kompagnien zu werfen und die feindwärts gelegene Lisière zu besetzen. Zwei Marburger Landwehrbataillone, die auf den dominierenden Höhen beiderseits der Fella aufmarschiert waren, wurden durch Voltigeure unter Major Vautré und 2 Bataillonen des 23. leichten französischen Infanterieregiments zurückgedrückt.

Nun standen die Franzosen aber vor den Kanonen des Forts Malborghet.

Der französischen Avantgarde folgten unmittelbar die

Divisionen Durutte und Pacthod unter Kommando des Generals Grenier, einen halben Tagmarsch zurück die königliche Garde.

General Fontanelli war mit dem 3. italienischen und 112. französischen Linienregiment von Dogna im Fellatal ostwärts abgebogen und erreichte nach einem anstrengenden Marsch Somdogna; die zwei Bataillone 22 kamen bis Wolfsbach.

General Bonfanti kam, mit 7 Bataillonen des 1. und 2. italienischen und des dalmatinischen Regiments, mittags bis auf die Höhe des Neveasattels, woselbst 2 Bataillone des 60. französischen Regiments lagerten und gegen Abend, nach leichten Scharmützeln, nach Raibl. Die beigegebene Artillerie mußte jenseits des Bergrückens zurückgelassen, später sogar nach Chiusaforte zurückgesendet werden; das 7. Linienregiment kantonierte in Venzone, Piani, Moggio, um einer etwaigen österreichischen Diversion aus dem Tagliamento-, beziehungsweise aus dem Piavetal zu begegnen.

Auf der Straße Ternovo-Saga-Flitsch war die Division Seras im Vormarsch, deren Vortruppen Ober-, Mitter- und Unterbreth besetzt hatten; das Gros der Kavallerie, die Dragoner Grouchys und die leichten Reiter Sahucs, die ganze Artillerie, mit Ausnahme einiger leichter Geschütze, die im Fellatal verblieben, und der Armeetrain folgten in entsprechenden Zwischenräumen.

General Rusca, beauftragt aus dem Piave- in das Gail- und Drautal vorzustoßen, hatte noch immer nicht Terrain gewinnen können und stand, angesichts der wenigen Kompagnien des Hauptmanns Zuccheri, unbeweglich vor Pieve di Cadore.

Macdonald hatte die Division Lamarque nach Udine, Broussier über Palmanova vorgeschoben, Schilt nach Gradisca befehligt.

Prinz Eugen hoffte, nachdem er endlich Nachrichten über die Armierung der Sperren bei Malborghet und Predil erhalten, daß es gelingen werde, durch den Dognagraben, besonders aber durch das Raccolanatal, nicht nur Infanterieabteilungen, sondern auch Kavallerie und Artillerie vorzuschieben und solchermaßen den die Hauptstraßen beherrschenden Forts auszuweichen. Die eingelangten Meldungen mußten ihn aber bald überzeugen, daß der Zustand jener

Kommunikationen seinen Plan nichts weniger als förderlich war und daß nur die Wahl blieb: mit jedenfalls bedeutenden Verlusten die beiden Sperren zu nehmen, oder die Seitenwege für Artillerie und Fuhrwerk passierbar zu machen.

Das letztere hätte gewiß lange und mühsame Arbeit verursacht: Zeitverlust, der vielleicht von Entscheidung war. Doch was wiegt das Leben selbst von tausenden von Menschen, was darf solch ein Opfer in den Augen eines Feldherrn sein, wenn es gilt damit einen bestimmten Zweck zu erreichen, dem angestrebten Ziel näher zu kommen?

Angesichts der bisnun noch schweigsamen, aber drohend herübergähnenden Feuerschlünde erteilte der kampffreudige Prinz — selbst ein Tapferer — ohne Zaudern die Befehle zum gewaltsamen Angriff auf die Feste Malborghet.

Im Gasthaus des Ortes, gegenüber der Kirche, war das französische Hauptquartier untergebracht; von den Fenstern des oberen Stockwerkes hatte man Ausblick auf die österreichischen Werke und konnte alle Bewegungen, auch jene im Vorfeld, im Auge behalten.

Malborghet.

Eine viertel Stunde Weges östlich des ziemlich ausgedehnten Marktes, dort, wo in friedlicher Zeit Strahlendorfs Hammerwerk — auch Tschalawai genannt — Tag und Nacht tätig war, löst sich von der nördlichen Gebirgswand mit sehr steilen Abstürzen ein kleiner waldfreier Gebirgsfuß, welcher sich quer über das Tal legt und die Fella, sowie die sich eng anschmiegende Straße zwingt, ihm in einem weiten Bogen auszuweichen.

Der Rücken dominiert die nächste Umgebung vollkommen und bietet guten Ausschuß sowohl gegen Osten als gegen Westen. Das beiderseitige Gebirge besteht aus schroff abstürzenden, mit Hochwald bewachsenen Hängen, welche talwärts in viele flach auslaufende, zum Teil bebaute Muren ausklingen;

die Fella, welche am Hauptrücken bei Saifnitz entspringt, ist nur bei Hochwasser ein reißendes Gewässer, sonst aber fast überall durchwatbar.

In der Front äußerst schwer zu ersteigen, durch technische Vorkehrungen fast unangreifbar gemacht, lehnte sich der rechte Flügel der österreichischen Aufstellung an die steilen Abfälle der Uggowitzeralpe, der linke an die Fella.

Ein Jägersteig, welcher die rechte Flanke der Stellung umging, war zwar abgegraben, man mußte aber trotzdem damit rechnen, daß es einzelnen Schützen, vielleicht sogar ganzen Abteilungen gelingen werde, sich auf den Höhen festzusetzen und durch Gewehrfeuer die Besatzung zu beunruhigen; eine Fortsetzung dieses Steiges führte in großem Bogen, zum Teil über schwieriges Felsgerölle, nach Uggowitz.

Der feindlichen Artillerie bot das flache Wiesenplateau, auf dem ca. 1200 Schritte von den Werken entfernten Col di Cos (Gollagosch), eine gute, mäßig überhöhende Aufstellung; aber der Aufstieg dahin war schwierig, nur ein einziger, schlechter, für den Transport von Geschützen fast unpraktikabler Waldweg führte hinan.

Besser, aber im wirksamen Schußbereich der österreichischen Kanonen gelegen, war eine Kommunikation, welche, von Malborghet abzweigend, über die Vercellamure und den gleichnamigen Sattel nach Wolfsbach, mithin in den Rücken der Befestigung geleitete.

Am gefährlichsten aber war der Übergang, welcher, von Dogna im Fellatal abzweigend, in einem engen, von schroffen Felsen eingeschlossenen Graben aufwärts führt, bei Somdogna, mehr als 1400 Meter über dem Meeresspiegel, den höchsten Punkt erreicht und dann steil hinabsetzt in den mächtigen Talkessel der Seisera; von hier kommt man auf einem passablen Karrenweg in ca. $1^1/_2$ Stunden nach Wolfsbach und ins Canaltal. Die Verteidigung dieser Einbruchslinie war Abteilungen des österreichischen Nachtrabs anvertraut, doch waren die Franzosen schon am 15. Herren der Kommunikation und hatten dadurch die Verbindung der Besatzung mit dem Gros unterbrochen.

Da der außergewöhnlich schmale, an manchen Stellen kaum drei Schritte breite Kamm des Bergfußes größtenteils aus Felsen und Steingerölle bestand, nur mit wenig Erde bedeckt war, daher für die Aufführung einer Brustwehr alle Vorbedingungen mangelten, die Aufstellung auch keine genügende

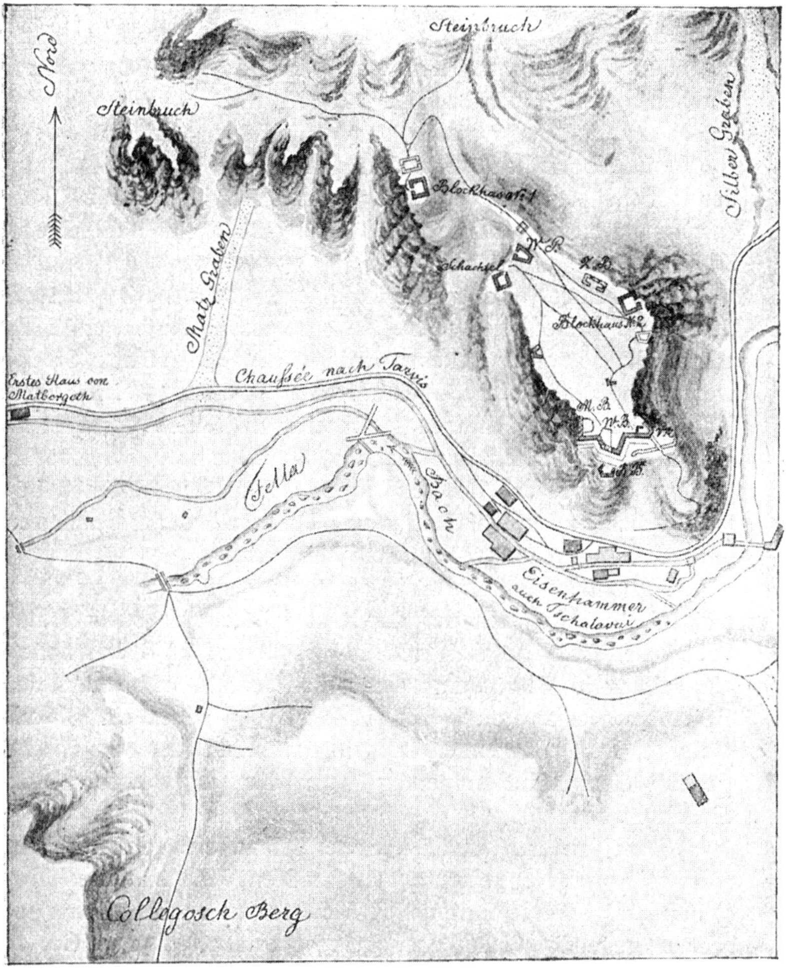

Planskizze der Befestigungen bei Malborghet.

Tiefe gehabt hätte, so war man genötigt, zu einer ganz eigenen Befestigungsart Zuflucht zu nehmen.

Als Reduits der ganzen Verschanzung galten die beiden,

nur für Infanterieverteidigung eingerichteten, 50—80 Meter über dem Fellabache auf dem Kamm des Bergrückens selbst gelegenen Blockhäuser: das deutsche Nr. 1 und das ungarische Nr. 2. Das erstere, höher gelegene, war der Form nach quadratisch und besaß einen die ganze Anlage überragenden Turm, von welchem man auch die weitere Umgebung übersehen konnte; das zweite war länglich, etwas kleiner gehalten und mit der Hauptfront gegen Westen gerichtet.

Die Blockhäuser waren durchwegs aus Holz erbaut, nur der fast 2 Meter hohe Sockel war aus mächtigen Steinblöcken zusammengesetzt, welche, ohne Mörtelverband, durch die eigene Schwere standhielten.

Die Außen- und Innenwände waren sehr stark gehalten, der fast 2 Meter betragende Zwischenraum wurde mit Erde ausgefüllt; sowohl zu ebener Erde als in den beiden Stockwerken befanden sich je eine Reihe Scharten, welche nach jeder Seite 8—10 Schützen gleichzeitig zu feuern gestatteten. Fallgitter versperrten den Zugang, durch eine Aufzugbrücke gelangte man in das Innere. Die Depots für die Munition befanden sich in geringer Entfernung außerhalb der Blockhäuser und waren durchwegs in Felsen eingehauen.

Außerhalb der Umfassung gelegen und nur durch einen palisadierten Weg mit der durch natürliche Felsabstürze und künstliche Mittel geschaffenen, bis zu 20 und 24 Schuh hohen Umwallung in Verbindung, diente das deutsche Blockhaus der Befestigungsanlage auch als Flankenschutz gegen einen vom Gebirge her erfolgenden Angriff, während das ungarische gegen eine Überrumpelung von der Uggowitzer Seite Sicherheit bot.

Dem letzteren ziemlich nahe befand sich eine erst im Monate April fertiggestellte, zum größten Teile in Felsen ausgehauene, gedeckte Batterie (Zwischenbatterie) mit 4 Scharten, welche gegen die feindliche Artillerieposition auf dem Col di Cos gerichtet waren; vor derselben, aber etwas tiefer, stand die sogenannte Schachtel, ein kleines, niederes Blockhaus für Geschützverteidigung, hauptsächlich zum Schutz des oberen Blockhauses gedacht, welches kaum 150 Schritte entfernt, im wirksamsten Schußbereiche lag.

Als Hauptstärke der ganzen Befestigungsanlage müssen die

beiden Batterien betrachtet werden, die am linken Flügel erbaut, ihre Front gegen den Ort Malborghet, beziehungsweise gegen die offenen Wiesengründe am jenseitigen Ufer der Fella hatten (Malborghet- und Wiesenbatterie).

Beide waren durchwegs in Felsen ausgehauen, 15 Schuh tief und nach oben durch starke Balken und Erdaufschüttungen gedeckt; über eine mit unendlicher Mühe dem Gestein abgewonnene Stiege gelangte man zum Haupteingang der Umfassung, welcher durch einen Geschützstand — die Retourbatterie — und durch ein kleines Vorwerk verteidigt wurde.

Durch die an dieser Stelle mit besonderer Sorgfalt ausgeführte, fast senkrechte Eskarpe gelangte man in mehreren Serpentinen hinab zu den Gebäuden des Eisenhammers an der Chaussee. Sowohl hier, als am rechten Flügel — außerhalb der Umfassung — waren Aufzugmaschinen angebracht, um Baumateriale, Geschütze und Munition hinaufzuwinden.

Alle Werke standen untereinander, durch gedeckte Wege mit kleinen Waffenplätzen, in Verbindung.

Hauptmann Hensel[1]) war am 11. Mai in Malborghet eingetroffen; von Sacile aus hatte Erzherzog Johann den jungen, erst 28jährigen Ingenieuroffizier, der den Bau des Forts geleitet hatte, vorausgesendet, um etwa noch Fehlendes rasch zu ersetzen.

Leider mangelte es an Zeit, um Annäherungshindernisse in entsprechender Zahl und Ausdehnung herzurichten, kaum konnte das Vorfeld genügend gelichtet werden.

Wohl waren die Arbeiten schon gegen Ende des Jahres 1808 begonnen, auch im Laufe des Winters auf 1809 fortgesetzt worden — aber es hatte an Geld gefehlt und als überdies die Armee in Italien bis an die Etsch vorgedrungen war, glaubte man auf die Befestigungen an der Grenze ganz verzichten zu können und stellte die Arbeiten ein.

Nun sollte sich dieses Versäumnis rächen: in wenigen Tagen, ja Stunden, konnte das nicht eingeholt werden, was man durch Monate hindurch unterlassen hatte.

---

[1]) Friedrich Hensel, geb. 13. August 1781 zu Kronstadt in Siebenbürgen, wurde 1801 aus der Genieakademie als Kadett zum Ingenieurkorps eingeteilt, avancierte am 1. September 1802 zum Oberleutnant, am 1. Jänner 1807 zum Hauptmann II. Klasse.

Am 12. traf GM. Graf Nobili, der Geniedirektor der innerösterreichischen Armee, zur Inspizierung des Werkes ein; der Bitte Hensels: mit dem Kommando des Forts betraut zu werden, glaubte er nicht entsprechen zu dürfen, da ohnehin empfindlicher Mangel an Ingenieuroffizieren herrschte.

Er befahl die schleunigste Ausarbeitung einer Instruktion, die dem Kommandanten der Besatzung beim Einrücken zu übergeben sei und wies Hauptmann Hensel an, dann sofort nach Villach einzurücken.

Aber dieser hielt fest an seiner Absicht; es war allgemein bekannt, daß der Erzherzog jede Stunde eintreffen mußte und er war entschlossen, seine Bitte an höchster Stelle nochmals vorzutragen. Sein Freund, Hauptmann von Hermann, welcher das Blockhaus auf dem Predil erbaut und nun die Vollendungsarbeiten dortselbst zu leiten hatte, bat gelegentlich eines Beisammenseins mit Hensel auch für ihn sprechen zu wollen.

Mit innigen Händedruck schieden die beiden — für immer! Der Blick, den sie wechselten, verriet nur zu deutlich, daß sie sich bewußt waren, die Erfüllung dieses Wunsches werde ihr eigenes Todesurteil besiegeln.

Bezeichnend hiefür sind die Worte, die Hauptmann Hensel kurz vorher Freunden und Bekannten gegenüber geäußert hatte: „Es wird mein und meiner Gefährten Grab sein, dieses Fort; aber ein herrliches Grab, wie das des Leonidas und seiner Spartaner bei Thermopylä."

Am 13., zeitlich am Morgen, war Erzherzog Johann bei Malborghet eingelangt; er fand alles in voller Tätigkeit, die von Villach herangezogene Landwehr unermüdlich an der Arbeit, um Halbfertiges noch zu vollenden.

Er besichtigte alle Werke, und nachdem er noch Eile anempfohlen und versprochen hatte, auserlesene, ausgeruhte Truppen als Besatzung zu bestimmen, erwiderte er auf die zögernd vorgebrachte Bitte Hensels, ihm vielsagend die Hand schüttelnd; „Sie haben das Fort erbaut, Sie werden es zu verteidigen wissen."

Dann schwang er sich wieder aufs Pferd und ritt hastig weiter, denn es war kein Augenblick zu verlieren, wollte man die Truppen noch rechtzeitig zum Schlag bereitstellen.

Gedankenvoll blieb Hensel geraume Zeit stehen und betrachtete die von goldigem Sonnenschein überflutete Gegend: doppelt schön nach einer langen Reihe trüber, regnerischer Tage; dann schritt er langsam wieder den Weg hinan zu seinen Arbeiten.

Er, wie kein anderer, war sich der Schwächen der Stellung vollauf bewußt. Die Werke, zumeist aus Holz erbaut, zum Teil noch unvollendet, waren einer günstig postierten feindlichen Artillerie gegenüber nicht lange haltbar.

Wohl durfte man hoffen, daß der Gegner — wenigstens in den ersten Tagen — nicht in der Lage sein werde, mit Übermacht an Artillerie aufzutreten, denn die Brücken im Fellatal waren alle zerstört und bis zu deren Wiederherstellung mußte wohl einige Zeit vergehen: aber darüber durfte man sich keiner Täuschung hingeben, daß die Franzosen durch den Dognagraben, über Wolfsbach, Kolonnen vorsenden würden, wodurch das Fort schon in kürzester Zeit isoliert, von der eigenen Hauptkraft bei Tarvis und Villach abgeschnitten und ganz auf sich selbst angewiesen sein werde. Und auch den Zustand der durch den Rückzug hart mitgenommenen österreichischen Truppen kannte Hensel zu gut, um dann noch auf einen Entsatz zu rechnen.

Am 12. Mai langte vom Artilleriedepot Federaun bei Villach das Geschütz ein: im ganzen 10 Kanonen und 1 Haubitze, überdies 8 Doppelhaken; 6 Cöhornsche Pöller (kleine Mörser) sollten nachfolgen, konnten aber nicht mehr rechtzeitig eintreffen. Oberfeuerwerker Rauch,[1]) ein altgedienter, tüchtiger Bombardier, leitete an der Spitze von 2 Unteroffizieren und 21 Kanonieren den Transport.

Noch am selben Tage wurde mit der Armierung der Werke begonnen und unter großen Schwierigkeiten schaffte man die zerlegten Geschütze mittels der Winden in die Batterien und zwar:

---

[1]) Ignaz Rauch von Montpredil, geb. 1777 zu Bilin in Böhmen, wurde 1796 als Gemeiner bei Palombiniinfanterie eingereiht, noch im selben Jahre zur Artillerie transferiert. 1800 dem Bombardierkorps zugewiesen; er machte die Feldzüge 1805, 1809, 1813, 1815, 1821 mit und wurde für sein bravouröses Verhalten bei Malborghet mit der goldenen Tapferkeitsmedaille dekoriert. 1812 zum Leutnant befördert, 1839 in den Adelstand erhoben. Als k. k. Artillerieoberst d. R. schloß Rauch am 24. November 1862 zu Wien im 86. Lebensjahre die Augen.

In die Scharte gleich beim Eingang in die Befestigung 1 Dreipfünder; in das Vorwerk 2 Dreipfünder; in die Wiesenbatterie 2 Dreipfünder; in die Malborghetbatterie 1 Sechspfünder, 1 Dreipfünder, 1 siebenpfündige Haubitze; in die Batterie beim ungarischen Blockhaus 2 Zwölfpfünder; in die Schachtel 1 Sechspfünder. Je 4 Doppelhaken wurden in den beiden Blockhäusern aufgestellt, 20 Rollbomben beim Haupteingang aufgeschichtet.

An Munition waren vorhanden: Für jeden Zwölfpfünder 140 Kugelpatronen, 10 Kartätschen; für jeden Sechspfünder 280 Kugelpatronen, 32 Kartätschen; für jeden Dreipfünder 240 Kugelpatronen, 48 Kartätschen; für die Haubitze 80 Granaten; für die Doppelhaken je 300 Schuß und an Infanteriereservemunition 36.000 Patronen.[1]) Auch waren die nötigen Brandeln, Lunten und Lichteln zur Hand.

Am folgenden Tag, kurz nachdem Erzherzog Johann zur Besichtigung eingetroffen war, marschierte eine Division des Ogulinergrenzregiments — die Jeresaner und Modruserkompagnie — abgemattete, durch die ununterbrochenen Kämpfe der letzten Tage übermüdete Truppen als Besatzung in Malborghet ein.

Das Kommando führte Hauptmann Vuchetich de Brinj und Hauptmann Caesar mit zwei Oberleutnants, einem Unterleutnant, zwei Fähnrichen, 206 Füsilieren und 50 Schützen, nebst den nötigen Unteroffizieren, der Verpflegsmannschaft und zwei Militärärzten. Kapitänleutnant Kupka von Franz Karlinfanterie, ein Jugendfreund Hensels, welcher sich hiezu freiwillig gemeldet hatte, und Leutnant Rehm, welcher mit acht Mann des Mineurkorps zum Zweck der Verteidigungsinstandsetzung des Vorfeldes eingelangt war, verblieben gleichfalls an Ort und Stelle.

Der Gesamtstand der Besatzung betrug daher alles in allem ca. 300 Mann, gewiß zu wenig für die Besetzung der vielen Objekte, besonders wenn man bedenkt, daß bei dem anstrengenden Dienste bei Tag und Nacht stets nur ein Teil der Truppen in Rechnung gestellt werden konnte; hatte doch das räumlich so beschränkte Werk auf dem Predil annähernd

[1]) Für 300 Mann je 120 Patronen. Die normale Taschenmunition des Mannes zählte 1809 : 60 Patronen.

dieselbe Streiterzahl in seinen Umfassungen. Und schon am 14., als die Österreicher das Vorfeld von Malborghet kaum geräumt hatten, pochte der Feind ungeduldig und ungestüm an die Pforten der Feste. Eine Rekognoszierung nennen die Franzosen die Unternehmungen dieses Tages.

Plänklerketten näherten sich bis auf Gewehrschußweite den Verschanzungen und suchten, gedeckt durch die vielen flachen Muren, der Besatzung durch Infanteriefeuer zu schaden. Bald aber zeigten sich Kolonnen auf der Straße, welche, scheinbar unbekümmert um die noch schweigenden Feuerschlünde der Österreicher, vorbei an den Abstürzen des sperrenden Bergfußes, nach vorwärts drängten; zugleich wurden Abteilungen sichtbar, welche die Höhe des Col di Cos zu ersteigen suchten.

Zuviel für die Geduld auch des langmütigsten Verteidigers! Die Kanonen der Malborghetbatterie eröffneten den blutigen Reigen, bald fiel auch die Wiesenbatterie ein und jene der schweren Zwölfpfünder. Nun folgte Schuß auf Schuß, und schon stockte der Vormarsch auf der Straße; Kommandorufe ertönten, Reiter sprengten gegen den Ort und nach kurzer Zeit fluteten die dichtgedrängten Massen wieder zurück hinter die schützenden Häuser von Malborghet, ihnen nach die Plänklerlinie, die dem wohlgezielten Feuer der Schützen aus den Blockhäusern nicht standhalten konnte.

Tote und Verwundete lagen in bedeutender Zahl umher, die Opfer dieses übereilt, ohne Vorbereitung, ohne Artillerie unternommenen Angriffs.

Auch die Zwischenbatterie hatte gute Arbeit getan, die gegenüberliegenden Hänge vom Feind gesäubert, seinem Vordringen über den Col di Cos ein energisches Halt! zugerufen.

Gegen Abend traf Prinz Eugen Beauharnais in Malborghet ein und nahm Quartier im Ort; die eingegangenen Berichte mochten ihm wohl die Überzeugung aufdrängen, daß ein frontaler Angriff kaum oder nur unter übermäßigen Verlusten zum Erfolg führen werde.

Zu sehr aber brannte der Ehrgeiz in der Seele dieses Mannes, als daß er auch nur einen Augenblick gezögert hätte, selbst mit den allerschwersten Opfern sein Ziel zu erreichen. Zum erstenmal mit einem selbständigen Armeekommando betraut, wollte er das Vertrauen seines kaiserlichen Adoptivvaters rechtfertigen und sich in seiner Gunst durch einen vollen Erfolg befestigen.

Napoleon hatte befohlen, daß die italienische Armee sich mit dem eigenen Hauptheer bei Wien vereinige: Malborghet mußte daher genommen werden, um die Straße frei zu bekommen für den Nachschub, für die Verbindung mit Italien.

Am 15., zeitlich morgens, erschien ein Parlamentär vor den Toren der Sperre und forderte die Besatzung zur Übergabe auf. Stolz wies Hensel den Empfang des feindlichen Offiziers ab, indem er sagen ließ: „Er habe Befehl, sich zu verteidigen, und nicht zu unterhandeln."

Prinz Eugen erteilte nun die Befehle zum Angriff; aus den Häusern von Malborghet debouchierten Schützenschwärme, starke Reserven folgten nach kurzer Zeit; die felsigen Hänge zur Linken des Ortes erklommen besonders zusammengesetzte Abteilungen, in deren Reihen Sappeure zur Herrichtung der Wege eingeteilt waren.

Eine Kolonne sollte versuchen, über den Col di Cos der Befestigung in den Rücken zu gelangen.

Noch war kein Schuß gefallen; immer näher arbeiteten sich die französischen Linien, immer bedrohlicher gestaltete sich ihr Vorrücken.

Aber plötzlich blitzt es feuerrot auf an allen Ecken und Enden der Verschanzung, die Geschütze donnern mit unheimlichen Tönen Tod und Verderben in das friedliche Tal, dazwischen knattert das Gewehrfeuer und reißt Lücke um Lücke in das feste Gefüge der anrückenden Bataillone.

Aber kein Wanken und Weichen ist zu bemerken; wohl mehr zur Anfeuerung beginnt das erste Treffen der Franzosen zu schießen, die ersten Reserven kommen heran und muntern die Vorderen auf, auszuharren bis zum entscheidenden Stoß.

Immer neue Truppen folgen, immer näher wälzen sich die feindlichen Massen und noch immer will sich das Eingreifen der umfassenden Gruppe am linken Flügel nicht fühlbar machen; ohne ein solches aber konnte der Angriff nicht gelingen.

Da entschließt sich der Kommandant des ersten Treffens,

sicher gemacht durch ein Nachlassen des Feuers aus den Verschanzungen, auf eigene Verantwortung zum Sturm zu schreiten; schrille Hornsignale übertönen den Lärm des Kampfes, Offiziere stellen sich an die Spitze der Kolonnen und vorwärts gehts über grünende Wiesen und Ackerfeld gegen die steilen Abhänge des Bergfußes.

Nicht unvorbereitet traf dieser kühne Vorstoß die Verteidiger; Hauptmann von Vuchetich hatte die Infanterie zum Teil aus den Blockhäusern gezogen und in die Laufgräben am Rande der fast senkrechten Eskarpe verteilt, alle Doppelhaken gegen Westen in Front gestellt. Oberfeuerwerker Rauch befahl, alle Kanonen der vorderen Linie mit Kartätschen zu laden.

Als die Franzosen nun in den wirksamsten Bereich der Geschütze gelangten, wurde auf ein gegebenes Zeichen eine Salve gelöst, deren verheerende Wirkung allein schon genügt hätte, den Angriff zum Stehen zu bringen; als der Pulverdampf sich aber verzogen hatte, schmetterte das Schnellfeuer der Infanterie alles nieder, was beim Feind noch an eine Fortsetzung des Kampfes denken mochte.

Binnen wenigen Minuten war das Vorfeld gesäubert, die Franzosen traten in der ganzen Ausdehnung der Front den Rückzug an, der Angriff war blutig abgeschlagen. Zum Glück für die Verteidiger, denn ungeachtet der Terrainschwierigkeiten hatten sich zuerst einzelne Leute, dann ganze Abteilungen des Gegners die unwegsamen Hänge des Buchkopfs gegen die beiden Steinbrüche emporgearbeitet und der Befestigung die rechte Flanke abgewonnen. Hinter Felsen gedeckt, hatten die feindlichen Tirailleurs von der Höhe volle Einsicht in das Innere der Verschanzung und dem wohlgezielten Feuer ihrer Schützen war dort schon manches Opfer zugefallen.

Ein Aufenthalt außerhalb der gedeckten Stellungen war fast unmöglich, der Verkehr zwischen den oberen Werken ganz unterbunden; das Infanteriefeuer des Verteidigers gegen die dominierende Position aber verpuffte wirkungslos.

Da ließ Oberfeuerwerker Rauch unter großen Mühseligkeiten eine dreipfündige Kanone aus der Malborghetbatterie auf einen günstigen Punkt außerhalb der Umfassung ins Freie schaffen und gegen die Schützenlinie am Buchkopf spielen. Schon nach den ersten Schüssen wurde das feindliche Kleingewehrfeuer schwächer und verstummte bald ganz; zuerst einzeln, dann in Gruppen sah man die Franzosen die Stellung räumen und sich tiefer ins Gebirge ziehen, in eine Entfernung, auf welcher die Schützen der Besatzung nicht mehr lästig fielen.

Über den Col di Cos, auf einem großen Umweg, war es General Desaix gelungen, mit vier Bataillonen nach Wolfsbach und von dort nach Uggowitz, mithin in den Rücken des Forts zu gelangen; die Besatzung war nun vom Gros abgeschnitten und ganz auf ihre eigene Kraft angewiesen.

Prinz Eugen hatte eingesehen, daß eine Bezwingung der Verschanzungen, ein gewaltsamer Angriff nur möglich sei mit Unterstützung von Artillerie; mit dem Befehl, so viele Kanonen als möglich vorzuschaffen, ritt noch am Nachmittag ein Ordonnanzoffizier das Fellatal hinab.

Aber Ungeduld peinigte den jugendlichen, persönlich äußerst tapferen Führer der Franzosen; einem Kriegsrat legte er am Abend des 15. die Frage vor, ob nicht vielleicht ein nächtlicher Überfall Aussicht auf Erfolg hätte? Und trotz der Warnungen seiner Generale befahl er, gegen Mitternacht den Versuch einer Überrumpelung zu wagen. Der Versuch scheiterte an der Wachsamkeit der österreichischen Vedetten, deren Alarmrufe binnen kurzem jeden Verteidiger auf seinen Posten brachten; das entscheidende Moment der Überraschung stand den Franzosen so nicht mehr zur Seite, als sie im Dunkel der Nacht lautlos die Straße entlang zogen.

Dennoch entzog die herrschende Finsternis den Österreichern den Anblick der Angriffskolonnen und in den Munitionsräumen waren leider keine Leuchtkugeln eingelagert; das Feuer aus den Batterien konnte demnach nicht zur vollen Wirkung gelangen.

Bartholomäus Burgstaller, ein Kanonier vom 2. Feldartillerieregiment, leistete in diesem Augenblick der Besatzung einen großen Dienst; mit der Örtlichkeit genau vertraut, wußte er, daß feindwärts, dem Strahlendorf'schen Hammerwerk vorgebaut, mehrere hölzerne Schupfen als Lagerstätten dienten. Rasch entschlossen raffte er mehrere „Lichteln" zusammen, schwang sich über die Brüstung und ließ sich vorsichtig die schroffen Felsen hinab; unten angelangt, übersetzte er die Straße und nachdem er sich bis zum vordersten Holzbau vorgeschlichen, war es ihm ein Leichtes, sein Vorhaben auszuführen und eines jener Häuser in Brand zu stecken.

Zuerst war nur ein unheimliches Knistern zu vernehmen, aber bald fachte der Wind die glimmenden Holzteile zu mächtiger Flamme an, die ganze Gegend weithin mit blendendem Lichtschein erhellend.

Und nun sprachen die Geschütze die altgewohnte, treffende Sprache, ein Hagel von Geschossen ging nieder, jeder Schuß ein Treffer im dichten feindlichen Gewühl.

Mit bedeutenden Verlusten mußte Prinz Eugen sein kühnes Wagnis bezahlen, demoralisiert zogen sich die Truppen zurück.

Um den gesunkenen Mut der Soldaten zu heben, wohl auch in Erwartung der Artillerie, gönnte der Vizekönig seinen Truppen am 16. Mai einen Rasttag. Nur vom Buchkopf her wurde den ganzen Tag scharmutziert, auch sah man auf dem Col di Cos und seinen Abhängen Offiziere damit beschäftigt, das Terrain zu rekognoszieren und Messungen vorzunehmen.

Nachmittags begehrte zum zweitenmal ein Parlamentär Einlaß: „Die ganze französische Armee stehe vor der Front und unnütz Blut vergießen heiße es, mit so wenigen Leuten Widerstand leisten zu wollen; werde die Übergabe verweigert, so sei die ganze Besatzung dem Tode geweiht."

Prinz Eugen hatte diese Drohung übermitteln lassen, aber wohl selbst an keinen Erfolg geglaubt. Soldat mit Leib und Seele, überraschte ihn die abweisende Antwort Hauptmann Hensels durchaus nicht.

Im Laufe des Abends waren im Markte Malborghet endlich die bang erwarteten Geschütze eingelangt: 4 Kanonen und 1 Haubitze. Während der Nacht wurden mit fieberhafter Eile zwei Batterien unterhalb des Col di Cos, südlich des Ortes erbaut und die Geschütze in Stellung gebracht. Zugleich erteilte Prinz Eugen die Befehle zum entscheidenden Angriff am 17. Mai.

Von allen Seiten und gleichzeitig sollten Sturmkolonnen, unterstützt von der Artillerie sowie von Infanteriefeuer vom Buchkopf her, gegen die felsenumrandeten Berghänge vorgehen, sich in den durch die steilen Abstürze gebildeten toten Winkeln sammeln und durch die Rinnen hinansteigend in das Innere der Verschanzung eindringen, um Mann gegen Mann die Besatzung zu überwältigen.

Schon vom Einbruch der Dunkelheit an arbeiteten Sappeure an der Gangbarmachung des Weges auf den Buchkopf, auf welchem sich im Laufe der Nacht 3 Kompagnien des 62. Infanterieregiments unter Major Vautré festsetzten; das 2. und 3. Bataillon desselben Regiments, dann 1 Bataillon des 102. Regiments sollten bei Morgengrauen folgen und von der Höhe aus das obere Blockhaus stürmen.

In der Front hatten das 1. und 4. Bataillon von 62, die Voltigeure und Grenadierkompagnien voran, sich im Matzgraben zu sammeln und auf ein gegebenes Zeichen vorzubrechen; der Rest der Division Durutte marschierte am Ostausgang von Malborghet auf und folgte der Frontgruppe als Reserve, während die königliche Garde von Pontafel bis nahe an den Ort vorgezogen wurde.

General Pacthod mit 4 Bataillonen des 1. Linienregiments und 2 des 52. Regiments war angewiesen, um 4 Uhr Früh aufzubrechen, längs der Hänge des Col di Cos die österreichischen Werke zu umgehen und vom Silbergraben aus das Fort im Rücken zu fassen.

General Desaix, welcher mit der französischen Avantgarde schon bei Saifnitz stand und die Division Fontanelli, die durch den Dognagraben und das Roccolanatal debouchierte, hatten durch einen Angriff auf Tarvis die Gruppe des FML. Albert Gyulai lahmzulegen.

Aber auch Hauptmann Hensel hatte alle Anstalten zu einer hartnäckigen Verteidigung getroffen; leider war die Besatzung zu gering für die ausgedehnten Linien, den wenigen Kanonieren mußten ungeübte Leute der Infanterie beigegeben werden, um eine Bedienung der Geschütze überhaupt möglich zu machen.

Schon vor Tagesanbruch war alles zur Stelle; noch einmal gingen Hensel und Kupka an der Spitze der Offiziere alle Werke ab und ließen der Mannschaft in ihrer Muttersprache Mut zusprechen, sie an die Heiligkeit des Eides erinnern.

Es war das letzte Beisammensein; tief ergriffen schieden die wackeren Führer und jeder begab sich auf den zugewiesenen Posten: Kupka ins Einserblockhaus, Hauptmann Caesar in die Schachtel, Hauptmann von Vuchetich zum ungarischen Blockhaus, Rauch in die Malborghetbatterie, Hensel zur Wiesenbatterie.

Den ersten Sonnenstrahl begrüßten die französischen Geschütze mit donnerndem Zuruf; aber sie schießen schlecht, die gallischen Kanoniere, und jedes vorbeisausende oder in den Felsen sich verfangende Geschoß wird seitens der Österreicher mit einer Lachsalve begleitet; erst als eine Granate auf die Decke des unteren Blockhauses niederprasselt, wird der Bann gelöst und die schweren Zwölfpfünder eröffnen das Feuer gegen die Batterien am Fuße des Col di Cos.

Schon geraume Zeit dauerte die Kanonade und noch immer bleibts still im feindlichen Lager, nur vom Buchkopf her blitzt und knattert es heftig gegen die Verschanzung, aber das österreichische Blockhaus hält den Feind in Schranken und der Sechspfündner in der Schachtel, der schon Tags vorher gegen die Höhe in Stellung gebracht worden war, hält scharfe Wacht und sendet von Zeit zu Zeit eine bittere Pille nach den feindlichen Reihen.

Gegen Mittag steigen von Uggowitz Raketen auf, das Zeichen, daß General Pacthod mit der Umgehungskolonne auf seinem Posten eingetroffen; von der Kuppe des Col di Cos flammt es kurz hernach auf und eine dichte Rauchsäule steigt gegen den Himmel: das Zeichen des Prinzen Eugen zum allgemeinen Angriff.

Die französischen Kanonen waren wohl schon vorher durch die Zwischen- und Wiesenbatterie zum Schweigen gebracht worden, jetzt aber hieß es, sich dem Ansturm entgegenstemmen mit ganzer Kraft.

Schuß auf Schuß krachte aus den Scharten, unheimlich widerhallend von den Höhen, Verderben in die Reihen der vorstürmenden Truppen tragend; ein verheerendes Schnellfeuer schlägt dem Angreifer entgegen, als er todesmutig vordringt, jeden Schritt muß er mit Haufen von Leichen erkaufen.

Ganze Reihen mäht die Sense des Todes nieder, aber neu[illegible]ten an ihre Stelle, den Kompagnien folgen Bataillo[illegible] den Bataillonen Regimenter; immer wieder schließt sich [illegible] Mauer, immer näher rückt die eherne Phalanx, die Bajonette blitzen im Sonnenschein und scheinen schon gierig zu lechzen nach dem Blute der Verteidiger.

Endlich sind die schützenden Felsabstürze erreicht, in dem gedeckten Raume sammeln sich die keuchenden Truppen, ordnen die Offiziere ihre dezimierten Kompagnien. Ein Leichenfeld bezeichnet den Weg, den die Franzosen durchwandert hatten und auch hier soll der Tod noch reiche Ernte halten; Rollbomben sausen in Rinnen herab und lösen die kaum geordneten Verbände: „Vorwärts" rufen die Offiziere, Signale geben das Kommando weiter und nun gehts langsam hinan zum Kampfe Mann gegen Mann.

Am rechten Flügel war mittlerweile die Entscheidung schon gefallen. Es war 1 Uhr mittags, als die Franzosen, nach einem beiderseits äußerst hartnäckig geführten Gefecht, das obere Blockhaus von drei Seiten umklammert hatten; die beiderseitigen Schützen standen so nahe aneinander, daß man deutlich Farben und Distinktionen unterscheiden konnte.

Recht lästig und verlustreich war dem Gegner das Kartätschfeuer aus dem Sechspfünder in der Schachtel; plötzlich aber gelingt es einer verdeckt vorgerückten Abteilung, in den Verbindungsweg zu gelangen, ein Freudenschrei begrüßt diesen kühnen Handstreich und bald wimmelt es von Bajonetten, die hinabstürmen gegen den von dieser Seite ganz wehrlosen Waffenplatz.

Die Zwischenbatterie wird genommen, die Eingangstür zur Schachtel gesprengt und blindwütig alles niedergestreckt, was sich dem Feinde noch entgegenstellt; sogar Unterarzt Hutzler, der eben über einen Verwundeten gebeugt, einen Verband anlegen will, wird gemordet, Hauptmann Caesar[1]) blutüberströmt gefangen genommen.

Und immer neue Scharen fluten in das Innere der Verschanzung; Hauptmann von Vuchetich fällt bei der Verteidigung des ungarischen Blockhauses, die Besatzung, von allen Seiten umringt, muß sich ergeben. Auch im oberen Blockhaus war schon die Stille des Todes eingezogen; mit dem Mut der Verzweiflung hatte Kapitänleutnant Kupka, schon schwer verwunddet, bis zum letzten Augenblick gekämpft und als die Franzosen

---

[1]) Caesar Josef, geb. 1762, gest. 1826, als Oberst.

Mileta Vuchetich de Brinj

k. k. Hauptmann im Oguliner Grenzregiment.

Gefallen zu Malborghet am 17. Mai 1809.

eindrangen, warf er sich dem befehligenden Offizier in die Arme: „Ich bin Ihr Gefangener,“ rief er mit matter Stimme.

Es waren seine letzten Worte; ein feindlicher Sappeur spaltete ihm durch einen Hieb mit der Hacke den Kopf.

In rascher Folge fielen auch das Vorwerk, dann die Retourbatterie und die Wellen des Kampfes spülten hinüber über die Brüstung, bis in das Innere der Umfassung.

Hauptmann Hensel stand auf einem erhabenen Punkte, nördlich der Wiesenbatterie, von wo er einen umfassenden Überblick hatte. Als er bemerkte, daß feindliche Kräfte auch hier schon einzudringen begannen, eilte er nach vorwärts, um durch sein persönliches Beispiel einzugreifen; durch einen Streifschuß an der Schläfe verwundet, versuchte er den Blutverlust durch Vorhalten seines Sacktuches zu mindern und stürzte mit dem Degen in der Faust der hundertfachen Überzahl entgegen. Von Bajonettstichen förmlich durchsiebt, fällt er, umgeben von einer kleinen Schar Soldaten, die vergebens versucht hatte, ihren Kommandanten zu schützen; „Mut Kameraden,“ waren die letzten Worte, die sich den vor Schmerz krampfhaft zusammengepreßten Lippen des Sterbenden entrangen. Alle Bande der Ordnung sind nun gelöst, über die bis zur Unkenntlichkeit verstümmelte Leiche Hensels stürmen die rachedurstigen Bataillone in die Feste: plündernd, raubend, mordend.

Nur die Malborghetbatterie hält noch stand, und an den verrammelten Toren bricht sich noch geraume Zeit die Wut des Feindes. Mangels anderer Ziele hatte Oberfeuerwerker Rauch begonnen, den Ort Malborghet zu beschiessen, um das Vorrücken des Gros der Franzosen gegen Tarvis wenigstens noch auf kurze Zeit zu verhindern.

Die Haubitzgranaten zündeten an mehreren Punkten und die im Markt massierten Truppen hatten vollauf zu tun, um des Feuers Herr zu werden.

Es war der letzte Erfolg der Österreicher; Petarden hatten die Eingänge bloßgelegt, die wenigen Leute waren bald stumm gemacht.

Rauch entging dem allgemeinen Gemetzel nur dadurch, daß ein französischer Offizier sich seiner annahm, da er ihn zum Zeugen haben wollte, daß er die Batterie als erster betreten; auch Leutnant Rehm wurde geschont, weil man durch ihn zu erfahren hoffte, ob und wo Minen im Vorfeld oder innerhalb der Befestigungen gelegt seien.

Aber gegen den todesmutigen, wackeren Bombardier richtete sich der volle Zorn, der Unwille der durch die empfindlichen Verluste erbitterten französischen Soldaten, und immer lauter riefen sie nach seinem Leben. „Gerade dieser,“ murrten die Truppen, „habe am wenigsten verdient, verschont zu bleiben, er möge fallen zur Sühne für so viele Opfer.“

Die Erstürmung von Malborghet.

Nach einem Gemälde von A. Adam.

General Pacthod, welcher eben hinzukam, glaubte der erregten Stimmung nachgeben zu müssen und befahl, Rauch an Ort und Stelle zu füsilieren; schon waren drei Mann zur Exekution bestimmt, die Gewehre geladen, um gegen alle Kriegsgesetze einen feigen Mord zu begehen — als noch rechtzeitig ein Adjutant des Vizekönigs erschien, der die gefangenen Offiziere, besonders aber den Kommandanten der österreichischen Artillerie zu sich befehligte.

Überrascht über den geringen Stand der Besatzung, erkundigte sich Prinz Eugen eingehend über die einzelnen Phasen des Kampfes, über die Einrichtung der Batterien, die Zahl der Geschütze und konnte nicht umhin, zum Schluße zu bemerken, daß es töricht gewesen sei, mit so wenig Mannschaft an einen ernsthaften Widerstand gegenüber einer so erdrückenden Übermacht zu denken, und daß die Besatzung durch die wiederholte Weigerung der Übergabe es eigentlich verwirkt habe, auf Gnade zu rechnen.

„Der brave Soldat,“ war die mannhafte Antwort, „muß seine Schuldigkeit tun bis zum letzten Atemzug, vorzeitige Übergabe ist halber Verrat.“

Der ritterliche Prinz, der persönlichen Mut und Unerschrockenheit selbst am besten zu schätzen wußte, hatte wohl niemals ernstlich daran gedacht, seinen edlen Charakter durch eine wenig schöne Tat zu beflecken: Er schenkte allen das Leben und ehrte seine eigene Armee, indem er befahl, die Gefangenen als unglückliche, aber tapfere Kameraden zu behandeln.

Auf österreichischer Seite betrug der Verlust:

Tot die Hauptleute Hensel, von Vuchetich, Kapitänleutnant Kupka, Leutnant Moser, Fähnrich Jorbich, Unterarzt Hutzler, dann 75 Mann vom Feldwebel abwärts. Verwundet Hauptmann Caesar, Oberleutnant Szaly, Fähnrich Janchich und zirka 120 Mann.

Gefangen Oberleutnant Schulledich, Leutnant Rehm, Oberarzt Bock und 80 Mann; nur wenigen Leuten war es gelungen, ins Gebirge zu entkommen.

Wie hoch sich der Gesamtverlust der Franzosen belief, ist nicht genau zu ermitteln; am 17. Mai allein sollen sie an Toten und Verwundeten 1300 Mann eingebüßt haben. Dies würde das blindwütige Verhalten der, nach einigen Nachrichten auch noch durch Branntwein aufgestachelten Soldaten der Armee Prinz Eugens wohl erklären. Immerhin muß neben der Bewunderung für das Verhalten unserer Soldaten, auch die Tapferkeit und Todesverachtung des Feindes rühmend hervorgehoben werden, der mit beispiellosem Elan im dichtesten Kugelregen zum Sturme vorging und trotz der enormen Verluste nicht einen Augenblick wankte.

Hauptmann Hensel soll die erste Todeswunde von demselben Offizier erhalten haben, der ihn zweimal vergeblich zur

Übergabe aufgefordert hatte. An seine Mutter, die in Kronstadt lebte, richtete Erzherzog Johann eigenhändig Trostesworte und zollte dem Verhalten des jungen Offiziers höchste Anerkennung.

Rechts von der Straße, am Fuß der senkrecht abfallenden Felsen, wo hoch oben die in den achtziger Jahren neuerbauten Festungswerke des „Forts Hensel" trotzen,[1] steht zum Andenken an jene ruhmvollen Kämpfe ein einfaches, aber zum Herzen sprechendes Denkmal. Auf breitem Sockel erhebt sich eine aus 15 Quadersteinen aufgerichtete Pyramide, an

[1] 1847 wurde die Sperre neu aufgebaut, 1850 vollendet; 1881 wurde mit der Abtragung der alten Forts begonnen und unter der Leitung des späteren Generalgenieinspektors FZM. Grafen Geldern 1883 fertiggestellt. Seit 1882 führt die Befestigung den Namen „Fort Hensel". (Ah. Entschl vom 19. März.)

deren Basis, in Eisen gegossen, ein sterbender Löwe liegt, den todbringenden Speer in der Brust.

Die kurze Inschrift inmitten der Quadernreihe lautet:

Zur Erinnerung
an den Heldentod
des k. k. Ingenieur Hauptmanns
Friedrich Hensel
am XVII. Mai MDCCCIX
und der mit ihm gefallenen
Kampfgenossen
Kaiser Ferdinand I.

Eine Gedenkplatte an die Helden von Malborghet und Predil wurde im Jahre 1834 zu Klosterbruck bei Znaim, wo sich dazumal die technische Militärakademie befand, angebracht, dann nach Wien und in jüngster Zeit nach Mödling übertragen. Die sinnige Inschrift der Platte klingt in die schönen Worte aus: „Jünglinge, wo Ihr seid, fanden die Todgeweihten das Licht, das zur Höhe sie führte. Ihnen strebet nach, erreichen könnt Ihr sie, übertreffen nie!"

Halbverkohlte Balkenstücke von den Blockhäusern werden in der technischen Militärakademie unter Glasschrank aufbewahrt, eine Granate, welche in den letzten Stunden des Kampfes aus der Haubitze in der Malborghetbatterie gegen den Ort geschleudert wurde, fand einen Ehrenplatz in der österreichischen Ruhmeshalle im k. u. k. Arsenal zu Wien.

Der Tisch in dem Wirtshause des Gewerken Reßmann in Malborghet, woselbst Hensel zum letztenmal im Kreise seiner Offiziere und Bekannten gesessen, die vergeblich durch fröhliches Kartenspiel seine schweren Gedanken zu bannen gesucht hatten, wurde von dem Sohn des damaligen Gastgebers dem Fort geschenkt, 1891 mit einer Gedenktafel versehen und im Dienstzimmer des Kommandanten aufgestellt.[1])

Eine Hermann-Hensel-Stiftung für verwaiste Söhne nach Ingenieuroffizieren legt Zeugnis ab von der Dankbarkeit der Nachwelt gegenüber jenen Braven, eine gleichnamige Gedenk-

---

[1]) Plazer, 244, Anm. 1.

stätte in der Akademie bewahrt fürsorglich einige Originalzeichnungen, ferner Terrainmodelle von Malborghet und Predil mit den 1809 bestandenen Befestigungen, und zeigt die Porträtreliefs ihrer heldenmütigen Kommandanten.

Auch die Franzosen lassen dem Verhalten der Besatzung volle Gerechtigkeit widerfahren. So sagt General Pelet in seinem Werke über den Feldzug 1809: „Ehre den braven Österreichern, dem Hauptmann Hensel und seinen Offizieren, die sich durch die glänzende Verteidigung mit Ruhm bedeckten! Die Erliegenden verdienten sich noch die Bewunderung der Sieger.“

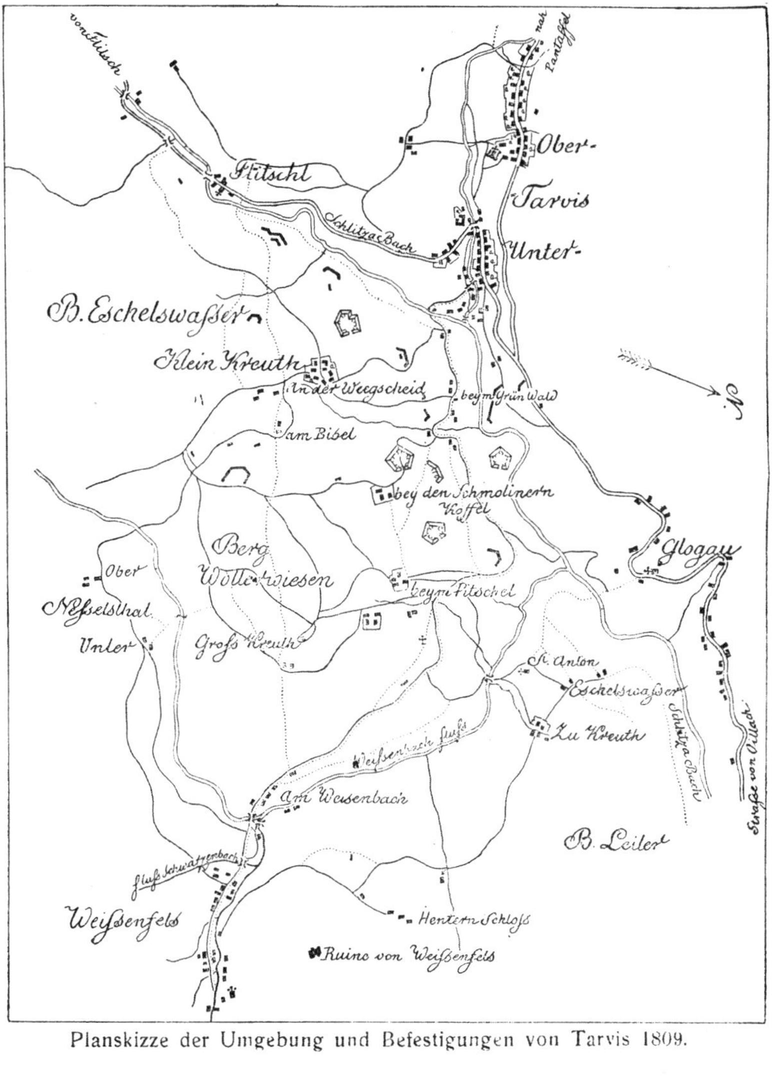

Planskizze der Umgebung und Befestigungen von Tarvis 1809.

Tarvis.

Ohne den Erfolg des Angriffs auf Malborghet abzuwarten, hatte Prinz Eugen seine Marschkolonnen auf Umwegen gegen Tarvis vorgeschoben.

General Desaix hatte in der Nacht vom 15. auf den 16. mit der französischen Avantgarde, vier Battaillonen Voltigeure, welchen später das 23. leichte Regiment folgte, das Fort tourniert und war nach einem beschwerlichen Marsch bei Uggowitz wieder auf die Hauptstraße gestoßen. General Fontanelli erreichte, aus dem Dognagraben in das Seiseratal gelangt, zeitlich morgens Wolfsbach und stand gegen Mittag mit seinen Truppen auf der Höhe von Saifnitz. Bald darauf wurde die Tete der langgezogenen Desaix sichtbar, welche ohne Aufenthalt durch den Ort defilierte und talab weiter zog.

Das 23. leichte französische Infanterieregiment und die beiden, durch den Überfall bei Wolfsbach geschwächten Bataillone des 22. Regiments, wurden zu einer Brigade vereinigt und dem General Valentin unterstellt; diese sechs Bataillone hatten der Avantgarde unmittelbar zu folgen.

Von den Österreichern wurde nur ein Pikett Otthusaren gesehen, welches nach einigen Schüssen zurückging.

Ohne Aufenthalt war General Desaix vorgerückt; um zwei Uhr stand er vor den Häusern von Tarvis. Von einem lebhaften Infanteriefeuer empfangen, mußte er halten und seine Truppen zur Entwicklung bringen. Offenbar hatten die schwachen österreichischen Kräfte nur eine Verzögerung des feindlichen Vormarsches bezweckt, denn beim Vorbrechen der französischen Angriffskolonnen räumten sie den Markt und zogen sich gegen das eigene Gros zurück.

Dieses erwartete den Gegner auf dem Höhenzug, der sich nordöstlich von Flitschl über Greuth (Kreuth) bis Goggau hinzieht und sowohl die Straße nach Villach als jene über Weißenfels gegen Wurzen sperrt. Leider hatten Zeit- und Geldmangel es auch hier verhindert, daß die alten, halbverfallenen, noch aus dem Feldzug 1798 stammenden Verschanzungen entsprechend instand gesetzt und für eine längere Verteidigung wehrbar gemacht wurden.

Von Natur aus am stärksten, auch fortifikatorisch am besten bedacht, war der österreichische rechte Flügel, welcher sich an die steilen Abfälle des Weißenbaches lehnte und kaum umgangen werden konnte; zur direkten Sperrung der Villacherstraße hatte man jenseits der die Frontlinie begleitenden, tief eingeschnittenen Schlitza zwei flankierende Erdwerke aufgeworfen.

Auf einer vorspringenden Kuppe, in deren Schußbereich

die beiden Fahrstraßen nach Weißenfels und Villach ziehen, stand eine leidlich erhaltene Redoute, die mit einigen Kanonen armiert war; die dahinter liegenden Anhöhen, beiläufig das Zentrum der ganzen Anlage, krönten zwei geschlossene, feindwärts durch Mauerwerk verstärkte Verschanzungen, mit einer Reihe vorgelegter Schützengräben.

Geradezu unhaltbar zu nennen war die Lage des linken Flügels, welcher durch einen Bach von den übrigen Befestigungen getrennt war; auch hier schloß eine mit einigen Feldstücken versehene Redoute die bedeutende Lücken aufweisende Verteidigungslinie ab, aber sie war Flankenstößen ausgesetzt und konnte von Flitschl her leicht umgangen werden. Mehrere flüchtig angelegte, für Infanterieverteidigung angelegte Schanzen, südlich und südöstlich von Greuth, sollten dem steuern, der zunächst liegende Wald war durch Verhaue gesperrt.

Nach jeder Richtung hin unvorteilhaft waren die Rückzugsverhältnisse. Die Fahrstraße nach Villach kam der allgemeinen Lage nach gar nicht in Betracht, und sonst stand nach dieser Seite ein einziger Fußweg zur Verfügung, welcher ungefähr parallel mit der Verteidigungslinie und durch ein Brückendefilee über den Weißenbach nach Maglern führte.

Etwas besser waren die Verbindungen gegen Wurzen: mehrere Wege, so ziemlich senkrecht von der Aufstellung ausgehend, konvergierten gegen Weißenfels, woselbst allerdings wieder eine Brücke benützt werden mußte; hier bot aber das Terrain genugsam Gelegenheit, ein zu scharfes Nachdrängen des Gegners entsprechend abzuwehren. Von Wurzen aus mußte in einem beschwerlichen Marsch, über den an 1000 Meter hohen Gebirgsrücken, der die Grenze zwischen Kärnten und Krain bildet, erst die Chaussee östlich Arnoldstein gewonnen werden und es bestand die Gefahr, daß der Gegner, von Tarvis aus vorrückend, die Einmündungsstelle früher erreiche und damit der hier zurückgehenden Kolonne den Weg verlege.

Die Frontausdehnung der Stellung, vor welcher die steilen Abstürze des Schlitzabaches ein mächtiges Hindernis bildeten, betrug zirka 3000 Meter.

Die zur Verfügung stehenden Truppen, ungefähr 4000 Mann, waren wie folgt aufgestellt: Am äußersten linken Flügel

Schlitzaschlucht bei Tarvis.

ein Batalilon Szluiner, dann einige zusammengewürfelte Kompagnien Marburger Landwehr, als Soutien 1 Bataillon Franz Jellachich; im Zentrum und am rechten Flügel je zwei Bataillone Oguliner und Franz Jellachich, als allgemeine Reserve in den oberen Verschanzungen das Regiment Reisky. Die Kavallerie — 4 Eskadronen Otthusaren — beobachtete die Straßen bei Goggau und Weißenfels; 11 Geschütze waren in den Verschanzungen in Stellung gebracht.

General Desaix hatte sofort nach Abzug der Österreicher Tarvis besetzt und an der Ortslisière mit vorgeschobenen Abteilungen Gyulais Fühlung genommen.

Das Eingreifen der Artillerie aus den Verschanzungen nötigte ihn aber bald, das Gefecht abzubrechen und seine Truppen dem Feuerbereich der Kanonen zu entziehen; die eben anrückende Brigade Valentin erhielt die Weisung, in dem zerklüfteten Terrain links des Marktes aufzumarschieren und daselbst zu rasten.

Die Division Fontanelli zog von Obertarvis aus auf die rechtsseitigen Anhöhen, indem sie sich möglichst weit gegen Flitschl ausdehnte, von wo der Anmarsch des Generals Bonfanti erwartet wurde; gegen 2 Uhr nachmittags kamen die ersten Abteilungen der italienischen Brigade in Sicht, welcher General Fontanelli im letzgenannten Ort zu halten befahl.

Schon nach kurzer Rast traf der Befehl ein, die Brigade habe den linken Flügel der Österreicher vom Gebirge her anzugreifen und zu versuchen, durch unentwegtes Vorrücken die ganze Aufstellung aufzurollen; die übrigen Kräfte wurden verhalten, durch Demonstrationen in der Front, die Aufmerksamkeit des Gegners zu teilen.

Bonfanti ließ das 1. Bataillon des 2. italienischen Regiments und ein dalmatinisches Bataillon bei Flitschl Ufer wechseln und in Gefechtsform die Hänge des Berges ersteigen; auf der Höhe angelangt, wurde nach kurzem Feuergefecht zum Sturm auf die am äußersten linken Flügel gelegene Infanterieschanze geblasen.

Mit großer Bravour gehen die Truppen im offenen Gelände vor und gelangen tatsächlich bis unmittelbar vor den Graben der Verschanzung; aber ein verheerendes Feuer schlägt ihnen auf nur wenige Schritte entgegen. Die gelockerten Verbände beginnen zu wanken, endlich auch zu weichen: in wilder Flucht retten sich die Trümmer in den nahen Wald, wo sie ein Bataillon des 3. italienischen Regiments aufnimmt.

Ein nach geraumer Zeit erneuert unternommener Versuch wird ebenso blutig abgewiesen. Nun setzt in dichten Massen das 60. französische Infanteriegiment, von General Fontanelli vorgesendet, zum Angriff an; der Übermacht gelingt es in die Schanze zu dringen und nach kurzem Handgemenge die Szluiner zu werfen, die nach allen Seiten versprengt, erst im Laufe der Nacht, zum Teil sogar erst am nächsten Tage, einzeln oder in kleinen Gruppen sich bei der Nachhut zu sammeln vermochten.

Die einbrechende Dunkelheit, wohl auch die im feindlichen Lager durchgedrungene Erkenntnis, daß vor dem Eintreffen der Artillerie Erfolge nur unter den schwersten Verlusten zu erzielen seien, setzten weiteren Kämpfen für diesen Tag ein Ende.

FML. Gyulai mußte das Festsetzen des Gegners in seiner ohnehin exponierten linken Flanke auf das äußerste beunruhigen; mit seinen schwachen Kräften konnte er einem energischen Stoße am 17. von dieser Seite umsoweniger widerstehen, als eine Verstärkung des bedrohten Flügels eine Schwächung der Frontgruppe bedeutete, was von den einschneidendsten Folgen begleitet sein konnte.

Noch in der Nacht trabte ein Offizier nach Arnoldstein und erbat dringend Verstärkungen.

Der grauende Morgen zeigte im feindlichen Lager reges Leben; es unterlag keinem Zweifel, daß man Anstalten zu einem neuen Angriff traf. General Baraguey-d'Hilliers war im Laufe der Nacht mit Instruktionen aus dem Hauptquartier des Vizekönigs eingetroffen und übernahm das Kommando der Gruppe am rechten Flügel.

Seine Absicht ging dahin, von dem am Vorabend gewonnenen Stützpunkt aus längs des Waldes gegen Greuth vorzubrechen, die Stellung der Österreicher zu umgehen und auf deren Rückzugslinie bei Weißenfels zu drücken. Zugleich sollte Desaix in der Front vorgehen und den Schlitzabach forcieren.

Der Mangel eines einheitlichen Kommandos hatte schon beim Entwurf der Angriffsdispositionen zu Reibungen geführt und drohte beim Beginn der Operationen geradezu verhängnisvoll zu werden. Der Vorstoß der Frontgruppe geschah viel zu früh, noch zu einer Zeit, als die Kolonnen des rechten Flügels zur vereinbarten Aktion nicht geordnet waren.

Es gelang daher den Österreichern mit Leichtigkeit, die Truppen der französischen Avantgarde und des Generals Valentin zu werfen und nach abgeschlagenem Sturm rechtzeitig Verstärkungen gegen den bedrohten Flügel zu entsenden, um der Umfassung wirksam zu begegnen.

Die Vorrückung der nun mit Bonfanti vereinigten Division Fontanelli hatte kaum begonnen, als FML. Gyulai von Greuth aus zum Gegenstoß ausholte, die erste Linie der Italiener über den Haufen warf und sogar die Schanze wieder nehmen konnte, welche tagsvorher verloren gegangen war; lebhaft verfolgt, konnte Baraguey-d'Hilliers seine Truppen erst bei Flitschl wieder sammeln.

Gegen 10 Uhr vormittags war der Angriff auf der ganzen Linie abgeschlagen, das Feuer allseits verstummt. Eine unheimliche Ruhe lagerte gewitterschwül und bleiern über dem ganzen Gelände; diesseits und jenseits der Schlitza war man sich bewußt, daß der blutige Reigen des Tages noch nicht abgeschlossen war, daß die letzten Strahlen der sinkenden Abendsonne, der einbrechenden Nacht noch manches Opfer zuführen würden.

Nach Arnoldstein hatte Gyulai eilends von seiner Lage Nachricht gesendet und durch einen Generalstabsoffizier abermals dringend um einige Bataillone angesucht.

In den ersten Nachmittagsstunden bemerkte man auf der Straße von Uggowitz dichte Staubwolken, bald darauf unterschied man deutlich Kavallerieabteilungen, dahinter langgezogene Reihen von Infanterie; und immer neue Truppen kamen die Straße entlang nach Tarvis, zogen ein in das deckende Gewirr der Häuser, und erschienen auf den Höhen ringsumher bis zur Villacherstraße und bis zu den italienischen Bataillonen am rechten Flügel.

Zur Gewißheit ward die Befürchtung betreffs des Schicksals der Besatzung von Malborghet, als nach kurzer Frist im frischen Trab Kanonen daherrasselten und unverweilt auf dem Bergrücken zwischen Tarvis und Flitschl in Stellung gingen.

Nach dem Fall der Befestigungen im Canaltal verblieben daselbst nur 2 Kompagnien des 62. französischen Infanterieregiments. Prinz Eugen ritt unverweilt vor, beauftragte General Grenier mit den Divisionen Pacthod und Durutte zu folgen und auch die Artillerie tunlichst rasch in Marsch zu setzen.

Nach vorgenommener Rekognoszierung begann der Aufmarsch zum Angriff. Die beiden freigewordenen Divisionen hatten, nach Abgabe einiger Verstärkungen, von Tarvis debouchierend, gegen Goggau vorzubrechen und nach Einnahme der schwachen Erdwerke an der Straße, Gyulai den Rückzug nach Villach zu verlegen und hiemit den Besitz der Vorrückungslinie für das eigene Gros zu sichern. Zum Angriff auf die Verschanzungen selbst standen 16 Bataillone bereit: Baraguey-d'Hilliers sollte mit der Division Fontanelli von Flitschl aus gegen die linke Flanke der Österreicher vorstoßen, um womöglich Weißenfels zu erreichen, General Desaix mit der Avantgarde und der Brigade Valentin frontal gegen die befestigte Stellung stürmen.

Im österreichischen Lager war gegen 4 Uhr nachmittags das Regiment Strassoldo (Nr. 27), zirka 1000 Mann stark, eingetroffen. FML. Gyulai disponierte nun seine Kräfte wie folgt: auf den linken Flügel ein Bataillon Franz Jellachich und die Marburger Landwehr, hinter diesen Truppen die neu angekommenen Bataillone 27; nach der Schlitzabrücke GM. Gajoli mit je 2 Bataillonen Ogulinern und Franz Jellachich, nach dem rechten Flügel und die rückwärtigen Redouten das Regiment Reisky. Hier hatte auch Gyulai seinen Standpunkt, mit ihm GM. Lutz, Kommandant der Landwehrtruppen.

Um 6 Uhr abends wurden in den französischen Stellungen Rauchsignale sichtbar, bald darauf setzten sich ihre Angriffskolonnen in Marsch. Am gegnerischen rechten Flügel rückte im ersten Treffen das 1., im zweiten das 3. italienische Linienregiment vor, als Reserve folgte unmittelbar dahinter das 60. französische; eine Umgehungskolonne, bestehend aus dem 2. italienischen, dem dalmatinischen und dem 112. französischen Regiment, zog sich rechts in einem großen Bogen durch die Waldungen gegen Kleingreuth.

In diesem Augenblick traf auf schweißbedektem Roß ein Ordonnanzoffizier des Erzherzogs ein, welcher den Befehl überbrachte: die Division habe sich in keinen Kampf einzulassen, sondern unverwandt gegen das Gros zurückzugehen; im österreichischen Hauptquartier zu Villach war die Nachricht vom Falle Wiens eingelangt, die den Generalstab bewog, ohne Aufenthalt alle irgendwie verfügbaren Truppen gegen die Donau zu dirigieren.

Zu spät! Das Gefecht ist auf der ganzen Linie im Gang und schon sind die Italiener ganz nahe der linken Flügelredoute. Einem Feuermeer gleicht die österreichische Linie, der feindliche Angriff scheint zu stocken, die empfindlichen Verluste dämpfen den Elan der Vorrückenden; dichten Pulverdampf treibt der herrschende Wind gerade gegen die Stellung der Verteidiger und benimmt jedwede Übersicht des Vorfeldes. Die zweite Staffel des Gegners wird eingesetzt und bis an den seichten Graben haben die Offiziere ihre Kompagnien herangebracht; schon beginnt der Kampf Mann gegen Mann, Bajonette und Kolben treten in ihre Rechte, als die Reserve tambours battant die Zaudernden vorreißt und einer Flutwelle gleich die vorderen Bataillone in die Schanze spült.

Ein Morden und Schlachten beginnt, nur um das nackte Leben wird noch gekämpft. Im Laufschritt kommt ein Bataillon Strassoldo von Greuth heran, gegen die Flanke des Gegners; die braven Steierer werfen alles nieder, was ihnen in den Weg kommt, und fast will es scheinen, als ob der Erfolg ihnen bleiben wollte. Aber zu groß ist die Übermacht und zum erstenmal muß dieses Regiment dem Feind den Rücken kehren; die Offiziere sind nicht mehr imstande, die Leute zu halten: Zurück ist die Losung des Schwächeren.

Hinter dem Mühlbach steht das 2. Bataillon Strassoldo zur Aufnahme bereit; seine Reihen werden durchbrochen von den eigenen Soldaten, gelockert von der Wucht des nachdrängenden Gegners. In wenigen Minuten aber ist die eherne Mauer wieder geschlossen und eine todbringende Decharge hält den schon jubelnden Feind ab, über den Bach zu setzen. In stolzer Ruhe, in bester Ordnung weicht das Bataillon dann gegen das eigene Zentrum.

Fast zur selben Zeit war auch hier die Entscheidung schon gefallen, die Oguliner hatten den Übergang über die Schlitza freigeben müssen und rückten, nachdem sie die

Brücke zerstört, unter dem Schutz des Regiments Reisky in die zweite Verteidigungslinie ein; der tief eingeschnittene Wildbach verhinderte die Franzosen auf dieser Seite eine wirksame Verfolgung einzuleiten.

Jede Möglichkeit eines Rückzuges nach Villach war nun benommen, ganz abgesehen davon, daß General Grenier schon bis in die Nähe Goggaus vorgedrungen war.

„Alles zurück nach Wurzen über Weißenfels," lautete der Befehl, „zuerst Franz Jellachich und die Oguliner, dann Strassoldo, endlich Reisky." Nur dieser eine Weg war mehr frei und auch hier Gefahr im Verzug, denn schon wurden Abteilungen der Umgehungskolonne sichtbar, welche da und dort aus dem Walde debouchierten und Direktion auf den Wollerwiesenberg nahmen.

An eine Bergung des Geschützes war nicht zu denken, kaum daß es möglich war eine allgemeine Panik, einen fluchtartigen Rückzug zu verhindern. Noch lebhaft verfolgt von den Truppen Fontanellis, erreichten die Trümmer der Division im Laufe der Nacht die Höhe von Wurzen; Versprengte hatten sich über den Weißenbach ins Gebirge geschlagen und wurden bei Arnoldstein von Otthusaren gesammelt.

Schwer wog die Niederlage von Tarvis; der Feind erbeutete 11 Kanonen, 1500 Mann fielen in feindliche Gefangenschaft, 500 Tote und Verwundete bedeckten das Schlachtfeld; Prinz Eugen hatte, nach französischen Angaben, nur 400 Mann verloren.

Nur der Umstand, daß die Predilstraße noch gesperrt war und die französischen Truppen bei Malborghet so sehr gelitten hatten, daß sie nicht gleich wieder mit voller Kraft in den Kampf eingesetzt werden konnten, verhinderte den Gegner an einer Ausnützung dieses Sieges, an einer Verfolgung der Österreicher. Der Train war von Villach schon abgeflossen, auch das Gros hatte sich in Bewegung gesetzt.

Der Plan des Vizekönigs, die österreichische Armee in den karnischen und julischen Alpen zu vernichten, war dank der heldenmütigen Ausdauer der Besatzungen in den Blockhäusern vollständig gescheitert.

Predil.

Nun galt es der französischen Hochflut die letzte Schleuse zu öffnen: jene über den Predil; General Seras, welchem Prinz Eugen diese Aufgabe anvertraut hatte, war mit seiner Division am 14. Mai in Udine eingetroffen. Er verfügte über 12 Bataillone der französischen Linienregimenter Nr. 35, 52 und 106, zusammen zirka 8000 Mann.

Von Cividale führt die Straße aus den Ebenen Italiens durch das Natisonetal zum Isonzo; nach einem starken Marsch im engen Tal gelangt man in einen weiten, mit grünen Matten ausgestatteten Talkessel, in welchem malerisch eingebettet: Flitsch, der Hauptort des oberen Isonzotales, gelegen ist.

Der im Hintergrund mächtig aufsteigende Predil scheint hier dem Verkehr ein unüberwindliches Hindernis bieten zu wollen, wohin das Auge blickt, nichts als schroffe Felsen mit fast senkrechten Abstürzen, unabsehbare Flächen von losem Steingeröll, herabgetragen von den wilden tückischen Gebirgswässern.

Mühsam schlängelt sich die Straße den Abhang dieses gewaltigen Gebirgsstockes hinan, vorbei an der alten verfallenen Chiusa — der heute stark befestigten Flitscher Klause (Fort Hermann) — und dann in einer mächtigen Kehre nach den nur aus wenigen Häusern bestehenden Orten Unter-, Mitter- und Oberbreth. Bald übersetzt die Straße auf steinerner Brücke den von Norden einfallenden Mangartgraben und zieht in der Richtung des tief unten in wilder Schlucht rauschenden Predilbaches gegen die Paßhöhe; kaum 10 Minuten vor Erreichung des höchsten Punktes, an derselben Stelle, wo auch heute noch Kanonen uns drohend entgegenblitzen, stand 1809 das Sperrwerk auf dem Predil.

In einer Höhe von 1162 Metern übersetzt die Straße den Paß und führt dann in mächtigen Serpentinen hinunter nach dem glitzernden Spiegel des Raiblersees, nach dem gleichnamigen Ort. Von hier führt ein wichtiger Weg über den Neveasattel durch den Canal di Raccolana nach Italien. Auf österreichischem Gebiet geleitet der Weg, ziemlich gut erhalten, zum Nordrand des nahen Raiblersees, vorbei an dem jetzigen Seetalfort, dann aufwärts auf saftigem Wiesengrund, bis zu einem steinreichen, von den Wässern des Bärengrabens zusammengetragenem Geröllfeld; auf italienischem Territorium ist die Beschaffenheit des Weges, der sich nun wieder in felsigem Terrain bettet, zum Teil recht schlecht, besonders nach Überschreitung des Sattels, der fast 1200 Meter über dem Meer liegt. Erst im Raccolanatal wird die Kommunikation wieder unbestritten fahrbar und mündet bei Chiusaforte in das Fellatal.

Von Raibl im stark vermurten Tal längs des Seebaches abwärts gehend, gelangt man nach Kaltwasser, wo ein ziemlich schwieriger Übergang nach Wolfsbach einmündet, endlich nach einer guten Stunde Marsches längs der Schlitza und über Flitschl nach Tarvis.

Auf einem zum Teil ebenen Absatz des Landspitzenberges waren die Befestigungsarbeiten zur Sperrung der Straße auf dem Predil angelegt worden. Weit weniger ausgedehnt als jene bei Malborghet, bestand die ganze Anlage nur aus einem nördlich der Straße gelegenen, diese mäßig überhöhenden Blockhaus und aus einem gegenüberliegenden Vorwerk, von welchem die Felsen senkrecht zu den tief unten rauschenden Wässern abstürzten. War daher der rechte Flügel geradezu unangreifbar, so konnte der linke, der sich

Planskizze der Befestigungen auf dem Predil.

an den Berghang lehnte, von der Höhe leicht eingesehen und beschossen werden, ja es war einzelnen Leuten sogar möglich, die Befestigung von dieser Seite zu umgehen und in deren Rücken zu gelangen, trotzdem der Fußweg, der außerhalb Gewehrschußweite von der Straße abbog, abgegraben worden war.

In der Front gestattete die Anlage sowohl die Chaussee in ihrer ganzen, sichtbaren Länge zu bestreichen, als auch die nächste Umgebung wirksam unter Feuer zu nehmen. Zum Haupteingang des Blockhauses führte kehlseitig eine weitausgreifende Serpentine, auf welcher man mit Fuhrwerk und Geschütz in das Innere gelangen konnte.

Eine Umgehung des Forts mit ganzen Abteilungen war nur über den sogenannten Römersteig möglich, welcher über die Mangartalpe, durch das Römertal nach Tarvis und Weißenfels führte; zur Sperrung desselben war auf dem steilen, kleinen Bergfuß, ungefähr nördlich der steinernen Brücke über den Mangartbach, eine Redoute in Aussicht genommen, welche jedoch mangels an Zeit und Geld nicht fertiggestellt werden konnte.

Das Blockhaus selbst zeigte im großen und ganzen dieselbe Bauart und Einrichtung wie die Blockhäuser bei Malborghet, nur daß im Erdgeschoß und im ersten Stockwerk auch mehrere Geschützstände eingerichtet waren; ein massiver Holzbau mit zwei Stockwerken, auf einer fast mannshohen steinernen Grundlage, in einiger Entfernung hievon eine geschlossene Palisadierung mit Schießscharten für Infanterie, endlich ein trockener Graben, mit einem gedeckten Weg bildeten die wesentlichsten Bestandteile. Das noch unvollendete Vorwerk war bedeutend kleiner, hatte nur ein Stockwerk und stand durch eine offene Caponnière mit dem Hauptwerk in Verbindung. Der Raum gegen die Straße zu war durch einen dichten Verhau gesperrt, das Vorfeld gelichtet; leider hatte es an Zeit gemangelt, auch Annäherungshindernisse zu legen. Das Munitionsmagazin war kehlseitig, außerhalb des Blockhauses angelegt.

Noch am 12. Mai nachmittags, als GM. Nobili, der Geniedirektor der niederösterreichischen Armee, zur Inspizierung in Predil eintraf, waren weder Besatzung noch Artillerie im Fort; erst am Abend trafen, mit den sechs für die Werke bestimmten Geschützen, auch 16 Kanoniere und einige Handlanger mit vier Doppelhaken ein.

Je zwei sechspfündige und vierpfündige eiserne Kanonen wurden auf Kasemattelafetten zu ebener Erde und im ersten Stockwerk des Blockhauses aufgestellt, während die Doppelhaken unter dem Dach gegen das Gebirge hinauslugten, um das Festsetzen feindlicher Schützen auf dominierenden Punkten zu verhindern; zwei dreipfündige metallene Kanonen auf „Ordinari"-Lafetten fanden im Vorwerk Verwendung.

Die Sechspfünder waren mit je 320 Kugelpatronen und 32 Kartätschen, die Dreipfünder mit je 240 Kugelpatronen, beziehungsweise 24 Kartätschen dotiert. Für die Doppelhaken hatte man in Summe 1200 Schuß in Rechnung gestellt. Wasser war genügend vorhanden, Zwieback und sonstige Lebensmittel auf ungefähr einen Monat, Infanteriemunition so viel die Magazine fassen konnten.

Hauptmann Hermann[1]) traf am 13. Mai morgens bei den Verschanzungen auf dem Predil ein; bald hernach erhielt er die Mitteilung, daß seiner Bitte willfahrt sei und er zum Kommandanten der Sperre ernannt wurde.

Die Freude hierüber war nicht bar eines bitteren Gefühles, welches dem jungen Offizier die kommenden Ereignisse vor Augen zauberte. Beim Abschied von seinen Kameraden soll er die Worte gesprochen haben: „Gedenkt meiner im Gebet; ich habe mir mein Grab gebaut — hienieden sehen wir uns nicht wieder."

Erst am 14. Mai, als im nahen Canaltal bei Malborghet schon geplänkelt wurde, traf eine Abteilung Rekruten von Allvintzyinfanterie in Predil ein, um die Werke bis zum Eintreffen der vom Szluiner Grenzregiment Nr. 4 designierten Garnison zu besetzen. Am Nachmittag des 15. endlich rückte die Ablösung heran: eine kombinierte Kompagnie unter Kommando des Hauptmanns Witkovich, drei Offiziere, 15 Unteroffiziere und Gefreite, 180 Gemeine und 1 Tambour, in Summe 200 Mann.

Hier wie bei Malborghet sehen wir unsere braven Kroaten die dem Feind am meisten ausgesetzten Posten beziehen, aber hier wie dort waren es nicht ausgeruhte Truppen, nicht festgefügte Einheiten, nicht mit der Örtlichkeit vertraute Soldaten, sondern zusammengewürfelte, durch die Strapazen eines mühevollen, unter fortwährenden Kämpfen sich vollziehenden Rückzuges, abgemattete, moralisch geschädigte Truppen, denen eine längere Ruhepause ebenso notgetan hätte, als dem Fort frische, kampfesstarke Streiter.

---

[1]) Johann Hermann von Hermannsdorf, geb. 30. November 1781 zu Prag, trat am 16. September 1799 als Kadet aus der Genieakademie in das Ingenieurkorps, avancierte 1800 zum Oberleutnant, 1805 zum Hauptmann II. Kl., am 25. Jänner 1809 zum Hauptmann I. Kl.

Der Feind war schon in Sicht, einzelne seiner Patrouillen suchten die österreichische Stellung zu erkunden, als an der Kehlseite der Befestigung ungeordnete Haufen eigener Soldaten bemerkt wurden, die sich den Verschanzungen näherten.

Es waren Teile jenes Bataillons Szluiner, welches zur Verstärkung des Detachements Strassoldo unter Hauptmann Gries nach dem Raccolanatal abgesendet, jedoch noch im Vormarsch von der hier vorrückenden italienischen Brigade Bonfanti und zwei Bataillonen des 60. französischen Infanterieregimentes der Division Durutte, angegriffen und zersprengt worden war. Hauptmann Jankovich führte; er begehrte Einlaß, da er von der Rückzugslinie abgedrängt, bei einem Vorstoß des Gegners die sichere Gefangenschaft vor Augen sah.

Die Situation schien ebenso unerwartet als unangenehm, denn es war zu wenig Platz zur Unterbringung einer so großen Schar, auch befürchtete Hermann mit Recht, durch eine zu starke Garnison, infolge Mangels an Lebensmitteln, früher zur Übergabe gezwungen zu werden.

Mit wenigen Worten setzte er diesen Standpunkt seinem bedrängten Kameraden auseinander, indem er zugleich auf jenen Jägersteig verwies, welcher jetzt noch vom Feinde frei, über das Gebirge in das Tal der Wurzen und nach Tarvis führte. Schon flogen die ersten Kugeln über die Köpfe der Verteidiger, als Hauptmann Jankovich das Kommando dem ältesten Offizier übergab, die Schützen vortreten ließ und wenigstens für sich und die wenigen Leute — im ganzen vierzehn Mann — um Aufnahme bat. Wenige Minuten später rasselte das Fallgitter nieder und die kleine Schar zog ein in das freiwillig gewählte Grab.*)

Die Besatzung hatte nur zu bald die Feuerprobe zu bestehen; der französische General Seras hatte Abteilungen vorgesendet, um die österreichischen Befestigung zu rekognoszieren und es entwickelte sich ein lebhaftes Feuergefecht, welches bis zur einbrechenden Dunkelheit währte. Eine gegen Raibl entsendete Patrouille bestätigte die durch das Eintreffen der Kompagnie Jankovich wahrscheinlich gewordene Annahme, daß die Verbindung mit Tarvis schon unterbrochen sei; nicht nur,

*) Nach den Verlusteingaben soll Hauptmann Jankovich schon vorher verwundet in Gefangenschaft geraten sein.

daß die Besatzung nun auf sich selbst angewiesen war, mußte sie jeden Augenblick darauf gefaßt sein, vom Feind auch im Rücken angegriffen zu werden.

Aber Hermann hielt daran fest, daß man ihn nicht allein lassen, daß man ihn nicht ohne Kampf opfern werde. In der Front wollte er schon mit dem Gegner fertig werden und vertraute darauf, daß die österreichischen Kräfte bei Tarvis, die Reserven bei Arnoldstein und Villach, durch einen kräftigen Vorstoß die Franzosen wieder in das Raccolanatal zurückwerfen würden.

Seras befand sich in viel schwierigerer Lage, als die französischen Kräfte im Canaltal; an und für sich bedeutend schwächer, mußten seine Truppen nicht nur in denkbar ungünstigstem, eine größere Machtentfaltung vollkommen ausschließenden Terrain operieren, sie hatten auch mit Verpflegsschwierigkeiten zu kämpfen, denn die Gegend bot keinerlei Ressourcen, die Orte, die überhaupt in Betracht kamen: Flitsch und Karfreit, waren von den nachfolgenden Artilleriekolonnen unter General Sorbier, der Dragonerdivision Grouchy und den Reitern der königlichen Garde schon über Gebühr in Anspruch genommen, der Armeetrain aber befand sich noch weit rückwärts.

Prinz Eugen hatte bestimmt gehofft, daß die schwachen, in den Meldungen als unbedeutend geschilderten, hölzernen Blockhäuser auf dem Predil nur geringen Widerstand zu leisten imstande sein würden; nur unter dieser Voraussetzung hatte er dem ganzen Fahrpark und der Reiterei die Flitscherstraße angewiesen und General Seras eine tunlichst rasche Forcierung des Predil ganz besonders ans Herz gelegt. Malborghet konnte im Notfall von Infanterie umgangen werden, für die Artillerie, den Train und die Kavallerie aber m u ß t e hier freie Bahn geschaffen werden.

Doch gerade die Überlegenheit an Geschützen, auf welche der Vizekönig besonders baute, war hier irrelevant, denn die Konfiguration des die enge Straße begleitenden unwegsamen Terrains, die schroffen Wände und Abstürze, boten fast keinerlei Möglichkeit zur Anlage von Batterien.

Am 16. Mai, schon bei Tagesgrauen, suchten französische Abteilungen, unterstützt von dem Feuer einzelner Tirailleurschwärme, die sich im Laufe der Nacht auf den Höhen, nördlich der Straße, eingenistet hatten, an die Verschanzungen heranzukommen.

Hauptmann Hermann hatte seine Scharfschützen außerhalb des Blockhauses, gedeckt in den Gräben und hinter Palisaden aufgestellt; ihre Kugeln streckten jeden nieder, der sich zu nahe heranwagte. Die Geschütze waren noch nicht in Tätigkeit getreten, denn Seras hielt sein Gros wohlweislich außerhalb Kanonenschußweite und geschützt in Breth zurück.

Gegen 3 Uhr nachmittags, nachdem das Feuer einige Zeit geruht, erschien ein französischer Offizier mit einem Tambour vor den Schanzen und forderte Übergabe gegen freien Abzug der Besatzung; höflich aber kurz fertigte Hermann den Parlamentär ab, indem er den Antrag zur Kenntnis nahm, jedoch bedauern ließ, ihn nicht annehmen zu können.

Während der Nacht war es mittlerweile den Franzosen gelungen, vier — nach anderen Meldungen sogar fünf — Kanonen einzeln, à cheval der Straße, in Stellung zu bringen; Felsgestein mußte ausgesprengt werden, Krampe und Schaufel arbeiteten bis zum Morgen, mächtige Baumstämme, dazwischen Erdgeröll bildeten die Brustwehr.

Und schon die aufgehende Sonne des 17. Mai begrüßte weithinhallender Kanonendonner, begleitet von dem Geknatter der Musketen, von den Wehrufen der Verwundeten; auf den Anhöhen, links der Sperre, waren die Franzosen unter dem Schutz der Dunkelheit vorgedrungen und oberhalb des Blockhauses, versteckt hinter Gestrüpp, Felsblöcken, Bäumen lugten Gewehrläufe gegen das Innere der Umfassung, totbringendes Blei hinabsendend.

Die Außenposten mußten nun eingezogen werden, alles war versammelt in den engen Räumen der beiden hölzernen Werke: ein gutes, sicheres Ziel für die feindliche Artillerie.

Splitter flogen fortgesetzt umher, ganze Balken rissen die Vollkugeln aus den Fugen, klaffende Lücken starrten dem Feind entgegen.

Aber unerschütterlich blieb der Mut der Eingeschlossenen und die wiederholt auf der Straße anstürmenden Kolonnen stoben vor dem Feuer der Besatzung auseinander, wie Spreu vor dem Wind; keinen Schritt hatten die Franzosen hier noch an Terrain gewonnen, immer wieder mußten sie zurück, unter den Schutz ihrer Kanonen.

Nachdem ein am Nachmittag abgesendeter, von zwei Husaren begleiteter, feindlicher Offizier sich kurzer Hand abgewiesen sah, begann das Spiel um Leben oder Tod aufs neue.

Aber auch im Rücken der Befestigung wurde es lebendig: zuerst erschienen einzelne Gruppen — scheinbar rekognoszierende Patrouillen — dann ganze Abteilungen, endlich langgezogene Reihen, die hinter der Paßhöhe Aufstellung nahmen.

Es waren 2 Bataillone des 60. französischen Linienregiments, welche Prinz Eugen zur Unterstützung des Angriffs zur Verfügung stellte. Zugleich mit der Nachricht vom Falle Malborghets hatte er Seras den dezidierten Befehl zukommen lassen: die Sperre am Predil den folgenden Tag zu nehmen, koste es was es wolle.

Der 18. Mai brach heran; ein trüber, regnerischer Tag, der trotzdem nicht die erhoffte Abkühlung gebracht hatte.

Schwer und bleiern hingen die Wolken am Firmament, eine drückende Schwüle lagerte selbst auf den Höhen; doppelt empfindlich aber war sie in den gedeckten, niederen Räumen der Blockhäuser, inmitten so vieler Verwundeter, denen man keine Labung reichen konnte.

Die ganze Nacht hindurch hatte die Besatzung, mit nur kurzer Ablösung, arbeiten müssen, um die Beschädigungen an den Werken wenigstens zu maskieren: an ein Instandsetzen war überhaupt nicht zu denken.

Und wieder sangen die Geschütze ihr unheimliches Lied, zehnfach widerhallend von den nahegelegenen Talwänden; Schuß auf Schuß schlug ein in die Bohlen und noch immer verwehrte das Feuer aus den schier durchsiebten Wänden jedwedes Vorgehen der Angreifer.

Knapp vor 8 Uhr morgens wehte von Feindesseite abermals die weiße Fahne und ein französischer Offizier näherte sich mit einem Trompeter dem Eingang: in ihrer Begleitung aber ein österreichischer Oberleutnant und zwei Gemeine des Oguliner Grenzregiments.

Nicht die übliche Aufforderung allein war es, welche diesmal vorsprach. Die Kunde vom Falle Malborghets brachte der

Parlamentär, zugleich die Nachricht, daß die Stellung bei Tarvis bezwungen sei, die Österreicher im Sau- und Dravetal zurückgingen, an einen Entsatz daher nicht gedacht werden könne. Oberleutnant Schulledich, einer der Überlebenden von dem Schwesterwerk im Canaltal, sollte die Angaben bestätigen.

Ohne mit einer Wimper zu zucken, vernahm Hermann diese Hiobsposten; in der Heldenbrust des jungen Mannes mußten sie die Überzeugung festigen, daß er eben jetzt alle Kraft daran setzen müsse, das Vorrücken der Division Seras zu verzögern und hiedurch eine nachhaltige Verfolgung des geschlagenen Heeres zu vereiteln. Der Tod seines Freundes Hensel, der Untergang seiner Getreuen waren ihm nur ein Ansporn mehr, auszuharren auf dem anvertrauten Posten, bis auf den letzten Mann.

Ruhig ließ Hauptmann von Hermann den Redestrom des Franzosen über sich ergehen und Oberleutnant Schulledich seine Erzählung beenden. Dann wandte er sich jenem zu und erwiderte:

„Mir wurde aufgetragen, das Blockhaus aufs äußerste zu verteidigen; ich fühle den ehrenvollen Beruf hiezu und scheue nicht den Tod fürs Vaterland. Auf keinen Fall, unter keiner Bedingung werde ich den mir anvertrauten Posten übergeben und ihn bis auf den letzten Mann verteidigen."

Gern erklärte sich Hermann bereit, diese Erklärung auch schriftlich zu Protokoll zu geben. Dann forderte er selbst den gefangenen österreichischen Offizier und die beiden Soldaten auf, die Nachrichten den Kameraden in ihrer Muttersprache zu verdolmetschen und ihnen ja nichts zu verschweigen. Lautlos lauschten die versammelten Szluiner den Worten ihrer Landsleute, und als sie geendet, sah man manche Träne in den wetterharten Gesichtern der Kroaten.

Als aber die Zugbrücke wieder aufgezogen, das Fallgitter hinter der gegnerischen Abordnung herabgelassen war und der jugendliche Kommandant des Forts seine Leute in zündenden Worten aufforderte, getreu ihrem Eide fürs Vaterland zu kämpfen, da klang ihm hundertstimmig ein Jauchzen entgegen, das mehr als alle Worte den festen Willen aller bekundete: Zu siegen oder zu sterben.

Nach geraumer Zeit begann der Waffentanz von neuem.

Auf der Höhe verstärkte sich der Feind sichtlich, Felsstücke rollten dröhnend den Berg herab und zerschmetterten, was ihnen in den Weg kam; einige feindliche Wagehälse hatten sich sogar knapp an die Palisaden herangeschlichen und versuchten das Blockhaus mit brennenden Pechkränzen zu schmücken — mußten aber den Versuch mit dem Leben bezahlen, denn sie wurden rechtzeitig bemerkt, von einigen Schützen aufs Korn genommen und einzeln heruntergeschossen.

Trotzdem wurde die Situation von Minute zu Minute kritischer. In der Schlucht des Predilbaches tauchten französische Voltigeure auf, welche ungeachtet der fast senkrecht abfallenden Wände und des flankierenden Feuers aus dem Vorwerk von Absatz zu Absatz sich schwangen und schon den Verhau an der Straße erreicht hatten; hier eingenistet, war es ihnen möglich, die Werke aus nächster Nähe zu beschießen.

Kehlseitig war es den beiden Bataillonen des 60. Regiments gelungen, die Kehre der ins Blockhaus führenden Serpentine zu erklimmen und nichts stand hier mehr im Weg dem letzten entscheidenden Ansturm.

Aber auch in der Front war General Seras entschlossen, mit ganzer Kraft vorzustoßen, obwohl er sich nicht verhehlte, daß dies nur unter furchtbaren Verlusten möglich sei.

Diese zu vermeiden, ließ er nochmals — nun schon zum viertenmal — den österreichischen Kommandanten zur Übergabe auffordern; es war zwei Uhr nachmittags, als das Feuer verstummte und der Abgesandte des französischen Divisionsgenerals mit verbundenen Augen die Pforten der Umfassung überschritt. Umsonst versuchte der Offizier Hermann zu überzeugen, daß es heller Wahnsinn sei, noch weiter zu kämpfen und der Ehre schon übergenug Opfer gebracht seien: „Es bleibt bei meiner schriftlichen Erklärung", unterbrach ihn der tapfere Ingenieurhauptmann und bedeutete hiemit genugsam, daß er die Unterredung für beendet halte.

Die Verteilung der französischen Truppen war nun folgende: Vier Voltigeurkompagnien und das vierte Bataillon des 1. leichten Regiments waren zum Angriff auf das Vorwerk bestimmt, als Reserve ein Bataillon des 53. Linienregiments. Die vereinigten Grenadiere der Division standen rechts von der Straße, gerade oberhalb des Blockhauses, im Zentrum, links und rechts der Straße, dichte Schwarmketten des 102. Regiments, unmittelbar dahinter ein Bataillon als Soutien. Südlich der Paßhöhe zwei Bataillone des 60. Regiments.

Nach dem Abzug des Parlamentärs hatte es den Anschein, als hätte Seras für diesen Tag weitere Angriffe nicht mehr im Sinn. Aber es war nur die Ruhe vor dem Sturm, das Atemholen vor dem letzten Lauf ums Leben.

Plötzlich ertönten Trompetensignale, Trommelwirbel schallte durch die Luft, schaurig begleitet von dem dumpfen Donner der wieder zu Leben erwachten feindlichen Batterie. Dichte Menschenknäuel drängten nach vorwärts, ein ohrenbetäubendes Geheul sollte aneifern zum Kampf mit dem allüberall lauernden Tod. Alles übertönte aber bald das mörderische Feuer, welches den Sturmkolonnen aus den Blockhäusern entgegenschlug.

Ganze Reihen der Stürmenden werden hinweggefegt, über Haufen von Leichen und Verwundeten müssen die Folgenden sich erst Bahn brechen, mühsam keuchen die Abteilungen in dem atembeklemmenden Pulverdampf nach vorwärts, gegen die todspeienden Befestigungen.

Es ist nicht mehr möglich, auch nur wenige Schritte vor sich zu sehen, immer frische Scharen drängen heran und bald sind die französischen Sappeure an der Arbeit, die äußere Palisadenumzäumung niederzureißen; um die Umwallung beginnt der Kampf: auf der Brustwehr, am Glacis, im Graben. Die Verbindung mit dem Vorwerk ist unterbrochen, das Blockhaus von allen Seiten umzingelt; doch die österreichischen Kanonen sprechen noch die alte Sprache, das Musketenfeuer wirkt in solcher Nähe noch verheerender und bald ist es wieder leer rings um die Werke.

Nur die französische Batterie hält ihr Ziel fest im Aug und jeder Schuß bricht neue Bresche; Granaten platzen an den Wänden, auf der Decke, da und dort zeigt sich in dem Holzwerk eine züngelnde Flamme, die von der achtsamen Mannschaft sofort entdeckt, mit bereitstehenden, von Hand zu Hand wandernden Wassereimern und Schaufeln von Erde erstickt wird.

Doch war das Schicksal der kleinen Feste schon besiegelt; General Seras hatte erneuert eine große Zahl Pechkränze den

Berghang hinauftragen lassen, Offiziere waren damit beschäftigt, Punkte zu erspähen, von wo sie ihre Aufgabe: die Holzwerke in Brand zu stecken, erfüllen konnten. Und während der Kampf mit unverminderter Heftigkeit weitertobte, der Pulverdampf jedweden Überblick verwehrte, der Lärm an den Felswänden hundertfach wiederhallte, fing es im Gebälk des zweiten Stockwerkes an zu knistern, Qualm und Rauch drangen in die engen Räume der Verteidiger — und bald schlug eine mächtige Feuersäule auf, die gierig das ausgetrocknete Gehölz ergriff und weithin das Zeichen von dem endlichen Gelingen des langgehegten, so oft vereitelten Anschlags gab. Ein tausendstimmiges Freudengeschrei begrüßte die aufsteigenden Rauchsäulen und es bedurfte gar nicht der schmetternden Clairons, die Truppen erneuert zum Sturm zu rufen. Jubelnd, berauscht von dem schrecklichen Anblick, Mordgier in den verzerrten Gesichtern, brachen sie vor, um Rache zu nehmen für die gefallenen Kameraden, für all' die erlittenen Demütigungen und Entbehrungen der letzten Tage.

Aber plötzlich rasselt im oberen Blockhaus die Brücke nieder, das Falltor öffnet seine eisernen Pforten und mit gefälltem Bajonett stürmen die verzweifelten Verteidiger gegen den Feind. Allen voran Hauptmann Hermann; „Keine Übergabe," ruft er mit lauter Stimme, „jeder bahne sich den Weg, den er sich bahnen kann." Gegen die Felszinnen im Gebirge weist sein Degen, er selbst aber stürzt sich der Übermacht entgegen und sinkt, nach wenigen Sekunden aus zahllosen Wunden blutend, zu Boden.

Über ihn ging seine heil'ge Schar dem gleichen Geschick entgegen: ein Schlachten mehr denn eine Schlacht zu nennen. Hauptmann Jankovich fällt schwer verwundet in Gefangenschaft, geschützt durch vier französische Offiziere, die ihn der Wut der Soldaten förmlich entreißen,[1]) außer ihm nur noch der Militärarzt, Feldwebel Gollek,[2]) vier Gemeine und ein Kanonier, welche man erst am späten Abend, als der Ingrimm der erbitterten französischen Truppen schon verraucht war, unter Haufen halbverkohlter Leichname, von Kolbenschlägen und

---

[1]) Siehe Fußnote, Seite 70.

[2]) Michael Gollek, erhielt die goldene Tapferkeits-Medaille und wurde zum Leutnant befördert, mußte jedoch infolge seiner schweren Wunde als solcher in den Ruhestand treten.

Bajonettstichen übel zugerichtet, hervorgezogen hatte. So gründlich hatten die Franzosen unter der tapferen Besatzung aufgeräumt — nicht gerade zur Erhöhung des Ruhmes ihrer Waffen.

Und da die Bestie im Menschen erwacht, sinkt er herab zum wilden Tier; brennende Balken, Pfosten, Bretter schleppen die „Sieger" herbei, um auch das Vorwerk einzuäschern, die

Die Erstürmung des Blockhauses auf dem Predil.
Nach einem Aquarell von P. J. Geiger, im Privatbesitz Seiner Majestät des Kaisers und Königs.

Besatzung auszuräuchern. Die Eingänge werden von außen vernagelt und unter dem Hohngelächter der entmenschten Soldateska verzehren die Flammen alles, was Kugel und Blei der Franzosen noch verschont hatten.

Von 220 Mann waren im ganzen acht am Leben geblieben — alle schwer, einige sogar tödlich verwundet; auch sie verdankten ihr Leben nur dem Umstand, daß sie besinnungslos unter Haufen von Leichen lagen und man sie für tot hielt.

Nur in einen rauchenden Trümmerhaufen konnte Seras seinen Einzug halten; seine Division hatte bedeutende Verluste aufzuweisen und während der vier Tage, welche sie in der unwirtlichen Gegend aufgehalten worden war, empfindlichen Mangel besonders an Lebensmitteln gelitten.

Als bezeichnendes Beispiel hiefür wird übereinstimmend erzählt, daß der Kommandant der französischen Truppen am letzten Tage selbst Hunger leiden mußte und er einen eingebrachten Gefangenen, als dieser um Nahrung bat, auf ein Stück schwarzen Brodes wies, das am Tische lag mit den Worten: „Dies will ich mit Euch teilen, sonst habe ich nichts und wenn ich in einigen Stunden nicht Herr des Forts bin, so sind wir gezwungen, zurückzugehen, auf daß uns nicht alle der Hunger aufreibe."

Hauptmann Hermann, seine Offiziere und die braven Szluiner hatten ihr Leben nicht umsonst geopfert. Die gesamte französische Kavallerie und Artillerie, der Armeetrain konnten durch volle vier Tage, trotz des allmählichen Einsetzens von zehn Bataillonen auserlesener Truppen, nicht um Fußbreite vorwärts kommen — weder auf der Straße, noch auf Seitenwegen.

Erst am 18., spät am Abend, schlängelten sich ihre Infanteriekolonnen die Serpentinenstraße hinab und lagerten in der Niederung bei Raibl; zu den Kämpfen bei Tarvis kam die Division Seras viel zu spät und hiedurch war der Zweck der Sperre — vom Standpunkt der reinen Defensive aus betrachtet — gewiß erreicht.

Durch einen Brief an Hermanns Vater, der dazumal als Hofrat des Ruhestandes in Wien lebte, hat Erzherzog Johann als Armeekommandant im November des Jahres 1809 dem Andenken des Helden von Predil die höchste Ehre erwiesen;[1])

---

[1]) Aus meinem Hauptquartier Keszthely, am 30. November 1809.
Lieber Herr Hofrat!

Könnte ich ebenso leicht Ihren gerechten Schmerz über den Verlust Ihres Sohnes lindern, als ich Ihre Bitte willig erfülle, wie herzlich froh würde ich dann die angesuchte Urkunde ausfertigen, welche das Verdienst Ihres Sohnes bewährt! Allein da ich das Erste nicht vermag, so kann ich nur der Wahrheit das kalte Opfer bringen, daß ich laut bekenne: Ihr Sohn starb den Tod der Helden!

Ich hatte ihm die Verteidigung des Blockhauses auf dem Predil fast will es nach den einleitenden Sätzen scheinen, als ob das Gift der Verleumdung bis zu den reinen Höhen dieser edlen Gestalt emporgedrungen wäre, dem greisen, ohnehin schwergeprüften Vater die Feder in die Hand gedrückt hätte, um für die Ehre seines gefallenen Sohnes an maßgebendster Stelle Schutz und Schirm zu suchen.

Bei Predil wurde die Befestigung, die seit 1809 verfallen war, auch nach dem Abzug der Franzosen im Jahre 1813 nicht wieder hergestellt. Erst Kaiser Ferdinand ließ an der nämlichen Stelle ein Fort errichten, welches im Jahre 1850 vollendet wurde und auch heute noch besteht. Mit dem Bau einer neuen, allen Anforderungen der Neuzeit entsprechenden Sperre wurde 1881, über den Ruinen der weiter südwärts gelegenen Flitscher Klause, begonnen und die Anlage 1898—1900 auf den jetzigen Umfang erweitert.

Zufolge Allerhöchster Entschließung vom 14. Mai 1899 führt dieses Werk, zur Erinnerung an die heldenmütige Verteidigung im Jahre 1809, den Namen: „Fort Hermann". Ein gitterumzäumtes Denkmal, ähnlich jenem bei Malborghet, begrüßt hart an der Straße den Wanderer in der stillen, trotz der Naturschönheiten so wenig besuchten Gegend und gibt Nachricht von dem Heldenmut österreichischer Krieger.

---

anvertraut. Dieser feste Punkt mußte, bei den damaligen Verhältnissen, seinem Schicksal überlassen werden.

Doch des Verteidigers Entschluß war: lieber auf dem Felde der Ehre zu fallen, als dem Feinde den großen Kampf zu erleichtern. Er hörte auf keine Aufforderung, verachtete jede Drohung des Feindes und flößte durch sein Betragen auch seinen Waffenbrüdern den heroischen Entschluß ein: lieber zu sterben, als ihren Posten dem Feinde zu überlassen.

Furchtbar wurde seinem Gegner der Angriff erschwert, bis es endlich diesem gelang, das Blockhaus in Brand zu stecken. Mit dem Degen in der Faust machte Ihr Sohn einen Ausfall, und — fiel, überwältigt durch die Übermacht. So starb Ihr edler Sohn für die Rechte seines Fürsten und seines Vaterlandes. Nie wird ihm dieses den Dank und die Achtung versagen und jeder Soldat wird mit Teilnahme und Rührung seinen Namen nennen, der in den Jahrbüchern der Kriegsgeschichte stets als ein Beispiel zur Nachahmung glänzen wird. Empfangen Sie zugleich die Versicherungen jener Achtung, mit welcher ich bin Ihr wohlaffektionierter

Erzherzog Johann.

Bald soll das Dampfroß auch hier Einzug halten und ein neuer Schienenstrang aus dem deutschen Norden nach dem sonnigen Süden führen. Rossestampfen und Peitschenknall werden langsam weichen, aber neues Leben wird einziehen zu Füßen der mächtigen Bergriesen, die schon so oft Zeugen waren von blutigen Kämpfen um die Paßhöhe des Predil.

Gleich nach dem unglücklichen Gefecht bei Tarvis hatte Erzherzog Johann auch Villach geräumt und sich nach Klagenfurt gewandt. Zur Deckung des Möll- und oberen Drautales erhielt die Befestigungsanlage bei Sachsenburg, welche aus drei miteinander durch Palisadierungen und Schützengräben verbundenen Blockhäusern bestand, zwei Kompagnien der Regimenter Franz Karl und Johann Jellachich als Besatzung. Ingenieurmajor Krapf wurde zum Objektskommandanten designiert.

Wohl leuchtet nicht der Schein des Märtyrers über seinem Haupt, die Sperre aber hat gerade hier ihren Zweck voll erfüllt, gegen vielfache Übermacht und trotz wiederholter Stürme dem Feind den Weg ins Pustertal verlegt. Gleich nach Hermann und Hensel, muß bei den Helden des Jahres 1809 der Name ihres Waffengefährten Albert von Krapf genannt werden. Ein eigener Punkt des Waffenstillstandsvertrages von Znaim ist Sachsenburg gewidmet und nur diesem verdankten es die Truppen der italienischen Division Rusca, daß sie in die Feste einziehen konnten.

Am 22. Mai meldeten die Vorposten dem Kommandanten in Sachsenburg das Anrücken des Gegners auf den Höhen von Lehndorf: 2000 Mann Infanterie, 200 Reiter, 11 Geschütze. Eine Division Szluiner, welche den dominierenden Sachsenberg besetzt hielt, wurde von der feindlichen Übermacht geworfen und in das Mölltal versprengt.

Am 24. Mai wurde die Besatzung zweimal aufgefordert, und ihr im Weigerungsfall das Schicksal von Malborghet und Predil angedroht, und zwar umsomehr — wie General Rusca drohend hinzusetzen ließ — als auf den ersten Parlamentär gefeuert worden war.

„Nicht auf den Parlamentär," ließ Major Krapf erwidern, „der wider Kriegessitte keinen Trompeter, wohl aber eine ziemlich starke Truppe bei sich gehabt habe, sondern nur auf diese habe er feuern lassen, weil durch jene sonderbare Annäherung offenbar nur die Herstellung des abgetragenen Teiles der Möllbrücke beabsichtigt war. Die Aufforderung, sich zu ergeben, weise er zurück, er werde sich als rechtschaffener Soldat wehren und sich eines gleichen Todes wie seine Kameraden in Predil und Malborghet würdig machen. Die Überzeugung dessen möge General Rusca beim ersten ernstlichen Versuch gegen das Fort sich selbst holen."

An solchen Versuchen fehlte es nun auch wahrlich nicht; am 27. und 28. wurde wiederholt, aber vergeblich gestürmt, und nachdem auch die Absicht des Feindes, auf dem der Feste schräg gegenüberliegenden Lampersberg eine Artilleriepostion zu schaffen, mißlungen war, zog der größere Teil des Belagerungskorps wieder ab.

Die wiedererlangte Freiheit benützte nun die Garnison zu größeren und kleineren Streifzügen durch ganz Oberkärnten, sie hemmte die feindlichen Requisitionen, überfiel Transporte, fing Kuriere auf und fügte dem Feinde überall empfindlichen Schaden zu.

Besonders Hauptmann Graf Faverges von Franz Karlinfanterie, derselbe, welcher sich im April 1809 durch seine kühne Übersetzung des Isonzo das Ritterkreuz des Maria Theresienordens erworben hatte, war unerschöpflich an Einfällen, dem Feinde stets wieder ein Schnippchen zu schlagen. Noch einigemale erschienen die Italiener vor Sachsenburg, doch all ihre Stürme scheiterten an dem Mut und der Kaltblütigkeit der Besatzung.

Auch hier war nicht umsonst Blut geflossen, die Besatzung hatte redlich ihre Pflicht getan.

Abgesehen davon, daß Oberkärnten von der feindlichen Invasion überhaupt verschont und ein beträchtlicher Teil der Streitkräfte General Ruscas gebunden blieb, war auch Tirol von dieser Seite geschützt und nur dem Besitz dieses Stützpunktes verdankte es FML. Marquis Chasteler, daß er im weiteren Verlauf des Krieges aus dem Pustertal vorbrechen konnte und den Weg zu den Truppen des Erzherzogs Johann fand.

In Klagenfurt hatte dieser am 19. Mai den Befehl erhalten: mit allen ihm zur Verfügung stehenden Truppen über Villach und Spittal a. D. nach Salzburg zu marschieren,

Kolowrat, welcher mit 24.000 Mann bei Linz stand, die Hand zu reichen und mit diesem vereinigt, im Rücken der großen Armee Napoleons zu wirken. Noch wenige Tage, ja Stunden früher wäre der Befehl zu recht gekommen, jetzt war es zu spät; Villach war schon in Feindeshänden, der Weg über die Tauern durch die Franzosen verlegt.

Talab ging der Marsch des Erzherzogs längs den Ufern der Drau, einesteils über Marburg, andernteils von Mahrenberg abzweigend, über die Höhe des Raibl nach Graz. Am 24. Mai trafen sich die beiden Kolonnen in der Hauptstadt Steiermarks, indes Albert Gyulai die Trümmer seines bei Tarvis geschlagenen Korps um Pettau sammeln und reorganisieren sollte.

Wenige Tage später traf die folgenschwere Nachricht ein, daß FML. Jellachich, im Rückmarsch über Rottenmann begriffen, bei St. Michael auf die Vortruppen des Prinzen Eugen gestoßen, angegriffen und vollkommen geschlagen worden sei; kaum 3000 Mann, statt der erwarteten 9000, konnte der österreichische General nach Graz zuführen.

Erzherzog Johann mußte nun befürchten, in seiner Stellung bei Graz gleichzeitig von Nord und Süd angegriffen zu werden; er beschloß daher, noch weiter nach Osten auszubiegen, sich der ungarischen Insurrektion zu nähern, um seine geschwächten Stände zu ergänzen und vielleicht in späterer Folge noch entscheidend in den Lauf der Ereignisse eingreifen zu können. Als Sammelpunkt war Körmend ins Auge gefaßt, woselbst das Hauptquartier der innerösterreichischen Armee am 1. Juni eintraf und bis zum 7. d. M. die notwendigen Fassungen an Bekleidung, Beschuhung, Munition und Pferdematerial bewirkte; von diesem Zeitpunkt an trat diese Armeegruppe unter die direkten Befehle des Generalissimus, Erzherzog Karl.

Graz hatte entsprechende Besatzung erhalten, deren rühmliches Verhalten unter der umsichtigen Leitung des tapferen, unerschrockenen Majors Hackher[1]) dem Feind noch Manches zu schaffen machte und den Lorbeerkranz der Kaiserlichen um ein neues, nimmerwelkes Blatt bereicherte. 17 Offiziere und zirka

[1]) Hackher zu Hart, Franz Xaver Freiherr von, gleichfalls ein ehemaliger Zögling der Genieakademie, geb. zu Wien, am 13. Nov. 1764., gest. ebenda am 2. Sept. 1887 als k. k. Oberst.

900 Mann hatte Major Hackher, alles in allem, unter seinem Befehl. Es waren Teile der Regimenter de Vaux, Strassoldo, Lusignan, zwei Kompagnien Grazer Landwehr, nebst einer Abteilung Artillerie und einigen Mineuren; Verluste, Krankheiten, hie und da wohl auch Desertionen verminderten diesen Stand bald um ein Beträchtliches, so daß kaum 600 Feuergewehre in Rechnung gestellt werden konnten. Mit diesen schwachen Kräften mußte nicht nur der Schloßberg mit seinen weitläufigen Anlagen besetzt, auch die äußere Umwallung der Stadt selbst sollte gehalten werden: so wollte es der an den Festungskommandanten ergangene Befehl.

Die Brücken über die Mur wurden abgebrochen, die Stadttore verrammelt. Am 30. Mai, zeitlich am Morgen, rückten die Franzosen an; es war die Division des Generals Grouchy, welche die Murvorstadt besetzte und alsbald ihre Kanonen drohend gegen die Häuser der Stadt richtete.

Eine Aufforderung zur Übergabe des Schloßberges lehnte Major Hackher kurzweg ab, entschloß sich aber, um eine Beschießung der Stadt zu verhindern, zur Unterzeichnung einer Kapitulation, wonach den Franzosen gestattet wurde, von der Stadt Besitz zu ergreifen, gegen die Verpflichtung, Leben und Eigentum der Bewohner zu achten und von der Stadtseite aus keinerlei Anschläge gegen die Festung zu unternehmen. So beschränkte sich der Feind vom 1. bis 11. Juni auf eine unblutige, übrigens auch wirkungslose Blockade, welche Major Hackher benützte, um die letzte Hand an das Verteidigungswerk zu legen.

Unaufhörlich zogen feindliche Kolonnen durch die Stadt, auch die Truppen Grouchys waren schon abmarschiert und durch solche der Division Broussier ersetzt worden. Durch Spione erfuhr Hackher, daß der Gegner, entgegen den Bestimmungen des abgeschlossenen Vertrages, des Nachts und heimlich an der Aufführung mehrerer Batterien arbeite, wovon eine im Pistorischen Garten für drei Haubitzen, eine zweite im Wurmbrandgarten für eine Haubitze und eine dritte beim Paulustor für eine Kanone schon fertig waren; auch wurde gemeldet, daß mehr als 100 Sturmleitern an verschiedenen Punkten der Stadt verteilt seien und 800 in der Umgebung requirierte Steigeisen an die Truppen ausgegeben waren.

Auf einen Protest Hackhers erwiderte Broussier, nachdem er die Pourparlers noch zwei Tage hingezogen hatte, am 13. Mai mittags, daß er die Kapitulationspunkte Grouchys nicht anerkenne und binnen einer Stunde zum Angriff auf den Schloßberg vorgehen werde.

Pünktlich um 1 Uhr fing das Bombardement an, welches aus allen verfügbaren Geschützen, zum Teil von maskierten Batterien aus, fast ununterbrochen Tag und Nacht fortgesetzt wurde und zu wiederholtenmalen innerhalb der Werke zündete.

Nach Hackhers Tagebuch wurden in der Zeit vom 13. bis 20. Juni 1200 Granaten nach dem Schloßberg geworfen, jene vielen natürlich nicht mitgezählt, die ihr Ziel nicht erreichten. Die Gemäuer der Gebäude lagen zum größten Teil in Trümmern, die Bedachungen waren wie durchsiebt, alle Fensterscheiben zerbrochen. Es würde zu weit führen, wollte man hier der Reihe nach die von den Franzosen unternommenen Stürme anführen, es genüge festzustellen, daß sie alle abgeschlagen wurden, wobei der Verteidiger weniger durch Feuer als durch Hinabwälzen von Felsstücken, Steinkugeln und Rollbomben wirkte.

Das Anrücken von Entsatztruppen des IX. österreichischen Armeekorps zwang Broussier zum Rückzug über die Weinzettelbrücke nach Gösting. Die Umgebung von Graz war in den nächsten Tagen der Schauplatz äußerst hartnäckiger Kämpfe zwischen Abteilungen der Generale Gyulai, Munkácsy, Splényi einerseits und jenen Macdonalds und Broussiers andererseits. Am 23. Juni gelang es den Franzosen abermals von der Stadt Besitz zu ergreifen, doch zeitigten ihre Unternehmungen gegen den Schloßberg keinerlei Erfolg.

Major Hackher hatte die wenigen Tage benützt, um alle erreichbaren Vorräte an Munition und an den schon sehr knapp gewordenen Lebensmitteln in die Festung zu schaffen und konnte nun wieder beruhigter der Gefahr ins Antlitz blicken. Doch schon am 24. abends kamen österreichische Truppen in Sicht und abermals wichen die Franzosen nordwärts aus.

Wohl erschienen sie am 27. Juni, verstärkt durch Streitkräfte Marmonts, nochmals vor den Toren der Stadt und versuchten durch wiederholte nächtliche Überfälle, die Garnison zu ermüden, sie durch Sprengung von Minen zu entmutigen.

Doch die Wachsamkeit des Kommandanten, sein persönliches Beispiel, machten alle Anschläge zunichte.

In der Nacht vom 1. auf den 2. Juli zog der Feind ab; Napoleon hatte seinen Divisionen vor Graz den Befehl zukommen lassen, binnen vier Tagen in Wien zu sein.

Gleich Sachsenburg mußte auch der Grazer Schloßberg nach den Vereinbarungen des Znaimer Waffenstillstandes von den Österreichern geräumt werden; unbezwungen, mit allen militärischen Ehren, mit Waffen und Gepäck, zog Hackher am 23. Juli an der Spitze der Besatzung nach Ungarn ab.

Eine große Menschenmenge gab den Tapferen das Geleit und tränenden Auges sahen die braven Bürger die Franzosen einziehen in die Feste, die feindliche Fahne auf den Zinnen ihres geliebten Schloßbergs wehen.

Der Vizekönig hatte mittlerweile am 21. Mai Klagenfurt besetzt und rückte am nächsten Tag mit den Divisionen Seras, Durutte, Fontanelli, der Garde und der 1. Dragonerdivision über Glandorf, Friesach, und nach dem Gefecht bei St. Michael über Leoben gegen den Semmering; zur Beobachtung von Tirol wurde die Division Rusca im Drautal belassen.

Am 31. Mai hatte Prinz Eugen Beauharnais seine Vereinigung mit der Großen Armee bewirkt.

FML. Graf Ignaz Gyulai war am 15. Mai mit seinen Truppen in Laibach eingetroffen. Hier war alles in vollster Tätigkeit, an den Verschanzungen wurde eifrig gearbeitet, die Festungswerke am dortigen Schloßberg wurden armiert, mit Munition und Lebensmitteln versehen.

FML. Zach hatte nach dem Vorbeiziehen der österreichischen Hauptarmee die Blockade von Palmanova aufgehoben und am 14. hinter dem Isonzo Aufstellung genommen; schon am nächsten Tag kamen die Divisionen Macdonalds in Sicht, deren Reiterei den Fluß an mehreren Stellen teils durchfurtete, teils durchschwamm und hiedurch die Österreicher zum Rückzug zwang. In der Stellung von Präwald machte Zach erneuert Halt und nahm die Landwehrbataillone des Generals Munkácsy auf; nachdem die weitausgedehnten, mit Verhauen und Schützengräben eingesäumten Befestigungslinien mit Besatzung und Geschütz versehen worden waren, wurde der Rückmarsch fortgesetzt; am 18. Mai war die Vereinigung mit dem Banus bei Marein vollzogen.

Die Schanzen von Präwald hielten nicht, was sie versprachen; dem Ansturm der Division Broussier konnten sie nur wenige Tage widerstehen, am 21. mußte die Besatzung kapitulieren.

Unterdessen war GM. Kálnássy nach Idria gelangt, hatte mit Lamarque bei Podwell unglücklich gekämpft und wurde nach Loitsch zurückgedrückt. Triest wurde am 15. Mai von französischen Truppen der Besatzung von Palmanova, unter General Schilt, besetzt, auch Fiume geriet wenige Tage später in die Hände Marmonts, wodurch Österreich vom Meer ganz abgedrängt war.

Nachdem Gyulai alle verfügbaren Kräfte an sich gezogen, wandte er sich nach Kroatien, um die dortige Insurrektion zu organisieren und die Gruppe Stoichevich[1]) aufzunehmen.

In Laibach verblieb FML. Moitelle mit zirka 3 Bataillonen, unter ihm Platzmajor Lefèvre, der, scheinbar mit Recht, bezichtigt wurde, mit den Franzosen im Einverständnis gewesen zu sein. Am 23. kapitulierte die Besatzung, wodurch das letzte Hindernis beseitigt war, welches noch der Vereinigung aller französischen Kräfte entgegenstand. Marmont zog von Fiume heran, Macdonald und Grouchy drückten gegen Graz, alles strebte über den Semmering zur Vereinigung mit der „Grande armée".

Kärnten, Krain, Istrien, Teile von Kroatien und Steiermark, Salzburg, Ober- und Niederösterreich südlich der Donau, waren schon in den Händen des Gegners.

Aber noch ganz intakt, kampffreudig durch die Siege am 21. und 22. Mai bei Aspern, stand das österreichische Hauptheer unter dem Generalissimus, Erzherzog Karl, in unmittelbarer Nähe des Feindes im Marchfeld.

Solange dieses Heer nicht zersprengt war, konnte der Schlachtenkaiser seiner Erfolge nicht froh werden — und zwar umsoweniger, als die treue Anhänglichkeit aller Völker

[1]) Nach dessen Gefangennahme führte Oberst Rebrovich, später General Munkácsy das Kommando.

der habsburgischen Monarchie an das angestammte Herrscherhaus ihn belehrt haben mochte, daß er Österreichs Heer wohl vorübergehend niederringen, den Staat als solchen aber niemals werde vernichten können.

Nie hatte sich Habsburgs Wahlspruch schöner bewährt:

„Viribus unitis."

Die Thermopylen Österreichs.

Von Ambros del Monte.

Dort, wo die Fella im Hochgebirg entspringt,
Wo sie durch rauhe Schluchten sich nach Italien schlingt,
Wo vom Isonzotale der Weg nach Tarvis zieht,
Da ist für Öst'reich, Frankreich ein blutgetränkt Gebiet.

Als achtzehnhundertneune Napoleon Österreich
Durch Krieg zertrümmern wollte, das tausendjähr'ge Reich,
Vergaß der Weltbezwinger, daß Öst'reich Helden zählt,
Die sich in Schlachtendonner zu hartem Kampf gestählt.

Malborghetto.

Hoch oberm Eisenhammer von Malborghetto stand
Ein Blockhaus, frisch gezimmert, zum Schutz von Paß und Land.
Da heben rings die Berge in Wänden schroff sich auf
Und hemmten manchen Krieger in seinem Siegeslauf.

Und als Erzherzog Johann nach Tarvis war gedrängt,
Sein ganzes Heer beim Rückmarsch in Schluchten war gezwängt,
Da boten Hermann, Hensel dem Feldherrn frei sich an,
Die Pässe treu zu schirmen bis auf den letzten Mann.

Und Johann, tief ergriffen, durch ihren Mut erbaut,
Hat ihrem kühnen Werben die Pässe anvertraut. —
Doch rasch Italiens König Fort Thalavai umringt,
Das er zur Uebergabe durch mächtig Drohen zwingt.

Er läßt dem Hauptmann raten, zu weichen der Gefahr,
Nicht könn' er sich behaupten mit seiner kleinen Schar.
„Nicht feig zu unterhandeln," der wack're Hensel spricht,
„Mich mutig hier zu wehren, ist meine heil'ge Pflicht."

Als diese kühnen Worte das fränk'sche Heer vernimmt,
Empört in eitlem Stolze es für den Angriff stimmt,
„Was, will die Hand voll Gränzer uns diesen Paß versperr'n,
Wir wollen stracks die Füchse aus ihrer Höhle zerr'n!

Bald wird von allen Seiten das Blockhaus jäh berannt,
Doch wer zu nah' sich waget, dem wird der Pelz verbrannt,
Und stürmt ein kühner Franzmann heran im grimmen Zorn,
Gleich nehmen ihn Musketen als Opfer auf ihr Korn.

Es reißen die Kartätschen entzwei die dicht'sten Reih'n
Und schlagen wie die Blitze in Sturmkolonnen ein,
Das Fort gleicht einem Krater, der Tod, Verderben sprüht,
Die Felsen speien Feuer, der Grund wie Lava glüht.

Es sinken die Franzosen in diesem Feuermeer,
Es fall'n bei jedem Sturme der Opfer mehr und mehr,
Es türmen sich die Leichen im Graben bis zum Kamm,
Dort ist dem kühnen Angriff gesetzt ein Feuerdamm.

Fest die Verteid'gung leitet der jugendliche Held,
Der ernst mit kaltem Blute beschaut der Stürme Feld,
Er eilt zu jedem Orte, wo drohend nah't Gefahr,
Und ihres Hauptmanns Kühnheit beseelt die kleine Schar.

Da nah'n zum vierten Sturme ergrimmt 6000 Mann,
Die klimmen racheschnaubend, von Wein berauscht, bergan,
Geweiht der Hölle kämpfen sie wild mit Todesmut,
Und halten Stand wie Felsen in heißer Feuersglut.

Da schwirrt des Unheils Kugel und trifft des Hauptmanns Stirn,
Er sinkt gleich einem Adler, um den die Blitze schwirr'n.
„Mut Kameraden!" ruft er, haucht aus den Heldengeist; —
Darauf plötzlich jäh Verwirrung in die Verteid'gung reißt.

Laut jubeln die Franzosen in toller Siegeswut,
Sie wollen grausam rächen der vielen Brüder Blut;
Bald sind in ihren Händen Vorgraben und Glacis,
Und tollkühn wird erobert die erste Batterie.

Und wütend dringen Feinde nun in das Blockhaus ein
Und morden gleich Dämonen, die sich der Rache weih'n,
Doch jeder Zoll der Veste, er kostet neues Blut,
Denn jeder wehrt verzweifelnd des Lebens teures Gut.

Ein furchtbares Gemetzel färbt bald die Erde rot, —
Da hemmt Eugène das Morden mit fürstlichem Gebot:
„Nehmt alle sie gefangen, die sich so kühn gewehrt,
Denn Heldenmut sei allzeit beim Feinde auch geehrt."

So dankten hundert Krieger des Königs Edelsinn
Ihr Leben, als des Mutes hochlohnenden Gewinn;
Zweihundert sind gefallen, doch tausend Franken mehr,
So hielt ein kleines Häuflein Stand einem ganzen Heer.

Predil.

Dort wo der Felsenkogel Predil beherrscht das Tal,
Da brachten die Szluiner den Franken bitt're Qual;
Hier hemmte Hauptmann Hermann der Feinde Siegeszug,
Schon wehrte er drei Stürmen, die kühn zurück er schlug

Da schickt Eugène die Nachricht von Malborghetto's Fall
Und fordert Übergabe zu wiederholtenmal,
Doch stolz erwidert Hermann: „Der scheut nicht Kampf noch Leid,
Der sich dem Vaterlande bis in den Tod geweiht." —

Zur Mannschaft d'rauf gewendet er muterweckend spricht:
„Soldaten, schauet lächelnd dem Tod in's Angesicht,
Laßt die Kanonen donnern, daß rings das Tal erbebt,
Wir wollen kühn uns wehren, so lang ein Mann noch lebt."

Und Hurrah! schallt es brausend aus aller Krieger Brust,
Sie weihen sich dem Tode in stolzerfüllter Lust,
Begeistert von des Hauptmanns erhebend hohem Wort,
Zieht jeder opferfreudig an der Verteid'gung Ort.

Da fährt eine Granate gleich einen Blitz in's Dach
Und ruft bei der Besatzung des Feuers Schrecken wach,
Nichts hilft ihr eifrig' Löschen, der Wind entfacht den Brand,
Und wilder dringt der Gegner zur Palisadenwand.

Bald füllet Qualm die Räume, erstickend dichter Rauch,
Beklommen wird der Atem, erschwert der Flint' Gebrauch,
Hoch auf die Flammen prasseln, glührot erstrahlt die Luft,
Und heiße Lohe bettet gar manches Kriegers Gruft.

Ha! Glut von allen Seiten und Feinde überall;
Doch kein Szluiner zittert vor seinem sichern Fall.
„Nur keine Übergabe," schallt es voll Todesmut,
„Wir wollen uns noch kühlen an frischem fränk'schen Blut."

Und wie ein zweiter Zriny tritt Hauptmann Hermann vor,
Die Brücke läßt er nieder und öffnen rasch das Tor,
Mit seinen letzten Leuten er aus dem Blockhaus bricht
Und nach des Tages Mühen er wie ein Held noch ficht.

Stolz denkt er an Hensel und schlägt noch manchen Schlag,
Bis er bedeckt von Wunden der Übermacht erlag,
Dreihundert seiner Braven, sie fallen treu dem Schwur,
Und, tot geglaubt, entrinnen von allen viere nur.

So blühen zwei Schwesterrosen in Österreichs Ruhmeskranz,
Predil und Malborghetto in hellem Purpurglanz,
D'rum Heil Euch, Hermann, Hensel, die ihr als Helden fielt,
Ihr habt die schönsten Lorbeern, Unsterblichkeit erzielt.

Der Held am Grazer **Schloßberg** Anno 1809.

Von Ritter Gebell von Ennsburg.

Vier Uhr, noch ist's nicht Abend und horch', es läutet schon
Des Schloßbergs Riesenglocke so wunderbaren Ton.
Was soll zu dieser Stunde der ungewohnte Klang?
So geht's von Mund zu Mund. Die Herzen zittern bang.

Es ist der brave Hackher, der Festungs-Kommandant,
Der durch den Mund der Glocke es ringsum gibt bekannt,
Daß sich ein Heer der Korsen, -- zwölftausend zählte man, —
Zur Hauptstadt einzuziehen soeben schicke an.

Daß er doch oben wache mit seiner kleinen Schar,
Wie ihm befahl sein Feldherr, zum Schutze in Gefahr;
Daß sie ihr Leben wagen für Stadt und Hof und Land,
Am Feuerrohr die Lunte, die Büchse in der Hand.

Der Festung Uebergabe fünfmal der Feind begehrt,
Die Mündung der Geschütze zur Veste rings gekehrt.
„Und willst du sie nicht geben, dem Sturme sie verfällt,
Dein kleines Häuflein oben wohl nimmer dann sie hält.“

„Die Veste werd' ich halten, so ist es meine Pflicht,
Ihr wißt, ein Mann von Ehre vergißt dieselbe nicht;
Ich will sie kühn verteid'gen bis auf den letzten Mann,
Mögt ihr auch viele Tausend zum Sturme rücken an.“

Am dreizehnten des Juni um achtzehnhundertneun
Begann der Feind um Mittag die Festung zu bedräu'n,
Aus Gräben, Dächern, Türmen flammt der Gewehre Blitz
Und alsbald dröhnt auch furchtbar das donnernde Geschütz.

So ging es bis zum Abend, als sei die Hölle los. —
Und als die Nacht die Ziele verhüllte dem Geschoß,
Mit Schrei'n und Trommellärmen der Feind den Sturm begann
Und zischende Granaten leuchten den Berg hinan:

Klimmt auch der Feind auf Leitern empor zum Mauerrand,
Mag er mit Eisen steigen hinauf die Felsenwand,
Mögen Granaten zünden und fallen Mann für Mann,
Nicht ficht's den tapfern Hackher und seine Treuen an.

Hat wenig auch Geschütz nur, Gewehr und Munition,
Der Mut, das sich're Auge ersetzt den Mangel schon.
Und seine Felsenkugeln, rollend den Berg hinab,
Schicken viel hundert Feinde zerschmetternd in das Grab.

Hier wird Verband der Wunde, dort wird gelöscht der Brand,
Die drängen von den Mauern den Feind mit starker Hand,
Die senden sich'ren Schusses das Blei in Feindes Herz,
Die schleudern Feuerkugeln und Steine niederwärts.

Und sieben Tag und Nächte des Feindes Stolz nicht ruht,
Und sieben Tag und Nächte erprobten Hackher's Mut,
Mit Kugeln überschüttet ihn jeder neue Tag
Und mächtig tobt das Stürmen mit Schrei'n und Trommelschlag.

Umsonst! — Der Stolz des Feindes sich an dem Manne bricht,
Der treu hielt an der Ehre, der treu hielt an der Pflicht,
Und der, ein leuchtend Vorbild, voranging seiner Schar
Im Wachen und Entbehren, im Trotzen der Gefahr.

Die Veste zu bezwingen dem Feinde nicht gelang,
Des Feindes Achtung aber Held Hackher sich erzwang.
Und als er endlich auftat der Veste sich'res Tor,
Da jubelte begeistert die Stadt zu ihm empor. —

Hat sich seither der Schloßberg mit Blumen angetan
Und ziehst durch Rebgelände und Waldbusch du hinan
Und singen tausend Amseln dort oben dir ein Lied
Bis hinter hohen Bergen die Sonne längst verglüht.

Und wird dich Manches mahnen in dieser Gartenlust,
Daß vordem eine Veste umschloß die Felsenbrust,
Denk ihres letzten Helden, des Hackher, der hier stand,
Am Feuerrohr die Lunte, das Schwert in starker Hand.

Der Volkskrieg in Tirol.

DAS KRIEGSJAHR 1809
IN
EINZELDARSTELLUNGEN

UNTER LEITUNG S. EXZ. DES

FELDMARSCHALLEUTNANTS EMIL WOINOVICH

HERAUSGEGEBEN VON EINEM KREISE VON
OFFIZIEREN DES K. UND K. HEERES

REDIGIERT VON

HAUPTMANN ALOIS VELTZÉ

BAND 2.

WIEN, 1905
C. W. STERN
(BUCHHANDLUNG L. ROSNER), VERLAG

DER VOLKSKRIEG IN TIROL

VON

OBERLEUTNANT RUDOLF BARTSCH

WIEN, 1905
C. W. STERN
(BUCHHANDLUNG L. ROSNER), VERLAG

Druck von Gustav Röttig in Ödenburg.

Schloß Tirol.

Nach einem zeitgenössischen Kupferstich.

Tirol war bayrisch geworden.

Napoleon hatte im Frieden von Preßburg zu Ende des Jahres 1805 ein Volk von scharf gezeichnetem, fast starrem Charakter aus einem Staatsverbande gerissen, der diesem Volke notwendig zur Deckung seiner Lebensbedürfnisse und nützlich für die Verwertung seiner heimatlichen Erzeugnisse gewesen war.

Das war gewalttätig. Aber die ganze Karte Europas von 1797 bis 1812 zeigt jenes Würfelspiel eines Übermächtigen und nicht jeder Wurf rächte sich.

Napoleon hatte ein Volk, dessen Verhältnis zu seiner alten Dynastie ein fast familienhaftes geworden war, ein Volk mit dem ganzen Hang an das Vertraute, Altgewohnte, wie ihn ein Gebirgsvolk unausrottbar in der Seele trägt, von seinem Herrscherhause losgerissen, das ihm gerade in dem letzten Jahrzehnt ans Herz gewachsen war, wie vielleicht nie einem anderen Volke das seine! Das erzeugte eine Wunde, welche bluten mußte; jedoch auch sie hätte geheilt werden können. Denn das Teuerste bleibt einem Volke doch immer das eigene Dasein. Und Tirol sollte der König von Bayern zwar „ganz unabhängig mit der vollkommensten Souveränität“, aber auch nur „mit den gleichen Titeln, Rechten und Prärogativen in Besitz nehmen, wie sie vorhin der Kaiser oder die Prinzen seines Hauses besessen hatten, und nicht anders“.

Diese letzten Worte hatten sich in den Friedenstraktat durch die Hartnäckigkeit eines jungen Diplomaten gedrängt, eines Tirolers von Geburt, der an eine dauernde Vereinigung seines Vaterlandes mit Bayern nie und nimmer glauben wollte und hier in den Grundstein des neuen Gebäudes eine Mine mit einzuführen gedachte.

Aber trotz alledem: Es schien, als ob Tirol in Wahrheit nicht anders weiter regiert werden sollte, als bisher.

Welches Haus war würdiger, in die Rechte Habsburgs einzutreten, als das bluts- und glaubensverwandte Wittelsbach, in welchem der Funke göttlichen Genies erblich zu sein scheint, immer wieder hervorblitzt und gerade damals aus einem herrlichen Fürsten leuchtete!

In Max Josef sollten die Tiroler einen König erhalten, der sie liebte, verstand und ihnen nahe zum Herzen sprach. Und doch, ein eigenes Verhängnis mußte ihm stets in den Weg treten. Das erste, was des neuen Königs Majestät dem Lande schenkte, waren (eine Woche nach dem Friedensschluß) ernstgemeinte Versprechungen, Worte der Beruhigung, des Trostes, und doch lag schon in ihnen ein Widerspruch:

„Tirol bleibt ungeteilt. Es behält seine Verfassungsrechte, seine Universität, seine Religion, seine Stifte und Klöster.“

„Werden einzelne Grenzdistrikte von ihm abgerissen, so bekommt es eine Entschädigung durch Einverleibung passender Nachbargebiete ...“

„Allen landesfürstlichen und landschaftlichen Beamten verbleiben ihre Bezüge ... Die Schulden werden nach dem Steuerfuße verteilt.“

Das Gute in diesen Worten war des Königs Stimme, der Widerspruch seiner Beamten Werk.

Alle Deputationen kehrten von München zufrieden, ja freudig zurück. Fast jede Bitte war den Tirolern erfüllt, sie selbst mit Liebe aufgenommen worden, und vor allem hatte es ihnen der König selbst angetan.

Besonders am 1. Februar 1806 traf dieser Monarch das Rechte, als er dem Landeshauptmann Hand in Hand gelobte: „Ich verspreche euch nochmals, liebe, brave Tiroler, kein Jota an eurer Verfassung soll geändert werden. Ihr habt einen guten Landesherrn verloren, ihr bedauert diesen Verlust; ich schätze euch darum und würde euch nicht schätzen, wenn ihr es nicht tätet. Wohl fühle ich es, ich habe einen harten Stand, mir eure Liebe und Achtung zu erwerben, aber ich werde es mir zu meiner angelegensten Pflicht machen, und dann hoffe ich, es werde euch einst auch um mich so leid sein, wenn ihr mich durch den Tod verliert.“

Kurze Zeit nach solchen schönen Vorzeichen, am 11. Februar 1806, wurde Tirol förmlich an Bayern übergeben.

Graf Arco, ein halber Tiroler, ein braver und talentvoller Mann, wurde der oberste Leiter des Landes. Aber er und die Beamten, besonders französische, waren vor dem Könige ins Land gekommen, und eine richtige Beamtenfeierlichkeit wurde auch die Abtretung und Besitzergreifung, trotz Theater, Illuminationen und Scheibenschießen. Das Volk blieb totenstill dabei — und weinte über dem Abschiedsbriefe seines Kaisers Franz. Und das waren nur die Städter. Die Bauern aber ballten die Faust im Sack, harrten aus und — hofften.

Und es begann die bayrische Regierung. — Anfangs im Geiste des Königs: Freundlich, schonungsvoll, maßvoll. Die Tiroler, als ein freiheitstrotziges Volk, hatten von jeher Soldaten und Beamte nicht sonderlich lieb. Nun aber benahm sich das bayrische Militär musterhaft. Eine Frömmigkeit, heiß, aber dogmatisch wie die des Tirolers selbst, zeigte sich auch an den fremden Soldaten und wirkte tief bestrickend auf das Volk. Auch die kommandierenden Generale wußten sich Achtung, ja Zuneigung zu verschaffen.

Im Juni 1806 begannen die Verhandlungen ökonomisch-administrativer Natur zwischen Thron und Volk. Die Stände erbaten die förmliche Zusicherung, daß ihre Landesverfassung aufrecht erhalten bleiben und das Land nicht geteilt werden sollte, sie baten um eine gute Münzwährung, um regelmäßigere Verpflegung und Verteilung der Truppen, um Sicherstellung der bedeutenden weltlichen und geistlichen Stiftungen, um Schutz der Geistlichkeit und des Ausfuhrhandels und bewilligten dafür dem Hofkommissär eine Summe von 500.000 Gulden zur Verpflegung der im Lande noch kantonierenden Truppen.

Hofkommissär Graf Arco versprach die Erfüllung der meisten dieser Bitten, aber noch litt das Land unter dem Druck einer nagenden Sorge. Die Ausgleichung der Kriegsschäden konnte von den gewöhnlichen Landeseinnahmen nicht bestritten werden, ein schweres Defizit lag auf dem erschöpften Lande. Bald fehlte es auch durch die allzu jähe Abschaffung des bisherigen schlechten Geldes und der Bankozettel an Bargeld, wodurch die Preise der Lebensmittel sinken und die Produzenten, besonders der Bauer, arg geschädigt werden mußten. Die Schuld solcher Leiden, welche damals in Europa allgemein waren, schob das Volk auf die bayrische Regierung, welche im Herbst 1806 zwei neue Steuern ausgeschrieben hatte und der allgemeinen Not durch Umgestaltung wahrhaft verrotteter Verwaltungszustände zu steuern suchte. Nach diesen kam die Justiz an die Reihe, und bald ging durch die ganze oberste Leitung ein Zug des Zentralismus, welcher bei der bisher höchst verworrenen Verwaltung die größte Wohltat war, aber — nach München ging. Wurde doch selbst die Armenpflege den Gemeinden genommen und als Staatssache dem Ministerium des Innern übertragen!

Die Reformen drängten einander schneller als zu den Zeiten des feurigen, ungeduldigen Josef II. Das Medizinalwesen wurde gründlich gebessert, die Schutzpockenimpfung geradezu mit hartem Zwange gefördert, denn schwer hauste eben in jener Zeit die Blatternseuche in dem arg geprüften Lande.

Industrie und Handel, Post, Zoll und Maut, Forstwesen und Jagd, alles in Wandlung geraten, die landschaftlichen Kassen gestürzt und vom Staate übernommen, ein Tiroler Jägerbataillon aufgestellt, — dem bedächtigen Bergvolk schwindelte.

Und doch waren all' diese Reformen dem Lande ein Segen und ganz im Geiste des Königs, welcher nun, im Winter des Jahres 1807, als er nach Italien reiste, seine Tiroler zum erstenmal besuchte.

Seine Tiroler! Er liebte dieses Volk so sehr, daß die

Bayern begannen, eifersüchtig zu werden; er begab sich auf der Rückkehr von Italien, im Januar 1808, recht mitten in das Volk, das so viel Neigung zu erwidern begann.

„Ich bin ganz Tiroler!" rief der lebhafte Herr damals. Es litt ihn kaum mehr in Bayern. Der Winter, das war ihm noch immer nicht die rechte Zeit gewesen, die Herzen seiner neuen Landeskinder zum Tauen zu bringen, es mußte Mai sein. Da kam er zum drittenmale.

Er hatte den Tirolern ein großes Festschießen gegeben, das größte und reichste, welches Tirol bis dahin gesehen, und fast tausend Schützen waren von allen Tälern und Bergen nach Innsbruck geeilt. So hatte Max Josef den Kern und die Kraft des Landes um sich, Vertreter des Volkes wie sie keine Wahl jemals so natürlich, stark, frisch und unbestochen auserlesen hätte können.

Der Kronprinz kam am 20., der König mit Familie und Gefolge am 21. Mai. Er fuhr von Innsbruck talaufwärts nach Imst, talabwärts nach Hall, bergwärts nach Vulpmes ins Stubai, und kein Antlitz war an seinem Wege, das sich nicht erhellt hätte, wohin er kam.

Am 27. Mai, dem Geburtstag des Königs, begann das Schießen und dauerte bis zum 7. Juni. Solange der König in Innsbruck weilte, war er ein täglicher Gast bei den Schießständen, mitten unter den Bauern, mit denen er sprach wie mit seinesgleichen, und von denen er manches hörte, was ihn zum Nachdenken hätte bringen können, denn die redeten, wie ihnen der Schnabel gewachsen war.

Da trat ihm einer bis vor die Augen und sagte: „A gueter, lieber Herr bischt, recht zum Gernhaben, dös muaß scho wahr sein. Aber hörscht: deine Schreiber san nix wert."

Ein andermal kommt ein Schütz, der hat ein großes Best gewonnen: Eine wunderschöne blauweißseidene Fahne, reich mit Dukaten besteckt, die schwang er und sprang und jauchzte.

„Na," rief der König dem Glückstrahlenden zu. „Was meinst? Blau und weiß sind doch schönere Farben als schwarz und gelb?" Der Bauer bleibt stehen und schaut sich verdutzt die neuen Farben an, auf die er ganz vergessen hat. „Schön sans wohl, die boarischen Farben," meint er nachdenklich, kratzt sich hinter dem Ohr und schaut dann dem König offen ins

Gesicht. „Aber wann i's z'haus in die rauchige Stuben häng, — na wird's Blawe schwarz und 's Weiße gelb. Die alten Farben halten besser.“

Ein tiefes Symbol!

Die neuen Beamten und das alte Herrscherhaus, sie waren ihm arg behinderlich, dem unwiderstehlich liebenswürdigen König, dessen Herz alles mit Liebe erfaßte — nur nicht das Altgewohnte. — Darum war er doch nicht Tiroler, wenn er es auch gesagt hatte, und alle Liebe, die er sich reichlich gesammelt hatte, galt nur seiner Person, nicht seinen Ideen.

Als die offiziellen Träger derselben, die Minister v. Montgelas und Hompesch ins Inntal gekommen waren, da hatte es wenig Jubel gegeben; scheu blickte man den „Freimaurern“ nach.

Katholisch, nun ja: das war der König und seine Familie doch wohl auch; wie anders aber lautete sein Herzensbekenntnis gegen jenes im Lande Tirol!

Gegner mögen über den katholischen Volksglauben sagen, was sie wollen: Eines zeichnet ihn vor allen anderen Bekenntnissen aus: Eine unbeschreibliche Poesie, eine Glut und Bildlichkeit aller Vorstellungen, die goldene Pracht seines Himmels, eine tausendstimmige, vertraute Sprache aller Heiligen, eine herzbezwingende, süße Marienverehrung, eine Versenkung in das Wunder, in das Jenseits, eine Beschäftigung aller auf Erden leer ausgegangenen Seelen ohnegleichen!

Und an den glückseligen Reichtum dieser Wunder, an die innig schönen Maiandachten, an die bunten, singenden Bittgänge über Feld und Flur, ja an das Pöllerschießen und Glockenläuten, an die Rosenkränze und die dem Volke so teuren, herzbewegenden Andachten an den heiligen Gräbern der Karwoche, an solche, durch Jahrhunderte in allen Herzen heimvertraut gewordene, oft unschädliche, fast immer schöne Gewohnheiten hängte sich die kleinliche Dekretiersucht einer Beamtenschaft, welche in unglaublicher Unkenntnis des Volkes und in grenzenloser Überschätzung ihrer Macht im Verlaufe von zwei Jahren die ganze, reiche, blühende Vegetation der katholischen Volkswelt bis auf den nackten Boden des Dogmas ausrotten wollte.

Wenn in jenen Zeiten die Sonne hinter den Bergen verglühte, so war das alltäglich der Augenblick, wo dem Hirten auf den Almen über Lofer, dem Bauer auf den Kornfeldern des Inntals, dem Viehtreiber im Vinschgau, dem Weinfuhrmann am Brenner, dem Winzer von Tramin und dem Olivenbauer am Gardasee ein Stich durchs Herz fuhr, weil die Glocken zum Ave Maria schwiegen. In ein- und derselben Viertelstunde dreimal im Tage wurde ganz Tirol in bitterem Weh daran erinnert, dass es einem fremden Lande zugefallen war.

Das zwang selbst den Rohen, den Zweifelnden und den Gleichgiltigen mit der ganzen Gewalt verbotener Sehnsucht unter den reichgeschmückten Wundermantel der katholischen Kirche zurück, — zurück zu den Priestern, besonders den Vertrautesten der Vertrauten, den Kapuzinern: Volk vom Volke.

Und wie teuer machte die neue Regierung diese Priester ihren Gläubigen! Sie tat alles, um Liebe, Verehrung, Mitleid für sie wachzurufen. Sie machte den schlichten Landpfarrer zum Märtyrer, den armen Kapuziner zum Verfolgten und Bedrückten, ja sogar den reichen, mächtigen Kirchenfürsten zum beraubten, landflüchtigen Verbannten.

Nach vielen vergeblichen Versuchen, die Landesbischöfe von Rom abwendig zu machen und die Investitur über alle erledigten Pfründen in eigene Hände zu bekommen, hatte die bayrische Regierung nichts als das berühmte Breve des Papstes vom 1. August 1807 erreicht, in welchem dieser das Besitztum Roms energisch verteidigte. Nach vergeblichen Versuchen des Generalkommissärs Grafen Arco, die Bischöfe von Chur und Trient für eine selbständige Landeskirche zu gewinnen, wurde, als beide widerstanden, der von Trient gefangen nach Salzburg gebracht, der Churer Bischof als „Ausländer“ über die Grenze geschafft und der ganze Tiroler Anteil seines Bistums zu der willfährigeren Augsburger Diözese, später zu Brixen geschlagen.

Um diese Zeit gewinnt die Tätigkeit eines Beamten die größte Bedeutung, welcher mit einem Erfolg wie kaum ein anderer Mann aus dem ganzen Regierungsapparat die bayrische Sache verhaßt zu manchen verstand und Österreich die größten Dienste leistete. Es war der zur Ordnung des Investiturstreites von München aus bestimmte Spezialkommissär und Kreishauptmann von Brixen, Hofstetten.

Ein grimmiger Feind Bayerns hätte dem Minister keinen für Tirol ungeeigneteren Mann anraten können.

Dachte der König gemäßigt liberal, war Montgelas ein ausbündiger Freigeist — reine Naturen blieben sie bei alledem. Hofstetten aber war ein Cyniker, eine Faunsnatur: Lüstern, boshaft, liederlich, maßlos in allem, was den Menschen erniedrigt, schien er keine gute Eigenschaft, als seine gründlich mißbrauchte geistige Begabung zu haben. Dieser Mann nun war ausgesandt worden, die Priester des Churer Anteils von Tirol zum Anschluß an Augsburg zu bewegen.

Es ist kaum zu glauben, wie dieser Mensch seine Aufgabe löste! Nachdem er zwei Meraner Priester zum Abfall von Chur bewogen hatte und alle andern widerstanden, begann er mit einer Verfolgung der Treugebliebenen, welche lautes Mitleid für dieselben erregen mußte. Das Kapuzinerkloster von Meran wurde unter ganz unsinniger und unnötiger Anwendung von Militärgewalt geschlossen, zahlreiche Priester gefangen abgeführt, andere mußten Gottesdienst und Predigt zwischen Bajonetten halten.

Bei Lizitationen kirchlicher Geräte soll er einen Kelch in unglaublich roher Weise besudelt und den feilschenden Juden Meßgewänder umgehängt haben, von anderen, fast unglaublichen Streichen gar nicht zu reden. Dem König aber berichtete er von herrlichen Erfolgen, welche sein energisches Auftreten in Tirol hatte.

Ähnlich unklug verfuhr der ehemalige österreichische (Trienter), ständische Präsident Graf Welsperg; erst zweideutig, dann, wie jeder Renegat maßlos, um zuletzt, als Tirol an Österreich fiel, die bayrische Sache abermals zu verlassen.

So kam es dahin, daß das Volk die Kirchen mied, in welchen die ihm aufgedrängten „bayrischen“ Seelsorger Messe lasen, ja eigenmächtig Nottaufen übte und seine Toten in fremder Erde oder bei Nacht und Nebel begrub! Bayern hatte alle Anzeichen eines erbitterten Religionskampfes heraufbeschworen.

Der ohnehin als freisinnig bekannte König, welcher solche Beamte auszusenden vermochte, kam beinahe in den Ruf des Antichrist — das letzte Band zwischen Tirol und Bayern war zerrissen.

Und nun begann, besonders im Oberetschland, jener herzbetörende Kultus eines unterdrückten Gottesdienstes auf die einfältigen Seelen zu wirken, wie er den ersten Christen so viele Anhänger geworben hatte. Der verbannte Bischof von Chur hatte den von Staats wegen suspendierten Priestern erlaubt, „das Meßopfer in Kellern, Höhlen, Wäldern und auch um Mitternacht zu bringen und sich dabei gläserner und zinnerner Gefäße zu bedienen“.

Mit wunderbaren Stimmen begannen solche Zeichen der Verfolgung zu den Köpfen der strenggläubigen Bauern zu reden. Bald schlich sich eine unheimliche Stimmung von Meran durch das obere Etschtal und wieder im Wipptal umher, ringelte sich bis Bozen und von da den Eisack aufwärts. Nur undeutlich vernahm die Regierung von geheimen Bauernverschwörungen. Da wurde der Sandwirt Hofer genannt und Aster aus dem Sarntal, Malsiner in Brixen. Militärische Verstärkung kam in die Täler, — das Geraune wurde leiser, die Stimmung geheimnisvoller, die Verschwörung unfaßbarer — das war alles.

Wo das Militär hinkam, schwieg alles; wo es abzog, drängte sich das Volk in die Kirchen, um von den ihm so nahestehenden Kapuzinern über die Wunder und Zeichen einer furchtbaren Zeit zu hören, welche als Strafe des Himmels nahe sei.

Und als der Papst sich in dem Streite um die Churer Diözese nachgiebig zeigte, da war das Jahr 1809 herangekommen und es war spät geworden; zu spät!

Aber nicht dies allein. Im Mai 1808 gab König Max Josef seinem Volke eine Konstitution. Eine großherzige Tat, aber sie bedeutete den Sturz der so feierlich versprochenen, vielhundertjährigen Tiroler Verfassung. Sie wurde freilich, außer von den durch sie bevorzugten ständischen Adelsfamilien, nur im Etschlande betrauert, das große Vorteile aus ihr gezogen hatte, aber ein anderes stürzte mit ihr, ein bloßer Name und doch ein teurer Name: Es gab kein Land Tirol mehr!

Das geheiligte Stammschloß wurde um einen Schleuderpreis weggesteigert und die neue Territorialeinteilung Südbayerns kannte nur mehr einen Inn-, Etsch- und Eisackkreis.

Wahrhaftig, ein echter Beamtenstreich! Um einer bequemen Nomenklatur willen ein Federstrich auf dem Papier, eine dürre Rubrizierung dafür, und ein eigenartiges, heimatstolzes Volk damit tötlich und unversöhnlich beleidigt! Dieselbe Feder, welche den Namen strich, schrieb ihn zugleich mit Feuer und Blut in sechsmalhunderttausend Herzen.

Und nun kam der letzte Schlag: die Militärreform. Das Tiroler Jägerbataillon wurde in ein 7. leichtes Infanteriebataillon „Günther" umgewandelt und erhielt die allgemeine bayrische Uniform der leichten Infanterie mit deren Bewaffnung, damit die Tiroler ihr Schicksal auch mit Farben vor Augen gemalt hätten. Kurz darauf warf die Errichtung der Nationalgarde, besonders aber das neue Konskriptionsgesetz, das den Tiroler vollends zum bayrischen Soldaten machen sollte, seine Schatten voraus.

Die Änderungen im ganzen Handelsverkehr hatten die Städte, Kaufleute, Vieh- und Weinhändler getroffen, der Sturz der Verfassung die Beamten, alle raschen Neuerungen den Bauer; was aber der Religionskrieg in diesem Stande an froher leichtfertiger Jugend unberührt gelassen hatte, das traf jetzt die herbe Rekrutenjagd, welche mit 1809 in Tirol begann.

Schon im Februar wurden alle ledigen Bursche des Landes von 16 bis 21 Jahren, dann die Männer bis zum 40. Jahre eingeschrieben und im März einberufen. Die trotzigen Deutschtiroler hatten für diese ihnen damals unerhörte Forderung ein einstimmiges Nein! Einzig in Innsbruck, wo ein großer Teil des Infanterieregiments Kinkel lag, vermochte man zehn junge Leute zu überwältigen. Im ganzen andern Deutschtirol flohen die Konskribierten entweder über die Grenze oder auf die Berge, die Trotzigsten blieben sogar mit offener Weigerung in den Dörfern. Die Gemeinden verhielten sich untätig.

Exekutionskommanden zogen aus. Eines derselben, eine Kompagnie von Kinkel, lieferte den widerspenstigen Burschen von Sellrain und Axams ein förmliches Gefecht, wobei das Militär übel zugerichtet und mit einem Verlust von 19 Verwundeten und 28 Gefangenen nach Innsbruck zurückgedrängt wurde.

Nicht nur hier, im ganzen Inn- und Eisackkreise mißlang

die Rekrutierung. Nur im Etschkreis siegte die wilde Energie des als Soldaten ausgezeichneten Oberstleutnants von Ditfurt, welcher die widerspenstigen Fleimstaler mit rücksichtsloser Härte niederwarf und züchtigte. Ditfurt aber zog sich dafür im Lande einen Haß zu, welcher jenem, den sich Hofstetten verdient hatte, gleichkam. Er war Soldat und nur Soldat. Eine eiserne Energie und ein heroischer Mut unterstützten seinen stolzen Sinn, der keine andere Gerechtigkeit kannte, als die seines Herrn und Königs. Für diesen wäre er keinen Zoll breit gewichen und hätte schreiendes Unrecht begangen: als Soldat unschätzbar! Wenn aber ein solcher Charakter mit jenem des Deutschtirolers zusammenprallte, dann mußte einer von beiden brechen; ein Biegen gab es nicht. Im welschen Fleimstal hatten diese Eigenschaften gesiegt, in Innsbruck sollten sie ihm zum tragischen Verhängnis werden.

Die Verschwörung.

Österreich hatte um 1809 einen streng katholischen Kaiser von schlichtem Wesen, nüchternem Verstande und großer Herzensgüte, einen Mann ohne Prunk und Schöntun, wie er den Tirolern trefflich zusagte. Aber es gab noch einen zweiten Mann nach ihrem Herzen im Herrscherhause — und verehrten sie den Kaiser, so beteten sie diesen beinahe an. Mit abgöttischer Liebe hingen sie an ihrem Erzherzog Johann!

Dieser Bruder des Kaisers, damals im 28. Lebensjahre, hatte zu all' den guten Eigenschaften seiner beiden älteren Brüder Franz und Karl einen warmen Ton ins schwärmerisch Ideale erhalten; er konnte seinem Alpenvolke niemals nahe genug sein und seine Liebe zu den Tirolern, Salzburgern, Kärntnern und Steirern erzeugte eine Art inniger Verwandtschaft zwischen Prinz und Bergvolk, wie sie vielleicht noch niemals bestanden hat und welche durch seine spätere Heirat mit einer Tochter der steirischen Berge geradezu zum Symbol erhoben wurde.

Seinem Herrn und Bruder schwärmerisch ergeben, suchte Erzherzog Johann alle Liebe, die er in den Bergtälern sammelte, für jenen auszuwerten, und rastlos arbeitete der als partikularistisch verschriene Prinz für die Größe seines Hauses. Als kommandierender General in Tirol hatte er 1805 diese natürliche Festung durch künstliche Sperren zu verstärken begonnen, um ein uneinnehmbares Bollwerk des Reiches daraus zu machen, als ihm das Unglück Österreichs bei Ulm Halt gebot. Unter Tränen nahmen er und seine

Tiroler Abschied von einander, — aber sie riefen sich ein lautes „auf Wiedersehen“ zu.

Die auf 1805 folgenden drei Friedensjahre waren für Erzherzog Johann von einer Tätigkeit ohnegleichen erfüllt. Die ganze innerösterreichische Landwehr, — ein buchstäblich aus der Heimaterde gestampftes Volksheer — ist sein Werk. Daneben fand er immer noch Zeit, mit dem Geologenhammer und der Botanisierbüchse bis in die entlegensten Gletschertäler seiner Berge zu dringen.

Eine überraschende Charakterähnlichkeit mit Max dem Ersten, diesem sympathischesten und volkstümlichsten aller deutschen Könige nach Rudolf von Habsburg, zeigt sich an ihm. „Rast ich, so rost ich“: das hätte auch Johanns Wahlspruch sein können. Er arbeitete neue Gewehrmodelle aus, organisierte die Landwehren, korrespondierte mit Naturforschern, Historikern, Künstlern und Diplomaten, brachte sein Leben auf der Gemsjagd in tausend Gefahren, traf auf jedem Scheibenschießen das Schwarze und stand bei Bauernhochzeiten und Kindstaufen als Zeuge und Gevatter im Lodenrock unter den Lodenröcken. Das einzige was er nicht von Maximilian hatte, war dessen ewige Geldnot mit ihren Anleihen, Forderungen und ungetilgten Rechnungen. Obgleich er gegen seine Verwandten geradezu arm zu nennen war, gab, unterstützte, linderte er, wo er nur immer konnte!

Ein Glorienschein von Sagen umgibt heute noch seine geliebte Gestalt in jenen Tälern und Bergen von Passeier bis Eisenerz, und die wahrhaftigen davon sind die allerschönsten!

Es war in den schwülen Tagen zu Beginn des Jahres 1809, als Österreich ganz allein gegen den gewaltigen Eroberer auftreten sollte, da beriet ein kleiner Kreis von Angehörigen der kaiserlichen Familie über den möglichen Sturz ihres alten Hauses und ihr Schicksal. Einer der Erzherzoge hatte in Rußland Verwandte; zu ihnen wollte er flüchten, — da sagte Johann: „Was immer geschieht, ich bleibe in meinen Bergen. Und wenn sie mir alles nehmen, so habe ich ein scharfes Auge, gesunde Glieder und eine Kugelbüchse, um mir damit mein Brod zu verdienen.“

So sehr hing er an seiner Heimat!

— — — — — — — — — — — — — — — — — —

Im ganzen Lande Tirol aber bildete sich indessen eine Kette von Verschwörungen, deren Zentren die Wirtshäuser waren. Dort konnten Bürger und Bauer in Menge zusammenkommen, ohne daß es aufzufallen brauchte, dort fanden die Scheibenschießen statt, man konnte Vorräte anhäufen: Pulver und Blei vor allem und Mundbedarf. Die Wirte selber, wenn sie ihren Wein- und Viehbedarf ergänzten, konnten ohne Aufsehen reisen . . . wohl auch über die österreichische Grenze, und dieses Österreich griff mit dem salzburgischen Zillertal weit hinein, bis nahe an das Herz von Tirol, den Brenner; und das damals salzburgische Gericht Windisch-Matrei streckte sich südlich gegen das Pustertal hinein. Da gab es hundert Schleichwege über die Jöcher, aber sie wurden kaum benützt, denn die Postbeamten, besonders in Bozen, Brixen und im Pustertal, vor allem der tüchtige Kugtatscher, hatten zu gutem Teil ihr altes Österreich so unauslöschlich im Herzen behalten, wie die Bauern.

In Wien saßen zahlreiche Tiroler, welche nach 1805 ausgewandert waren und in eifriger, erregter Korrespondenz mit den Brüdern im Mutterlande standen. Von hier aus erfuhren dann die Bauern bis in die letzten Almen hinauf, was sie mächtig erregte und was ihnen Franzose und Bayer gar sorglich verschwiegen hatte: Daß das Volk des spanischen Berglandes wider die Franzosen aufgestanden sei und wie die letzteren dort Schlag auf Schlag erlitten, und — —! wie Österreich rüste, und wie es bald gegen den treulosen Gewaltherrscher losschlagen werde.

Da fieberte es im ganzen Lande, — das Schützenwesen nahm mächtig zu, und die Büchsenmacher bekamen Arbeit. Die Schießstände waren an allen Sonntagen dichtumdrängt, und wen sich die Schützen unter der Scheibe vermeinten, das wußten sie gut, und alle verstanden jede Anspielung darauf — außer den Bayern.

Es sei hier sogleich ein allgemein verbreiteter Irrtum berichtigt, als hätte dieses Kugelschießen mit der Rundkugel nur auf nahe Distanzen, unter hundert Schritte, stattgefunden. Die Tiroler Schießstände waren nach übereinstimmenden Nachrichten auf 150 und 300 Schritte eingerichtet, letzteres eine Distanz, auf welche nach dem damaligen Stande der Waffentechnik nur der Schuß aus gezogener Büchse von Erfolg war. Die in den damaligen Armeen ganz allgemein eingeführten glatten Steinschloßgewehre wiesen schon auf 200 Schritte ein über drei mannsbreites Streuungsfeld auf, woraus sich eine große Überlegenheit des Feuers der Tiroler ergab, wenn letztere gut gedeckt oder gar in schwer zugänglicher Stellung waren und zum Laden der gezogenen Büchse Zeit und Ruhe hatten.

Die Zahl der Meisterschützen in Tirol, welche aus ihrer Kunst nahezu einen Beruf gemacht hatten, betrug damals weit über tausend, die Zahl der regelmäßig Übenden mochte mindestens das fünffache betragen, so daß fünf Prozent der gesamten kriegstüchtigen Mannsbevölkerung geübte Kugelschützen waren, eine für jene Zeit außerordentliche Ziffer!

In solchen Zeiten der Gärung war dieses Schützenwesen als moralisches Element gar nicht hoch genug anzuschlagen. Die Schützen kannten ihre eigene Anzahl beiläufig, vor allem aber wußten sie sehr gut, wie sehr sie dem Militär jener Zeit im Gebrauch der Fernwaffe überlegen waren. Das allein gab ihnen eine Zuversicht auf den Sieg, welche einen allgemeinen Aufstand unendlich erleichterte. Zudem sah der wetterharte, überdies sehr rauflustige Bergbewohner und geborene Jäger mit Geringschätzung auf den verweichlichten Günstling der Ebene herab.

Um die Person des Erzherzogs Johann gab es einen kleinen Kreis solcher landflüchtiger Schützen, welche bei dem jagdliebenden Herrn ihr Brod gefunden hatten, unter ihnen der Büchsenspanner Steger. Diese Männer hatten gar bald ihren guten „Prinzen Hans" in alles eingeweiht, was sie aus ihrem Lande erfahren hatten, — — und: da schlug der Funke der tiefen Erregung auch auf den warmherzigen Fürsten über. Der Verwandte des kaiserlichen Thrones war ein Verschwörer geworden, bevor er wußte wie.

Die Briefe, welche ihm diese Bauern schrieben, sind rührend in ihrer schlichten Symbolik und wichtigen Heimlichkeit. Darinnen war Tirol die Braut, Johann der Bräutigam, das österreichische Militär die dringend geladenen Gäste, die Tiroler die Verwandten. Oder Tirol der Forst, der Erzherzog dazu als Förster, die Tiroler als Jäger, die Bayern als Wild.

Und kam ein Zettelchen des innigverehrten Herrn, wie flog das Geraune davon durch's ganze Land. Gleichsam von selbst bildete sich ein nahezu schachbrettförmiges System von Vertrauten über die ganze Tiroler Karte zur „Bearbeitung der Umgegend", wie die Beamten es später nannten. Als ob eine andere Bearbeitung notwendig gewesen wäre, als jene, welche sie selber besorgten. „Österreich und Prinz Hans sind einverstanden:" das genügte den Tirolern und nichts wurde ihnen unerträglicher, als daß sie so lange warten mußten, bis es in Wahrheit losging.

Freiherr v. Hormayr.

Der Erzherzog, so gern er es getan hätte, konnte unmöglich mit all' jenen persönlich in Verbindung treten, die ihn riefen; schon sein Stand verbot ihm eine solche Bloßstellung seiner Person. Aber er hatte längst schon den Mann gefunden, welcher in bezug auf Tirol dieselben Pläne hatte, wie er: den jungen Freiherrn von Hormayr.

Hormayr war jener Tiroler Diplomat, welcher die drei Worte „und nicht anders" in den Preßburger Friedenstraktat eingeschmuggelt hatte. „Diese drei Wörtlein sollen uns die Bayern teuer bezahlen," jubelte er, als ihm dies gelungen war. Seine Verbindungen mit Tirol hatte er eigentlich gar nie anzuknüpfen gebraucht; er hatte sie unzerrissen vom Herbst 1805 an weitergesponnen.

Es war ein merkwürdiger Charakter, dieser Hormayr. Voll Talente, von einer ungeheuren, fast unglaublichen Arbeitskraft und Vielseitigkeit, Diplomat und Rechnungsbeamter, Organisator und Historiker, Hofmann, Agitator und Journalist, all' das und mehr war er in einer Person.

Wenn zu diesen glänzenden Eigenschaften noch ein so fester, ernster Charakter, ein so selbstbewußter, unbeugsamer Stolz, eine solche Herbheit der Sitten gekommen wäre, wie sie so viele seiner unbegabteren Landsleute auszeichnete, Hormayr wäre einer der ersten Männer Österreichs gewesen. Aber die Hofluft tat diesem viel zu gewandten und spitzfindigen Tiroler nicht gut. Schon vor 1809 befremdete das nimmermüde Drängen, mit dem Hormayr seinen hohen Gönner um dessen Protektion für den Leopoldsorden bestürmte, den Erzherzog. Tirol hätte diesem Manne das Höchste, das Teuerste sein sollen, ihm aber ging der Ehrgeiz, ja die bloße Befriedigung seiner Eitelkeit voran, und gekränkter Ehrgeiz und Eitelkeit waren es auch, welche ihn in späteren Jahrzehnten in die Dienste Bayerns trieben, als sein Beschützer Johann selbst allen Einfluß bei Hofe verloren hatte und ein stiller Privatmann geworden war.

In jenem Jahre Neun aber war Hormayr unersetzlich, erst als Agitator, dann als Organisator und Intendant. Durch seine Hände liefen alle Fäden der Verschwörung und er bewirkte endlich, daß der Erzherzog die ungeduldigen Tiroler Abgeordneten, welche auf baldiges Losschlagen drängten, persönlich empfing und hiedurch dem ganzen Unternehmen das bindende Siegel aufdrückte.

Das ging so zu: Der österreichische Feldzugsplan war leidlich fertig geworden — wenigstens stand zu Beginn des Jahres 1809 schon fest, daß Erzherzog Johann als Kommandant der Südarmee in Tirol und Italien wirken sollte. Der Kaiser, dem der Erzherzog versprochen hatte, das treue Bergland mit einem Feuerwort in helle Flammen der Empörung zu setzen und so die wichtige Verbindung zwischen beiden operierenden Armeen mit schwachen Kräften und einem Schlag in die Hand zu bekommen, stimmte zu und gewährte seinem Bruder die vollste, unbedingteste Verfügungsfreiheit über Tirol. Alles was dieses Land anginge, solle der Erzherzog Johann allein ausmachen, als oberste und einzige Instanz für Tirol.*)

Nun hatte der Erzherzog freie Hand, ungescheut konnte er, wenn auch nur im geheimen (denn noch saß ja der französische Botschafter in Wien!), seinen Getreuen aus dem lieben Berglande die Hände drücken.

Kaum war des Kaisers Einwilligung erflossen, da eilte, flog auch schon der wackere Büchsenspanner Steger mitten im Winter ins bayrische Tirol, ohne der Gefahr zu achten, nur um den Freunden zuzujubeln: „Leuteln kommt's, jetz' ischts Zeit!"

Und sie kamen. Drei der Getreuesten aus dem Herzen Tirols; der Sandwirt Hofer aus Passeier, der Kaffeewirt Nessing aus dem herrlichen, unverbrüchlich treuen Bozen und Peter Kreitter aus Lorenzen im Pustertal. Nicht als die Ersten. Lange vorher schon hatte Hormayr seine Freunde in Wien gehabt; sie kamen und gingen und er hatte seine liebe Not, die Bauern in ihrer charakteristischen Tracht versteckt zu halten. Diese drei aber waren die ersten, die zu ihrem Erzherzog durften. Sie waren gekommen, nicht um sich blindlings anzubieten, o nein! So unbedächtig ist der Tiroler nicht. Unterhandeln wollten sie, Punkt für Punkt: Gibst du dies, so tun wir jenes. Sie wollten von ihrer alten Verfassung wieder haben, was sie schmerzlich vermißten: ihre Freiheit, ihre ungestörte Religion, Schutz und Herstellung ihrer Klöster. Für sich selber und ihren Vorteil erbaten sie nichts. Nur Militär und Geschütz sollte man ihnen senden auf beiden großen Straßen: durchs Inn- und Drautal. Dafür wollten sie wie ein Mann aufstehen, alle Franzosen und Bayern im Lande gefangen nehmen, alle Pässe sperren, alle Kassen auffangen, alle Magazine besetzen und Kufstein, die einzige Festung im Lande, überrumpeln. Aber bald, bald sollte alles geschehen, sonst könnten sie für ihre jungen Leute nicht mehr gutstehen!

Am 17. Februar kamen die drei nach Wien, wo ihnen Hormayr sogleich das feierlichste Versprechen abnahm, sich nur am Abend ins Freie zu wagen. Namentlich galt das für den gewaltigen Hofer, dessen hohe Gestalt in der prachtvollen Passeirertracht für ganz Wien ein Spektakel abgegeben

*) Es ist wichtig, dies für die spätere Zeit im Auge zu behalten.

hätte! Er wurde beim getreuen Steger in der Laimgruben (Mariahilf) untergebracht.

Kaum sind diese Abgesandten in Wien, läßt der Minister Graf Stadion eiligst Hormayr rufen, der in seiner Kanzlei im Haus-, Hof- und Staatsarchiv (Hofburg) nahe zur Hand war. Hormayr sieht seinen Gönner in schrecklicher Aufregung. „Ihre Tiroler halten schön Wort,“ ruft ihm Stadion entgegen. „Wenn das der Andreossy (französischer Botschafter) nicht ad notam nimmt, so taugt er nichts. Die ganze Verschwörungsgeschichte kommt heraus.“

„Wer hält sein Wort nicht?“ frägt Hormayr erstaunt den Minister, der in größter Nervosität eine Prise nach der andern schnupft. „Meine Tiroler leben unterirdischer als Maulwürfe.“

„Schön!“ lacht der verzweifelte Minister. „Da springen Sie ’mal hinüber in’s Kärntnertortheater, wo gerade die Oper angefangen hat und schauen Sie sich Ihren Bartmann oder Buschmann an!“

„Aber den soll doch — —!“ Erschrocken eilt Hormayr fort in die Oper und guckt vom Gang ins Parterre. Eben ist Pause. Da sitzt im strahlenden Lichterschein breit und wuchtig der Sandwirt Hofer in seinem grünen Rock und roter Weste, den riesigen Passeirerhut auf den Knien und streicht sich behaglich den prachtvollen langen schwarzen Bart, das Zentrum aller Lorgnons des ganzen glattrasierten und des Damenpublikums. Denn Bärte trugen damals nur Juden oder Kapuziner.

Hormayr erbleicht und packt den nächsten Logenschließer am Arme. „Schnell schlüpfen Sie da hinein und holen Sie mir den Schwarzrotgrünen! Sagen Sie ihm, ein Landsmann ist da! Wegen eines dringenden Wein- und Pferdehandels.“

Der Schließer tuschelt Hofer die Botschaft ins Ohr. Der wirft einen bedauernden Blick auf die Bühne, deren Vorhang sich eben wieder hebt, steht aber doch auf und drängt sich hinaus, wo er im Foyer augenblicklich von Hormayr überfallen und fortgezogen wird.

„Anderl, aber Anderl! Haltst du dein Wort als Tiroler so? Du hast mir doch in die Hand versprochen, bei Licht nicht auszugehen.“

„Recht so,“ gibt Hofer gutmütig zu. „Aber um die Zeit ist’s

ja um fünfe schon längst finster. Jetzt sag' mir nur, wo is' der Landsmann wegen dem Wein und mit den Pferden?"

„Aber das hab' ich dir ja nur so vormachen lassen, damit ich dich aus dem Theater herauskrieg!"

Hofer, der niemals jemandem etwas „vormachte", warf einen strafenden Blick auf Hormayr und wandte sich nach dem Zuschauerraum zurück. „Jetzt hab ich schon ein gutes Stückl verpaßt," sagte er ärgerlich, „und hab' doch für den ganzen Abend gezahlt, und von meinem Geld geben's mir an der Schaltern keinen Kreuzer zurück."

Andreas Hofer.
Nach einem zeitgenössischen Kupferstich.

Knapp an der Türe gelingt es Hormayr noch, den ehrlichen Sandwirt zurückzuhalten, indem er ihn auf ein gutes Abendessen einlädt. Noch einen Blick wirft der junge Archivdirektor nach der Diplomatenloge, — sie ist leer geblieben.

„Gott sei Dank, daß das Ballett noch nicht angefangen hat," seufzt Hormayr aus dem tiefsten Grunde seines befreiten Herzens und schleppt seinen Gefangenen durch Nacht und Schneesturm nach Hause.

Hofer war von gewaltigem Gliederbau, in allen Bewegungen und Worten langsam und bedächtig, aber wuchtig und großzügig. Das runde, rote Antlitz mit der leicht abgestumpften Nase machte den vollkommensten Eindruck von Treue und edler Herzenseinfalt, der lange schwarze Bart aber, den er sich infolge einer heitern Wette hatte wachsen lassen, gab ihm einen Schwung ins Imposante und vollendete einen prächtigen Charakterkopf. Die Augen waren rund, still und wollten gewöhnlich nicht viel sagen. Wenn er aber scherzte, legten sich viele schalkhafte Fältchen von einer herzlichen Liebenswürdigkeit herum, sie bekamen einen unwiderstehlichen Zug des Humors.

Ganz anders aber belebten sie sich, wenn Hofer gerührt wurde, was bei seinem herrlichen, weichen Herzen ungemein leicht gelang, oder gar, wenn der Brand der Begeisterung diese Augen in Flammen setzte. Drei Dinge waren es, welche Hofer augenblicklich bis zu lautem Schluchzen bewegten: wenn man von seinem armen Lande Tirol sprach, von seinem fernen Kaiser oder gar vom Prinzen Hans, der so gerne wieder ins Land gekommen wäre, — und von der bedrohten Religion.

Er war von tiefer, dehmütiger Frömmigkeit und bestrebt, genau nach den Geboten der christlichen Sittenlehre zu leben. Diese Reinheit und Selbstlosigkeit tat seiner Wirtschaft, seinem Wein- und Pferdehandel, den er bis tief nach Welschland trieb, nicht sonderlich gut. Seine Verhältnisse waren keineswegs glänzende und doch nahm dieser Mann, selbst da ihm als Statthalter die Mittel des ganzen Landes Tirol zur Verfügung standen, kaum einen jener von ihm geprägten Sandwirtszwanziger für sich. Die Kosten seines „Hofhalts" waren für den Tag in Kreuzern zu zählen.

Trotz seiner wunderbaren Sittenreinheit war er kein Ducker. Er scherzte gerne, liebte einfache aber gute Kost und war ein starker Trinker, jedoch von der Sorte des Sokrates: — er konnte viele Flaschen des schwersten Weines seelenruhig leeren, Kopf und Augen aber blieben hell und frei. Niemals sah ihn jemand durch Verschulden des Weines auch nur angeregt.

Hormayr trank auch gerne, aber er war zu sensibel; man merkte es bald. Ein Vergleich zwischen diesen beiden Männern läßt tief in die Seele jenes Volkskrieges blicken. Der geniale, aber spitzfindige Hormayr verscherzte sich das Zutrauen vieler, namentlich der Bauern. Als er nach dem Bankerott der österreichischen Invasion aus dem Lande floh, schob so recht das ganze Volk von Tirol den gegen Hormayr einfältigen, aber sittenreinen Sandwirt an die höchste Stelle — ohne dessen Zutun.

Schob: dieses Wort bezeichnet viel in Hofers Wesen und Laufbahn! Der bedächtige Sandwirt war keine aggressive, ideenwälzende Natur wie Haspinger, kein genial tollkühner Unfried wie Speckbacher. Viele seiner Führer hatten weit größere Begabung als der bloß mit einem schlichten, gesunden Hausverstande ohne weiten Blick ausgerüstete Hofer. Gedrängt, unwiderstehlich gedrängt wurde Hofer zu allem, was er tat. Eine äußere, aber geheime Macht, deren Walten er wohl ahnte, der er nie zu widerstehen suchte, und die er verehrte, trieb ihn: der Volksgeist von Tirol!

Diese Macht erhob ihn hoch, — er blieb dehmütig und schlicht; diese Macht entriß ihm all seine Entschlüsse. Durch sie gedrängt siegte er bei Sterzing, am Isel und bei Leonhard. Durch sie gehalten, vermochte er nicht zu fliehen, als die Besten des Landes das sinkende Schiff verließen, — und geschoben, ja ganz verwirrt von dem Einfluß der Verzweifeltsten des ganzen Landes brach er im Spätherbst 1809 zum erstenmal in seinem Leben das Wort, verleugnete seine Unterwerfung, erhob von neuem den Ruf zum Aufruhr, und erst als sein Körperliches gefangen und dem Tode geweiht war, da befreite sich seine Seele, eine tiefe Erkenntnis seines ganzen Lebenslaufes durchzuckte ihn und da wuchs er ins Übermenschliche. Dieser weichherzige Mann, der so leicht die gutmütigen Augen voll Wasser bekam, nahm trockenen Auges Abschied von einer Welt, die sich schlechter erwiesen hatte, als er.

Daß man Hofer so oft verkannt und in ihm den Führer und Kommandanten des Aufstandes gesehen hatte! Er war weniger und doch mehr. Er war seinem Volke, was dem Soldaten seine Fahne ist: Das Panier von Tirol!

Selbst unbeweglich, aber von den Kühnsten und Besten getragen, allen voran. Unbefleckt, rein, verehrenswürdig, ja wahrhaft geheiligt! Von der Religion geweiht, vom Paten Johann mit einem Wahlspruch belebt, vom Kaiser ausgezeichnet und geschmückt. In der höchsten Not entfaltet, als alle Kommandanten versagten, siegt sie, dann sinkt sie — — und mit ihr das Land Tirol.

Man könnte das Herzschild des roten Tiroler Adlers mit einem goldenen A. H. schmücken, nicht um den Bauernwirt zu ehren, nein, um das Volk von Tirol zu erheben, dessen Symbol er war.

— — — — — — — — — — — — — —

Erzherzog Johann, zu Beginn des Jahres Neun Kommandant in Graz, war nach Wien geeilt und eines Abends wurden die drei Tiroler zu ihm geführt. Vom Ballhausplatz schlichen sie in den stillen Amalientrakt der Hofburg, noch eine kleine Seitentreppe, eine Tür und sie standen tiefbewegt ihrem seit über drei Jahren nur im Traume gesehenen Prinzen gegenüber!

Die Zeit drängte, die Gefahr des Entdecktwerdens war groß. Rasch wurden alle Punkte und Maßregeln der Erhebung abgemacht, militärische Hilfe versprochen, dann schieden sie. Nach einigen Tagen lud der Erzherzog seine Freunde ein zweitesmal zu sich, — er war inzwischen beim Kaiser und bei Stadion gewesen und hatte alle Wünsche der Tiroler durchgesetzt — und schärfte ihnen nochmals alles auf's genaueste ein. Dann legte der Erzherzog eine Hand auf's Herz, die andere auf den Mund. „Und, meine lieben Tiroler," sagte er dabei, „es bleibt bei euch und allen Freunden da tief drinnen; oben darf nichts heraus." — Und Fürst und Bauern drückten sich die Hand darauf . . . Beide blieben zuverlässig und treu.

Dann reisten die Tiroler ab.

Vierzehn Tage später lief die Botschaft des Prinzen Hans von Tal zu Tal, so weit man in Tirol deutsch sprach und fühlte. Hunderte erfuhren davon und gaben es an Tausende weiter — — es fand sich nicht e i n Verräter! In beispielloser Verschwiegenheit erwartete dieses Bergvolk seine Stunde.

Die Hilfe Österreichs.

Einer der dringlichsten Wünsche der Tiroler war es, ihnen doch ja nur ein schönes Korps Soldaten zu senden, lieber dreißigtausend als zwanzig, und recht viele Reiter und Kanonen. Denn vor letzteren beiden, als etwas ihnen Unvertrautes, hatten die Tiroler großen Respekt.

Der Erzherzog wäre ohnehin am liebsten selbst mit seiner ganzen Armee durch's Drautal nach Tirol hinein, durch's Etschtal wieder heraus — und dem Vizekönig von Italien in die Flanke gebrochen, während an der Friauler Grenze ein Korps, das seine Schwäche gut maskieren hätte müssen, als vermeintliche Hauptarmee alles erreichbare Aufsehen auf sich gezogen hätte. Die Herren um den Generalissimus aber, welche auf die Tiroler keineswegs so felsenfest vertrauten als der Erzherzog Johann, schrieben einen anderen Operationsplan vor, da wie sie glaubten der erste hätte scheitern können. Diesem Plan zufolge sollte ein schwaches Korps, nur ein Bruchteil des 20.000 Mann und 1000 Pferde zählenden VIII. Armeekorps, in Tirol einbrechen, sich vor allem des Brenner, als der wichtigen Verbindungslinie zwischen Italien und Deutschland bemächtigen und, diesen Zentralpunkt zum Bollwerk gemacht und unentreißbar festgehalten, durfte es erst an Entsendung von starken Detachements gegen Norden und Süden denken, um eine der Armeen oder beide in der Flanke zu unterstützen.

Dieses Tiroler Korps bestand aus nicht mehr als drei Bataillonen Hohenlohe- und drei Bataillonen Lusignan-Infanterie, aus dem neunten Jägerbataillon, drei schwachen Eskadronen Hohenzollern-Chevaulegers (leichte Reiter), dann einer Batterie Dreipfünder (acht Geschütze), einer Batterie Sechspfünder (sechs Geschütze) und einer halben Kavalleriebatterie (drei Geschütze). Hiezu kamen noch zwei Bataillone der fast ganz ungeübten, neu aufgestellten Kärntner (Villacher) Landwehr; in langsamen Staffeln rückten später noch vier Bataillone der ebenfalls noch gänzlich kriegsungewohnten Obersteirischen und drei Bataillone der Klagenfurter Landwehr nach. An felddiensttüchtigen Linientruppen waren also nur etwa 6500 Mann zum Einmarsch bereit. Gleichzeitig sollte der Kommandant der Truppen in Salzburg, der zur Armee des Erzherzogs Karl gehörige, etwas schwerfällige und eigensinnige FML. Jellachich durch die Loferpässe in's Inntal ein Detachement werfen, welches jedoch sehr schwach ausfiel.

In keiner anderen Art von Kriegführung scheint bei Ernennung der Führer eine so überlegte, man darf wohl sagen psychologische Auswahl geboten, als wenn Truppen Hand in Hand mit einem kriegerischen, starrsinnigen Volke von besonderer Denkungsart zusammenwirken sollen. Völlig war eine solche Aufgabe vor 1809 eigentlich nur einmal gelöst worden, als Kardinal Richelieu im 30jährigen Kriege den bündnerischen Protestanten als Hilfe gegen Spanien-Österreich den glaubensverwandten Herzog Rohan zusandte — — und selbst dieser litt nach glänzender Lösung seiner Aufgabe noch Schiffbruch!

An eine allgemeine Schilderhebung der Tiroler nun konnten die Herren am grünen Tische im Hofkriegsrat nicht glauben, und nur dem Feuereifer des Erzherzogs Johann gelang es noch im letzten Augenblick, sie halb und halb zu überzeugen. Diese Umstände, dann aber auch der vielleicht in allen Kanzleien der Erde (besonders zu jener Zeit!) herrschende Geist erklären es, daß bei der Auswahl der Führer mit nicht sehr feinfühliger Überlegung zu Werke gegangen wurde. Den Truppen durfte man die mit ihnen vertraut gewordenen Führer nicht vertauschen; man kombinierte das Tirolerkorps eben aus solchen Einheiten, deren Generale für das Land geeignet schienen. Nur in der Wahl des Oberkommandanten war man weniger beengt, — und gerade diese Wahl wurde keine sonderlich gute.

Sie fiel auf Gabriel Marquis von Chasteler, einen ausgezeichneten, ja geradezu glänzenden Genieoffizier, welcher den größten Teil seiner, übrigens ganz ungewöhnlichen Verdienste in der „bataille rangée“, dann aber in den Laufgräben vor Festungen, als Erbauer von solchen (Komorn) und im virtuosen Ausarbeiten von Feldzugsplänen gesammelt hatte. Ein Plänemacher ohnegleichen, hatte er einen viel zu großen Reichtum an Ideen, um sich für e i n e derselben zu entschließen. Was ihm einfiel, war geistreich, aber war ihm auch nie gut genug. Proteusartig verwandelten sich ihm die eigenen Entwürfe unter den Händen und niemand war dabei unglücklicher als die armen Truppen, deren Hin- und Rückmärsche bei fortwährenden Gegenbefehlen kein Ende nehmen wollten. Diese Unsicherheit, welche einer zu geringen Willenskraft gegenüber einer ungewöhnlichen Intelligenz entsprang, mußte schon dem Soldaten das Vertrauen in den Führer rauben; um wievielmehr dem einfachen Bauer, der nur ein Wort, einen Entschluß kannte. Einen komplizierteren Geist hätte man ihnen gar nicht schicken können.

Zudem kannte Chasteler Tirol, — ausgezeichnet, wie man im Hofkriegsrat sagte, durch und durch; o ja: wie man eine Landkarte kennt. Denn sein W e s e n war aus einer ganz andern Welt, wie jenes der Tiroler.

Er entstammte einer wallonischen Adelsfamilie und war durch und durch altfranzösischer Kavalier — mit allen Vorzügen und liebenswürdigen Fehlern eines solchen. Mit glänzenden äußern Gaben, ansehnlicher Größe und Körperkraft beschenkt, verschwendete er diese Mitgift der Natur zu sehr an irdische Genüsse. Wie mag der glänzende galante Kavalier, welcher einen lustigen Krieg im Freundeslande anstellte, neben dem sittenreinen Hofer verloren haben!

Chastelers sonstiger Charakter war von einer schönen Noblesse im edelsten Sinne des Wortes erfüllt. Er war liebenswürdig, hilfreich, leichtbeweglich, großmütig, hinreißend temperamentvoll und von einer fast sagenhaften Tapferkeit, aber ein Charakter, viel zu sublim, zu verfeinert, um den Bauernstand zu verstehen, welcher ja doch der wichtigste im Lande war. Die Treue und die Erfolge der Bauern entzückten ihn und er schrieb in den ersten Tagen enthusiastische Berichte über das herrliche Tiroler Heldenvolk. Als er aber die rauhe Seite fühlte — den Mangel an Sitte des Umgangs, das Lärmen, Stürmen, Schimpfen, Zanken anhörte — da waren seine feinen Sinne beleidigt und er konnte in Innsbruck schon in den ersten Tagen die Bauern, welche ihm die gefangenen bayrischen Offiziere vorführten, hinausschicken und aus tiefer Brust aufatmend den Bayern die Hände mit gewinnender Liebenswürdig-

keit entgegenstrecken! „Ah, Gott sei Dank, daß ich wieder unter Menschen komme!"

Buol, der Rangsälteste nach Chasteler, war wohl Tiroler, hatte aber von seiner Abkunft vieles vergessen, nur nicht die tadellose Pflichttreue und Rauheit des Wesens. Sehr tapfer, sehr zuverlässig, sehr eigensinnig, nicht allzu weitsichtig, aber praktisch, nüchtern und grob, so war die Mischung seiner Eigenschaften.

General Marchal, ein vollendeter Intendant, welcher seine Truppen stets in allem musterhaft zu versorgen wußte, ein nüchterner Kopf und sehr brauchbar, litt ebenfalls an dem Irrtum, man müsse gegen die Bauern grob sein, weil sie selber es waren und machte sich schon in den ersten Tagen durch seine Geringschätzung dieses Standes unbeliebt.

General Fenner, ein harter aber verläßlicher Charakter, trat im Verlauf der Ereignisse weniger hervor. Schmiedt, welcher erst im Mai mit einer schwachen Brigade nach Tirol rückte, konnte sich den Verhältnissen am wenigsten anpassen und endete tragisch.

Waren also die Generale für ihre spezielle Mission zum Teil nicht ganz geeignet, so läßt sich von den anderen Offizieren das gerade Gegenteil sagen. Die Oberstleutenants Ertel, Göldlin, die Rittmeister Henrion und Banniza lösten ihre schöne Aufgabe, Truppe und Volk wie einen Körper zu gebrauchen, glänzend. Die Tiroler vertrauten ihnen unbedingt, liebten sie und gehorchten ihnen so gut sie es eben vermochten. Der allgemeine Liebling aber wurde Oberstleutnant Christian Graf Leiningen. Er war ebenso ritterlich und tapfer wie Chasteler, aber er verstand es in ganz anderem Maße, sich den Bauern und die Bauern sich anzupassen. Ein leiser, ganz leiser Zug von Renitenz gegen Marchal, durch welchen er die Befehle dieses seines nächsten Vorgesetzten zwar pünktlich, aber immer cum grano salis befolgte, erhöhte nur diese Beliebtheit. Infolge seines Eigenwillens konnte Leiningen nicht gut in größeren Verbänden verwendet werden und Marchal detachierte ihn stets so weit als möglich von sich, — das aber war eben Leiningens Element. Mit seinem Häuflein Truppen und seinen Tiroler Freunden auf sich selbst gestellt, leistete er Unglaubliches.

Ganz dasselbe gilt von dem genialen Obersten Volkmann, der erst später in's Land kam. Solche Parteigängernaturen brauchte Tirol, — sie waren dem Geiste des Volkes verwandt; — sie sind der Stolz der Armee für das Tirol des Jahres Neun geworden.

Die Truppen waren, wie die ganze Armee jenes Jahres, geradezu dem Ideal nahe. In Tirol begriffen sie fast augenblicklich ihre Stellung, setzten sich zum Volk in das beste

Verhältnis und hätten das Land bis auf den letzten Mann verteidigt, wenn es von ihnen abgehangen hätte. In diesen sonst musterhaft disziplinierten Reihen brach an manchen Stellen nahezu Meuterei aus, Meuterei, welcher die Subalternoffiziere keineswegs feindlich entgegenstanden, als sie aus dem Lande, das sie in Ehren behauptet hatten, ausmarschieren sollten! Sie für ihren Teil hätten den ferne von ihnen geschlossenen Waffenstillstand am liebsten gebrochen, einen Frieden gar nicht anerkannt. So war der Soldatengeist von anno Neun beschaffen!

Die Landwehr, als ein ganz neu organisierter, ungeübter Körper, leistete in der ersten Hälfte des Krieges nicht dasselbe wie die Linientruppen und wurde mehr zum Garnisons-, Wach- und Etappendienst gebraucht. Im Verlauf des Krieges bildete sie sich jedoch zu vollkommener Fertigkeit heran und vollbrachte zuletzt das unmöglich Scheinende.

Tirol war im Frühling 1809 infolge der angestrengten Rüstungen Napoleons, welcher alle verfügbaren Kräfte zur Hauptarmee zog, nur schwach besetzt. Gerade an dem am meisten bedrohten Eingang nach Tirol, dem Pustertal, und im Herzen des Landes, zu Brixen, lagen zu Beginn des April nur zwei leichte Infanteriebataillone und eine Eskadron Dragoner; zusammen 1725 Mann unter Oberstleutnant von Wreden. Innsbruck beherbergte zwei Bataillone des Infanterieregiments Kinkel und eine Eskadron Dragoner; Kommandant war der schon erwähnte, eben zum Oberst vorgerückte Karl Baron Ditfurt; ein ausgezeichneter Offizier, dessen Entschlossenheit jedoch durch die gutmütige Schwäche des betagten Oberkommandanten in Tirol, General Kinkel, lahmgelegt wurde. Die Zahl der bayrischen Truppen in Innsbruck betrug ca. 2000 Mann, zu Hall 400 Mann (2 Kompagnien) vom 3. leichten Bataillon. In Schwaz und Wörgel standen ebenfalls zwei Kompagnien, welche die Besetzung des ganzen Unterinntals mit kleinen Detachements besorgten.

Eben zur Zeit des Ausbruches der Feindseligkeiten aber waren zwei Staffeln französischer Truppen durch Südtirol im Anmarsche zur Hauptarmee im Donautal begriffen; dem ersten, zirka 1800 Mann unter General Bisson, folgten in der Entfernung von einem Tagmarsche 2400 Mann unter General Lemoine.

Der Einmarsch der österreichischen Truppen sollte mit dem Morgen des 9. April stattfinden. Schon am 5. jedoch sandte Chasteler von Klagenfurt als ersten Sturmvogel und Vorboten den ehemaligen Landesschützenmajor Martin Teimer ins Land. Dieser, ein tollkühner, rücksichtsloser Abenteurer, stürzte sich jubelnd in das Unternehmen, dessen erste Erfolge er pflücken sollte.

Über Tirol war eine Unruhe ohnegleichen gekommen; selbst die bis dahin fast gänzlich ahnungslosen bayrischen Behörden wurden aufmerksamer. Boten gingen von Haus zu Haus: „'s ischt Zeit!" Den Inn und Eisack schwammen Brettchen mit roten Fahnen hinab, in den Bächen Mehl und Blut. An den Brücken und Übergängen sammelte sich bewaffnetes Volk und jetzt, am Abend des 9. April, flammten die Kreidenfeuer auf allen Höhen empor und sprangen wie Elmslichter von Berg zu Berg durchs ganze Land: Die Österreicher sind da! Und mit einem Schlage starrte das ganze Land von Wehr und Waffen.

Erzherzog Johann hatte in Villach am 8. April abends die Urkunde der Besitzergreifung unterzeichnet. Diese und ein herrlicher, flammender Aufruf war an die Tiroler abzugeben, die Kriegserklärung an den Feind. Noch in der Nacht gelangten alle drei Urkunden nach Lienz. Eine bayrische Dragonerpatrouille jagt mit der Kriegserklärung in atemloser Hast gegen Sillian, — aber die Feuer auf den Bergen sind schneller als sie. Die Soldaten werden von den Pferden gerissen, entwaffnet, kaum vermag einer die wichtige Kriegserklärung zu retten und todmatt nach Toblach zu bringen; umsonst: die Unglücksbotschaft kommt überall zu spät, ihre Träger werden verfolgt, angehalten, und als nach drei Tagen Chasteler in Mühlbach anlangt, da legen ihm die Tiroler freudestrahlend die eroberten bayrischen Aktenstücke vor und darunter — noch uneröffnet — die Kriegserklärung!

Chasteler zieht in ein befreites Land ein, — die Tiroler haben ihm den Weg gründlich gesäubert.

Wo das bayrische Militär den Österreichern eine Brücke abzubrechen versuchte, wie in Lorenzen, wurde es augenblicklich angegriffen und an seinem Vorhaben gehindert. Wohl kommen ganze Detachements Bayern den Österreichern entgegen, aber als Gefangene.

„Unser Einzug durch das ganze Pustertal," schreibt Chasteler an den Erzherzog, „glich einem Triumphzug. Wo wir uns näherten, knallten unaufhörlich Freudenschüsse, ertönte das Geläute aller Glocken. Feld und Wald waren mit Menschen beiderlei Geschlechtes und jeden Alters bedeckt, welche tausendstimmigen Jubelruf erhoben und Freudentränen vergossen. Die Gebäude mit grünen Reisern geschmückt, selbst Triumphpforten errichtet. Mütter hoben ihre Kinder empor, blinde Greise ließen sich aus ihren Hütten führen. Alles wetteiferte, den Erlösern Rock oder Hand, oder wohl nur den Stiefel der Reiter oder die Pferde zu küssen."

So hatte Teimer Quartier gemacht!

Dieser rastlose Geist hatte sein Meisterstück als Agitator vollbracht. Schon am 8. April war er bei Hofer angekommen und beide erließen am 9., dem Tage von Chastelers Einmarsch, einen offenen Flugbrief: Chasteler und Hiller seien im Lande, die Pustertaler möchten die Mühlbacher Klause, die Rittner den Kuntersweg besetzen. Während Hofer seine Passeirer sammelte, um über den Jaufen nach Sterzing vorzubrechen und sich des Brennerpasses zu bemächtigen, steckte Teimer noch am 9. April alle Seelen des Etschtals bis Schlanders in Brand. Von dort über Glurns und Finstermünz eilend, kam er am 11. April ins Oberinntal und brach nun, eine ungeheuerlich anwachsende Sturmlawine hinter sich, auf die Hauptstadt los, wo er am 12. April anlangte. Das Schicksal dieser Stadt war um diese Zeit zwar schon entschieden, Teimer jedoch kam noch zurecht, um einen der kecksten Streiche auszuführen, welche die an waghalsigen Schützenstücklein reiche Geschichte jenes Jahres aufweist.

Inzwischen, wir zählen wieder den 9. April, hatten die Pustertaler reichliche Arbeit geleistet. Kaum daß Teimer durch ihr Tal geeilt ist, rüsten sie und beobachten die Brücken, über welche die Österreicher kommen sollen.

Oberstleutnant von Wreden, Kommandant in Brixen, hatte von der Kärntner Grenze aus Nachrichten von der Ansammlung der Österreicher im Drautal erhalten und sandte eiligst Patrouillen dahin ab (Pustertal), um den Einbrechenden durch Zerstörung der Brücken Weg und Steg zu versperren. In Lorenzen geschah der erste Versuch hiezu und verschaffte den massenhaft anstürmenden Bauern den ersten Sieg und ein Dutzend Gefangene. Das so geschlagene Brunecker Detachement zog sich eiligst gegen die Mühlbacher Klause; aber schon saßen auch hier die Bauern fest. Die Schützen von Schöneck und Rodeneck bewachten die Höhen um die Laditscher Brücke, und jeder Versuch, dieselbe abzuwerfen, zerbrach unter dem bleiernen Hagel ihrer Stutzenkugeln.

Nun freilich drang der Hilferuf der bedrohten Bayern bis zum Brixner Kommandanten, welcher augenblicklich mit der ganzen Besatzung, den leichten Bataillonen Donnersberg und Wreden sowie drei Geschützen, nach der Brixner Klause vorbrach. Dieser ausgezeichnete Offizier bereitete den Bauern dort harte Stunden. Er tat ihnen keineswegs den Gefallen, im Talgrunde vorbrechend vergebliche, von allen Höhen leicht abzuweisende Sturmversuche über die Brücke zu machen, welchen Fehler die französischen und sächsischen Linientruppen später so oft begingen.

Wreden ließ starke Seitenpatrouillen längs der Berghänge vorgehen und hielt das Zentrum seiner Marschkolonne weiter zurück. So gelangte er am 10. in den Besitz der Brixner Klause und hielt dieselbe für die zu erwartenden französischen Marschstaffeln fest. Der Weg nach Sterzing und der Brenner wären ihm offen gestanden; der pflichtgetreue Offizier hielt jedoch hartnäckig jenes Tor für die nachrückenden Kriegskameraden offen. Die Nacht auf den 11. April verlief ruhig. Am Morgen dieses Tages aber drängten die Aufgebote der ganzen Umgebung auf die Bayern los, und schon war auch die Enge von Oberau (welche später zur „Sachsenklemme“ werden sollte) von den Schalderser Bauern gesperrt. Den ganzen Tag lagen die Bauern mit den Wreden'schen Bataillonen in verbissenem Kampf, ohne die Bayern von ihrem Posten vertreiben zu können. Gegen Nachmittag rückte die erste französische Marschstaffel unter General Bisson von Brixen an. Die Tiroler, welche nicht wußten, daß die Franzosen nur ein bloßer Truppentransport und fast ohne Munition waren, stutzten und gaben der ansehnlichen Masse Gelegenheit, durch die Engen bei Mittewald durch und gegen Sterzing vorzubrechen. Eisenfest aber hielt Wreden seine Stellung, um auch den Durchmarsch der zweiten französischen Kolonne zu sichern; die Angriffe der Tiroler verloren an Energie und Wreden glaubte sich schon Sieger, als ein betäubendes Jubelgeschrei aus der Richtung von Mühlbach her seinen Bayern durch alle Nerven schnitt. Die Überraschten sahen österreichische Uniformen, Jäger auf den Höhen, Reiter auf der Mühlbacher Straße, — ein wütendes Gewehrfeuer prasselte auf sie los und vermehrte den Schreck. Da endlich ließ Wreden seinen Posten aus den Händen, um wenigstens die Truppen seines Königs noch zu retten und eilte nach Norden, den vorausgerückten Franzosen nach, — einem schmachvollen Geschick entgegen, das diese Braven nicht verdient hatten.

Die hundert Österreicher, welche in einem kurzen Anlauf Wredens zwei Bataillone über Hals und Kopf auf- und fortgescheucht hatten, faßten augenblicklich in der ausgezeichneten Position Wurzel, um den zweiten noch zu erwartenden mächtigeren Heerhaufen der Franzosen zu empfangen. Diese aber, welche in Brixen die Alarmnachricht empfingen: „Österreicher im Land", versuchten gar keinen Durchbruch, sondern kehrten augenblicklich nach Trient zurück.

Chasteler war am 10. April in Sillian angelangt, wo er am 11. mit seinen Truppen fast unbegreiflicher Weise Rasttag hielt. An jenem 11. aber kämpften die Tiroler bis zur Erschöpfung in der Brixener Klause und auf dem Sterzinger Moos und löschten den Staub der Straße, die sie den österreichischen Truppen bis Innsbruck öffneten, mit Blut. Die Avantgarde Fenners war an diesem Tage zwischen Toblach und Bruneck, als ihr die Bauern entgegenstürmten: „Bei Mühlbach und Oberau wird schon gerauft!"

Eilig warfen sich an zwanzig Reiter auf die Pferde, der Kommandant der Spitze der österreichischen Vorhut, Oberleutnant Gerardi, forderte und erhielt einen kleinen Zug leichter Landwägelchen, setzte siebzig seiner Jäger darauf, die kleine Schar rasselte davon und langte noch zu rechter Zeit in Mühlbach an; schon eine halbe Stunde nach ihrem Eintreffen rollte unendlicher Siegesjubel an den Berghängen entlang, wie abziehende Wetterwolken eilten die bayrischen Abteilungen den französischen nordwärts über den Brenner nach.

Dort, südlich jener Wasserscheide, in Sterzing, hatten an jenem Tage die Meraner und Passeirer schon schwere Erntearbeit getan.

Es lagen vierhundert Bayern mit einer Kanone in dem Städtchen, als Andreas Hofer vom Jaufen in die sumpfige Ebene von Sterzing herabstieg. Ein kleineres Detachement bei Gossensaß war schon überwältigt und gefangen; in hellen Haufen drangen die bunten Gestalten der Bauern durch die Walsergasse, verjagten die eilig alarmierte Besatzung aus der Stadt, vor welcher die Fliehenden erst mitten auf der freien Fläche des Mooses festen Fuß zum Widerstande fassen konnten.

„Karree!“ kommandierte Major Speicher, und die Gehetzten stellten sich in ein waffenstarrendes Viereck, während von fern und nahe die Stimmen der Sturmglocken Bauern über Bauern aus allen Falten der Berge riefen. Bewegte dunkle Scharen sammelten sich an den Hängen rings um das Moos, viel zu weit, um jenen Entschlossenen in der freien Ebene schaden zu können, deren Kanone gegen den Ausgang der Stadt gerichtet war, wo selbst Hofers Schützen zögerten, den verderbenbringenden Anlauf über die sumpfigen Wiesen zu wagen. Aber ihre Stutzenkugeln reichten weiter als das Feuer der Bayern. Schwer verwundet stürzte Major Speicher, dann der erste Hauptmann, stürzte Mann für Mann, — die kleine feste Schar jedoch hielt alle Verluste aus und ergab sich auch nicht, als von den vierhundert ein volles Viertel auf der Erde lag!

Noch hielt ihre Kanone die Tiroler zurück. Auf der Ebene standen drei beladene Heuwagen nahe der Stadt, und die Bayern sahen, wie einer der Schützen nach dem andern vorlief, um sich dahinter zu decken. Plötzlich aber fingen die schweren, hohen Wagen an, sich zu bewegen. Immer näher kamen die wandernden Ungetüme auf die Kanone zu, deren Kugeln sich im Heu wirkungslos verfingen und mit Erbitterung sahen die Bayern, wie ein junges Weib die Deichsel des vordersten Wagens lenkte, höhnend, jauchzend, furchtlos! Bald fuhr da und dort ein Rauchstrahl hinter den beweglichen

Burgen hervor, einer der Kanoniere nach dem andern stürzte, — bald schwieg die Kanone.

Das war das Zeichen zum letzten Angriff. In wildem Jubel stürmten die aus der Stadt, die von den Höhen auf die rettungslos verlorenen Bayern los, die sich erst jetzt ergaben.

Kaum waren die Gefangenen durch die Stadt über Telfes und Mareit nach dem Schlosse Wolfsthurn gebracht, als die Franzosen Bissons nahten; — eine wehrlose Herde, deren erster Anblick zwar die siegreichen Bauern aus Sterzing vertrieb, aber nur, um den Feind in tötlichem Spalier auf beiden Seiten der Berghänge nach dem Brenner zu geleiten. Die Bayern Wredens folgten nach Einbruch der Nacht. Am Morgen des 12. zogen beide Kolonnen weiter über den Brenner, einen Weg voll bitterer Leiden, an dessen Ende die Schmach der Gefangennahme harrte.

Denn schon war auch vor ihnen der Aufruhr mit großen Flammen hochgeworden. In der Umgebung von Innsbruck war es schon am zehnten zu kleineren Kämpfen gekommen, denn der rastlos wachsame Oberst Ditfurt hatte Piketts an alle Übergänge und Straßen entsendet, und das trotzige Axams war es wieder gewesen, welches zum erstenmale losgeschlagen hatte.

Die Bauern dieser, wie der ganzen Gegend südwestlich von Innsbruck sammelten sich am grauen Morgen des 11. April auf den Höhen des Iselberges und zogen sich nach Osten über die Sill und die Brennerstraße bis auf den Paschberg hinüber, welcher sich bald auch durch den Landsturm der südöstlichen Gemeinden belebte.

Bis in die Ebene schwärmten die kühnen Schützenhaufen. Jetzt dachten die ernstlich besorgten Bayern daran, sich die Straßen in's Oberinntal und über den Brenner zu sichern. Zwei Kompagnien, ein Zug Dragoner und ein Geschütz rückten nach Westen gegen Zirl vor, Oberst Ditfurt mit vier Kompagnien und zwei Geschützen auf der Brennerstraße nach Süden. Aber die Bayern im Inntal wurden bei der Martinswand, dann hinter Zirl den ganzen Tag von den Bauern festgehalten und konnten trotz des Feuers ihrer Kanone den Übergang über die Zirlerbrücke nicht erzwingen, von wo sie den Bauern von Axams in den Rücken zu kommen gedacht hatten. Den ganzen Tag über riefen Laufzettel und Boten die Schützen bis Telfs herbei und der Abend sah die eilige Flucht des bayrischen Detachements auf Innsbruck.

So wenig wie hier, vermochte das Detachement unter Oberst Ditfurt auf der Brennerstraße vorzudringen. Soweit die Ebene reichte, blieben die Bayern Meister; auf den Serpentinen der Iselbergstraße aber wurden

Innsbruck
im ersten Drittel des 19. Jahrhunderts.

sie die Opfer der klugen Taktik der Schützen, welche auf der Straße zurückwichen, während ihre Kameraden auf den Höhen zu beiden Seiten Flanke und Rücken des Feindes beschossen; ergrimmt aber ohnmächtig mußte Ditfurt am Abend in die Stadt zurückweichen.

Hier war eine unheimliche Gärung eingetreten. Die Freisinnigen zitterten vor den Bauern, die Reichen vor der Anarchie; — das arme Volk aber sah mit schlecht verhohlenem Jubel auf die geschlagen zurückkehrenden Truppen und auf die großen glühenden Punkte, welche nach Einbruch der

Nacht, zahllos wie Leuchtwürmer um Johanni, von allen Bergen in der ganzen Runde flammten: — Wachfeuer der Bauern.

Am 12. in aller Frühe begann der Kampf.

Die Bayern, welche auf den Straßen innaufwärts und am Iselberg den bereits angekündigten Franzosen ein offenes Tor halten sollten, wurden zuerst auf die Stadt zurückgeworfen, einige Abteilungen wurden gefangen, größere nur durch das rasche Eingreifen der aus der Stadt vorbrechenden Reserve unter Ditfurt gerettet. Während dieser löwenmutige Offizier aber die Südseite der Stadt hielt, schossen die Bauern, welche in Mariahilf und Hötting am linken Innufer von Norden und Westen her eingedrungen waren, die Kanoniere auf der Innbrücke Mann für Mann nieder, überrannten das Geschütz, nahmen es und drangen auf dem Innkai vor.

Ditfurt, welcher soeben von der Triumphpforte bis Wilten einen teuer erkauften Erfolg errungen und von der Gefahr im Norden erfahren hatte, sprengte, obwohl schon aus mehreren Wunden blutend, auch hier den Bauern entgegen. Ein Schuß zerschmettert ihm den einen Fuß; er läßt sich vor der Hauptwache auf eine Bahre heben und führt so das Kommando weiter. Das Beispiel so großartigen Heldenmutes ergreift die ganze Hauptwache. Um ihren Obersten geschart, hält sie sich in der verzweifeltsten Lage noch eine Weile, bis die Schüsse der von allen Seiten eindringenden Bauern einen Offizier nach dem andern fällen und so die Seele des Widerstandes brechen. Ja selbst die Männer, welche Ditfurts Tragbahre hielten, wurden von den erbarmungslosen Schützen einer nach dem andern weggeschossen, bis der schwerwunde Offizier zu Boden stürzte. Sein Fall bedeutete den seiner Soldaten. Die zerstreuten Haufen ergaben sich, die Hauptwache, wohin sich der greise, von den Tirolern gänzlich überrumpelte Kommandant Kinkel zurückgezogen hatte, fiel endlich auch.

„Der Ditfurt ist hin! Alleweil drauf!“ brüllt und jauchzt es. Von Ost nach West, von Norden nach Süden durchrasen die siegreichen Bauern die Stadt, beschießen die Truppen in Wilten im Rücken, — — — und um zehn Uhr vormittags schon ist die ganze Innsbrucker Garnison mit Ausnahme der flüchtenden Dragoner unter Graf Erbach, welche auch nur bis Hall kommen, gefangen, verwundet oder tot. Zwei Fahnen, vier Geschütze, Pulverwagen, die Magazine und Kassen gehören den Bauern, deren Massen jetzt übermächtig anschwellen, als der durch's obere Inntal herabgeeilte Teimer die ganze Sturmgewalt jener rauhen Gegenden mitbringt.

Innsbruck schwimmt im Meere der Anarchie eines Bauernkrieges! — — Immerhin des reinsten, welcher je gekämpft wurde. Freilich: die verhaßten Beamten, die bekanntesten Freidenker und vor allem die Juden wurden hart verfolgt, bedroht, geplündert, aber kein Mord kam vor, es floß kein schuldloses Blut!

Diese Bauern, die niemand befehligte, legten sich selbst strenge Zucht auf, und die wildesten unter ihnen hörten doch auf die Mahnungen edler Priester und Patrioten; nur der stets rettungslos verdorbene Stadtpöbel befleckte sich durch Plünderung, Erpressung, Raub und Diebstahl. Man muß hier den Maßstab ähnlicher Ereignisse anlegen; die Schreckenstage von Innsbruck verlieren an ihm alles Grelle.

Ja auf fast rührende, kindliche Weise äußert sich der Siegesjubel dieser Bauern! Sie haben in einem Kirchenwinkel unter allerlei Rumpelwerk einen österreichischen Doppeladler gefunden und bringen das Symbol der guten alten Zeit freudestrahlend ans Tageslicht. Er wird bekränzt über dem Portal des Posthauses angebracht und einer nach dem andern steigt die Leiter hinauf, um das geliebte Sinnbild wie ein Heiligtum zu küssen. Ein alter Bauer umarmt ihn, vor Freude laut herausschluchzend: „Gelt, du sakra Schwanz! Sein dir halt do d' Federn wieder g'wachsen?"

Im Stadtspital liegt unterdes der todwunde bayrische Löwe, Oberst Ditfurt. Die durchbohrende Wut und Schmach, von den Bauern besiegt worden zu sein, beschleunigt den Eintritt des Wundfiebers, in dessen Phantasien die Gestalt eines lichten Reiters auf blendendweißem Rosse eindringt, gegen den er kämpft und unterliegt.

Umsonst beruhigen ihn die Wärter: es gäbe keinen solchen Reiter. „Nein, nein," stöhnte Ditfurt. „Ich habe ihn gesehen. Er war den Tirolern überall voraus: ein Reiter auf einem Schimmel!"

In leisem Grauen blickten sich die Krankenwärter in die

Augen: „Er hat den heiligen Martin gesehen.“ Die Kunde läuft allsogleich durch die Stadt, durch alle Bauernscharen und in das ganze Tirol; solche Sagen stärkten den Widerstand noch mehr.

Nach einer wunderwollen, stillen Frühlingsnacht wurde Innsbruck am 13. April in grauer Dämmerung neuerdings durch das Toben aller Sturmglocken in Schrecken versetzt. Was von Landstürmern noch nicht abgezogen war, stürzte in Waffen auf die Straße, und auf die Nachricht: Franzosen und Bayern kommen vom Brenner, nach Süden gegen den Iselberg.

Von dessen Höhen blitzten schon im ersten Morgenlicht die Bajonette der Kolonnen Bissons (1800 Mann) und Wredens (1400 Mann) herab. Fast ungehindert, wiewohl von den Passeirern in großer Entfernung gefolgt, stiegen sie die Höhe hinab und stellten sich im Angesichte der Stadt von der Sill über Wilten bis zum Inn hinüber in Schlachtordnung: am Inn die Bayern, von Wilten bis an die Sill die Franzosen.

Die ersten feindlichen Reiter sprengten an die Triumphpforte, sie war verrammelt und wohl verteidigt. Aus allen Fenstern der nahen Stadt blitzten die Büchsläufe der Bauern, von denen einzelne Haufen dem Feinde sogar auf offener Ebene entgegentraten: hinter den Franzosen und Bayern aber belebten sich die Abhänge des Iselberges schon mit den zuschwärmenden Massen der durch die Sturmglocken aufgeweckten Schützen.

Bisson stutzte. In Wilten erfuhr er von dem Schicksale Innsbrucks und dessen Garnison. Oberstleutnant von Wreden wurde unter Bedeckung mehrerer Tiroler in die Stadt entsendet und eingelassen, um sich von der Lage der Dinge durch Augenschein zu überzeugen. Es waren Minuten des peinvollsten Wartens, da er nicht zurückkehrte; von den Steilhängen des Husselhofs drängten die Tiroler in die Ebene herab, in den Rücken der Bayern; die Gallwiese, der Berg Isel, der Paschberg wimmelte von ihnen, die Männer von Altrans und Amras bedeckten das Feld im Osten. Links der Inn, vorne die waffenstarrende Stadt — — — die Falle war geschlossen.

Frohlockend übersah Teimer die für den Feind grauenhaft ernste Situation. Wreden und ein französischer Oberst waren in die Stadt gekommen, hatten vom gefangenen Kinkel dessen Schmach und Unglück erfahren und wurden nicht mehr zurückgelassen; schreckensbleich kehrten ihre Begleiter zurück, Teimer folgte ihnen auf dem Fuße. Der hagere Mann hatte sich von einem ehemaligen, viel stärkeren Kriegskameraden die Uniform eines Landesschützenmajors geliehen und trat jetzt, als der verzweifelnde Bisson nach einem Offizier rief, um sich wenigstens den Bauern nicht ergeben zu müssen, in den Kreis der bestürzten Offiziere. Bisson wollte mit den Waffen abziehen; das schlug Teimer ab. „Ohne Waffen!“ bat der in Ehren grau gewordene General. Teimer jedoch verlangte bedingungslose Kapitulation; das ganze Korps sollte sich kriegsgefangen ergeben; die Offiziere dürften allenfalls noch Degen und Eigentum behalten.

Bisson verzweifelte. „Der Kaiser wird mich zertreten!“ rief er. Teimer aber, welcher in seiner schlotternden Uniform den Bedrängten wie ein böses Phantom erschienen sein mag, lächelte, da er bemerkte, wie seine Schützen, durch das peinvolle Zuwarten ihrer Feinde kühn gemacht, immer näher an die untätigen Reihen herandrängten. Als Bisson noch zögerte, mit einem Federzug auf dem Papier, welches ihm Teimer hinhielt, seine Soldatenehre zu vernichten. wandte sich Teimer ab und wie auf ein Zeichen begann das Feuer der Tiroler; — es wäre keine Schlacht entstanden, nur ein Morden.

Dem überwältigenden Drucke solcher Umstände erlagen zuerst Bissons Generalstabsoffiziere. Sie drängten sich an die Übergabsurkunde und rissen sich um die Feder, um zu unterschreiben. Armance, Varin, — — da erst setzte Bisson seinen Namen hin. Dann unterschrieben die anderen französischen Offiziere; erst nach ihnen, mit unsäglicher Überwindung, zwei Bayern, zuletzt Teimer.

Das kostbare Papier in der einen, ein weißes Tuch in der andern Hand winkte Teimer den Schützen, welche wie eine Sturzflut augenblicklich die unglücklichen Pelotons umringten, bedeckten; die Entwaffnung vollzog sich mit entsetzlicher Schnelligkeit und als der Schwall der Oberinntaler gegen Mittag anbrauste, wurde — es fällt schwer das zu sagen — selbst der einzige dem Feinde noch günstige Punkt der Kapitulation, Schonung des Eigentums, schlecht gehalten. Die bravsten der Führer stemmten sich vergeblich gegen solche Willkür . . . Bauernkrieg! Wo wäre das nicht geschehen.

Die Gefangenen wurden gut behandelt: physisch gut. Welches aber mögen ihre Seelenleiden gewesen sein, als die entwaffneten, geplagten, müden, hungrigen Kolonnen am Nachmittage unter den ertrotzten Marschklängen ihrer eigenen Musik in festlichem Zuge nach Innsbruck gebracht wurden!

Am 14. April vormittags, nachdem die Stadt einen Tag und eine Nacht unter dem Jubelgetöse der siegberauschten Bauern gebebt hatte, zogen die ersten österreichischen Truppen ein; der von Hiller mit 800 Mann von Salzburg durch das Zillertal entsendete Oberstleutnant Freiherr von Taxis und der von Salzburg über St. Johann eindringende Oberstleutnant Reißenfels (900 Mann); beide hatten von den Grenzen Tirols bis Innsbruck einen wahren Palmsonntagszug zwischen grünen Reisern, jubelndem Volk und tausendfachen Segenswünschen zurückgelegt. Nicht gehend oder reitend, nein, fast getragen gelangten sie in die Hauptstadt, welche ihre Einwohnerschaft verzehnfacht zu haben schien, da sie auf den Straßen der Stadt und in allen Fenstern keinen Platz mehr hatte und die Ebene weithin bedeckte.

Mit dem Einzug des Militärs besannen sich selbst die unbändigsten jungen Bursche auf die Heiligkeit ihres Krieges. Zwanzigtausend Bauern befanden sich in der Stadt, aber es fiel nicht die geringste Ungehörigkeit mehr vor! Im allgemeinen hatten sich die Tiroler gehalten, wie es ganzen und großherzigen Männern ziemt. Man bedenke die verzehrende Bitterkeit eines dreijährigen Druckes, den flammenden Grimm über fremde Anmaßung und vergleiche damit die wenigen, von Blutschuld immerhin frei gebliebenen Ausschreitungen! Furchtbares Volk, welches sich im Rausche eines unerhörten Sieges, ohne jede Obergewalt, selbst zu besiegen wußte! Diese Mäßigung scheint uns die größte Ruhmestat der Tiroler vom Jahre Neun zu sein.

Chasteler zog erst am 15. April in Innsbruck ein. Der gleiche Jubel, welcher seinen ganzen Weg geweiht und gesegnet hatte, begrüßte ihn auch hier. Den unglaublich rührigen

General hatte es ohnehin im Pustertal nicht lange gelitten; jedoch war er als Kommandat des Landes auch dessen Organisator. Als solcher hatte er in die Bewegung des Drau-, Eisack- und Oberetschlandes mit Hilfe des genialen Hormayr eine schöne Einheitlichkeit gebracht. Dem Befehle des Generalissimus aus Deutschland gehorsam, hätte er den Brenner besetzen und sein Hauptquartier dort aufschlagen sollen. Sein guter Blick, der helle Verstand des besten Genieoffiziers der Armee erkannte überdies die Wichtigkeit des Punktes, wo die Straßen nach dem Brenner, in das Drautal und Etschtal auseinandergehen; er hatte das Plateau von Schabs zu befestigen begonnen. Erst als das ganze Deutschtirol durch den Zauberschlag einer unvergleichlichen Volkserhebung frei bis an die entferntesten Grenzen war, strebte der lebhafte General vom Herzen des Landes nach dessen Nervenzentrum, in die Landeshauptstadt.

Rastlose Arbeit war es, welche er hier vollbrachte; die losen Schützenhaufen wurden durch ihn zu festen, gutbewaffneten Kompagnien. Den Hauptmann Kamihel, ein gutes Vorarlberger Landeskind mit wertvollen Verwandtschaften in der Schweiz und einem noch wertvolleren Talent, seine Landsleute zu den schönsten Taten hinzureißen, sandte er über den Arlberg, wo in Bregenz der ausgezeichnete Rat von Schneider das heilige Feuer der Liebe zum alten Vaterlande nie hatte ausgehen lassen. Diese Vorarlberger Erhebung von 1809 sollte eben so schön, so groß werden wie jene Tirols, und sie wurde es.

An allen Grenzpässen hielten die Tiroler, mit des Kaisers Soldaten Mühe und Rast brüderlich teilend, getreue Wacht. Bei Reutti und Ehrenberg, bei Leutasch, in der Scharnitz, Ries, im Achenthal, von Thiersee ins Inntal und über die Berge von Ebbs über den Reiterwinkel bis Lofer lag ein Rosenkranz von frommen, treuen, wachsamen Herzen um die Grenze des Landes geschlungen.

Deutschtirol war fast einzig durch eigene Kraft frei geworden. Noch aber lag der Feind im welschen Dritteil des schönen Landes, und hier konnte der ritterliche Chasteler noch reiche Arbeit leisten. Seine Vortruppen standen über Bozen hinaus, und der tollkühne Leiningen, dem sich der von

Chasteler und Hormayr mit allen Auszeichnungen geehrte Hofer angeschlossen hatte, drang im Etschtal vor.

Hier hatte sich Lemoine durch Bozen, wo ihm ein Verräter — der zwischen Bayern und Österreich hin- und widerhandelnde Wechsler Graf — offenen Weg hielt, bis Trient zurückgezogen, dessen gewaltiges Schloß ihm als Rückhalt gegen die waghalsige Verfolgung der kleinen Truppe Leiningens diente. Inzwischen aber hatte der vortreffliche Führer des linken Flügels der französisch-italienischen Armee, General Baraguey-d'Hilliers, mit der Kriegserklärung zugleich Nachrichten von dem großen Volksbrande erhalten, welcher in Tirol ausgebrochen war. Augenblicklich begann er an der Spitze der Division Fontanelli und eines französischen Dragonerregiments den Vormarsch durch das Etschtal aufwärts und langte am 17. April in Trient an, wo er sich mit Lemoine vereinigte. Die Truppen Lemoines, vier Bataillone, drei Eskadronen, drei Geschütze, wurden durch das über Verona herangezogene 112. Infanterieregiment verstärkt und bildeten, zuerst dem General Vial, später dem talentvollen aber zügellosen Rusca unterstellt, eine neue, rein französische Division.

Augenblicklich versicherte sich Baraguey der Übergänge über die Etsch und des ganzen Suganatals bis Borgo, konzentrierte sich, als ungünstige Nachrichten von der Armee seines Vizekönigs eintrafen, zwischen Pergine und Trient und wies die wiederholten, gegen solche Übermacht tollkühn zu nennenden Angriffe der österreichischen Vorhut unter Leiningen (ein Bataillon, eine Kompagnie, eine halbe Eskadron und zwei Geschütze) bei Lavis zurück.

Das Bewußtsein, eine so starke Feindesmacht, 8500 Mann und 1400 Reiter noch im Lande dulden zu müssen, ließ Chasteler keine Ruhe. Erzherzog Johann hatte den Vizekönig von Italien bei Sacile geschlagen. Zwei Dornen steckten noch im Körper des Landes; die kleine Festung Kufstein, welche Chasteler am 17. April einschließen und vom 25. an beschießen ließ, und diese Franzosen. Der ritterliche General beschloß allsogleich, sie aus dem Lande zu drängen und eilte am 19. April, nachdem er das Kommando in Innsbruck an General Buol übergeben hatte, mit einem Bataillon, zwei Eskadronen und drei

Geschützen nach Bozen, zog bei seinem Marsche nach Süden die bei Brixen unter General Marchal stehende Reserve an sich, rief den Landsturm des Oberetschlandes unter Hofer auf und griff Baraguey schon am 21. April, trotz der bedeutenden Überlegenheit des letzteren an Linientruppen und Reiterei, bei Lavis an, verdrängte ihn am 22. aus Trient und verfolgte den sich an jeder guten Position hartnäckig stellenden Gegner auf beiden Ufern der Etsch bis Volano, wo Chasteler am 24. April in einem ernsten, sehr blutigen Gefecht gegen eine starke Übermacht abermals einen schönen Sieg errang.

Am 25. April war Tirol auch von diesem Feinde befreit, welchem Chasteler noch über die Grenzen Italiens hinaus nachdrängte. Da um dieselbe Zeit (27. April) der Vizekönig von dem siegreich vorgedrungenen Erzherzog Johann bis in die Gegend von Verona geworfen worden war, so bedurfte es nur der Gunst weniger Stunden und mit einem Schlage, in Front und Flanke des Feindes, fielen Vereinigung und Sieg der Österreicher in Italien zusammen.

Schon war die Verbindung hergestellt und mit unermeßlichem Jubel hörten die Offiziere des Erzherzogs Johann am 29. April das Geprassel endlosen Pelotonfeuers aus der Stellung der Franzosen: Chasteler hatte angegriffen, nun wollten auch sie vorwärts!

Da brachte ein Parlamentär Aufklärung über die Ursache jener Schüsse; es waren die Freudensalven der italienischen Armee über die Siege Napoleons im Donautale gewesen!

Der Feind im Lande, im vollen Anmarsch auf Wien, alle Siege vergeblich; es hieß zurück.

Aus dem Hauptquartier des Kaisers Franz war der Befehl gekommen, augenblicklich und in Eilmärschen aus dem äußersten Süden Tirols an die Nordpässe zu marschieren, um durch diese in Flanke und Rücken des Feindes vorzubrechen: Chasteler mit seinen sechstausend Mann! Denn noch war ja auf die ungeübte Landwehr nicht zu zählen.

Einen Augenblick hatte wohl auch Erzherzog Johann die kühne Idee, sich, ohne den Feind vor sich zu berücksichtigen, mit seiner ganzen Macht durch Tirol auf die Verbindungen

Napoleons in Deutschland zu werfen. Schon war die Brigade Schmiedt, fünf Bataillone, vier Eskadronen und eine Batterie als Avantgarde bestimmt, als Erzherzog Johann den Befehl erhielt, Innerösterreich zu decken. Indem er den Rückzug antrat, gab er den dringlichen Bitten Chastelers um Verstärkung dadurch folge, daß er der Brigade Schmiedt Befehl erteilte, über Bassano und Primolano in die Valsugana einzudringen.

Dieser Befehl hätte, wenn er pünktlich erfüllt worden wäre, der Division Rusca in der Valsugana eine arge Falle geschaffen und die Gegend von Levico oder Borgo wäre ein zweites Wilten geworden.

Denn wiewohl Chasteler augenblicklich nach Innsbruck zurückeilte und nur eine schwache Reserve unter General Marchal in Brixen ließ, wiewohl Leiningen, welcher Marchals Nachhut (fünf schwache Kompagnien!) kommandierte, von der 3500 Mann starken, also siebenfachen Übermacht Ruscas in einem wahren Löwenrückzuge bis Lavis gedrängt wurde, wäre Rusca, welcher nach dem letzten Vorstoße in's Etschtal schnell in die Valsugana abbog, dennoch zwischen zwei Feuer geraten, denn augenblicklich drängte ihm General Marchal, durch die bittersten Klagen Leiningens, man habe ihn im Stich gelassen, zu raschem Handeln getrieben, am 5., 6. und 7. Mai nach. Mit innerlichem Jubel erwartete die Brigade Marchal in Levico, in Masi, endlich in Borgo die Stimmen der Kanonen Schmiedts, welche den vor ihnen forteilenden Feind anhielten . . . Nichts dergleichen! Alles schwieg. — —

Ungehindert gelangte Rusca über Primolano hinaus nach Belluno und Pieve di Cadore, womit er seine Aufgabe, die linke Flanke der vordringenden französisch-italienischen Armee zu sichern, gut gelöst hatte. General Schmiedt war den Streitkräften Ruscas ausgewichen und langte, gegen den erhaltenen Befehl, auf dem weiten Umwege über Perarolo, Cortina und Toblach am 10. Mai im Pustertale an, woselbst seine Brigade für den Augenblick vollkommen unnütz war. Die gute Gelegenheit, den Gegner schwer zu schädigen, war verloren gegangen.

Der Plan eines Vorstoßes Chastelers mußte bei den schwachen Kräften des Tirolerkorps, welche überdies zum

Teil durch den von Süden drohenden Feind gebunden waren, in sich selbst zusammenbrechen. In demselben Augenblicke, wo Erzherzog Johann unter der Wucht der Hiobspost aus dem Donautal seufzend seinen Rückzug zur Deckung Innerösterreichs antrat, hatte auch das bayrische Armeekorps den von München zurückgeworfenen Jellachich aus der Stadt Salzburg in die Hochpässe des Landes verdrängt.

Vignette zur Karte Tirols von Peter Anich aus dem Jahre 1809.

Die Pässe.

Nachdem es sich den Weg im Salzachtal geöffnet hatte, waren dem starken Korps mit seinen drei Divisionen, Kronprinz, Wrede und Deroi, die Wege über Lofer nach dem Inntal einerseits, über den Paß Lueg, Sankt Johann im Pongau, Mittersill und den Gerlossattel andererseits, für einen Einbruch nach Tirol gewiesen. Zum Entsatze des belagerten Kufstein aber wurde der Weg von Reichenhall über Hohenaschau nach Sachring gewählt. Diese Kolonne unter General Vincenti war die erste, welche den Widerstand der Tiroler an der Grenze so nachdrücklich erfuhr, daß zuerst Marschall Lefebvre, dann aber sogar Napoleon für gründliche Verstärkung der zum Angriff auf Tirol bestimmten Kräfte sorgen mußte.

Generalleutnant Deroi sollte mit der zurückgeworfenen, aber nun durch zwei Bataillone und vier Geschütze verstärkten Kolonne Vincenti den Einmarsch über Rosenheim in's Inntal erzwingen, Wrede*) mit seiner zweiten Division und Teilen der dritten über die Pässe Lofer, Strub und über Sankt Johann nach Wörgl vorbrechen. Die erste Division Kronprinz blieb in Salzburg gegen Jellachich stehen, welcher sich bis Radstadt zurückgezogen hatte.

Zugleich wurden die Bauern der bayrischen Hochgebirge in Schützenkompagnien nach dem Vorbilde Tirols zusammen-

*) Nicht zu verwechseln mit dem bei Wilten in Gefangenschaft geratenen Oberstleutnant v. Wreden.

gerufen, so daß Oberst Arco an den Nordostgrenzen Tirols eine starke Volkswehr aufzustellen vermochte.

Diese Vorbereitungen sollten das Schicksal des Landes Tirol zu gewaltiger Wendung bringen.

Am 11. Mai warf sich die ganze Division Wrede (gegen 10.000 Mann) auf den Paß Strub. Oberstleutnant Göldlin, welcher diesen, nur durch eine Schanze und durch ein Tor gesperrten Engpaß zu bewachen hatte, erwartete, da er nur eine Handvoll Soldaten (90) und ein Häuflein Tirolerschützen (275) bei sich hatte, zu eben dieser Zeit sehnsüchtig eine Verstärkung. Statt derselben brausten die mit unvergleichlicher Tapferkeit ausgeführten Sturmangriffe der bayrischen Bataillone, dann ganzer Regimenter gegen den schwachbesetzten Durchgang. Neun Stunden brauchte diese Übermacht, um unter schweren Verlusten, nach vier abgewiesenen Stürmen und erst nach Umgehung der unter Oppachers Führung heldengleich kämpfenden Tirolerschützen, den Paß zu nehmen. Die Körper von neunzig toten und verwundeten Österreichern und Tirolern versperrten noch den Weg, die Überlebenden wurden in die Gebirge versprengt, von wo sie den Vormarsch Wredes nach Waidring unter stetem Feuer hielten.

Der Feind war im Lande!

Noch stieß Wrede am 12. Mai bei Waidring auf die zum Entsatz des Passes zu spät und mit viel zu schwachen Kräften (im ganzen 600 Schützen und 900 Landstürmer ohne Feuerwaffe) herbeigeeilten Tiroler unter dem Unterintendanten Roschmann und Schützenmajor Rupert Wintersteller. Stundenlang hielten die Tiroler, in deren Reihen Weiber und Kinder am Kampfe teilnahmen, diese Übermacht auf. In St. Johann, ein paar Stunden hinter ihnen, stand die kleine österreichische Vorhut unter General Fenner, welcher verzweifelte Schreiben an Chasteler richtete, ihm doch einige Unterstützung zu senden, damit er den Tirolern beistehen könne. Statt einer Antwort brachten ihm Schützen die Nachricht vom Eindringen Derois durchs Inntal bei Kufstein; den Feind im Rücken, feindliche Übermacht vor sich mußte Fenner, dem Gebote der Klugheit folgend, seine kleine Truppe kämpfend über Elmau gegen das Inntal zurückführen, auf daß sie nicht gänzlich verloren ginge.

Inzwischen hatte Wrede den Widerstand der Landstürmer gebrochen und seine durch die Hartnäckigkeit der Tiroler und die Schmach ihrer Brüder im April ergrimmten Bayern drangen unter so entsetzlichen Verwüstungen und Greueln gegen das Inntal vor, daß Wrede selbst in einem Tagesbefehl den Mordbrennern unter Ausdrücken des kräftigsten Abscheus mit schmählicher Todesstrafe drohen mußte. Nahe an 400.000 Gulden betrug der Schaden jener zwei Tage (11. und 12. Mai) in diesen armen Hochtälern!

Was half es nun, daß die Pässe von Luftenstein und Hirschbichl, der eine von 20 Jägern und 600 Salzburger Schützen, der andere von 16 Jägern, 300 Salzburgern und zwei Geschützen besetzt, durch die übermenschlichen Anstrengungen der Verteidiger unter Oberleutnant Leis bis zum 14. Mai gehalten wurden, daß der Feind dort vierhundert Tote liegen ließ und seine Verwundeten auf siebzehn Wagen fortführen mußte? Verschwendeter Heldenmut, verlorne Posten! Den Feind im Rücken, konnte sich Leis, welcher das salzburgische Hochland unter dem ausgezeichneten Wallner in Aufruhr versetzt hatte, nur durch einen abenteuerlichen Zug über Hochfilzen, Gerlos, Ramsau und das Pfitscherjoch nach Sterzing zurückziehen, von wo der unerschrockene Offizier mit Andreas Hofer allsogleich wieder auf Innsbruck vorbrach.

Der Schlag von Wörgl.

Chasteler hatte in Innsbruck erst in dem Augenblick, als sich Wrede schon zum Sturm auf dem Strubpaß anschickte (11. Mai), unsichere Nachrichten von feindlichen Ansammlungen im Inntal und auch wieder bei Lofer erhalten. Lebhaft und großherzig wie er war, beschloß er augenblicklich dem Feinde entgegenzugehen, ohne nach seiner Zahl zu fragen; er raffte zwei Bataillone von dem bei Volano außerordentlich geschwächten Regimente Lusignan, anderthalb Kompagnien Jäger und eine schwache Division Chevaulegers zusammen, zu welcher kleinen Macht noch vier Bataillone der erst jüngst nachgerückten, aber schon wieder zur Rückkehr in ihre Heimat bestimmten und darum recht haltlosen Kärntner Landwehr kamen. Mit diesen 2876 Mann, neunzig Pferden und neun Geschützen flog Chasteler einem Feinde entgegen, welcher mit 10.000 Mann und 700 Reitern von Elmau und mit einer halb so großen Macht von Kufstein her im Anzuge war. Am 12. morgens war Chasteler in Rattenberg. Da strömten ihm schon die tief mitleidswerten Abbrändler von Waidring, Kirchdorf, St. Johann und Elmau entgegen: hilfeflehend, den Himmel um Rache anrufend, wenn man sie im Stich lasse. Der General war tief erschüttert; seine Soldaten, selbst jene, welche kein Wort deutsch verstanden, weinten laut vor Mitleid.

Und nun vollzog sich die große Sonnwende des glücklichen Tirolerfrühlings vom Jahre Neun; hier siegte zum Unheil des Landes das warme, bewegliche Herz Chastelers über seinen Verstand und er unternahm, ohne auch nur Zeit zu haben, das eiserne Unwetter des Landsturms im Inntale heraufzubeschwören, jene ritterliche Tat, jenen hitzköpfigen Sankt Georgszug gegen das bedrohte Söll, welcher das kleine Häuflein Tiroler und Soldaten aus den sicheren Bergen in die Ebene von Wörgl hinauslieferte, wo der Landsturm nicht zu kämpfen verstand, wo die zehnfache feindliche Übermacht an Reitern einen herrlichen Tummelplatz hatte und das vielfach überlegene feindliche Geschütz gegen große ungedeckte Ziele furchtbar spielen konnte.

Bis nach Söll vordringend, ohne auf die Todmüdigkeit seiner, durch den Gewaltmarsch abgehetzten Truppen zu achten, nahm Chasteler den Schritt für Schritt zäh gegen Lefebvre und Wrede sich haltenden General Fenner auf, wurde aber in's Inntal zurückgedrängt. Noch war der Vormarsch der Bayern nicht in die Gewalt unaufhaltsamen Rollens geraten, noch konnte Chasteler nach Rattenberg zurück, wo Inn und Straße eng an den Bergwänden dahinziehen, wo seine und der Tiroler Kräfte furchtbar waren, — es geschah leider nicht.

Am 13. Mai morgens, an demselben Tage, als fern im Osten Napoleon die Kaiserstadt zu Boden zwang, hatte Chasteler, in tiefer Bewegung über die Bitten und Klagen der unglücklichen, verzweifelnden Bewohner von Wörgl, sein Häuflein gegen die Schluchten von Söll geführt. Um 11 Uhr vormittags waren seine Truppen nach wechselnden Erfolgen und wahrhaft heldenmütigem Widerstande in die Wörgler Ebene hinausgedrängt. Den rechten Flügel an das Gebirge, den linken an den Inn gelehnt, die Geschütze vor dem Ort begannen die Österreicher den neuen Kampf mit einem Artillerieduell, welches jedoch die Bayern durch zwei kühne Angriffe ihrer Kavallerie entschieden.

Beim ersten rettete noch die wunderbare Tapferkeit des Rittmeisters Henrion die österreichischen Geschütze; die siebzig noch gefechtsfähigen Chevaulegers aber wurden von der Übermacht der feindlichen Kavallerie geradezu bedeckt und verschlungen; ein volles Drittel blieb auf dem Felde.

Noch mehr Erfolg hatte die zweite, entscheidende Attake. Von den elf Geschützen (von Fenner waren zwei hinzugekommen) fielen erst drei, dann abermals drei in die Hände der bayrischen

Reiter. Die Bauern, dicht an den Berghängen zusammengedrängt, scheuten die ihnen verderbliche Ebene und knallten aus unwirksamer Entfernung in die Tiefe hinaus, nur der tapfere Haller Kronenwirt Straub hielt sich mit seinen Landesschützen noch eine Weile in den Auen am Inn. Die gesamte Infanterie aber wurde an die Berge im Südwesten gedrückt. Nun war das Zentrum durchbrochen, der Feind stürmte im Inntale vor; — noch warf sich Chasteler mit den wenigen, von Rittmeister Henrion gesammelten Chevaulegers auf den Feind; er wurde umzingelt. Jauchzend brachten bayrische Reiter dem französischen Marschall die Nachricht, der österreichische Kommandant sei gefangen und augenblicklich befahl Lefebvre, ein Kriegsgericht zusammenzustellen. „Binnen einer Stunde," rief er aus, „wird das Todesurteil vollzogen sein." Die österreichischen Gefangenen erbebten, als ihnen der Marschall einen Befehl Napoleons vorwies, der Chasteler als „Räuberanführer" ächtete: so groß war der Zorn des Kaisers der Franzosen über Tirols Erhebung!

Der unglückliche General war indessen durch die Schnelligkeit seines Pferdes den ihn umringenden Leiningen-Chevaulegers entkommen. Seine ganze Infanterie in die Berge zersprengt, der größte Teil seiner Geschütze genommen, über sechshundert Mann tot oder gefangen, vor allem aber, und das war das Schlimmste, vollkommen und bis zur Auflösung geschlagen, das war das Ende des Ritterzuges nach Wörgl.

Chasteler eilte nach Hall, wo die Bevölkerung auf die Nachricht von dem Unglück in die fürchterlichste Stimmung geraten war. Als der fast zu Tode gehetzte Kommandant über die Innbrücke nach Innsbruck reiten wollte, um dort zu retten, was noch zu retten war, da stellten sich ihm Haufen der Salzarbeiter und viel anderes Volk entgegen. Sie rissen den gänzlich Erschöpften vom Pferde, mißhandelten und beschimpften ihn, dessen Edelmut und allzu tollkühne Tapferkeit das ganze Unglück verschuldet hatte, als Verräter und Feigling; sie zwangen den Halbtoten, neuerdings innabwärts dem langsam vordringenden Feinde nach Volders entgegenzugehen, wohin — an die Innbrücke — der Landsturm gerufen worden war. Der wackere Kronenwirt Straub befreite den schwergeprüften Offizier aus den Händen der verzweifelten Rotte.

Chasteler ging nun zurück, jedoch nur um den an die Scharnitz entsendeten General Buol nach Volders zu befehligen; der in Innsbruck von der Hochflut der Gefahren überraschte Hormayr eilte noch am Abend des 13. über den Brenner, um die Generale Marchal und Schmiedt aus Brixen und dem Pustertal heranzuziehen.

Veyder aber, der getreue und nimmermüde Adjutant Chastelers, blieb in der bedrohten Stellung von Volders, zog zwei Geschütze heran und sammelte während der ganzen Nacht vom 13. auf den 14. Mai versprengte Soldaten aller Waffengattungen; gegen Morgen waren über dreihundert in Stellung, die Anzahl der erst jetzt in Wut und Grimm auffahrenden Landesverteidiger wuchs in jener einen Nacht von zweitausend auf das Dreifache.

Wer sie aufrief, diese Tiroler, deren Mut immer höher stieg, je mehr ihr armes Land blutete, waren wieder die Bayern. Die Schrecken ihres Einzuges jagten Tausende der noch Zögernden in Verzweiflung, ihre Untaten erweckten Rächer und Vergelter. Von Kundl bis Wörgl und von da gegen Söll brannten alle Ortschaften, der Inn floß jene Nacht glühend dahin zwischen Brand, Rauch und Blut.

Am 14. Mai morgens langte Chasteler an der Spitze der Innsbrucker Studentenkompagnie auf dem Marsche nach Volders in Hall an, und augenblicklich schlang ihn der heulende Pöbelhaufe wieder ein: Warum er keine Truppen gebracht wie versprochen! Die Schande und die Gefahr des vorhergegangenen Tages bedrohten den so feinfühligen General von neuem und tief gekränkt brach sich der ungerecht Beleidigte nach Steinach Bahn, wo er sein Hauptquartier aufschlug, — um nie mehr in das Inntal zurückzukehren.

Von jenem unglücklichen Dreizehnten an aber begann in Tirol ein übler Geist zu spuken; eine bittere Zwietracht zwischen Volk und Militär wuchs empor. Letzteres beschuldigte den Landsturm, er habe es bei Wörgl gänzlich im Stich gelassen. Wahr! Aber wer hieß den Bergschützen in der Ebene als Liniensoldat kämpfen! Das Volk aber, welches noch stets und überall den Erfolg bejubelt und das Unglück verdammt hat, verlor das Zutrauen zu den meisten der höheren Offiziere, es konnte seinen Spott und seinen höhnischen Vorwurf, seine beißenden Vierzeiler, sein Zischen und Pfeifen nicht bei sich halten und eine nagende, immer tiefer einwurzelnde gegenseitige Bitterkeit vergiftete die Seelen der Generale und jene des sonst so hochgemuten Volkes, mit welchem freilich der gemeine Soldat, zu großem Teil auch der subalterne Offizier sympathisierte. Die Spaltung hatte ihren Anfang genommen.

In der Stellung von Volders, deren Hauptstütze das mächtige, von Bayern säkularisierte Servitenkloster war, herrschte wildeste Unordnung. Freilich langten, durch den langsamen Vormarsch des Feindes begünstigt, ganz unerwartete Kräfte an Militär zum himmelstürmenden Jubel der Tiroler dort an. Dem wackeren Oberstleutnant Reißenfels, welcher im Verein mit den Schützen Speckbachers, dieses kühnsten und glänzendsten unter allen Tirolerhelden, Kufstein belagert hatte, war es gelungen, sein halbes Bataillon Devaux, eine Division Lusignan und einen Teil der bei Wörgl in die Berge gedrängten Villacher Landwehr zu vereinen, vor der Übermacht Derois in die Gebirge und durch einen Nachtmarsch auf Baumkirchen zu retten; er brachte volle 1200 Mann mit. Die nunmehr gegen 1500 Mann starke Truppenmacht vermochte wohl keine Ordnung in die fast auf das Zehnfache angewachsene Masse der Tiroler zu bringen. Es gelang dies nicht einmal dem General Buol, welcher am 14. abends in jenem letzten Bollwerk des Unterinntals mit zwei Kompagnien Devaux, dem äußerst schwachen Salzburger Jägerbataillon und dem 2. Klagenfurter Landwehrbataillon, dann einer halben Eskadron Chevaulegers und fünf Geschützen eintraf. Die ansehnliche Zahl Bewehrter in diesem festen Lager berauschte die Tiroler und als der vom anrückenden Feinde bedrohte und durch das Schicksal der Unterinntaler Orte in Verzweiflung gebrachte schöne, wohlhabende Bergort Schwaz flehentlich um Hilfe bat, mußte Buol dem Andrängen der Landesverteidiger nachgeben und sandte den Oberstleutnant Taxis mit 700 Mann gemischter Truppen, einem Zug Chevaulegers und zwei Geschützen ins Inntal hinab, um den Ort zu schützen, welcher auf einem nordwestlichen Ausläufer des Arbeserkogels in dominierender Lage hart über dem Inn das Tal flußabwärts beherrscht und eine gute Stellung verhieß.

Die Haller Schützen unter Straub, die Rinner und viele andere Unterinntaler unter Speckbacher schlossen sich Taxis an und schwärmten auf den Berghängen, namentlich am rechten Innufer den Bayern bis über Straß entgegen.

Diese hatten ihre zwei Divisionen Deroi und Wrede inzwischen vereinigt, nachdem Deroi unter schweren Kämpfen im Inntal eingedrungen war und Kufstein entsetzt und verpflegt hatte. Die kleine Festung über diesem Innstädtchen

Kufstein.

Nach einem zeitgenössischen Kupferstich.

hatte sich unter ihrem tüchtigen Kommandanten d'Aicher trotz großen Mangels an Proviant, trotz harter Beschießung und trotz tollkühner Streiche des unermüdlichen Speckbacher tüchtig gehalten.

Nach dem Siege von Wörgl ging die Übermacht von zwei bayrischen Divisionen nur mehr zögernd und vorsichtig innaufwärts und blieb am 14. in Rattenberg, wo sie den Widerstand der Tiroler und Österreicher nur mit schwerer Mühe zu brechen vermochte. Über dem Osttor des altertümlichen Städtleins prangte noch der lorbeerbekränzte Kaiseradler den Eroberern entgegen, was Lefebvre in solche Wut versetzte, daß nur die dringenden Fürbitten Wredes den schönen Ort vor Einäscherung und Plünderung schützten.

Am 15. wurden die vorrückenden Divisionen von Straß an lebhaft beschossen und erlitten dabei Verluste, welche den Zorn der Bayern neuerlich entfachten, so daß sie auf ihrem Wege längs dem Inn Ort für Ort anzündeten. Unter schweren Verlusten nach Schwaz vordringend, wurden sie hier durch Taxis und die Tiroler von Mittag bis vier Uhr nachmittags aufgehalten und verloren in erbittertem Kampfe, erst vor dem Markt, dann in den Straßen gegen hundert Mann allein an Toten.

Die Übermacht auf der einen Seite, die wegen Mangel an einheitlicher Führung und Subordination schlecht zusammenwirkende Taktik der Tiroler und des Militärs anderseits, verschafften den Bayern nach einem harten Ringen den Sieg, welcher jedoch ein wenig schönes Blatt in der Geschichte Bayerns auszufüllen bestimmt war.

Der schöne Markt, durch ehedem reiche Silbergruben in behäbigem Wohlstand erhalten, ging vollkommen in Flammen auf, Grausamkeit und Unzucht wüteten zügellos mit dem Feuer um die Wette; Kirchenschändung, Raub, Plünderung und Mord an Wehrlosen bilden die Reliefs des Denkmales, welches sich Deutsche hier im Kriege gegen Stammverwandte gesetzt haben.

Die Österreicher und Tiroler zogen sich unter verhältnismäßig geringem Verlust nach Volders zurück, und drei Tage von jenem Ereignis ab blieben die beiderseitigen Kräfte einander untätig gegenüber. Lefebvre, welcher die österreichische Division Jellachich noch in Salzburg und also in seinem Rücken wußte, zögerte sofort auf Innsbruck vorzugehen; — die Pässe gegen das Berchtesgadner Land hatten von seinen Truppen noch gar nicht bezwungen werden können.

Die Flammen von Schwaz aber machten den Krieg in Tirol von da ab fast zu einem reinen Bauernkrieg; sie schreckten den Bürger und reizten den Landmann. Innsbruck und Hall sehnten sich nach Ruhe, jedoch in Volders sammelte sich ein Wald von Sensen und Morgensternen. Buol, welcher mit rauher Willenskraft Ordnung in die ungezügelten Haufen bringen wollte, mußte den Eigenwillen der Bauern schmerzlich erfahren. Chasteler lag, körperlich und seelisch gebrochen, am Brenner; jeder Gefahr wäre dieser ritterliche Wallone freudig entgegengegangen; das Unglück und die Schmach aber drückten diesen viel zu feinfühligen Geist zu Boden. Bald beorderte er Buol, ihm auf den Brenner nachzurücken, bald befahl er ihm zu bleiben. Die Bauern, ohnehin von tiefstem Mißtrauen gegen die militärische Leitung erfüllt, fingen die ganze Korrespondenz der Generale auf und erbrachen sie. In ihrer Wut über den geplanten Rückzug der Truppen auf den Brenner mißhandelten sie auch Buol, welchen solches Unterfangen erst recht widerwillig machte; durch eine derbe List, indem er scheinbar zum Angriff vorrückte, die Tiroler in seine Flanke entsandte und dann schnell nach dem Brenner zu abschwenkte, befreite er sich von den Quälgeistern zu Volders.

Nun stand mit Ausnahme der Brigaden Marchal (Brixen, Bozen, Trient) und Schmiedt (Pustertal) die ganze österreichische Macht am Brenner und Chasteler, welcher von Erzherzog Johann die niederdrückendsten Nachrichten über dessen Rückzug durch Kärnten erhalten hatte, beschloß ebenfalls, sich hier oder in Schabs zur Verteidigung zu stellen. Im Inntal unterhandelten inzwischen Lefebvre und Wrede ergebnislos mit den Tirolern auf Unterwerfung, sie gewannen aber bald durch Jellachichs Rückzug auf Radstadt und die steirischen Grenzpässe (Mandling) Luft im Rücken und den Mut zu energischem Vorgehen.

In Kärnten stand Rusca und bedrohte Sachsenburg, den Schlüssel zum Pustertal; vom Hauptquartier des Erzherzogs Johann kam die Direktive, Tirol wie eine von allen Seiten umschlossene Festung zu halten, jedoch nicht im Tone bestimmten Befehls. Die Tage bis zum 21. Mai liefen in peinlichster Ungewißheit dahin. Chasteler zog sich vom Brenner auf die Schabser Höhen zurück und ging von da nach Bruneck. Buol, dessen kleine Brigade am meisten unter der Qual jener zweifelvollen Zeit litt, marschierte, durch Befehle und Gegenbefehle bis zum äußersten ermattet, zwischen dem Brenner und Mühlbach hin und her, bis er endlich den glücklicherweise vom Feinde noch nicht genommenen Brenner wieder besetzte.

Chasteler schien vollständig willensunfähig. Er hatte, in Bruneck krank darniederliegend, die Achtserklärung Napoleons erhalten: Räuber, Mordbrenner und Bandenführer; er, der durch und durch von den Begriffen altfranzösischer Chevalerie gesättigte Bayardscharakter als gemeiner Verbrecher geächtet und vogelfrei ausgerufen!

Napoleon kannte seine Menschen und hatte den ihm persönlich vertrauten Chasteler mitten in's Herz gestoßen. Derselbe Mann, welcher sich in vierzehn Gefechten ebensoviele schwere Wunden zugezogen hatte, welcher tollkühn in die Dechargen eines Bataillonskarrees hineingeritten war, zitterte jetzt vor den Kugeln eines Exekutionskommandos!

Er beschloß, vollkommen niedergeschlagen, durch das Pustertal zu Erzherzog Johann durchzubrechen; aber seine Offiziere lehnten sich dagegen auf, als bloße Leib- und Sauvegarde ihres Kommandierenden das Land in Unehre zu verlassen; — andere, wenngleich nur wenige jubelten, der lästigen Kameradschaft mit dem Bauernpack ledig zu werden. — Der Geist der Zwietracht war selbst in die Reihen des Militärs gefahren.

General Marchal wollte sogar schon dem geächteten Anführer das Kommando entwinden, — — — — da änderte der eilige Rückzug des Erzherzogs von Villach auf Steiermark und die völlige Sperrung Kärntens durch den Feind die Lage der Dinge. Vorläufig, ohne jede Hoffnung erfolgreich durchbrechen zu können, raffte sich Chasteler wieder auf, rief mit erneuter Willenskraft Tirol vom Brenner bis Passeier unter die Waffen und setzte sich wieder in Schabs fest; — Buol stand noch am Brenner.

Die Divisionen Deroi und Wrede waren am 20. Mai in Innsbruck eingerückt, wo sich ihnen die lange gequälten Bürger, welchen nunmehr von zwei Übeln, Bauern ode Bayern, letztere das liebere geworden war, ohne eine Miene der Gegenwehr unterwarfen.

Das Unterinntal schien beruhigt und Lefebvre sandte an seinen Kaiser Berichte, als wäre er bereits im Besitze des ganzen Tirol.

Da aber, in eben jenen Tagen, am 21. und 22. Mai, schlug der Blitz von Aspern vor Napoleon ein und gebot dem Weltenüberwinder das erste Halt! Geschwächt und halbgebrochen lag die große Armee auf der Insel Lobau zur Defensive verdammt, aber der Feuergeist des großen Schlachtenkaisers arbeitete auch dort auf neue Taten hinaus; es mußten alle verfügbaren Kräfte herangezogen werden, um das Werkzeug zum neuen, vernichtenden Schlage zu schmieden. Auch die Division Wrede und die in Salzburg und Oberösterreich stehende des Kronprinzen von Bayern, sollten hiezu herangezogen werden; schon am 23. abends zog Lefebvre aus eigenem Entschluß von Innsbruck ab, kehrte jedoch in Hall wieder um und ging erst am 24. neuerdings innabwärts, wo er am 25. den Marschbefehl des Kaisers nach Linz erhielt. Die Division Deroi blieb allein in Innsbruck zurück, — — und wie ein Windstoß mit der wegfliegenden Asche das Feuer der verdeckten Kohlen aufflammen läßt, so loderte mit dem Abzug Lefebvres die Hoffnung Tirols von neuem hoch empor.

Während Chasteler sich im Pustertal zuwartend verhielt, Leiningen Südtirol mit nur fünf Kompagnien, einer Eskadron und zwei Geschützen (630 Mann) gegen den aus Italien andringenden Feind hielt, stand General Buol mit 21 Kompagnien, einer Eskadron und sieben Geschützen (2600 Mann), aber fast ohne Munition und Geld auf dem Brenner.*) Nun, als Innsbruck nur mehr von der nicht ganz vollständigen Division Deroi (7000 Mann, 1000 Reiter, 16 Geschütze) besetzt war, drangen die Tiroler stürmisch in Buol, ihnen zu helfen, damit sie die Bayern allesamt gefangen nehmen möchten wie im April. Buol schlug es ab; eben noch war ein anderer Versucher an ihn herangetreten, sich mit seiner Truppe den Bayern als kriegsgefangen zu ergeben; er hatte den Vorschlag mit Entrüstung von sich gewiesen, aber auch mit den Tirolern wollte er nichts mehr zu tun haben. Da aber empörte sich der unruhige Soldatengeist seiner eigenen Untergebenen. Hofer und Eisenstecken waren auf den Brenner gekommen, und, indem sie es verschmähten, den schwer-

*) Um dieselbe Zeit war Rusca vor Sachsenburg gerückt, das er bis 28. Mai erfolglos belagerte.

beleidigten General zu bitten, wendeten sie sich mit rührenden Worten direkt an die Offiziere und Truppen. Oberstleutnant Ertel, welchen sein Herz gewaltsam zu den Tirolern, seine Pflicht aber zur Behauptung des Brenners zog, ritt von der Spitze seines Bataillons Lusignan fort, um die Tränen zu verbergen, die ihm entstürzten, als der treue Hofer um Hilfe bat; — — aber Offizier und Mann sahen den Kampf in der Seele des braven Offiziers und lehnten sich für ihn auf. Eine mit zahlreichen Namen von Offizieren des Regimentes Lusignan und des Salzburger Jägerbataillons bedeckte Adresse entriß Buol die Bewilligung, zirka 1200 Mann und sechs Geschütze in zwei Kolonnen unter den Oberstleutnants Ertel und Reißenfels zur Unterstützung der Tiroler gegen Innsbruck aufbrechen zu lassen.

Schon am 25. Mai, als Lefebvre und Wrede die Grenzen Tirols noch nicht verlassen hatten, belebte sich der Iselberg zum drittenmal mit den malerischen Kostümen der Bauern, diesmal mit den weißen und hechtgrauen Uniformen des Militärs vermischt, dessen linker Flügel unter Reißenfels, der rechte und das Zentrum unter Ertel stand. Die beiden Oberstleutnants hatten den Befehl erhalten, den Bauern nur als Reserve zu folgen, — — aber sie stellten sich in die ersten Reihen.

Damals, in jenen Tagen, als die Tiroler an der Aufrichtigkeit der österreichischen Generale (wenn schon nicht der Offiziere und Truppen) verzweifelten, schob ihr Instinkt jenen Mann zum erstenmal allen kenntlich an die Spitze, dessen Wesen, sonnenklar und durchsichtig, so ganz und gar Aufrichtigkeit war, — Andreas Hofer.

Er leitete hier zum erstenmal den Kampf, so gut er es mit seinen schlichten Gaben vermochte. Wie im April stürmten die Bayern auch jetzt vergeblich die Höhen des Hußlhofes, der Gallwiese, des Isel- und Paschbergs hinan, — wie im April blieben sie Meister der Ebene. Die 8000 Landesverteidiger, fast durchwegs Schützen, und das tausend Soldaten warfen die Bayern von allen Höhen, welche letztere, auf einen Angriff wohlvorbereitet, besetzt hatten, in's freie Feld hinaus; in diesem selbst aber vermochten sie den an Zahl fast ebenbürtigen Feind (7000 Mann), welcher ihnen an geschlossener Organisation und Leitung, an Geschütz und Reiterei weit überlegen war, nicht zu schlagen. Den ganzen Tag über versuchten die Bayern, die verlorenen Höhen wieder zu gewinnen, stets mit dem gleichen Mißerfolg; aber am Abend des 25. hielten sie, nachdem sie einen Verlust von nahezu 300 Mann erlitten hatten, immer noch die Ebene vor der Stadt in Händen. Der Landsturm, ja selbst die Schützen verzagten fast, da nicht alles nach Wunsch gegangen war; schon tauchte der Gedanke eines Rückzugs nach dem Brenner auf, da sich die Tiroler bei ihrer unbändigen Vorliebe für Geknall um jeden Preis, auch aus unwirksamer Ferne, fast völlig verschossen hatten. Der 26., der 27. vergingen in ratlosem Zuwarten; noch blieben die Oberinntaler aus und die im April so wirksam gewesene Unterstützung, der Angriff im Norden der Stadt, fehlte diesmal.

Da kam endlich von Chasteler, welcher schon in Lienz stand, ersehnte Zufuhr an Munition. Und als Hofer am 27. Kriegsrat hielt, trat ein ehrwürdiger Greis in die Versammlung. Niemand kannte ihn. „Greift am 29. an," riet er, „und setzt Gott dem Herrn zum Dank einen Festtag, dann gelingt es euch." Er ging und niemand wußte, wohin. Der geheimnisvolle Reiz dieser Erscheinung wirkte mit unglaublicher Kraft auf die frommen Bauern; sie glaubten wie in den Apriltagen an den tätlichen Beistand eines Heiligen, und Hofer beschloß für den Tag nach dem Dreifaltigkeitsfest, den 29. Mai, einen Angriff im Zeichen des allerheiligsten Herzens Jesu, welchem er einen ewigen Festtag gelobte.

Inzwischen hatte Teimer das obere Inntal in wilden Aufruhr versetzt, und während des Zuwartens der Tiroler am 26. und 27. Mai hatte ein anderer Schützenführer, Josef Marberger, den Bayern die Pässe Scharnitz und Leutasch an der Nordgrenze Tirols entrissen.

Deroi hörte von diesen drohenden Anzeichen; seine Soldaten waren in fürchterlicher Stimmung; sie scheuten die Gefechtstaktik der Tiroler, welche den Feind zum Wild, den Gegner zum Opfer machte, ohne daß von ihnen der versteckte Schütze zu fassen gewesen wäre. Zwar erhielt Deroi am 28. ansehnliche Verstärkung (1200 Mann), aber was war das gegen die Volkslawine, welche nun durch das obere Inntal herabstürzte!

Dennoch ging er am 29. Mai den Tirolern von neuem entgegen. Der Ausdehnung nach war es eine Riesenschlacht, welche dieser Tag sah, denn von Zirl bis Hall und Volders wurde zu gleicher Zeit geschlagen. Dort von den Passeirern, hier von Speckbacher und Straub, und an beiden Enden der langen Linie siegreich. Nach neun Uhr morgens brach auch das Zentrum, wo sich der Kapuziner Haspinger unbewaffnet an die Spitze der Bauern gestellt hatte, gegen die Ebene vor; die geschicktesten Gegenangriffe, ja eine gelungene Umgehung, welche die Bayern machten, wurden durch die Tapferkeit und Schnelligkeit des Oberstleutnants Ertel und seines Bataillons im Keime des Gelingens zermalmt, ein verzweifelter Hauptsturm der Bayern unter der persönlichen Führung des tapferen, alten Deroi abermals durch Ertel, Haspinger und den schon bei Wörgel mit Unglück und Ruhm reich bedachten Rittmeister Henrion von Hohenzollern-Chevaulegers abgeschlagen. Nach Mittag machten die Österreicher und Tiroler einen Gegenangriff, welcher den Feind endgiltig in die Ebene zurückbannte, wo ihn abermals nur seine Uebermacht an Geschütz und Reiterei halten konnte.

Wieder hatten die Tiroler ihre gesamte Munition verschossen, aber schon war diesmal Nachschub angekündigt. Um Zeit zu gewinnen, ließen Hofer und Ertel den Generalleutnant Deroi zur Übergabe auffordern. Der tapfere General schlug es freilich ab, jedoch kam auch ihm die Gelegenheit, durch Parlamentieren Zeit zu gefahrloser Räumung seiner unhaltbaren Stellung zu gewinnen, sehr erwünscht; er zog die Unterhandlungen bis in den sinkenden Abend in die Länge.

So atmete ein Kampf aus, zu dessen Schilderung ein Homer zu wenig Bilder gehabt hätte, — einer der schönsten im Jahre Neun, wenn auch nicht der erfolgreichste. Außer dem wunderschönen Zusammenwirken von Militär und Volk, welches dem Mißtrauen der Tiroler in die Generale und ihrer Hingabe für ihre Lieblinge Ertel, Reißenfels, Amman und Leis eigentlich Recht gab, zauberte dieser Kampf Bilder von phantastischer, fast unheimlicher Schönheit aus den Reihen der Tiroler.

Nicht nur der rotbärtige Kapuziner Haspinger, der mit nichts als einem Pilgerstab bewaffnet, wie ein gespenstischer Wanderer weit vor den Reihen seiner Tiroler dem Feinde entgegenschritt und gänzlich gefeit „gegen alle sichtbaren und unsichtbaren Gewehre“, gegen Hieb, Stich und Schuß schien, gehört in diese Bilderreihe. Es gehören hinein die Bauern,

welche, als der letzte Schuß aus ihren Stutzen gefahren war, dieselben umkehrten und mit der zerschmetternden Gewalt des Kolbens auf die starrenden Bajonettreihen ihrer besser bewehrten Gegner stürzten, es gehören vor allem dazu die Verwundeten und Sterbenden, welche sich singend dem Kampfe nachtragen ließen und prophetenhaft verzückt ihren

Brüdern zuschrien, sie sähen den Himmel offen und die Gewalt Gottes gegen ihre Feinde herabfahren.

Daß die Bayern mit einem solchen Feinde einen ganzen Tag zu ringen vermochten, zeigt ebenso wie die Zahl ihrer Verluste, welche 150 Tote und 500 Verwundete betrug, am besten, wie hoch auch sie als Soldaten zu achten waren!

Als dem heißen Tage eine finster umwölkte Nacht folgte, sah das Unterinntal eine lange Schar fliehender Truppen in gespenstiger Stille dahinhasten. Die Division Deroi war es, welche sich so bei Nacht und Nebel retten mußte; die Hufe der Pferde, die Räder der Geschütze waren mit Lappen umwickelt worden. Als der helle Morgen des vorletzten Maitages hereinbrach, war Innsbruck, abgesehen von den Verwundeten in den Spitälern, vom Feinde frei. — Deroi vermochte nach einem harten, verlustreichen Rückzug über Kufstein auszubrechen.

In Innsbruck hielt der jetzt schon allgemein hochgeachtete Sandwirt die Ordnung im Verein mit dem Militär aufrecht. Teimer, Speckbacher und Oberleutnant von Leis eilten dem Feinde in's Unterinntal nach, holten ihn jedoch, da sie erst nach dem 31. Mai Kufstein erreichten, nicht mehr ein.

An jenem letzten Maitage war ganz Nordtirol vom Feinde frei, an jenem Tage war auch in Südtirol Leiningen Herr, und an jenem selben letzten Maitage verließ Chasteler, welcher durch das Zurückweichen Ruscas freie Luft im Drautal wehen fühlte, das Land Tirol.

Mit sieben Bataillonen, elf Kompagnien, fünf Eskadronen und zehn Geschützen brach er über Sachsenburg vor, versah die kleine Feste, welche sich und das Drautal bis jetzt wacker gehalten hatte, mit Geschütz und sühnte seinen, wenn auch nicht militärischen so doch moralischen Fehler, das ihm anvertraute heilige Land der Treue zu verlassen, wenigstens durch einen schönen und gut geführten Durchbruch mitten durch ein vom Feinde völlig besetztes Land.

Bei Villach warf er die Nachhut der Division Rusca vollkommen, stieß bei Klagenfurt auf Rusca selbst, umging am 6. Juni die Stadt und brach dessen Widerstand hiebei in einem kurzen, aber schneidigen Gefecht. Fast unbehelligt zog er weiter, nachdem er leider den bei Klagenfurt durch eigene Schuld von ihm abgetrennten General Schmiedt verloren hatte, welcher sich mit fünf Kompagnien und 36 Reitern (816 Mann) ins Pustertal zurückwarf.

Chasteler marschierte am 7. Juni über Bleiburg weiter bis Cilli, wo er am 10. Juni mit der Vorhut des Banus von Kroatien, Gyulai, in Verbindung trat; am 11. Juni setzte er seinen, von da ab ungefährdeten Marsch über Rohitsch und Groß-Kanizsa fort und vereinigte sich dann mit der Armee des Erzherzogs Johann, welchem er acht Bataillone, fünf Eskadronen und acht Geschütze, alles in allem 4000 Mann zuführte.

Unglücklicher als Chasteler vollzog Jellachich aus Salzburg seinen Rückzug auf die Armee des Erzherzogs. Nachdem ein mit ganz unzureichenden Mitteln in den Rücken der Bayern gemachter Vormarsch Mitte Mai auf halbem Wege ins Stocken geraten war, ging Jellachich durch Obersteiermark zurück, stieß am 25. Mai bei St. Michael auf die Divisionen Durutte und Seras des Korps Grenier und wurde hier so entscheidend geschlagen, daß er von 9600 Mann nur ein schwaches Drittel, und auch dieses der Auflösung nahe, zu Erzherzog Johann nach Graz bringen konnte.

Am Tage der Berg-Jselschlacht, dem 29. Mai, befreiten sich auch die Vorarlberger, welche unter Führung der Hauptleute Riedmüller und Ellensohn die Franzosen unter Oberst Grouvel bei Hohenems schlugen und ihn noch am selben Tage nach Eroberung mehrerer Geschütze über Dornbirn aus dem Lande jagten.

In Tirol und Vorarlberg stand am 1. Juni von Militär nur mehr am Brenner Buol mit 2660 Mann, in Trient Leiningen mit 630 Mann, am Monte Croce Rittmeister Banniza mit 130 Mann und in Vorarlberg eine Kompagnie und ein Geschütz, 250 Mann: zusammen 3670 Mann, wozu später noch 816 Mann unter General Schmiedt hinzukamen. Über den Bodensee jedoch ging Nacht für Nacht ein langer Zug von entsprungenen Gefangenen der österreichischen Donauarmee durch das befreite Vorarlberg nach Tirol, von den wackeren Schwaben in jeder Weise begünstigt und unterstützt.

Während Buol grollend am Brenner stehen blieb,

sammelte und bewaffnete Hormayr diese bunte Menge, welche unter die Bauern verteilt, den regellosen Haufen derselben ein vortreffliches Rückgrat geben konnte; es wurden Hunderte, dann Tausende . . . zuletzt konnte beinahe der Abgang Chastelers, wenn schon nicht seiner Geschütze, verschmerzt werden.

Zu gleicher Zeit traf die Siegesnachricht von Aspern in Tirol ein und erzeugte im ganzen Lande die feste Zuversicht der endgiltigen Befreiung. Eine in Südtirol vorgedrungene italienische Abteilung wurde durch die Energie Leiningens und des Landsturms schon in den ersten Junitagen wieder zum Lande hinausgeschlagen und zwar in so kurzer Zeit, daß der vom Brenner rasch südwärts vorrückende Buol nichts mehr zu tun übrig fand; ja Rittmeister Banniza drang vom Kreuzberg sogar bis Belluno vor. (13. Juni.) General Buol nahm, da das ganze Land vom Feinde frei war, nunmehr sein Hauptquartier in Brixen als Zentrum desselben, während die Tiroler, besonders unter Teimers Führung, durch zahlreiche Ausfälle das südliche Bayern beunruhigten und dort große Requisitionen machten. Der einzige Gegenerfolg, welchen die bayrischen Truppen unter Arco und Deroi in jenen Tagen erreichten, war die Neuverpflegung des blokierten Kufstein. Ähnlich günstig stand es in Vorarlberg, dessen tapfere Einwohner bei Hörbranz (13. Juni), Wangen und Kempten gegen die vereinigten Franzosen und Württemberger unter General Picard siegten.

Das Korps Buols war durch den, von den guten Schwaben der ehemaligen österreichischen Vorlande auf alle mögliche Weise begünstigten Zulauf von flüchtigen Kriegsgefangenen allmählich auf 9000 Mann und 1000 Reiter angewachsen, deren Verpflegung ohne die geradezu aufopfernde Hingebung der Bozner Großkaufleute, namentlich des gar nie genug zu rühmenden Josef v. Giovanelli, ganz unmöglich geworden wäre; auch Hormayr leistete wahrhaft Bewundernswertes in der Kunst, ohne Bedrückung des Volkes, in einem armen, verheerten Lande Geld zu beschaffen. Um jene Zeit begannen die Tiroler ihre eigenen Silberzwanziger und Kupferdreier zu schlagen, welche später unter Andreas Hofer nachgeahmt und zu beiden Seiten des Wappenadlers mit den Initialen A. H. versehen, heute noch die Freude und den Stolz vieler Sammler ausmachen.

Zu gleicher Zeit sollte auch den bisher nicht immer bewährten, weil zu locker organisierten Schützenkompagnien ein festeres Gefüge gegeben werden; die Tiroler hatten vom Militär doch manches zu lernen, und daß sie gelernt haben, zeigt der Ruhm, den sie sich bald in der furchtbaren Isoliertheit ihres Widerstandes erstritten.

Die zweite Hälfte des Juni brachte eine Periode scheinbaren Friedens über das Land, eines glücklichen Friedens, denn vom Hauptquartier des Kaisers liefen die beruhigendsten Versicherungen ein, Tirol solle nie mehr von Österreich getrennt werden und Bayern suchte in dieser Zeit das abgefallene Land nur mehr auf dem Wege friedlicher, wiewohl vergeblicher Verhandlungen wiederzugewinnen. Als Antwort rüsteten sich die Tiroler mit der Unterstützung des Militärs in der ersten Hälfte des Juli zu allgemeinen, großen Ausfällen in das Bayrische, nach Kärnten und nach Salzburg, wo eine ähnliche Bewegung wie in Tirol, unter Johann Wallner, von dem außerordentlich mannhaften Charakter des deutschen Alpenvolkes zeugte. Ja, die lange Pause, in welcher Napoleon nach der Niederlage von Aspern alle verfügbaren Streitkräfte an sich zu ziehen suchte, zeitigte auch in Kärnten und der deutschen Steiermark das Erwachen des zwar trägeren, aber ebenfalls kühnen und beharrlichen Volksgeistes dieser Länder. Und Erzherzog Johann tat aus der ungarischen Nachbarschaft alles, den Geist der Alpenländer zu erwecken.

Da zertrümmerte Napoleon durch den schweren Schlag von Wagram, an welchem sein eigenes Genie beinahe erlahmt wäre, noch einmal alle diese Regungen und Hoffnungen. Am 12. Juli schloß dann nach der unentschieden gebliebenen Znaimer Schlacht Erzherzog Karl mit Napoleon einen Waffenstillstand, in welchem die Räumung Tirols von allen österreichischen Truppen eine der Hauptbedingungen war! Schon am 20. lief die unglückselige Nachricht wie Wasser in ein versinkendes Schiff von allen Seiten in das schwergetäuschte Land ein. General Schmiedt erhielt sie von Rusca aus dem Drautal, Buol von München. Diese Kunde spaltete Tirol in zwei Lager. Während die Gebildeten an ihr nicht zweifelten, erklärten die Bauern, welche nicht verstanden, daß der Erzherzog Karl, als Generalissimus, diesmal auch gegen den Willen des Kaisers handeln hatte dürfen, die ganze Botschaft für teuflischen Lug und Trug. Konnte doch selbst ihr geliebter Erzherzog Johann nicht an die niederschmetternde Tatsache glauben, als er, noch am 16. Juli, an Buol schrieb: „Da es sein kann, daß ein feindlicher Parlamentär Ihnen den Befehl bringe, Tirol zu räumen, so haben Sie diesem Befehl nicht nachzukommen, ausgenommen, er wäre von mir unterzeichnet."

Wie immer, wenn Tirol in Not war, tauchte auch Hofer wieder aus seiner Verborgenheit aus Sand im Passeier auf. Er eilte nach dem Pustertal, wo er in diesen Tagen die ihm später so verhängnisvolle nähere Bekanntschaft mit Johann v. Kolb machte, einem ehemaligen Offizier, einem Menschen von eifervoller Vaterlandsliebe, zur Hälfte einem religiösen Wahnsinn verfallen, welcher sein Hirn mit Visionen und Offenbarungen umgaukelte. Dieser unheimliche Schwärmer brachte den ohnehin wundergläubigen, kindlichfrommen Hofer mit seinen übernatürlichen Eingebungen in die höchste Ekstase und wurde der Anlaß zu der um diese Zeit im Charakter Hofers eintretenden Wendung zum Fanatisch-Rücksichtslosen.

So war die erste Folge des Waffenstillstandes ein Aufruf Hofers zur allgemeinen Empörung! Auch im Inntal arbeiteten besonders Sieberer, Speckbacher, Wintersteller und Straub an der Schürung des hellen Volksbrandes. Erzherzog Johann, welcher nun wohl von der Richtigkeit des Waffenstillstandes überzeugt wurde, konnte im Juli immer noch nicht an dessen lange Dauer glauben, zumal man im Hauptquartier des Kaisers unbedingt für die Fortsetzung des Krieges mit allen Mitteln war. Der Erzherzog vermochte Tirol nicht aus den Händen zu lassen und gab den Truppen dortselbst die Weisung, das von ihm so sehr geliebte Land, selbst wenn es sein mußte, nur langsam und unter allen möglichen Verzögerungen und Ausflüchten zu räumen. Buol sollte nur einer offiziell österreichischen Mitteilung Glauben beimessen, und bis die Franzosen und Bayern eine solche ins Land geleitet haben würden, hoffte er schon wieder den befreienden Krieg über Österreich brausen zu hören, für welches dann freilich die Festhaltung Tirols äußerst wertvoll war.

Buol sollte den Tirolern Waffen, Munition, wenn möglich sogar Geschütz zur Stärkung des Widerstandes zurücklassen; ja, — der Lieblingsplan Hofers hatte sich auch ebenso fest in die Gedanken des Erzherzogs eingenistet: Die Tiroler sollten die österreichischen Truppen gar nicht von sich lassen und mit Gewalt im Lande halten. Daß sich das Militär nur zu gerne solcher Gewalt fügen würde, wußten er und die Tiroler Anführer gut genug.

Es war eine Zeit der qualvollsten Ungewißheit — nicht zum wenigsten für die Truppen, welche die Sache des guten Landes als ihre eigene fühlten und deren Herzen durch den Widerspruch des Muß und des Wunsches schmerzlich zerrissen wurden.

Napoleon aber sorgte dafür, daß der Abmarsch der ohnehin dürftig bewaffneten und verpflegten österreichischen Truppen zur Tatsache würde. Er erteilte Lefebvre den Befehl, die beiden bayrischen Divisionen Kronprinz und Deroi, dann die aus deutschen Kleinstaatkontingenten zusammengesetzte Division Rouyer augenblicklich nach Innsbruck zu werfen, es waren dies 25.000 Mann. Gleichzeitig sollte von Vorarlberg General Beaumont mit 3000, von Kärnten Rusca mit 6000, durch das Etschtal General Peyri mit 3000 Mann eindringen. So sollte eine Hochflut von nahezu 40.000 Mann jeden Gedanken an Widerstand ersticken.

Die ohnehin zwiespältig verwirrten, bald auf diese, bald auf jene Seite hin gerissenen Tiroler und Salzburger leisteten an den Pässen Taxenbach, Hirschbichl und Luftenstein einen desperaten, aber nur vereinzelten, ununterstützten Widerstand, und in schweren Massen strömten die fremden Divisionen in den letzten Tagen des Juli in das Land.

Da gab Buol dem übermächtigen Drucke nach und seine Truppen verließen trotz der verzweifelten Bemühungen Hofers und Kolbs langsam und in kleinen Märschen das Inntal, den Brenner, das Etschtal und langten am 6. Juli in Lienz an.

General Schmiedt, welcher das Pustertal seit seiner erzwungenen Rückkehr gar nicht verlassen hatte, mußte schon am 1. August Tirol räumen.

Er nahm aus Sachsenburg, welches sich bis zum letzten

Augenblick unbesiegt gehalten hatte, das Geschütz, mit welchem Chasteler die kleine Festung versehen hatte und welches als Liniengeschütz dem Feinde nicht mit der Festung übergeben werden sollte, heraus und zog der Armee des Erzherzogs Johann entgegen, — entgegen aber auch dem wider ihn eingesetzten Kriegsgericht, dessen vielleicht nicht einmal hartem Verdikt der tiefgebeugte General später durch einen freiwillig gewählten Tod auswich.

Rusca besetzte nun Sachsenburg, welches ihm als ein unbewehrter Haufe von Wällen und Schanzen ohne Munition und Geschütz übergeben wurde. Schäumend vor Wut sandte der enttäuschte General nach genauer Besichtigung der Festung dem Heeresteile Schmiedts ein Detachement nach, um das, wie er meinte, zu dem Fort gehörige Geschütz mit Gewalt wieder zu bekommen, — vergebens. Die Kolonne war inzwischen in Sicherheit. Zu all' dem erhielt Rusca noch Nachrichten, daß Rittmeister Banniza am Kreuzberg, bis wohin noch keine Nachricht vom Waffenstillstand gedrungen war, im Verein mit den Tirolern rüstig auf die als grausam verhaßte italienische Gendarmerie und ihre Streifpatrouillen losschlug und den Tirolern Gewehre und Munition austeilte, so daß Buol, als er am 6. August in Lienz eintraf, gerade in das Unwetter seiner auf's höchste entflammten Wut kommen sollte.

Buol hatte zu Beginn des August auch die Garnison von Innsbruck über den Brenner an sich gezogen. Mit ihr kam ein Zug Tieftrauernder. Die besten und kühnsten Führer des gefallenen Landes suchten, gebeten und gedrängt von den ausmarschierenden Truppen, ihre Rettung vor der Rache des Feindes in einem schweren Exil. Neben Hormayr zog der geächtete Teimer dahin; er und andere Tirolerführer wie Aschbacher und Sieberer hatten die Uniform des österreichischen Militärs angelegt. Schwerbedrückt, aber trotzig noch in seinen Tiroler Bauernloden gehüllt, fuhr auch Speckbacher mitten in einer Gesellschaft junger Offiziere, welche ihn vergebens zu trösten suchten, über den Brenner und Sterzing gegen Mühlbach hinab, um die geliebte Heimat zu verlassen.

Da ritt auf seinem kleinen Rößlein der über den Abzug der Truppen und so vieler der Besten fast vernichtete Hofer an jenem Wagen vorbei und mußte sehen wie seine erprobten Kampfgenossen und sogar Speckbacher, der kühnste und beste der Führer, landflüchtig werden wollten. Es berührt fast wie ein Bild aus der Passionsgeschichte der heiligen Schrift, wenn wir lesen, wie der felsgetreue Hofer in Schmerz und Jammer aufschrie: „Josef! Josef! Auch du willst mich verlassen?!“

Das war zuviel für den ehrgeizigen Speckbacher; er sprang auf, ergriff seinen dem Feinde so furchtbar gewordenen Stutzen, den er auch jetzt noch nicht weggelegt hatte, und sprang aus voller Fahrt in den aufwirbelnden Staub der Landstraße hinaus, auf die geliebte Tirolererde, welche er nicht zu verlassen vermochte!

Der eilige Wagen rasselte weiter, Speckbacher aber reichte Hofer aufatmend die Hand hin: „Da bin ich.“

„Nu, nu,“ schmollte Hofer gutmütig, und es war ein Schritt von unabsehbaren Folgen geschehen. Dieser eine Mann, welchen Hofer dem Lande erhalten hatte, galt mit seinem Mut, mit seiner Unruhe und Unternehmungslust, mit seinem Feuerherzen mehr als tausend andere. Von jenem Tage erst begann die Zeit seines eigentlichen Ruhms und das Unterinntal ergab sich bis in den Spätherbst des Jahres Neun zu gutem Teil deshalb nicht und verzagte nicht — weil Speckbacher da war.

Hofer sagte dem wiedergewonnenen Getreuen seinen Plan: „Wir dürfen das Militär nicht aus dem Landl fortlassen; — der Erzherzog Hans ist einverstanden. Die Generale, die sich an das Papier gebunden fühlen, welches sie uns von Znaim hergeschickt haben, nehmen wir gefangen, Offizier und Mann aber fallen uns dann mit offenen Armen zu.“

Der verzweifelte Plan war nicht so hoffnungslos, als er in der Geschichte seither dargestellt wurde: neben dem bedeutsamen Umstand, daß Erzherzog Johann den Gewaltstreich seines geliebten Volkes nicht ungern gesehen hätte, sprechen viele Anzeichen dafür, daß die Offiziere bis in die Stabsoffizierschargen hinauf von dem glühendsten Wunsche beseelt waren, das Land, so weit es ging, gesetzmäßig zu behaupten, — und, wenn es nicht anders sein durfte, auch ungesetzmäßig. Ja der wackere Haudegen Leiningen scheint nicht ganz ohne Mitschuld an dem unerhörten Unterfangen gewesen zu sein, das Hofer sich vorgenommen hatte. Widerwillig war er von Trient gegen Schabs gezogen, wo Buol seine Truppe zum letzten traurigen Marsch sammelte, und die Kommandantur im Etschtal hatte er gar nicht aufgelöst, sondern an den Schützenmajor Jakob Torggler übergeben, — zur Fortsetzung des Widerstandes!

In Schabs selbst umstellten und umdrängten die in den Plan Hofers eingeweihten Bauern die Truppen, suchten deren Ordnung zu lösen, und die Willigkeit derselben war so groß, daß Buol, um nicht einen unerhörten Friedensbruch von seiten regulärer Truppen geschehen zu lassen, sein kleines Korps mit geladenen Waffen und brennenden Lunten, wie in Feindesland, in die Befestigungen auf den Schabser Höhen führen mußte, um im Freien zu kampieren!

So war Hofers Anschlag vorläufig zunichte geworden. Aber hartnäckig, um ja den geringsten Anlaß nicht zu versäumen, zog er, zogen seine Etschländer, Meraner, Allgunder und Passeirer mit dem abziehenden Korps durch das Pustertal bis Lienz.

Und dort wäre das Unglaubliche beinahe zur Wahrheit geworden. Rusca, welcher sich über die Soldatenstückchen Bannizas auf dem Kreuzberg, wo kein Waffenstillstand anerkannt worden war, auf's äußerste gereizt und durch die Übergabe einer völlig ausgeleerten Festung beinahe verhöhnt fühlte, welcher überdies von seinem Kaiser den Wink erhalten hatte, seinerseits den Waffenstillstand nicht so genau zu nehmen, wenn ein Vorteil damit zu erschnappen wäre. Rusca war ganz der Mann wie ihn Tirol jetzt brauchte, der Mann, welcher durch maßlosen Übermut einen herrlichen Vorwand zum Bruch des Waffenstillstandes für Militär und Volk heraufprovozieren konnte.

Er kam am 6. August dem abziehenden Buol entgegengeritten und traf ihn zu Lienz auf der Draubrücke. Sein Gehaben war das denkbar anmaßendste und er verlangte augenblickliche Auslieferung des Rittmeisters Banniza, den er füsilieren lassen werde, Auslieferung von ebensoviel Geschütz, als Schmiedt aus Sachsenburg fortgenommen hatte, Auslieferung des gesamten Geschütz- und Gewehrmaterials, welches dem Lande Tirol gehörte, letzteres allerdings im Sinne des Znaimer Waffenstillstands.

Der nüchterne Buol wies das maßlose Ansinnen kurz und barsch ab, erklärte jedoch das Verlangen nach Ablieferung des Tiroler Landesstückgutes berechtigt und bot dem französischen General zwölf uralte kleine Falkonette an, welche ungefähr ein bis zwei Pfund Eisen schossen.

Die Wirkung, welche dieser Vorschlag auf beiden Seiten hervorrief, war unglaublich. Rusca schäumte vor Wut, daß man ihm solches anbiete, die österreichischen Offiziere aber sahen selbst in dieser kleinen Konzession ihre Waffenehre bedroht. Stürmisch umringten sie Buol, Leiningen, „mit dem Munde ebenso tapfer wie mit dem Degen“, wie Hormayr sagt, war ihr Wortführer. „Den armen Tirolern nehme man die Waffen und dem S—kerl von Franzosen gebe man sie! Sie würden das nie dulden!“ Von allen Abteilungen kamen jetzt die Offiziere gelaufen und verursachten einen derartigen Tumult, daß Buol den Degen zog und mit der blanken Waffe drohend Ruhe gebot.

„Sie haben da ja eine recht hübsche Subordination!“ rief Rusca höhnisch aus.

Dieses Wort wäre fast das Signal zu einem völligen Umschwung der Dinge geworden. Die beleidigten Offiziere drangen auf Rusca und dessen Adjutanten ein und ein junger Jägeroffizier, Leutnant Pfanner, faßte den alten berühmten General Napoleons am Kragen, stieß ihn gegen das Brückengeländer und schrie ihm zu: „Hinunter mit Ihnen in die Drau!“

Rusca erbleichte wie ein Sterbender. „Wenn Sie kein so junger Mensch wären, würde ich Ihnen den Schädel spalten,“ stammelte er, — aber sein Trotz war gebrochen.

Und jetzt trat ihm Buol entgegen und erklärte: „Die zwölf Böller oder nichts. Ich werde Mittel finden, dem voranmarschierten General Schmiedt Befehl zur Umkehr zukommen zu lassen. Dort sehen Sie die Tiroler, wie sie jubeln. Den General haben Sie im Rücken, die Bauern in den Flanken und ich, ich werde die Ehre haben, Sie von vorne anzugreifen. Wollen Sie?“

Da gab Rusca nach, nahm die zwölf alten, kleinen eisernen Knallbüchsen in Empfang und ließ das österreichische

Korps ohne fernere Behelligung ziehen, welches zum unsagbaren Jammer des armen Hofer und seiner Getreuen das Land verließ und sich am 18. August bei Czakathurn mit der Armee des Erzherzogs Johann vereinigte.

Aber, — — freilich ist nicht ausfindig zu machen, wer die Schuld trug — — sie zogen nicht alle aus, die hechtgrauen und die weißen Röcke, und sie nahmen durchaus nicht all' ihre Munition und Waffen mit. Es blieben bei den Tirolern nahe an 1300 Mann, darunter 270 Reiter, zurück, um Freud und Leid mit ihnen zu teilen: Selbstranzionierte und Deserteure, welchen es dieses herrliche Land mit seinem Volk so sehr angetan hatte, daß es ihnen über ihre Fahne ging! Auch zweitausend ärarische Gewehre und große Vorräte an Pulver und Blei wurden im Lande — vergessen.

Rusca aber rückte racheschnaubend in's Pustertal, um den Tirolern seine Wut durch Feuer und Eisen fühlen zu lassen, — zwei Mittel, welche auf den Tiroler von jeher nur als Kriegsruf wirkten. Und das arme, verlassene Land stand auf, als das ganze andere Österreich niedergeworfen war, um sich ganz allein gegen das Heer des größten Eroberers aller Zeiten und seine Verbündeten ein gerüttelt volles Maß von Unglück — — aber auch von Ruhm zu holen.

Mit dem Auszug des Militärs begann der eigentliche, verzweifelte, heilige Volkskrieg.

Das vereinsamte Land.

Erzherzog Karl hatte auf eigene Verantwortung den Waffenstillstand von Znaim geschlossen und Kaiser Franz, in dessen Umgebung Napoleon seine bittersten Feinde zählen konnte, mußte ihn als fait accompli hinnehmen, obwohl er fest entschlossen war, den großen Kampf bis zur völligen Erschöpfung fortzuführen. Nur kurze Ruhe, nur Zeit zum Atemholen sollte dieser Waffenstillstand bedeuten.

Es sollte ein Traum bleiben.

Die Armee, welche es vermocht hatte, einen Napoleon zurückzuweisen, eines der schönsten Heere, welche Österreich je ins Feld gestellt hatte, und von einem ganz wunderbaren Geist erfüllt, — sie hatte sich müde geschlagen, müde geblutet. Die Alpen- und Karstländer seufzten unter dem Druck der feindlichen Invasion, in Galizien standen Polen und Russen als Sieger, die ungarische Insurrektion hatte der Überlieferung von dem Heldenmut jener Nation ein trauriges Zeugnis ausgestellt, — sie war vor dem Feinde zerstoben wie Herbstlaub im Sturmwind und nur daß die Armee immer noch wie ein Bronzeblock zusammenhielt und von einer Auflösung oder Verwirrung nichts zeigte, dies allein hielt den sonst so energischen Gegner an den Pforten Ungarns fest.

Unbesiegt aber stand noch das kleine Tirol, und seine herrlichen Erfolge galten wie eben so viele flammende Aufrufe an alle unterdrückten Völker: Erhebt Euch!

Diesen schmerzenden Stachel aus der verwundeten Ehre Frankreichs zu entfernen und zu zerbrechen, das sollte

Napoleons Arbeit während des ihm hiezu willkommenen Waffenstillstands sein. Gegen 50.000 Mann bestimmte jetzt der gewaltige Kriegsherr zur Erdrosselung eines Volkes, welches in den Stunden der allgemeinen Erhebung kaum je mehr als 20.000 zum Teil schlecht bewaffnete Männer zu sammeln vermocht hatte!

Zum zweitenmal sollte Lefebvre das Inntal und die Hauptstadt niederzwingen. Die erste Division (Kronprinz) und die dritte (Deroi) seines Korps, dann drei Regimenter der deutschen Kleinstaatendivision Rouyer in Salzburg, die kleineren Korps Arco und Oberndorf in Bayern, die französischen, württembergischen und badischen Truppen an der Scharnitz und den Grenzen Vorarlbergs unter General Beaumont sollten konzentrisch gegen das Inntal wirken.

Vom Süden, aus Oberitalien, sollte eine Kolonne unter General Castella im Piavetal, eine zweite unter Peyri, dem berühmten Räuberbesieger und Bezwinger Fra Diavolos, im Etschtal vorbrechen.

Das Pustertal aber sollte dem maßlosen Rusca mit seiner Division als Bresche dienen.

Selbst diesen 50.000 Mann sollte es jedoch nicht gelingen, das Tirolervolk niederzuwerfen. Zwar vermochte Lefebvre durch die offenen Pässe Strub und Lofer ohne Widerstand durch das Achental einzudringen und schon am 30. Juli Innsbruck zu besetzen, während Beaumont am selben Tage in Seefeld einrückte. Jene Generale machten es sich jedoch zur Pflicht, das Volk überall zu beruhigen und in Kenntnis der Waffenstillstandsbedingungen zu setzen; Rusca aber wollte sich den Einmarsch mit Gewalt ertrotzen und begann schon in den ersten Orten des Pustertals jeden Widerstand mit Standrecht, Brand und Plünderung zu bestrafen. Er hatte noch keine Lehre aus den Erfahrungen Wredes während des Mai im Inntal gezogen.

Augenblicklich rief Hofer seine Passeirer und Meraner, dann das ganze Etschland bis Bozen unter die Waffen. Noch hielt er sich, da ihn Rusca für vogelfrei erklärt und einen Preis auf seinen Kopf gesetzt hatte, verborgen; sein Volk aber flutete in Waffen nach den bedrohten Pässen des

Eisack- und Pustertals, welch' letzteres selbst schon durch die Grausamkeiten Ruscas in hellen Aufstand versetzt worden war.

Schon in der Lienzer Klause traf Rusca auf den wütendsten Widerstand der Bauern und vermochte trotz dreitägiger Kämpfe (8., 9. und 10. August) nicht durchzubrechen. Besonders war es hier das kleine, aber als Schützen furchtbare Häuflein der Sextner Gemsjäger unter seinem Hauptmann Achammer, welches den Engpaß der Klause unter dem Feuer ihrer Kugeln nur für dem Tode geweihte erreichbar machte. Rusca ging am 10. August im Drautal zwischen den Brandruinen von zweihundert Bauernhäusern zurück, neben der Plünderung von Lienz und Umgebung der einzige Erfolg, den er errungen hatte.

Sein Mißgeschick sollte schwer auf die Vorrückung Peyris im Etschtal wirken, schwerer noch auf den Durchbruch Lefebvres über den Brenner. Beide hofften Rusca in der Gegend von Brixen die Hand zu reichen. Lefebvre war schon am 1. August von Innsbruck aufgebrochen; die Division Rouyer, an deren Tete das Regiment der Herzoge von Sachsen marschierte, durchzog schon am 2. August die Stadt Sterzing und lagerte hier den nächsten Tag auf dem Moose, während sie sich durch ein vorausgesandtes Detachement der Engen des Eisacktals über Mauls hinaus zu versichern hoffte. Eine Kavalleriepatrouille besetzte in ihrem Rücken die Höhe des Brenners und am 4. August morgens brach die ganze Division Rouyer gegen Mauls auf, in der sicheren Hoffnung, binnen kurzem in Brixen auf die Divisionen Rusca und Peyri zu stoßen.

Es kam anders.

Hofer hatte inzwischen aus seinem Versteck auf einer Alpe am Passeirer Schneeberg das ganze Etsch-, Eisack- und Pustertal durch Laufzettel in Aufruhr versetzt. Seine Freunde, der tollkühne Kapuzinerpater Haspinger und der von fanatischem Rechtlichkeitssinn durchdrungene, durch seinen spätern Heldentod berühmt gewordene Mayr, Wirt in der Mahr, hatten alle für den Augenblick verfügbaren Kräfte zuerst gegen Sterzing, dann, als hier schon der Feind stand, in die Gegend von Mauls geführt, wo sich in zwei Tagen, dem 3. und 4. August, beträchtliche Massen sammelten. Auch der herrliche Speckbacher traf hier ein wie ein Sturmvogel, welcher sich zeigt, wo es einen Schiffbruch geben soll. Die Villanderer, Velturnser,

Pustertaler, Weitentaler, Schönecker und Rodenecker Kompagnien, die Aufgebote des ganzen Etschtals von Klausen bis Bozen sammelten sich in den Felsen und Wäldern um die von ernsten Berghäuptern überragte Straße. Speckbacher sorgte für die Anlage von Steinlawinen und Verhauen; — ein starker Regen hatte den Eisack zum wilden Bergstrom gemacht — es war alles zum Empfange des Feindes gerüstet.

Dieser kam mit der Frühe des 4. August gegen jenes Engtal anmarschiert; voran das schöne, wackere und selbst dem fremden Herrn bis in den Tod getreue Regiment der Herzoge von Sachsen, Leute, welche sich bisher im ganzen Inntal durch ihre freundliche, edle Ruhe beliebt gemacht hatten. Auf diese Braven sollte sich der Freiheitszorn des schwerbedrängten Landvolkes zuerst entladen, eine ungerechte Fügung des Schicksals!

Das tapfere Regiment nahm gleich hinter Mauls den Kampf mit Speckbachers Schützen auf und räumte unter blutigen Verlusten zwei Verhaue hinweg, geriet in den verheerenden Sturz einer Steinlawine und drang in heißem Kampfe bis Mittewald vor, wo die Villanderer sich mit wilder Verzweiflung solange widersetzten, bis zwei Geschütze ihnen ihren Hauptstützpunkt, das Posthaus, über dem Kopfe in Trümmer schossen. Die Villanderer wichen ein wenig, aber die Höhen zu beiden Seiten des düsteren Tals füllten sich jetzt mit den Sturmscharen Haspingers. Unter schweren Verlusten versucht das leichte sächsische Bataillon, von einer Eskadron Reiter begleitet, nach Oberau vorzudringen. An der Eisackbrücke stehen die Felsen zur linken Seite der Straße in seltsamem Schweigen. Da hallt es wie der Schrei eines Adlers, aus den Lüften kommt eine überirdisch scheinende Stimme von den jenseitigen Höhen: „Im Namen der heiligen Dreifaltigkeit hau ab!“ Und der ganze Fels scheint sich über die Straße schütten zu wollen. Eine Steinbatterie, durch Bäume und Seile in furchtbarer Höhe über der Straße festgehalten, war gelöst worden und rollt jetzt mit furchtbarer Verheerung über Straße und Menschenleiber in den hoch aufschäumenden Fluß. Ein Augenblick entsetzlicher Stille folgt.

Aber noch geben die Sachsen den Kampf nicht auf. Schon brennt vor ihnen die Brücke, schon neigt sich der Tag, als drei Bataillone ihres Regiments den Schwerbedrängten zu Hilfe kommen. Die Tiroler zögern, einige ihrer Abteilungen weichen. Um sie völlig zu verwirren und einzuschüchtern, läßt der feindliche Kommandant vier ihrer gefangenen Brüder auf offener Straße unter den Augen ihrer Landsleute auf den Bergen — erschießen!

Unglückseliges, heilloses Mittel, das ein starkes Volk nur immer mehr gestärkt hat, ein Mittel, das vom Passe Strub über Waidring und Söll bis Schwaz und im Pustertal, dem Lande nur immer ein Signal zum wildesten Aufruhr gewesen ist!

Dieser unsinnige Mord wurde den Sachsen verderblicher als die stürzenden Felsen der Eisackklüfte. Heulend vor Wut erneuerten die Tiroler den Kampf, welchem endlich die Nacht und der zürnende Himmel selbst mit einem schrecklichen Gewitter halt gebot.

General Rouyer, dessen Verbindungen mit Sterzing durch neue Tirolerscharen bedroht waren, führte seine Division zurück und in schrecklicher Einsamkeit blieb das eingeschlossene Regiment unter Blitz, Sturm und Regengüssen am brausenden Eisack, überwacht von den drohenden feindvollen Bergriesen.

Die ganze Nacht bis zum Morgen des 5. hindurch lagert das Regiment auf der Straße zwischen den Weilern Unterau und Oberau, — am 5. morgens greifen die Tiroler von neuem an. Speckbacher im Rücken, Mayr bei Unterau, Haspinger von Aicha gegen Oberau, in welchem Ort sich bald alle drei Bataillone zusammengedrängt finden und unter furchtbaren Verlusten gegen die drei Häuser des einsamen Weilers zurückgehen. Noch wehren sich die Sachsen. Ein Bote nach dem andern wird um Hilfe gesandt, — es kehrt keiner mehr zurück. Zwar gelingt es dem Kommandanten, Oberst Egloffstein, mit der kleineren Hälfte des Regiments und zwei Geschützen nach Sterzing durchzubrechen, der zurückgebliebene Teil aber, seit zwei Tagen ohne Nahrung, kämpft weiter. Die Tiroler schneiden die Holzröhrenleitung nach dem Weiler durch, — nun fehlt den Schwerbedrängten, ja selbst den Verwundeten das Wasser. Die fast verschmachtenden Sachsen finden endlich ein Faß mit Wein und drängen sich haufenweise über dasselbe. Erbarmungslos schlagen die Kugeln der Tiroler in den Klumpen, das Getränk rötet sich vom Blute der Erschossenen, die Gequälten aber drängen und stoßen sich immer noch gierig um den schrecklich verunreinigten Labungsquell, trinken und eilen an ihre Posten zurück. Bis in den tiefdunklen Abend, bis zur letzten Patrone hielten sie sich in der „Sachsenklemme", jene Tapfern. Dann, als das Feuer immer vereinzelter wurde, stürmten mit hochgehobenen Kolben die Tiroler heran.

Die Sachsenklemme.

Gefecht bei Oberau. Nach einem zeitgenössischen Stich.

Nach einem letzten, verzweifelten Handgemenge ergaben sich die bewunderungswürdigen Verteidiger der drei Häuser, 683 Mann von einem mehr als das doppelte zählenden Regiment, nachdem sie an Toten und Verwundeten allein über 200 Mann verloren hatten.

Während dieser Geschehnisse hatte Hofer seine Oberetschtaler unter Waffen gerufen und war über den Jaufen vorgerückt. Speckbacher, durch die Niederlage der Sachsen bei Oberau freigeworden, umging die Division Rouyer bei

Sterzing und besetzte am Mittag des 6. August die Höhen an der Straße zwischen Gossensaß und Ried, um der ganzen Division den Rückzug abzuschneiden.

Inzwischen aber hatte Lefebvre in Innsbruck von der bedrängten Lage der Division gehört, rückte noch am 5. aus der Hauptstadt ab, trieb am 6. die Schützen Speckbachers aus ihren noch schwach besetzten Stellungen und zog, zu der von ihm geführten ersten Division, am 7. abends von Hall auch das Korps Arco an sich. Mit dieser Macht (2 Divisionen und ein schwaches Korps) versuchte er die Verbindung mit Peyri und Rusca auf zwei Wegen herzustellen.

Eine Kolonne (General von Stengel) sollte über Thuins (wo Hofer und Speckbacher standen) und den Jaufen nach Meran vordringen, Lefebvre selbst wollte bei Mauls und Mittewald den Durchmarsch ertrotzen. Die Tiroler standen von Tschöfs bis Telfes unter Speckbacher, von Telfes und Kalch über die Ausläufer des Jaufen und Gastbergs bis an das rechte Eisackufer unter dem Grafen von Mohr und Hofer, von hier über Mittewald gegen das Walser Tal und das Jöchl unter Haspinger und Mayr.

Der Schlag, welchen hier die Tiroler gegen ihre Feinde am 7. August führten, war einer der wuchtigsten, welche die Helden jenes Jahres austeilten. Nach einem Erfolg, den seine Vorhut gegen die Scharen des Kapuziners Haspinger erfochten hatten, eilte Lefebvre, in einem Wagen, voll übermütiger Siegeszuversicht durch die Enge „im Sack“ gegen Mittewald voraus, um mit seiner Kavallerie selbst den letzten Widerstand im Eisacktal zu zertreten. Die Tiroler aber hatten sich gefaßt, gesammelt, und ihr furchtbarer, unverwundbarer geistlicher Führer eilte an ihrer Spitze zu einem schrecklichen Verzweiflungskampf bis an die Straße hinab, während Steinlawinen und ein Hagel von Stutzenkugeln die wilde Enge im Sack für jede Verstärkung verderblich machten. In den Wagen des Marschalls schlugen schwirrend die Kugeln, und der stolze Pair Frankreichs flüchtete zu Fuß in kopfloser Eile gegen Mauls, wo soeben von der Flanke her die Pustertaler in's Eisacktal herabstürmten. Durch ein tolles Gewirr von Kanonen, Pferden, Wagen, Flüchtenden, in welches die Kugeln der Tiroler wie Hagelschlossen prasselten, fluchte, hieb, ja bettelte sich der Herzog von Danzig seinen Weg. Er, welcher noch am Vortage das prächtige Sachsenregiment geschmäht hatte, weil es den Durchgang durch jenen Paß des Todes nicht ertrotzt hatte, er mußte jetzt, ärger geschlagen als jene Tapfern, zu Fuß der ihm knapp drohenden Gefangenschaft der Bauern entlaufen. Nicht eher rastete er als in Sterzing, von wo ihm die geschmähten Sachsen die Straße nach dem Brennerpaß mit eisernem Mute offen gehalten hatten.

Lefebvre flüchtet zu Fuß durch Mauls.
Nach einem zeitgenössischen Stich.

Noch hoffte Lefebvre auf das Anrücken der anderen Kolonnen. Bald mußte ja Rusca von Mühlbach, Peyri von Brixen her anrücken und seinen unbezwinglichen Gegnern in den Rücken fallen. Am 5. hatte er überdies von Innsbruck eine Kolonne von ca. 1800 Mann Infanterie, zwei Eskadronen Dragonern und drei Geschützen unter Oberst Burscheidt in das Oberinntal entsendet. Diese Kolonne sollte von Landeck über Prutz abbiegen und von hier bis Finstermünz im Inntal, dann über Glurns in's Etschtal gehen, von wo sie über Meran und den Jaufen ebenfalls in den Rücken der Aufständischen gelangen konnte. Bei Sterzing zusammengedrängt, hielten die Divisionen Lefebvres, ohne eines der Täler nach Süden und Westen gewinnen zu können, bis zum 9. August den wiederholten Angriffen der Tiroler stand, und warteten, von da ab durch beiderseitige Ermüdung zu einer Art von Waffenruhe gezwungen, noch am 10. auf den Anmarsch der Freunde im Etsch- und Pustertal.

Rusca aber war schon vor Lienz zurückgeworfen worden, Peyri, welchem Andreas Hofer seinen Freund Torggler mit zahlreichem Aufgebot entgegengesandt hatte, stieß bei Trient und Lavis auf verzweifelten Widerstand und blieb in Trient stehen, dessen bisher stets zweideutige Haltung jetzt bis zu heller Franzosenfreundschaft herangedieh und eine Stütze versprach. So wartete Lefebvre vergeblich in der bedrängtesten Lage, bis ihn am 10. August der letzte Schlag traf, — die Nachricht, daß die Kolonne Burscheidt an der Pontlatzer Brücke vor Prutz fast gänzlich vernichtet, gefangen genommen worden war. Nur geringe Teile des Detachements erreichten nach einem verlustreichen Rückzug die Hauptstadt, nahezu 1100 Mann und 120 Pferde betrug die Einbuße dieser Tage im oberen Inntal!

Um Innsbruck rührten sich wieder die Bauern, die Stadt lag in Bangigkeit erstarrt. Wagen auf Wagen voll Verwundeter zog vom Oberinntal heran, vom Brenner herab, — eine vielsagende Kunde von dem, was im Herzen Tirols geschah. Der Interimskommandant in Innsbruck (Deroi) griff zu dem alten, hundertmal als töricht bewiesenen Mittel und ließ zwei aufständische Bauern erschießen, — ein flammender Aufruf an die trotzigen Freisassen auf allen Bergen ringsum, Rache zu nehmen.

Vom Reichsmarschall keine Nachricht als Wagen auf Wagen voll Verwundeter, das Oberinntal in lichten, furchtbaren Flammen, das Unterinntal in erregter Gärung, und dazu am Abend des 10. August die ersten Wachfeuer der Bauern beim Hußlhof und auf der Gallwiese, — die ersten Schüsse vom Berge Isel!

Am 11. Morgens wimmelte auch das Höttinger Plateau

vom leidenschaftlich bewegten Landsturm des Oberinntals, noch wich dieser aber vor einem energischen Angriff Derois zurück.

Lefebvre hatte inzwischen auf die Kunde von dem schrecklichen Schicksal des Detachements Burscheidt bei Prutz Befehl gegeben, den Rückzug auf die Landeshauptstadt anzutreten. Es war die Nacht auf den 11. August, in deren schützendem Dunkel er über den Brenner eilte, an der Tete das Korps Arco. Jedoch schon am grauenden Morgen des 11. stockte der Marsch; die Tiroler hatten bei Matrei den Weg verlegt: es waren Schönberger, Stubaier und die stets rauflustigen Burschen von Axams. Das Korps Arco nahm den Kampf gerade auf, als die beiden Divisionen des Marschalls in beschleunigtem Tempo vom Brenner herabstiegen, hinter ihnen die Bauern unter Valentin Tschöll, etwas später Haspinger, zuletzt der ruhige Hofer. Noch wichen die schwachen Aufgebote des Mittelgebirgs und gaben die Straße frei. Von Schönberg an aber setzte die Verfolgung mit wildem Feuer ein. Von allen Höhen schossen die Bauern in die Marschkolonnen herab, welche die kecken Verfolger nicht zu vertreiben vermochten. Immer schwerer wurden die Verluste, immer eiliger der Marsch, immer größer die Verwirrung. Lefebvre mußte, um nur sein Leben vor den Kugeln der Scharfschützen zu retten, die Uniform eines gemeinen Dragoners anlegen. Zu Fuß, zwischen zwei Pferden gedeckt, eilte der geschlagene Herzog von Danzig den Weg zurück, den er so übermütig angetreten hatte, und von den Höhen, an allen Windungen der Straße, auf beiden Seiten, vorne und hinten jauchzend und schießend mit Schimpf und Spott, mit Hü und Hott die Bauern!

In buntester Verwirrung, alle Waffen und Branchen durcheinander gedrängt, atemlos, ein schauerlicher Zug Geschlagener, so nahm sich nach den Berichten von Augenzeugen der am Berg Isel endlich von Deroi gestützte und gesicherte Rückzug Lefebvres noch in den Straßen Innsbrucks aus.

Am 12. war die Stadt umstellt, ja auf den Höhen, welche die Straße von Volders bis Schwaz dominieren, standen schon die Inntaler in jubelnder Erwartung des Feindes, dessen Flucht sie hier verhindern wollten; Speckbacher hatte das ganze Unterinntal aufgewiegelt.

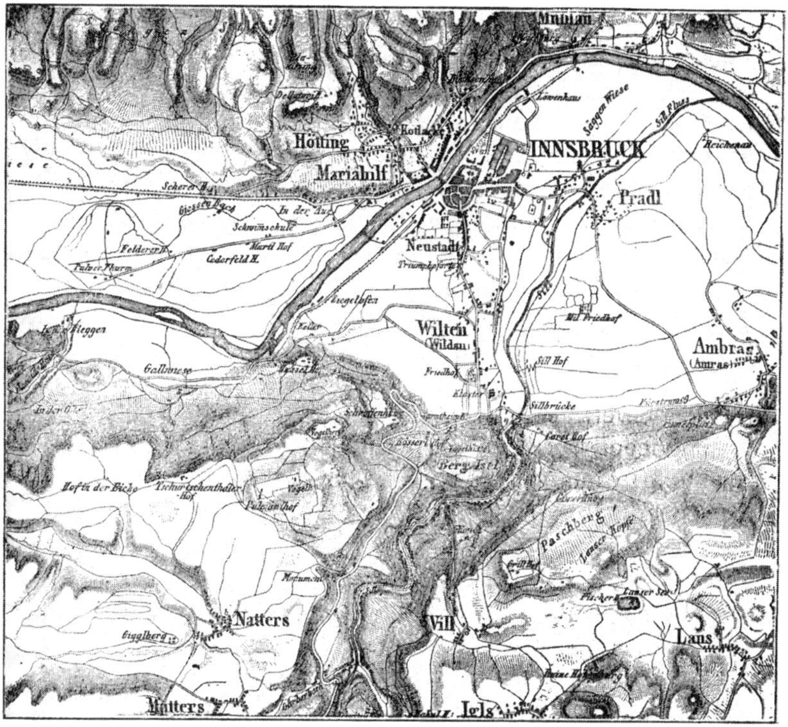

Kärtchen zu den Schlachten am Berg Isel.

Die Streitkräfte der Bauern um Innsbruck bestanden diesmal aus dem Aufgebot der umliegenden Dörfer, verstärkt durch die über den Brenner hinter Lefebvre hergezogenen Südtiroler: Von Volders über den Paschberg standen vierzehn Burggräflerkompagnien unter Valentin Tschöll, die Bauern des Sarntals besetzten den Berg Isel, woselbst auch der Sandwirt Hofer sein Hauptquartier beim Wirte Etschmann „in der Schupfen“ aufschlug; zu ihm standen die Passeirer, Meraner und Vinschgauer, auf der Gallwiese die Eisack- und Wipptaler. Diesmal waren auch die Oberinntaler rechtzeitig auf den Höhen über Hötting versammelt, so daß die Stadt auf allen Seiten umstellt war, nur die Ebene des Inntals ließen die Bauern aus Scheu vor dem feindlichen Geschütz und der Reiterei unbesetzt.

Lefebvre hatte in Innsbruck gegen 22.000 Mann zusammengezogen, welcher Macht gegenüber die Anzahl der Bauern gewiß zurückstand. Auch waren jetzt kaum mehr als 500 selbstranzionierte oder aus Anhänglichkeit an das Land desertierte Soldaten in ihren Reihen. Unter so ungünstigen Umständen, mit teilweise schlechter Bewaffnung und keinem andern Vorteil als jenem des Terrains, begannen die Bauern den Kampf nach der Messe am 13. August, einem Sonntag.

In tiefer Bewegung hatten die frommen Scharen den allgemeinen Sündenablaß entgegengenommen, welchen die Priester ihnen erteilt hatten, dann, nach acht Uhr morgens, begannen sie am Iselberge den Kampf, in welchen die Bauern bei Hötting zwei Stunden später einfielen.

Wieder wurde es eine ungeheure Schlachtlinie, welche bis Volders und Hall reichte, wo Speckbacher den Bayern die Spitze bot. Wieder stürmten die Bayern mit der bewundernswertesten Todesverachtung den ganzen, langen Sommertag die Steilhöhen, die Hohlwege empor, immer heroisch, — stets vergebens. Wieder wechselten die Bilder des unbeschreiblich bunten Kampfes in Erfolg und Zurückweichen und wieder sorgten die Bayern auf's ausgiebigste, die Wut der Tiroler stets aufs neue zu entfachen, indem sie Häuser und Höfe anzündeten, aus welchen sie die Bauern durch einen für kurze Zeit erfolgreichen Sturmangriff vertrieben hatten. Gegen Mittag hatten die Bauern die Höttinger Höhen verloren, hielten sich jedoch in Kranebitten. Der Berg Isel aber blieb unantastbar. Wo die Bayern, wie im Corethof, einen kurzen Erfolg errangen, mußten sie wieder weichen und mancher Brandstifter wurde von den ergrimmten Bauern dem Elemente übergeben, das er entfesselt hatte. Der Abend des 13. sah noch fünf verzweifelte Sturmangriffe des leichten bayrischen Bataillons Habermann, erfolglose Opfer wie alle übrigen, dann verstummte langsam der Kampf und die Bauern blieben Herren der Berge, Herren aber auch jeglicher Zufuhr in die geängstigte Stadt, welche Lefebvre nicht mehr zu halten vermochte.

Hofer aber zog, als die Abendglocken läuteten, den Hut, kniete nieder und dankte Gott in kindlicher Andacht für den Sieg. Und Schar auf Schar, längs des ganzen Waldrandes, folgte dem Beispiel. Mit tiefer Gottversunkenheit schloß dieser wilde Tag und die Gefangenen sahen sich mit feuchten Augen an, — und schämten sich nicht mehr, von den Bauern besiegt worden zu sein.

Dankgebet der Tiroler nach der Schlacht am Berge Isel.

Nach dem Bilde von Egger-Lienz in Wien.

In der Nacht auf den 14. August zog Lefebvre, nachdem er das bedauernswerte Innsbruck durch große Requisitionen gründlich gebrandschatzt hatte, über Hall durch das Unterinntal ab. Hofer selbst war es, welcher dem fliehenden Feinde goldene Brücken baute und Lefebvre fand vor sich keinen großen Widerstand, nur hinter ihm her drängten die beiden rastlosesten der Tiroler Führer, Speckbacher und Haspinger. Die Bayern teilten sich in zwei Kolonnen; die eine unter Deroi verließ bei Kufstein, die andere durch den Strubpaß das Land. Erst in Salzburg machte Lefebvre halt und bezog hier Verteidigungsstellungen. Als der einst so übermütige, grausame Marschall, zum erstenmal in seinem Leben besiegt, vor seinen Kaiser trat, um demselben Bericht zu erstatten, soll ihm Napoleon zugerufen haben: „Nun, Herr Herzog! Haben Sie von den Tirolern Taktik gelernt?“

Der Sandwirt als Statthalter von Tirol.

„Wenn Ihr alle uns verlaßt, so will ich in Gottes Namen für den Kaiser die Regentschaft führen und mich nennen: Andre Hofer Graf von Tirol solang es Gott geliebt!" So soll der verzweifelnde Passeirerwirt Hormayr und den abziehenden Offizieren zugerufen haben, als dieselben, trotz seiner Bitten und Drohungen, aus dem Lande zogen und Tirol sich und seinem Stern überließen.

Einen so stolzen Titel nun wählte der Sandwirt nicht. Auf ihn aber, welcher sich bis zum 12. August nie anders genannt hatte als Kommandant in Passeier, lenkten sich nun die Augen des ganzen Landes. Die Augustschlacht am Berge Isel, durch ihren Erfolg wunderbarer vielleicht als jene im Mai, war vom wackeren Hofer mit schlichtem Verstande geleitet worden. Hofer hatte kaum aktiven Anteil an der Schlacht genommen; es fehlte ihm trotz seines Mutes an aggressiver

Rauflust. Der Erfolg der Schlacht war auch mehr dem wunderbaren Instinkt eines Jägervolkes zuzuschreiben, welches sich wohl hütete, eine einzige Stelle in dem Kreise des Kesseltreibens, welches es von den Höhen um die Stadt angestellt hatte, vom Feinde durchbrechen zu lassen. Die Taktik der Innsbrucker Kämpfe war höchst einfach und mußte stets die gleiche bleiben: Die Höhen besetzen und halten, die Ebene beunruhigen, die Zufuhr absperren. Kämpfend in die Stadt selbst zu dringen, das gelang den Bauern nur einmal: im April über die Höttinger Brücke. Hofers taktische Fähigkeiten waren bescheiden; jedoch war er, was sonderbarerweise noch nie erwähnt worden ist, ein guter Stratege. Sein Land kannte er besser als eine Karte und dem Feinde von allen Seiten Streitkräfte auf den Hals zu schicken, den geeigneten Punkt zu wählen, wo eine Verteidigung erfolgreich sein mußte, kurz alle Kräfte an ihren richtigen Platz zu rufen, das verstand Hofer aufs beste und mehr brauchte ein Oberkommandant der Bauern in Tirol nicht; denn die taktischen Maßnahmen ließen sich die Unterführer ohnehin nicht aus der Hand winden.

Nun zog dieser Mann zum erstenmal mit großem Aufsehen, — seine Passeirer hatten ihm eine vierspännige Kalesche erbeutet — am Vormittag des 14. August in Innsbruck ein, wo diesmal trunkene Bauern, Deserteure, allerlei Weibstroß und besonders der Stadtpöbel hausten, als sei die von ihnen ersehnte Zeit der Anarchie endlich gekommen. Ohne Hofer hätte Innsbruck schlimme Tage gesehen; sein rechtlicher wackerer Sinn aber brachte fast augenblicklich Ordnung, Sicherheit und Friede über die eroberte Stadt, welche von den Siegern anfangs wie feindlicher Boden behandelt wurde. Das erste Mandat seiner neuen Herrschaft, patriarchengemäß ein mündliches — ist uns erhalten geblieben: eine Philippika, welche er vom Fenster des Stadler'schen Hauses an plündernde Bauern hielt: „Zwui seid ös do? Öpper zum Rab'n und Leut z'peinign! Wöllt's es den Boarn nachmach'n? Schamt's enk nit? Wos habt's no in der Stadt z'thien? Zwui geat's nit dem Feind noch, der no gor nit weit fort is? Obaus ins Unterland, glei, sog i enk! Glei geats alle fort und obaus. I will koan mehr do söch'n und wenn's mir nit folgt, so will i enker Onführer nit mehr sein!"

Seine Bemühungen hatten Erfolg. Schon der Abend des

14. sah ein befreites Innsbruck — und ein glückliches. Hofer, der zur Verfolgung des Feindes nach Hall aufgebrochen war, kehrte, als er erfuhr, das Land sei vom Feinde geräumt, wieder nach Innsbruck um und bezog die Residenz, von welcher aus er, wenn ihn nicht drohende Zeichen in Südtirol und im Unterinntal auf kurze Zeit abriefen, bis Ende Oktober das Land beherrschte. Die Innsbrucker, welche ihn zu sehen verlangten, fertigte er vom Balkon der Hofburg mit einer kurzen,

Hofers Ansprache an die Innsbrucker.

Nach einem Kupferstich.

originellen Ansprache ab und ließ sich die ganze Zeit über kaum in der Stadt sehen. Er liebte Huldigungen nicht und wies Dank und Lob stets dehmütig an Gott den Herrn.

Noch lag ihm das Los des unteren Etschlandes schwer am Herzen; bald aber kamen auch von hier die besten Nachrichten. Am 21. waren die Franzosen und Italiener vor dem drohenden Anwachsen des Südtiroler Landsturms aus Trient über Rovereto und Ala über die Landesgrenzen zurückgewichen und Hofer hatte schwere Arbeit, das zweideutige

Trient vor der Rache der deutschen und welschen Bauernscharen zu schützen. Das Land jenseits des Arlbergs allein blieb verloren; die französische Reservedivision Beaumont, welche gleichzeitig mit Lefebvre über Seefeld, durch das Oberinntal, Landeck und den Arlberg nach Feldkirch vorgegangen war, hielt das Land zwischen Hohenems, Dornbirn und dem Arlberg in festen Händen, während die Württemberger Bregenz besetzt hatten.

Hofer aber, welcher mit der hohen Ehre, die ihm aufgedrungen worden war, seine Schlichtheit beibehielt, residierte in der Hofburg, nach wie vor in Bundschuhen, blauen Wollstrümpfen, kurzer schwarzer Lederhose, dem Leibgurt mit den bekannten Initialen, in roter Weste und zumeist in Hemdärmeln. All' seine alten Freunde, besonders aus Passeier und Meran, mußten zu ihm ziehen und diese klugen, ruhigen Männer nahmen ihm einen guten Teil seiner neuen Staatssorgen ab. Mit hellem Verstande leitete Josef Holzknecht die Politik, Johann Brunner und Jakob Flarer sorgten für die öffentliche Sicherheit, eine General-Landesadministration unter dem unvergeßlichen, edlen Josef von Giovanelli und Josef Rapp übernahm die drückendste Sorge, die Regelung der höchst schwierigen Verwaltung des Landes. Hofer selbst behielt sich als ausschließliches Ressort die Regelung und Ausgestaltung der Landesverteidigung, dann eine Art oberster Sittenaufsicht und, charakteristisch für sein Bedürfnis Gutes zu tun, die Erledigung der in ungeheuren Massen einlaufenden Bittgesuche vor.

Schwere Sorgen machten dem gutmütigen Mann die Landessteuern. Als Führer einer Opposition zur Zeit der bayrischen Regentschaft im stillen, vor Hormayr aber laut und offen, hatte er rücksichtslos auf deren Aufhebung bestanden. Nun hatte das arme, gute Land ungeheure Opfer an Gut und Blut gebracht, Hofer stand auf dem Platze, von welchem aus er die Macht besaß, jene Lasten aufzuheben. Jetzt aber sah er zum erstenmal die bittere Notwendigkeit; seufzend mahnte er seine säumigen Tiroler an ihre Pflichten und schrieb bald eine Reihe von neuen, wenn auch indirekten Steuern aus, — im Namen des Kaisers, für den er übrigens in unverbrüchlicher Treue regierte.

Charakteristisch für seine Herrschaft sind auch die orthodox katholischen Verordnungen, welche selbst bis tief in das Gebiet des Schulwesens eingriffen, die Gottesdienstordnung und zahlreiche Sittengesetze, von welchen der Erlaß an die, in ihrer reizenden Empiretracht viel zu hübsch aussehenden Innsbruckerinnen berühmt geworden ist: sie möchten zur Vermeidung von Ärgernis und Verführung Brust- und Armfleisch verhüllen, sonst würden seine Bauern dies mit Dr... besorgen, — welch' polizeiliche Maßnahme wirklich zuweilen in Übung getreten sein soll. — Seine immer stärker von Geistlichen durchsetzte Umgebung vermochte von ihm auf dem Gebiete kirchlicher Maßnahmen fast alles zu erlangen, was sie wollte.

Und um diese Zeit, da Andreas Hofer dem ganzen Lande heiliger wurde als das Wappen, als es sich bewies, wie maßvoll und gütig der schlichte Bauer sich als Herr zu benehmen vermochte, da traten auch die Schmeichler an das weiche, schwache Herz des Sandwirts heran, und wenn ihr Gift auch nicht zerstörend wirkte, das harmlose Selbstbewußtsein, die gute Laune des Bauernregenten unterwühlten sie doch. Zum erstenmal in seinem Leben vielleicht ließ sich Hofer zur Härte, zum Tone barschen Befehls, zu schwerer Strafe hinreißen: er, der bisher seine lieben Brüder stets nur gebeten hatte. Seine Rechtlichkeit, sein echt christlicher Sinn aber blieb unerschüttert. Für das von zweifelhaften Sturmrotten arg geplagte Welschtirol trat er mit schönem Feuer ein. Die kleinliche Eifersucht, den Zank und Rangstreit seiner Unterbefehlshaber dämpfte er, wo er konnte, durch Vorstellungen und Versöhnlichkeit wie durch strengen Befehl, Ein- und Absetzung. Er wollte starke Kommandanten von großem, selbstlosem Wesen, unbestrittener Gewalt und über jeden Zweifel erhabener Vertrauenswürdigkeit haben. Woher sie nehmen, wie solche bilden, wenn selbst Heroen an Tapferkeit wie Speckbacher und Straub ihre Größe durch kleinlichen Streit um die Priorität an allerlei Verdiensten befleckten? — Gänzlich fleckenlos an Charakter, soweit ein Mensch es sein kann, war vielleicht nur Mayr, der Wirt in der Mahr, und nach ihm Hofer.

Der Sandwirt blieb nicht bei dem ruhigen Besitze der Macht über sein schönes Land stehen. Er wollte dem bedrängten Österreich helfen. Es ist schon gesagt worden, daß sowohl in der Umgebung des Kaisers als auch im Hauptquartier des Erzherzogs Johann nur eine Sehnsucht herrschte: Krieg bis zu völliger Befreiung oder völliger Hoffnungslosigkeit!

So lauteten auch die Nachrichten, welche nach Tirol liefen. Erzherzog Johann hatte von Ungarn aus in den Alpenländern, besonders in Steiermark, einen ganz wundersamen Geist hervorgerufen. Den Augen der französischen Besatzung verborgen, bildete sich ein Geheimbund des frischen Gebirgsvolkes, welcher jenem in Tirol zu Beginn des Jahres sehr ähnlich war. Das ganze Volk wollte aufstehen und die Gewalthaber erdrücken.

Das wußten die Tiroler, und ihre Führer, namentlich der feurige Haspinger, der phantastische Kolb, ja selbst der kluge Speckbacher träumten bereits von einer unerhörten, sagengleichen, herrlichen Befreiung Österreichs durch das Volk selbst.

In Salzburg, bei Lofer und Unken, standen die bayrischen Vorposten. Speckbacher brach ins Land und rief die Pinzgauer auf (22. August), welche sich ihm unter dem glühenden Patrioten Wallner mit nicht vielen, aber tadellos bewaffneten Schützenkompagnien anschlossen; Wallner warf die Bayern nach einigen raschen und vernichtenden Schlägen am Hirschbichl aus dem Lande, andere Kompagnien unter einem zweiten Führer von der kühnen Sorte Speckbachers und Wallners, Harasser, jagten das bayrische Bataillon Vasserot aus Werfen bis in die Engen des Passes Lueg und nahmen acht Geschütze. Noch vor Mitte September eilte Haspinger über Kitzbichl nach dem salzburgischen Zillertal zur Verstärkung herbei und besetzte Mittersill. Andere Tirolerscharen unter Straub und Glatzl waren auf dem Wege ins Land, salzburgische Abgeordnete schlossen in Innsbruck mit Hofer eine feierliche Verbrüderung ab, welche die beiden Gebirgslande auf ewig in eines vereinigen sollte. Haspinger rüstete zu einem kühnen Zuge auf Salzburg, Wallner, Speckbacher und andere der rührigsten Tiroler gedachten die Bayern (zirka 1700 Mann) bei Lofer, Strub, Unken und Melleck zu vernichten; dann sollten Kärnten und Steiermark an die Reihe kommen, und dann wenn der ganze gewaltige Alpenbund geschlossen war, dann ginge es auf Wien, auf Napoleon los!

So träumten sie, die als landbeschränkt und egoistisch verschrienen Tiroler Bauern! Mit ihrem Blute, durch eigene Volkskraft wollten sie den ganzen Staat retten und Napoleon vertreiben. Es war mehr als bloße Selbstverteidigung, — aber es blieb ein Traum.

Am 24. und 25. September 1809 begann nach vielen kleinlichen Streitigkeiten der Führer und nachdem erst Straub im Auftrage Hofers das Einvernehmen wiederhergestellt hatte, der Angriff Haspingers auf den Paß Lueg, Winterstellers und Oppachers auf Unken, Firlers auf Lofer, Speckbachers auf Luftenstein und Wallners auf Melleck und Berchtesgaden.

Durch Speckbacher zuerst von Luftenstein nach Lofer geworfen, gerieten die Bayern zwischen den verfolgenden Speckbacher und den angreifenden Firler, flohen unter schweren Verlusten nach Unken, wo sie Wintersteller begegneten und wo sich zwischen den drei nunmehr vereinigten bayrischen Detachements des 1. Regiments und den drei Tiroler Streifscharen ein blutiges, hartnäckiges Gefecht entspann, bis am Abend des 25. September die Bayern geschlagen über Melleck nach Reichenhall flüchteten. 300 tote und verwundete Bayern, ebensoviele Gefangene, eine Anzahl Pferde, 2 Kanonen und 3 Pulverkarren, zahlreiche Gewehre lohnten den Tirolern diese taktisch außerordentlich geschickt in Szene gesetzte und hochinteressante Unternehmung, welche des eingehendsten Studiums aller jener wert ist, die sich für den Gebirgskrieg interessieren.

Am gleichen Tage hatte der Kapuzinerpater Rotbart, wie sich Haspinger dem allgemeinen Brauche nachgebend selbst nannte, den Luegpaß angegriffen und die Bayern, welche sich trotz ihrer Minderzahl tapfer wie immer wehrten, über Golling bis nach Hallein zurückgeworfen, welchen Ort ihnen der Kapuziner und Wallner am 29. ebenfalls entrissen. Während die braven Etschländerkompagnien der Weinlese wegen nun leider heimzogen, besetzte Wallner Berchtesgaden, Firler Melleck und den Bodenbichl und Speckbacher plünderte die Salzvorräte Reichenhalls, wobei er die kostbaren Salinenleitungen, nach dem Willen Hofers, unberührt ließ.

Hofer war zu Ende des September in friedlicher Stimmung. Er wollte sein Tirol, wenn es ging, auf dem Wege friedlicher Unterhandlungen befreien, wollte die Märtyrer des Landes, die armen, von den Feinden nach München und von da nach Straßburg geschleppten Geiseln auslösen, und wenn er auch in eben jenen Tagen viel tat, um Salzburg und Kärnten zu innigstem Anschluß an Tirol zu bewegen, — seinem weichen Herzen wäre ein glücklicher Vertrag zu Gunsten des geplagten Landes jetzt am willkommensten gewesen.

Da jedoch kamen aus dem salzburgischen Grenzgebirge die berauschenden Nachrichten von den Siegen der prachtvollen Tollköpfe Speckbacher, Haspinger, Wintersteller und anderer, und, was das ganze Land Tirol in schwindelnde Bewegung versetzt hat, — es kam nach langer, langer Zeit die erste Botschaft vom geliebten Kaiser.

Und was für eine Botschaft war dies auch!

Am 15. September waren zwei der Tiroler, welche mit den österreichischen Truppen das Land verlassen hatten, Sieberer und Eisenstecken, aus dem kaiserlichen Hauptquartier Keszthely an den schlichten Bauernwirt entsendet worden, der jetzt das treue Land im Namen seines Kaisers verwaltete. Sie brachten für Hofer die große goldene Ehrenmedaille an einer goldenen Kette, für Haspinger das geistliche, goldene Verdienstkreuz und für das Land dreitausend Dukaten zur Stärkung der Kriegskasse mit. Als sie aus dem Hauptquartier des Kaisers abzogen, war der oberste Kriegsherr noch fest entschlossen, den Kampf weiter zu führen und Erzherzog Johann, bei welchem die beiden sich ebenfalls beurlaubten, hatte denselben festen Glauben. Aber vierzehn Tage vergingen, bis die beiden unter tausend Fährlichkeiten ihre Heimat erreichten und in dieser Zeit änderte sich vieles. Mit Schrecken erkannte inzwischen Erzherzog Johann nicht nur die Stärke der Partei, welche den Kaiser um Frieden bestürmte, nein, auch die Gewalt der Umstände, welche für einen Frieden sprachen: Die völlige Erschöpfung der Länder, der unzureichende Ersatz der eigenen Armee, im Gegensatz zu jener des Franzosenkaisers, welche sich zur Übermacht ergänzte und rücksichtslos am besten Mark des Landes zehrte.

Erzherzog Johann war der erste, welcher erkannte, daß das Kriegsfeuer in der Umgebung des Kaisers bald ausgebrannt sein werde; sogleich suchte der fürsogliche Freund des tapferen Gebirgsvolkes beruhigend auf seine Tiroler zu wirken; er sandte Sieberer und Eisenstecken Boten nach und bemühte sich, wenigstens einen für Tirol günstigen Frieden zu erwirken. Während er aber in dieser Absicht in das Hauptquartier seines kaiserlichen Herrn und Bruders eilte, während der Kaiser im festen Vertrauen auf seine eigene Kraft und seine Machtmittel, aufrichtig an eine Fortsetzung des Krieges dachte, indes der Zusammenbruch aller Hoffnungen schon nahe war, während dieser Zeit mißbrauchten schlechte Räte, unversöhnliche Feinde Napoleons, voran der Staatsrat Baldacci, die letzte günstige Chance, das unbesiegte Tirol, wie eine Karte im Spiel. Sie entlockten Kaiser Franz die Erlaubnis, den Unter-Intendanten Roschmann zur Organisierung einer neuerlichen Landesverteidigung nach Tirol zu senden und Baldacci, welcher wohl wußte, daß Erzherzog Johann als oberster Referent in allen Tiroler Angelegenheiten den Kaiser zum Widerruf dieser Verfügung bewegen und Roschmanns Absendung hintertreiben würde, ließ den Prinzen in Unwissenheit über die Schritte des Monarchen. Als Roschmann nach Tirol abging, wurde der Erzherzog in das Hauptquartier des Kaisers gerufen, während Roschmann drei Tage vergeblich in dessen Hauptquartier auf die Rückkehr wartete und ohne Gutheißen des Erzherzogs nach Tirol abreisen mußte.

So sollte Tirol durch den unbotmäßigen Willen eines Unberufenen in großes Unglück gestürzt werden. Erzherzog Johann sandte dem Fortgeeilten Bote auf Boten nach — umsonst: Sein Weg schien wie in das Wasser gezeichnet, seine Spur war nicht zu finden.

Es ist, als ob Hofer ein Danaergeschenk geahnt hätte. Auf die erste Nachricht, Sieberer und Eisenstecken seien mit Geld und Orden aus dem kaiserlichen Hauptquartier angekommen, wurde der Sandwirt unwillig und ließ die Boten gar nicht vor. Sie hatten ihr Vaterland mit den österreichischen Truppen verlassen — verraten, wie die radikalsten der Tirolerführer Hofer oft genug eingeredet hatten. Vier Tage währte es, bis die Eisrinde des Mißtrauens, welche Hofers Herz umgab, taute, bis er die alten, verkannten Waffengefährten wieder vor sich ließ und eines Händedruckes würdigte.

Das war am 4. Oktober, dem Namenstage des Kaisers, dem Tage, an welchem Hofers Glücksstern am höchsten stand, dem Tage aber auch, an welchem die Sonnwende des Tiroler Schicksals sich vollzog.

Die Nachricht von der Gabe und Botschaft des geliebten Kaisers lebte schon in der ganzen Stadt. Hofer wollte das Ehrenzeichen, vor welchem ihm bangte, wie zur Abwehr gegen geheimes Unglück nur aus geweihter Hand entgegennehmen. Nach einem feierlichen Hochamt in der Hof- und Pfarrkirche überreichte ihm der würdige, greise Prälat Egle die Ehrenkette. Eine große Tafel, Aufwartung der Beamten, am Abend Beleuchtung der Stadt und eine Festvorstellung im Theater, welcher der Sandwirt in der Hofloge eine Viertelstunde lang beiwohnte, sollten den Festtag erhöhen.

Aber schon an der Mittagstafel wußte der arme Hofer den zahlreichen Notablen, welche zu seiner Ehre erschienen waren, nur betrübte Antwort: „Ich danke Ihnen, meine Herren, weil Sie mir durch Ihre Gegenwart den heutigen Tag verschönert haben; neues kann ich Ihnen nichts melden. Ich habe freilich drei Kuriere auf dem Weg: den Watscher-Hiesele, den Sixten-Seppele und den Memmele-Franz, und der Bub' könnte schon längst da sein; ich erwarte den Lotter alle Stund!"

Am Abend, zur Zeit der Festvorstellung, kam dann wohl Nachricht! Im Salzburgischen waren die Bayern wieder siegreich vorgedrungen, in Südtirol stand General Peyri abermals und fast wie aus der Erde gewachsen vor Trient, nahm die Stadt und warf die in Eile bei Lavis zusammengelaufenen Landesverteidiger unter Torggler über Salurn zurück.

In den Gebirgen an der Landesgrenze südlich von Cortina d' Ampezzo, im Boitatal, stand eine der wunderlichst gemischten Freischaren aller Zeiten, die des Schützenmajors von Luxheim. Kühne Gemsjäger aus Ampezzo und Sexten, entlaufene Verbrecher, Deserteure der österreichischen Armee, reichsdeutsche Schwärmer, welche hier für die Freiheit ihres Vaterlandes um vier Jahre vorauskämpften, ja selbst einige Überlebende aus dem bewundernswerten Schill'schen Freikorps hatten sich bis hieher durchgeschlagen . . . auch sie erlitten jetzt eine Niederlage. Bei Aquabuona umgangen, wurde dieses merkwürdige Korps bis auf fünfzig Mann gänzlich aufgerieben, nur die Gemsjäger des stahlfesten Hauptmanns Hirschstein hielten sich gegen den Feind, welcher (1600 Mann, 2 Geschütze, 1 Eskadron) trotz seines Erfolges wieder auf Perarolo zurückging.

All' diese Nachrichten trafen den sorgenbeschwerten Sandwirt am Abende seines Ehrentages, und während sich die patriotischen Gelegenheitsstücke im Theater unter Jubel und stürmendem Beifall abspielten, saß der Gefeierte in der Hofburg auf seinem Bette und weinte bitterlich über das Unglück seines geliebten Landes.

— — — — — — — — — — — — — — — — —

Noch eine kleine Frist, eine letzte, war dem Lande Tirol beschieden. Hofer, dessen gutes Herz den beiden ausgezeichneten Freunden Sieberer und Eisenstecken keinen dauernden Groll bewahren konnte, rief sie zu sich und entsandte nach einer christlichen Versöhnung Sieberer an die Nordostpässe, Eisenstecken aber ins bedrohte Etschland, um dort aufzuhalten, zu sammeln, was möglich war. Wirklich gelang es Eisenstecken, einem der besten Köpfe des Aufstandes, den mit großsprecherischen Proklamen auftretenden Peyri aufzuhalten, ja, ihn sogar eine zeitlang in Trient einzuschließen. Der italienische General machte sich zwar durch einen gelungenen Ausfall Luft, aber weder er, noch sein am 13. Oktober in Trient eingetroffener Ersatzmann General Vial wagten sich gegen die Engen in der Nähe der Wasserscheide, an das Herz von Tirol heran, obwohl Mitte Oktober nahe an 8000 Mann regulärer Truppen in Trient versammelt waren.

Den großen, den entscheidenden Schlag erhielt das gute, treue Land von Schönbrunn aus, wo Kaiser Franz, durch das Unglück seiner, vom Feinde überfluteten, gedrückten und ausgepreßten Erblande tief erschüttert, sich zu einem Frieden entschloß, an welchen er selbst noch vor Tagen nicht geglaubt hätte, an welchen auch die zwar dezimierte, aber ungebeugte Armee nicht glauben wollte, an welchen besonders die bis zum äußersten gegangenen Tiroler nie und nimmer glauben konnten.

Die Friedensnachricht glich in ihrer Wirkung auf das arme Land einem fürchterlichen Naturereignis. Wie der größte

Schreck, die Gewißheit völliger Vernichtung die vielfältigen Charaktere der Menschen augenblicklich in zwei weit getrennte, in sich aber einhellige Gruppen spaltet, Apathische und wahnsinnig Verzweifelte, so erging es jetzt in Tirol. Höchstens daß zwischen beiden eine Anzahl Zweifelnder, Schwankender, Halbgläubiger irrte, von welchem Bestand beide Flügelgruppen täglich große Teile abrissen. Hofer gehörte in mancher Stunde der letzten Monate des Jahres Neun zu ihnen – dann stürzte auch er in den Wirbel des Radikalismus und versank.

Gegen ein dermaßen zerspaltenes Volk wandte sich jetzt die ungeheure Energie eines Napoleon, welcher durch den Friedensschluß so viel Kräfte gegen Tirol frei bekommen hatte, als er nur immer gebrauchen wollte. Gleichzeitig mit dem Datum des Friedensschlusses, dem 14. Oktober, erging ein Dekret an den Vizekönig von Italien, Napoleons Stiefsohn Eugen, das Land zur Ruhe zu zwingen.

Das bayrische Armeekorps, drei Divisionen unter General Graf Drouet, das Korps Oberndorf (in welches jenes des in Tirol gefallenen Grafen Arco einbezogen war), einige Abteilungen französischer Truppen aus Kempten, Immenstadt und Füßen waren von Osten und Norden her zum Einmarsch bestimmt; vom Drautal und von Südosten her sollten fünf Divisionen der italienischen Armee: Rusca, Severoli, Barbou, Broussier und Durutte, vom Etschtal die Division Vial (früher Peyri) vorgehen: über 50.000 Mann auf ein blutendes, innerlich zerrissenes, dem Bankerotte nahes, durch die, nur nach genauester Kenntnis aller Umstände entschuldbare Preisgabe niedergedrücktes, vor Schrecken und Fassungslosigkeit gelähmtes Land!

Und noch wehrten sich diese Tiroler, noch siegten sie sogar da und dort, aber die vereinzelten Heldentaten hätten dem Feinde als so hoffnungslos gelten sollen, wie die Zuckungen einiger Muskeln, die Funktionsfortsetzung einiger Organe an einem menschlichen Körper, dessen Herz gebrochen, dessen Gehirntätigkeit erloschen ist: — mechanische Reflexbewegungen. Dennoch erweckten diese letzten, verzweifelten Regungen des Landes den Grimm der Sieger in solchem Grade, daß die vornehmsten Blutzeugen der

Tiroler Freiheit als Opfer jener letzten sporadischen Erhebungen fielen.

Als ob ein böses Schicksal die Zahl unseliger Irrtümer, welche in dem schwergeprüften Lande hausten, nicht genug erhöhen könnte, traf jetzt auch Roschmann beinahe mit dem Datum des Friedensschlusses in Tirol ein. (Wenigstens war die erste Zusammenkunft Roschmanns mit Andreas Hofer zu Sterzing auf den 14. Oktober festgesetzt.) Vom Kaiser in einer Zeit, als dessen Standhaftigkeit durch das Unglück seiner Völker noch nicht ganz unterwühlt war, als General-Landeskommissär nach Tirol abgesendet, hatte Roschmann den Erzherzog Johann aus Gründen, welche früher angedeutet worden sind, nicht in seinem Hauptquartier angetroffen. Der Erzherzog war zum Kaiser gereist, und Roschmann wartete nur zwei oder drei Tage auf die Rückkehr des Mannes, dessen Entscheidung in Tiroler Angelegenheiten allein maßgebend sein durfte; dann reiste er ab, ohne auch nur Nachricht von der Route zu hinterlassen, welche er einzuschlagen beabsichtigte. Erzherzog Johann erfuhr zu spät über die Reise Roschmanns, eilte erschreckt in sein Hauptquartier, traf den Abgesandten nicht mehr, sandte ihm augenblicklich einen Widerruf nach und eilte zu seinem hohen Bruder, um einen noch wirksameren zu erlangen. Freilich sandte jetzt auch der Kaiser, durch die Vorstellungen Erzherzog Johanns über die mögliche Tragweite jener Verfügung in völlige Klarheit gesetzt, Boten hinter Roschmann her, um ihn aufzuhalten und die üblen Pläne seiner Umgebung unschädlich zu machen, aber es war zu spät, Roschmann gelangte unaufgehalten in das Land, für dessen trauriges Schicksal er von einer höheren Macht geschaffen schien. Sein Erscheinen zerteilte die Mittelpartei der Zögernden und Zweifelnden, und trieb sie fast gänzlich in das Lager der zu verzweifeltem Widerstand Entschlossenen. Durch Kärnten war Roschmann gekommen, durch ein Land, das, je näher es an Tirol ging, umsomehr zu wildem Aufruhr neigte. Im oberen Drautal fand er die Bewohner unter Waffen; hier befehligte Türk, eine kühne Abenteurernatur. Er hatte das jetzt vom Feinde besetzte Sachsenburg eingeschlossen; Roschmann tat, was er konnte, um den Belagerern Verstärkung aus Tirol zuzusenden und begab sich dann in das Inntal zu Andreas Hofer.

Hier hatte indessen schon die Wandlung des Glücks eingesetzt. Am 3. Oktober hatte Lefebvre Hallein zurückerobert und Haspinger zog sich bis zum Paß Lueg zurück, welchen er in aller Eile befestigte. Bald nach dem Falle Halleins mußte sich auch Wallner, vom Feinde umgangen, aus Berchtesgaden in das Saaltal zurückziehen. Hofer sandte den bedrängten Freunden den tüchtigen Sieberer mit Munition, — als hochwillkommenen Helfer. Zu gleicher Zeit aber suchte der Kronprinz von Bayern die Tiroler auf gütlichem Wege zur Versöhnung zu bringen, wobei er allerdings den Mißgriff beging, sich statt an den einfachen Hofer an Speckbacher zu wenden, welcher viel zu verschlagen war, um hinter den freundlichen Worten des edlen Prinzen nicht auch eine List zu vermuten. Trotzig verharrten er und die übrigen Führer mit ganz schwachen Kräften auf den Pässen, über welche der Neuschnee des rauhen Bergherbstes immer häufiger fiel, wo bitterer Mangel an Proviant, an Pulver und Blei die kleine Schar der Grenzwacht immer mehr zusammenschmelzen ließ. Schon lagen die höchsten Wege unter tiefem Schnee, das Gebirge sank in Todesschlaf; — wie bald sollte das ganze Land darin versinken!

Am 14. Oktober wurde der Friede von Schönbrunn unterzeichnet, welcher Tirol, Salzburg und Berchtesgaden an die Feinde Österreichs überlieferte und nichts konnte für das opferwillige Land geschehen, außer daß Napoleon ihm durch den 10. Artikel volle Verzeihung zusicherte.

Wie diese Verzeihung beschaffen war, erhellt daraus, daß Napoleon abermals über 50.000 Mann zur „Pazifizierung" des von Zweifeln, falscher Hoffnung und mancherlei Widerstreit der Meinungen ohnehin schon zerrissene Land bestimmte.

Am 16. Oktober griff die erste bayrische Division gleichzeitig den Paß Strub und Haspinger bei Golling an. Der Strubpaß fiel und bayrische Truppen drangen von Lofer über Saalfelden nach Zell am See vor, so daß der bei Golling unbesiegt gebliebene Haspinger vollkommen abgeschnitten wurde und sich und die Seinen nur durch einen schwierigen Marsch über die Tauern in das Pustertal retten konnte, wo er allsogleich an dem Kampf gegen die Truppen des Vizekönigs von Italien teilnahm.

Am 17. Oktober gelang es der Division Kronprinz, die Stellung Speckbachers und Firlers bei Melleck zu umgehen, wobei Speckbacher im wüstesten Handgemenge zu Falle kam und sich nur durch wilde Energie aus den Händen des Feindes befreite; sein Sohn jedoch, sein geliebter, tapferer Anderl, der an der Voldersbrücke für die an Munitionsmangel leidenden Schützen die feindlichen Kugeln aus der Erde gegraben hatte, wo immer er eine hatte einschlagen sehen,

Speckbacher und sein Sohn.

der in den letzten Heldentagen mit der Büchse an der Seite seines Vaters gekämpft und manchen Meisterschuß getan hatte, sein Sohn geriet in Gefangenschaft!

Die Nachricht von diesem Unglück seines Jungen brachte den alten Löwen fast zur Verzweiflung, — das verlorene Gefecht, einer der schwersten Schläge, welchen die Tiroler je erlitten, lähmte seine Tatkraft gänzlich. Es war nicht mehr der alte Speckbacher, der am 20. von den Bergen, in welche er geflüchtet war, in das Zillertal niederstieg, wo die Tiroler unter dem von Hofer entsendeten Priester Danej bei Rattenberg einen vergeblichen Widerstand gegen den von allen Seiten ins Inntal eingedrungenen Feind versuchten.

Deroi war bei Kufstein, Wrede über Traunstein und Kössen in das Land eingebrochen; am 18. Oktober standen alle drei Divisionen bei Wörgl, am 24. traf die Division Wrede in Hall und am 25. in Innsbruck ein, von wo Hofer schon am 21. Oktober nach Schönberg zurückgegangen war.

Die Bayern hatten aus den Ereignissen der letzten Monate ihre Lehre gezogen; sie marschierten nicht mehr ausschließlich auf den Talstraßen, sondern sicherten sich die seitlichen Höhen durch starke Detachements; auch kam kein Exzeß mehr vor, kein Haus flammte auf, nur Waffen und Munition nahmen sie den Landesverteidigern ab, hoben Geiseln aus, wirkten aber im übrigen durch versöhnliche Aufrufe beruhigend auf die Bewohner. Der damalige Korpskommandant, Graf Drouet war ein milder, gerechter, maßvoller Mann, seine Wahl für das Unternehmen war eine gute gewesen.

Das arme Innsbruck hatte in den langen, bangen Tagen von Hofers Abreise bis zur Ankunft der Bayern entsetzlich gelitten. Verzweifelnde, Gott und die Welt verlästernde trunkene Bauern, bewaffneter Pöbel und Dirnen schienen sich in dem wehrlosen Gemeinwesen zu vermehren wie Fliegen auf einem Kadaver; jetzt geschah, was im April, Mai und August nicht geschehen war: Verbrechen und Greuel. Endlich lagerten die Bauern auf dem Berg Isel, der Sandwirt rückte gegen Thaur an und Speckbacher ging den Bayern nach Hall entgegen.

Hofer, der vertrauensvolle Hofer, der inzwischen von dem etwas geschwätzigen Nessing aus Bozen erfahren hatte, der Friede sei zwar geschlossen, Tirol aber solle an Erzherzog Ferdinand fallen, Hofer rief immer noch den Kaiser und Erzherzog Johann voll Verzweiflung um Hilfe an.

Am 25. waren die Bayern nach Innsbruck gekommen, diesmal als Retter und Befreier, denn die desperaten Bauern gedachten nicht weniger zu tun als die Stadt gänzlich auszuplündern, damit die Bayern nicht einen Heller und keinen Bissen Brod mehr fänden! Als aber die Bayern die Hauptstadt wieder verließen, strömten die Tiroler allsogleich wieder dorthin zurück. Hofer hatte aus dem Herzen des Landes, namentlich aus der allzeit aufopferungsvollen Meraner Gegend Hilfe herbeigerufen und begann nach erfolglosem Geplänkel (26. Oktober) am 27. ein erbittertes Gefecht von den Höhen des Gebirges und von der Stadt, namentlich vom Hofgarten aus, gegen den von Hall anrückenden Feind. In kleinen Einzelkämpfen, welche den ganzen 27., 28. und 29. vor der Stadt und in den Gassen stattfanden, bemächtigten sich endlich die Bayern abermals der Stadt.

Auf dem Iselberg sammelten sich die Tiroler zu neuem Ringen und dorthin brachte am 29. Oktober eine gemischte Kommission unter der Führung des Freiherrn von Lichtenthurn das Handschreiben des Erzherzogs Johann, worin dieser edle Prinz mit Worten, welche in ihrer widerwilligen Abgebrochenheit von dem Kampfe seines Herzens zeugten, die kurze Nachricht der traurigen Tatsache des Friedensschlusses gab, mit der Bitte, „daß die Tiroler sich ruhig verhalten und sich nicht zwecklos aufopfern mögen."

Das Billet enthielt kein Siegel und mißtrauisch blickte Hofer die Unglücksboten an; seine Umgebung murrte über Verräterei und zu allem Unglück bekam Lichtenthurn, von dem peinlichen Zwiespalt des Augenblickes bis ins Innerste erregt, einen Anfall von Fallsucht. „Da söcht Ihr die Str a Gottes," entschied Hofer und zeigte auf den sich in Krämpfen Windenden.

Vergebens waren jetzt die Bemühungen weniger Vernünftiger der fanatisch erregten Mehrheit gegenüber; wohl wich Hofers Verblendung noch einmal unter dem Gewichte der Tatsachen und auf die Ermahnungen Roschmanns, der jetzt schnell die Wendung der Tatsachen erfaßte. Im Kreise kluger und erfahrener Männer wie Holzknecht, Wördle, Giovanelli kam er zur Besinnung und entschloß sich zur Aufgabe ferneren Widerstandes; als aber Roschmann, nachdem er Hofer seine ganze Barschaft (gegen 40.000 fl.) übergeben hatte, über die Schweiz abreiste, als Lichtenthurn und Giovanelli sich gegen Südtirol in ihre Heimat wandten, da schloß sich augenblicklich wieder der betörende Zauberkreis der Fanatiker um den unglücklichen Oberkommandanten von Tirol.

Haspinger war vom Pustertal herbeigeeilt und erklärte

alle Friedensgerüchte für höllisches Blendwerk, — der halbwahnsinnige Kolb weissagte von der Freiheit einer Republik Tirol. Zu Hall war ein Priester gestorben, welcher in der hellsehenden Verklärtheit seiner Todesstunde einen großen Sieg des Volkes am Tage Allerheiligen versprochen hatte und Hofer, gegen solche Stimmen aus der anderen Welt gehorsam wie ein Kind, bestimmte den 1. November zum letzten Kampf.

Am 31. abends, als Hofer den Bauernscharen auf dem Berg Isel den Befehl zum Angriff für den nächsten Tag zukommen ließ, standen die Bayern südlich der Stadt in Wilten, nördlich vor Hötting, die Tiroler aber warfen auf den Höhen zahlreiche Schanzen auf; ihre Streitkräfte mochten diesmal nicht viel über 12.000 Mann betragen, zumeist armes, durch den Krieg um Hab und Gut gekommenes Volk, während die besten Kompagnien auf die Nachricht von dem Friedensschlusse auseinander und nach Hause gegangen waren. Bittere Zweifel oder alles verachtender Übermut schwebten über den Zurückgebliebenen: keine guten Kampfgenossen.

Am 1. November griff dann Drouet als erster die Tiroler an; die Division Wrede stürmte, durch den schweren Morgennebel begünstigt, die Höhen um den Hußlhof, nahm alle Schanzen dortselbst und verfolgte die zum Teil erst aus den Kirchen kommenden Bauern bis über Mutters und Natters. Der linke Flügel der Bayern nahm das Schloß Amras, wurde durch Speckbacher an weiterem Vordringen gehindert, jedoch selbst dieser, ehedem so kühne Führer ging am Abend des 1. November entmutigt nach Rinn zurück. Auch bei Hötting entschied sich der Tag zu Gunsten der Bayern und Hofer ging nach Steinach, von wo er die Männer des Etsch- und Eisacklandes auf den Brenner entbot.

Aber schneller als der Landsturm kamen die inhaltsschweren Nachrichten vom Friedensschluß und den Fortschritten des Feindes in Südtirol dorthin. Die Bauern selbst fingen sie auf und brachten sie: Depeschen des Vizekönigs, nach deren Uebersetzung Hofer nichts anderes übrig blieb, als zu glauben und zu resignieren. Der Priester Danej mußte eine Unterwerfungsakte aufsetzen und reiste am 3. November mit derselben nach dem Inntal ab, Hofer aber ging am 4. abends auf den Brenner zurück, wo er in die

Hände des verzweifelnden Brixner Aufgebotes unter Kommando des Mahrwirts Peter Mayr fiel, Männer, welche ihn unter Todesdrohungen zu erneuertem Kampfe zwangen. Jetzt wieder, mitten im Waffengeklirr und Tosen des wildesten Aufstandes, verlor Hofer gänzlich das feinere Gehör für die Stimme der Vernunft; er ließ sich hinreißen und wurde mit den Fanatikern zum Fanatiker. Aus jenen Tagen (7. November) datiert jener Brief an seinen Freund, den Kronenwirt Straub in Hall, dessen letzte Worte bei jedem andern nur als die schmerzlichste Ironie ausgelegt werden müssten, von Hofer aber mit einem wahrhaften Kinderglauben gemeint waren: „Lieber Bruder, Gott wird uns noch auf eine kuriose Weise erlösen."

Nordtirol gehörte dem Feinde, und während Hofer vom Brenner immer weiter südwärts rückte, näherte er sich abermals einem besiegten, unterworfenen Lande. Schon am 1. November hatte der Bozener Kreis beschlossen, sich friedlich zu fügen; am 3. und 4. besiegte General Vial die Bauern bei Pedol, Segonzano und Lavis und General Peyri erreichte über Belluno, Agordo, Buchenstein, St. Ulrich und Waidbruck vorgehend, am 4. Bozen, wo er am 5. zwar abermals von den Tirolern eingeschlossen und angegriffen, aber schon am 6. durch den von Lavis anrückenden Vial befreit wurde. Von Bozen aus entsandte Vial Kolonnen etsch- und eisackaufwärts, um die Gegend zu entwaffnen.

Während dieser Ereignisse hatten sich auch die Truppen des Vizekönigs von Italien unter General Baraguey d' Hilliers über Sachsenburg, Oberdrauburg und Lienz ihre Bahn nach Tirol gebrochen; am 4. November vermochten zwar die Tiroler bei St. Sigismund in dominierender Stellung den Vormarsch für zwei Tage aufzuhalten; was aber die Waffen des Feindes nicht vollbrachten, das erreichten jetzt friedliche Verhandlungen; der Landsturm zerstreute sich, und am 7. November befanden sich die Divisionen Rusca, Severoli und Barbou bereits in Bruneck.

Im ganzen Lande loderte der Brand des Aufruhrs jetzt um Hofer allein, welcher zur Mühlbacher Klause herabgeeilt war. Um ihn waren Peter Mayr, Kolb, die Volksführer Kofler und Kemenater und eine Menge verwirrter, gereizter und auf's äußerste gebrachter Bauern, am 7. November vielleicht an 5000. So kam es am 8. November hier, wo der erste große Kampf des Jahres Neun getobt hatte, neuerdings zum erbitterten Ringen um den Besitz des Knotenpunktes der wichtigsten Straßen. Rusca war es, welcher hier angriff und der Kampf wurde einer der verzweifeltsten des Jahres. Erst nach Umgehung der Klause und nach drei erfolglosen, blutig zurückgewiesenen Stürmen gelang es Rusca, sich den Besitz des Engpasses zu erkämpfen und bis Schabs vorzudringen. Am Abend des 8. November stand die Avantgarde der gegen 12.000 Mann Baragueys schon in Brixen.

Von da ab glich das Aufflammen des Aufstandes nur mehr dem Flackern eines zerfallenden Brandes. Wohl hatte Speckbacher das Gericht Matrei samt dem Zillertal auf's neue zu den Waffen gerufen, aber in den eilig zusammengelaufenen Massen fehlte der alte Geist; sie wurden am 6. November bei Zell und am 7. bei Steinach geschlagen und zerstreut. Auch im Inntal verstanden es die Bayern, bald Ruhe zu schaffen.

Hofer selbst ging, von Sieberer und Danej zur Ergebung vermahnt, am 9. November von Sterzing über den Jaufen in seine Heimat zurück, um schweren Herzens von seinem lindenbeschatteten Hause, von Weib und Kind Abschied zu nehmen, denn er hatte Sieberer versprochen, nach Österreich zu flüchten.

Als ihn jedoch die herbe Luft der Heimat wieder umwehte, von welcher er in bescheidener Armut Abschied genommen hatte, um draußen der erste Mann seines Vaterlandes zu werden, als er wieder wie Cincinnatus zur Scholle zurückkehrte, welche ihn genährt hatte, da erwies es sich ihm, daß jene tausend feinen Wurzeln, mit welchen der Mensch an seiner Muttererde klammert, stärker waren als die lockenden Stimmen aus der Fremde. Ein Andreas Hofer wäre als Emigrant nie zu hohem Alter gelangt, — er wäre vor Heimweh gestorben! Das wußte er und blieb; aber seine Liebe zum Vaterlande wurde sein Verderben.

Denn in jenen Tälern wuchs das härteste Holz, aus welchem das Schicksal des Jahres Neun seine Helden schnitzte. Ganz Tirol hatte sich mit schwerem Herzen zur Ruhe begeben, nur die Jugend des wunderschönen Rebenlandes bei Meran, der düsteren Alpen um Passeier verzagte noch immer nicht.

Und mitten in den Schwarm tollköpfiger junger Bursche und verzweifelter Abgehauster war Hofer geraten. Diesen Menschen war Hofers Person und Schicksal gleichgiltig; sie brauchten nur seinen Namen und sie mißbrauchten ihn gründlich. Von einer verwilderten Schar umringt, des eigenen Lebens nicht sicher und für das geringste Widerstreben mit dem Tode bedroht, erhob Hofer den Kriegsruf bald von neuem, um dann, wenn ein Unglück ihn und seine Umgebung niederschlug, wieder seine Unterwerfung anzubieten. Erfolg und Mißerfolg

Hofers Heimat am Sand in Passeier.

Nach einem zeitgenössischen Stich.

spielten mit seinem armen, gutmütigen Herzen ein rücksichtsloses Fangballspiel, — die französischen Führer aber, die freilich seine Not nicht sahen, waren empört über die Falschheit und Treulosigkeit eines „Brigantenführers".

Hofer verscherzte seinen guten Namen, verlor das Zutrauen seiner Landsleute, verlor zuletzt sich selbst. Willenlos tat er, was die Wildlinge in seiner Umgebung von ihm forderten, und wie von einem Verfluchten wandten sich alle wahren Freunde von ihm und die Besonnenen mieden ihn, da er jetzt selbst gegen ehemals Vertraute wie Danej und Sieberer Blutbefehle erließ.

Eine französische Abteilung, welche Rusca um diese Zeit nach Passeier entsandte, um endlich Ruhe in jene Gegenden zu bringen, wurde am 14. November gegen Kuens zurückgeworfen, und, als Rusca am 16. den Obersten Roy mit 1500 Mann in das Tal entsandte und selbst mit zirka 2000 Mann nach Meran nachrückte, entbot Hofer den Landsturm des unteren Vinschgau und die Gegend von Algund und Mais gegen Meran, wo die Tiroler am 16. November trotz der Tapferkeit der italienischen Regimenter (welche im Jahre Neun überhaupt jener der französischen in nichts nachstand) nach einem außerordentlich blutigen Tage Rusca bei einbrechender Nacht unter schweren Verlusten bis Terlan und Bozen zurückwarfen. Als am Morgen des 18. November zwei Kolonnen der Division Barbou, zu spät für Rusca, den Passeirern über den Jaufen in den Rücken kamen, wurden sie von den Tirolern, zu welchen auch Haspinger wieder gestoßen war, eingeschlossen. Bis zum 12. morgens wehrte sich dieses Detachement (1100 Mann unter Major Doreille) verzweifelt gegen die wütenden Angriffe der Bauern und hielt die schrecklichsten Verluste (30 Prozent) aus; dann ergab es sich und Haspinger führte die Gefangenen in das Vinschgau ab.

Während nun aber die Sturmmassen gegen Bozen vordrängten, nahm General Baraguey d'Hilliers den geschlagenen Rusca auf, ging den Tirolern auf den Höhen von Mölten und Hafling entgegen, trieb sie am 23. November nach Meran zurück und brach am 25. gegen das Vinschgau vor, welches sich am 27. November unterwarf.

Noch verzweifelte Hofer nicht und rief am 29. sein Tal neuerdings zu den Waffen; ein mahnendes Schreiben des klügsten und besten seiner Freunde, Johann Holzknechts, kam zu spät mit seiner schönen Warnung: „Traue nicht gar zuviel auf Dich selbst, außer es hat dich Gott durch einen Engel versichern lassen, daß deine Standhaftigkeit uns zur Rettung oder zu unserem noch größeren Unglück bestimmt sei!“

Der letzte Tag des November spiegelte sich auf den Bajonetten der Division Barbou, an welchen der Widerstand der letzten Kämpfer kraftlos zerbrach und Hofer stieg am 2. Dezember als Flüchtling durch tiefen Schnee zur verlassenen Almhütte des ihm befreundeten „Pfandler Bauern“ empor. Es hatten ihn alle verlassen, die in guten Tagen um ihn gestanden waren; nur einer hing ihm noch mit unverbrüchlicher, rührender

Treue an: Kajetan Sweth, ein junger Steirer, Hofers Schreiber und Adjutant; denn selbst Hofers Frau war mit ihren fünf Kindern auf den Schneeberg geflüchtet.

Es wurden schwere, harte Wintertage dort oben in den Bergen. Das mittlere und südliche Tirol war besiegt und gebrochen; von seinem eisigen Zufluchtsorte hoch über den Wäldern konnte Hofer die französischen Patrouillen, oft ganze Bataillone durch das Tal marschieren sehen und auf den Höhen streifte die italienische Gendarmerie nach dem flüchtigen Führer, auf dessen Haupt ein Preis gesetzt war.

Noch gab es im Inntal und Pustertal Kämpfe, und namentlich Speckbacher, der ruheloseste aller Volkshelden, führte noch manchen Streich gegen die Bayern, bis auch er von allen verlassen, den langen schweren Gebirgswinter teils in seinem Hause oder im Stalle versteckt, teils auf den verschneiten Almen zubrachte, hundertfach bedroht, aber mit steter Geistesgegenwart und „still ausharrender Seele“ jede Gelegenheit nutzend, um den Nachstellungen der Bayern zu entgehen, bis sich ihm zu Beginn des Jahres 1810 die letzte, beste bot, in einer langen schweren Wanderschaft Österreich und seinen Kaiser zu erreichen, der ihm seine Treue reichlich lohnte.

Hofer vermochte nicht zu fliehen. Dann und wann besuchte ihn sein Schwager Gufler, die zwei Brüder Wild teilten sogar tagelang sein Exil. Auch andere Freunde kamen und gingen und kein Verräter fand sich. In ganz Tirol aber bildeten sich die wunderlichsten Sagen über den Verbleib des verschollenen Sandwirtes.

Am Sylvestertage des Jahres Neun kam Hofers Frau mit den Kindern. Sie hatte erfahren, daß die Franzosen sie am Scheeberg suchten; schon waren Patrouillen im Aufstieg, um die hilflose Familie dort gefangen zu nehmen; aber die geheimen Kräfte der Berge schienen für die Unschuldigen zu kämpfen. Schwere Lawinenstürze rollten den Häschern entgegen und überdeckten Weg und Steg; . . . . . die Hoferin blieb mit ihrem Sohne Johann bei dem bedrohten Gatten, während die vier kleinen Mädchen zu einem Freunde gebracht wurden.

Im Januar des Jahres 1810 sollte sich dann das Schicksal

Hofers erfüllen. Ein Bauer von wenig Hab und Gut, aber um so üblerem Ruf, Franz Raffl, entdeckte Hofers Aufenthalt. Das Herz der Sandwirtin zog sich zusammen, als sie in den Zügen des unheimlichen Menschen die schlecht verhehlte Freude über die kostbare Entdeckung las; Hofer jedoch nahm den unwillkommenen Gast liebreich auf und beschenkte ihn, worauf Raffl unter Beteuerungen unverbrüchlichen Stillschweigens Abschied nahm.

Als er sich entfernt hatte, wurde es den Flüchtlingen schwül zu Mute. Sie dachten an Flucht, aber der Schnee lag mannstief um die Hütte; Hofers Frau und Knabe konnten, der getreue Steirer wollte den Gefährdeten nicht verlassen, — alle aber verbrachten bange, trübe Tage.

In der Nacht auf den 28. Januar erwachte Sweth, welcher mit Hofers Sohn am Dachboden schlief, durch das Geräusch von Tritten, unter welchen der gefrorene Schnee knirschte. Auslugend erkannte er Raffl, welcher einen Unteroffizier der italienischen Armee zur Hütte führte. Schnell weckte er den Knaben und beide sprangen in dürftiger Kleidung ins Freie, wo sie allsogleich von den Soldaten, welche, 600 Mann stark, die Hütte umstellt hatten, gefangengenommen und mißhandelt wurden. Hofer selbst, durch den Lärm geweckt, trat heraus, erkannte augenblicklich die Hoffnungslosigkeit seiner Lage und sagte zu dem Kommandanten, welcher deutsch verstand: „Sie sind gekommen, um mich gefangen zu nehmen. Mit mir tun Sie, was Sie wollen, denn ich bin schuldig; für mein Weib und mein Kind und diesen jungen Menschen bitte ich um Gnade, denn sie sind wahrhaftig ganz schuldlos!“

Die Soldaten des Streifkommandos achteten nicht der edelmütigen Bitte; sie banden die Gefangenen, mißhandelten sie, namentlich den Sandwirt, in grausamster Weise und bergabwärts ging der Leidenszug in der sternklaren, eisigen Nacht bis St. Martin, dann nach Meran, dessen Bürger trotz der Freude des Feindes, welcher seine Gefangenen mit Musik empfing, ihre Tränen nicht verbargen.

Der maßlose Terrorismus und die gewalttätige Wildheit seiner Freunde hatte Hofer des klaren Sinnes völlig beraubt, der ihn sonst auszeichnete: jetzt, da er denselben Eigenschaften am Feinde begegnete, richtete er sich auf, größer und höher, als er jemals im Glück gewesen war.

Von Meran bis Bozen, wo Baraguey d'Hilliers den Martern und Mißhandlungen der Wehrlosen ein Ziel setzte und Hofers Weib und Kind die Freiheit gab, durch Trient, wo der Pöbel den Unglücklichen verhöhnte, bis Mantua, dessen edle Bürger vergebens eine große Summe für Hofers

Gefangennahme Andreas Hofers.
Nach dem Gemälde von C. von Blaas.

Freilassung boten, auf dem ganzen schweren Wege vergaß der Sandwirt nicht das Vorbild seines Heilands und mußte oft den Tröster seiner verzagten Gefährten machen.

Was jetzt in Mantua erfolgte, ist so bekannt wie ein Volkslied. Vor dem Kriegsgericht verteidigte sich Hofer mit Ruhe und Würde, und sein Anwalt, ein junger Advokat, Basevi, führte, trotzdem man ihm kaum Zeit zu einem kurzen Einblick in die Akten gewährt hatte, die Sache des unglücklichen Sandwirtes mit solcher Wärme und solchem Geschick, daß das Kriegsgericht kaum die Majorität für ein Todesurteil erbrachte. In fliegender Hast hatte man die Verhandlungen geführt, damit von Wien kein Einspruch geschähe, und ein Telegramm aus Mailand befahl Hofers Hinrichtung binnen 24 Stunden.

Hofer vernahm das Urteil, so unerwartet es ihn traf, ohne Beben. In Gesellschaft seines geistlichen Beistandes, des edlen Erzpriesters Manifesti, verbrachte er die letzten Stunden in heiterer Ergebung: gerne schied er aus dem Wirrsal des Lebens.

„Er lag zu lange auf der Folter dieser Welt."

Die letzten Worte Hofers an sein Weib sind uns in einem Briefe erhalten: — — „und so lebt denn alle wohl auf dieser Welt, bis wir oben im Himmel wieder zusammenkommen und dort Gott loben ohne Ende. Alle Bekannten sollen meiner eingedenk sein im heiligen Gebet und meine Wirtin (Hofers Ehefrau) soll sich nicht gar so bekümmern. Ich werde bitten bei Gott für Euch alle."

„Ade, du schnöde Welt! So leicht kommt mir das Sterben an, daß mir die Augen davon nicht naß werden."

Durch die Reihen seiner weinenden, gefangenen Landsleute, von welchen viele n der Festung frei herumgehen durften, ging er dann zum Tode, hinaus auf die breite Bastei, welche die Porta ceresa flankierte. Er ließ sich nicht die Augen verbinden und lehnte es ab zu knien: „Ich stehe vor dem, der mich erschaffen, und stehend will ich meinen Geist aufgeben." Seine letzte Habe, ein silbernes Kruzifix, schenkte er dem Priester, — den letzten ihm verbliebenen, noch unter seiner Regierung geprägten Zwanziger dem Korporal, welcher das Exekutionspeloton kommandierte.

„Schießt gut," mahnte er, betete eine Weile und rief dann mit fester Stimme: „Gebt Feuer!"

Die erste Salve warf ihn auf die Knie, selbst nach der zweiten lebte er noch. Erst ein Schuß aus der Muskete des Korporals machte seinem Leiden ein Ende.

„Ich habe meine Seele mit himmlischem Trost und mit Bewunderung gefüllt, denn ich habe einen Mann gefunden, der wahrlich wie ein christlicher Heros den Todesweg gegangen ist und unerschrocken gelitten hat, wie ein Märtyrer.“ So schrieb der edle Priester Manifesti über den Tod Hofers.

Was der herrliche Mann durch seine Treue, sein Leben, und mehr noch durch seinen Tod nicht nur dem Lande, nein, allen Österreichern und Deutschen geworden ist, das zu sagen ist überflüssig. Selbst seine einfachen, treuen Züge sind jedem Kinde bekannt, den Tirolern aber ist er heiliger als ihrem Nachbarvolke dessen Tell!

An demselben Tage, an welchem die Kugeln der italienischen Grenadiere in Mantua das kindlichste, weichste und edelste Herz des Landes Tirol zerrissen, endete in Bozen das stärkste und reinste. — Peter Mayr, der Wirt in der Mahr, wurde dort, an der Wassermauer im Talferbett, am 20. Februar erschossen. General Baraguey d'Hilliers wollte ihn retten, und der Mahrwirt wäre begnadigt worden, wenn er zugegeben hätte, das Dekret des Vizekönigs von Italien vom 12. November 1809 nicht zu kennen, in welchem alle bisherigen Übertretungen verziehen, jeder fernere Widerstand aber mit dem Tode bedroht wurde. „Ich hab's gelesen,“ erklärte er standhaft, „mit einer Lüge will ich mein Leben nicht retten.“ Von dieser Aussage konnte ihn das Flehen seiner Frau und seiner zahlreichen Kinder nicht abhalten; — — — fast scheint es, als wollte er um jeden Preis sterben, — nur um den Fall des Vaterlandes nicht überleben zu müssen.

Es geschah wie er wollte, und mancher treue Tiroler mochte den Mahrwirt beneiden. Denn die Zeit, welche jetzt über das erschöpfte, gequälte, blutende und in stumpfer Gleichgiltigkeit versunkene Land hereinbrach, war die an Elend reichste, welche Tirol je erlebte!

Tausende von Familien am Bettelstabe, wohlhabende Märkte und Dörfer in Asche und Trümmer, Handel und Wandel darniederliegend, jede Hoffnung zertreten, die Führer erschossen oder landfremde Flüchtlinge, — und das teure Vaterland in drei Teile zerrissen! Der eine war an Bayern gefallen, der andere an Italien, der dritte an die neugebildete Provinz Illyrien. Tirol schien auf ewig weggetilgt von der Länderkarte, und nur in der Geschichte und im Gedächtnis des deutschen Volkes stand sein Name fortab mit feurigen Buchstaben geschrieben.

Auch im Herzen des Kaisers. Der schwergeprüfte Monarch tat, was er in jener Zeit allgemeinen Bankerottes vermochte, um die Witwen und Waisen der Landesverteidiger zu stützen und zu erhalten. Reiche Pensionen erflossen, aber schier unerschöpflich schien der Strom der Unglücklichen, Hilfeflehenden, welcher von Tirol nach Wien zog. Wo das Geld nicht ausreichte, wies der Kaiser den Auswanderern Staatsländereien in Ungarn an. Durch eigene Unkenntnis, wohl auch durch schlechte Ratschläge verleitet, wählten über hundert Tiroler Familien ein Terrain im Banat, nur weil es nicht ganz flach und eben war! Aber der Boden war schlecht: schwerer unfruchtbarer Letten; — die benachbarten Walachen stahlen den bedauernswerten, treuherzigen Ansiedlern fast das Hemd vom Leibe, und das Heimweh, die tödliche Sehnsucht nach dem verlorenen Paradies, den schönen Bergen, zernagte ihre Herzen.

Ärmer als sie gekommen waren, dezimiert, krank und tiefgebeugt wanderten sie wieder aus.

Durch die halbe Welt wanderten sie in ienen Tagen, die Helden vom Berge Isel, von Lienz, Mittewald, Sterzing, Prutz und St. Leonhard, — um sich ihr Brot als Hausierer zu verdienen!

In Wien geschah was möglich war, um die vielen Landflüchtigen zu entschädigen, welche man nicht mit Grund und Boden bedenken konnte. Von England waren, viel zu spät für das kämpfende, jedoch rechtzeitig für das notleidende Tirol große Hilfsgelder gekommen; sie wurden verteilt, aber hier, wie in dem Andrang zu des Kaisers Gnade erhob sich unschöner Zwiespalt, welcher die oft physisch und moralisch gebrochenen Auswanderer in den Augen der Wiener herabsetzte und den Ehrennamen des Tirolers so sehr schädigte.

So zerrann das Heldenjahr Neun im Sande, und die kleinlichen Händel des Alltags wären der Epilog zu einer der herrlichsten Historien aller Zeiten geworden, wenn nicht der unvergleichliche Völkerfrühling des Jahres 1813 alle Wunden geheilt und Tirol zu neuem Leben erweckt hätte.

Über viele der alten Helden vom Jahre Neun aber hatte sich inzwischen die Erde geschlossen, andere überlebten den glücklichen Umschwung der Dinge nur kurze Zeit und genossen nur wenige Jahre die reichen Gaben des Kaisers.

Lange und glücklich lebten von den bekanntesten Tiroler Führern nur Teimer und Haspinger, und fast scheint es, als ob all' jene Heroen ihre gesamte Kraft, das ganze Feuer ihrer besten Manneszeit in der ungeheuren Flamme jenes einen Heldenjahres aufgezehrt hätten, — oder als ob es ihnen das Herz gebrochen hätte, das große Unglück und der erschütternde Fall ihres armen, treuen, heiligen Vaterlandes im Jahre Neun!

Das Ende des Jahres 1809.

(Nach dem Gemälde von Egger-Lienz; mit Erlaubnis der photographischen Kunstanstalt J. Löwy in Wien.)

Aspern.

DAS KRIEGSJAHR 1809
IN
EINZELDARSTELLUNGEN

UNTER LEITUNG S. EXZ. FML.

EMIL VON WOINOVICH

HERAUSGEGEBEN VON EINEM KREISE
VON OFFIZIEREN DES K. U. K. HEERES.

REDIGIERT VON

HAUPTMANN ALOIS VELTZÉ.

BAND 3.

WIEN, 1906
C. W. STERN
(BUCHHANDLUNG L. ROSNER), VERLAG.

ASPERN.

VON

MAXIMILIAN RITTER VON HOEN

K. U. K. MAJOR

DES GENERALSTABSKORPS.

WIEN, 1906

C. W. STERN

(BUCHHANDLUNG L. ROSNER), VERLAG.

Druck von Gustav Röttig in Ödenburg.

Des Befreiungskrieges Zusammenbruch bei Regensburg.

Der kühnsten Hoffnungen voll überschritt am 10. April 1809 die österreichische Hauptarmee unter dem Generalissimus Erzherzog Karl den Inn, die Heeresabteilung des Generals der Kavallerie Grafen Bellegarde die böhmisch-bayrische Grenze, um einen vernichtenden Schlag gegen jenen Mann zu führen, der in einer Reihe glücklicher Kriege das europäische Staatensystem zertrümmert, die Stufe höchster Macht erreicht hatte und als gewaltiger Gebieter entscheidend in die Geschicke Europas eingriff. Lastete dieser Druck schwer auf allen Staaten, so traf die eingetretene Machtverschiebung am schmerzlichsten die habsburgische Monarchie, die seit dem Frieden von Preßburg von ihrer stolzen Höhe herabgestoßen und verurteilt war, ungeachtet des kürzlich neugeschaffenen Titels: „Kaisertum Österreich", die Rolle eines Staates zweiten oder dritten Ranges zu spielen. Diese Demütigung, von allen Volksstämmen des Reiches gleich tief empfunden, weckte eine damals unerhörte Begeisterung, machte die Sache der Regierung zu jener der Völker und befähigte erstere zu einem Machtaufgebot, das bei der Erschöpfung der materiellen Mittel durch die vorangegangenen Kriege kaum möglich schien und alles übertraf, was bisher gegen Napoleon ins Feld gestellt wurde.

Menschlicher Voraussicht nach mußten diese beispiellosen Anstrengungen von Erfolg gekrönt sein. Stand doch Napoleons große Armee fern auf der pyrenäischen Halbinsel, durch den Aufstand der für ihre Unabhängigkeit heroisch kämpfenden, von englischen Truppen unterstützten Spanier gebunden, der Rest des französischen Heeres weit verstreut in Deutschlands Gauen und im Innern Frankreichs. Konnte man doch darauf rechnen, daß das ganze deutsche Volk die Gelegenheit nicht vorübergehen lassen werde, das drückende Joch der Fremdherrschaft abzuschütteln. Sah man doch voll Vertrauen auf das Heer und seinen erlauchten, vom Ruhmesglanz herrlicher Siege umstrahlten Führer, der in den letzten Friedensjahren sein volles, reiches Können eingesetzt hatte, um aus den Trümmern der Armee von 1805 eine gewaltige, den Forderungen der neuen Kriegführung angepaßte Streitmacht zu schaffen.

Was den Ausbau des Wehrwesens anbetraf, hatte der Generalissimus einen großen Erfolg erzielt, aber Aufstellung, Erhaltung und Ausrüstung der Soldaten, Nachschaffung des fast gänzlich fehlenden Kriegsmaterials erschöpften alle Mittel, so daß für die Ausbildung nichts übrig blieb und man froh sein mußte, wenn die alten Stämme die Abrichtung nach der früheren Art, welche die natürlichen kriegerischen Anlagen eher ertötete als weckte, halbwegs zuwege brachten.

Für das Bemühen, eingelebte Anschauungen auszumerzen, an ihre Stelle neue Ideen zu setzen, war die Zeit zu kurz, ja es wirkte nur verwirrend. Die dem französischen Vorbild nachgeahmten Einführungen, so die Einteilung der Armee in Korps, wurden in ihrer wahren Bedeutung nicht erfaßt; es fehlte an Geld, um durch praktische Versuche, durch größere Manöver das Verständnis hiefür zu wecken und Führer heranzubilden, die sich Selbständigkeit und Initiative, die Grundbedingungen ersprießlichen Zusammenwirkens der Korps, angeeignet hätten, Eigenschaften, die freilich den bisherigen Anschauungen, wonach kein Kommandant ohne höheren Befehl eine Bewegung machen durfte, direkt widersprachen.

So blieb die Armee in der starren Unbeholfenheit der alten Schule stecken, ja, die ungewohnten neuen Formen trugen noch dazu bei, sie zu erhöhen, statt sie zu bannen. Die napoleonische Kunst, die Korps auf weitgetrennten Räumen zu bewegen und erst zur Schlacht zusammenzuziehen, wurde aus Mangel an Übung weder vom Armeekommando beherrscht, noch war eine derartige Disponierung bei der Unselbständigkeit der unteren Führer möglich. Enggeschlossen gingen das 3., 4., 5. und 6. Korps, das 1. und 2. Reservekorps über den Inn. Die Massen behinderten sich in der Bewegung und Verpflegung. Zu allem Unglück herrschte andauerndes Regenwetter, das alle Wege grundlos machte. Erst nach sieben Tagen überschritt die schwerfällige Armee bei Landshut die Isar, wo es zu einem Kampf mit einer bayrischen Division kam. Ein französisches Heer hätte hiezu kaum drei Märsche gebraucht. So gingen kostbare Tage zu einer Zeit verloren, in welcher Raschheit bei der weiten Trennung der feindlichen Kräfte — Korps des Marschalls Davout nördlich der Donau in der Oberpfalz, Grenadierkorps Oudinot und Korps des Marschalls Massena am Lech, das bayrische Heer an der Isar — Aussicht auf große Erfolge eröffnete.

Auch am 17. April rückte die Armee nur ein kleines Stück gegen Nordwesten vor, um die weite Aufstellung der Franzosen zu durchbrechen. Zur Deckung dieses Marsches wurde das 6. Korps gegen Westen abgesendet und damit eine Trennung des bisher sorgsam zusammengehaltenen Heeres just in dem Augenblick angebahnt, als Napoleon aus Paris auf dem Kriegsschauplatz eintraf und mit gewohnter Meisterschaft in den Gang der Ereignisse eingriff. Zur Überraschung von ganz Europa hatte es sein Organisationstalent verstanden, eine achtunggebietende Streitmacht aufzubringen. Was ihr an Zahl gegenüber der österreichischen Armee abging, ersetzte das Genie des Kaisers, die Überlegenheit seiner Unterführer und das weitaus überragende Geschick der Truppen im Marschieren und Fechten.

Während der Generalissimus Erzherzog Karl auf die Nachricht, daß Davout noch immer bei Regensburg stehe, am 18. gegen Norden abschwenkte und abermals eine beträchtliche Kraft, Teile des 5. Korps und des 2. Reservekorps, zur Deckung der Flanke gegen die an der Abens stehenden Bayern ausschied, welchem Zweck am 19. auch eine Gruppe des 3. Korps diente, führte Napoleon die Truppen vom Lech mit äußerster Anspannung der Marschfähigkeit gegen Osten vor und wies

Davout an, seine Divisionen bei Regensburg auf das südliche Donauufer zu ziehen, um am 19. die Vereinigung mit der Armee durch einen Rückmarsch zu bewirken.

Diese Bewegungen führten vom 19. an zum Unglück für die Österreicher in einem Raume zu Gefechten, wo zahlreiche Wälder der obersten Führung die Übersicht raubten und die Unbehilflichkeit der Truppen und ihrer Kommandanten in grellster Weise zu Tage trat.

Am 19. führte Davout seinen gefährlichen Flankenmarsch glücklich durch, da nur der linke Flügel der österreichischen Hauptkraft bei Hausen auf die französischen Kolonnen stieß und Feldmarschalleutnant Fürst Hohenzollern-Hechingen mit 17.000 Mann trotz rühmenswerter Tapferkeit gegenüber 25.000 Franzosen keinen Erfolg erzielen konnte.

Schon kam aber das Verhängnis bei der gegen Westen in drei weitgetrennten Gruppen aufgestellten Armeeabteilung ins Rollen, wo die Bayern der vom 3. Korps ausgeschiedenen Flankendeckung eine empfindliche Schlappe beibrachten. Am 20. verfolgten die Bayern und die Spitze der von Napoleon längs der Donau herangeführten Heeressäule den errungenen Vorteil, brachten den Detachements, die sich ihnen an der Landshuter Straße nach und nach entgegenstellten, eine vollkommene Niederlage bei, unter deren Eindruck das 5. und 6. Korps den Rückzug nach Landshut antraten. Vergeblich hatte Erzherzog Karl die Ankunft des 5. Korps erwartet, um die Offensive gegen Davout fortzusetzen; darüber verstrich der Tag, der nur zur Einnahme von Regensburg benützt wurde, wo ein französisches Regiment die Waffen streckte. Hiedurch war die Möglichkeit gegeben, das 2. Korps der Armeeabteilung Bellegarde, die ebenso langsam wie die Hauptarmee in der Oberpfalz eingedrungen war, heranzuziehen.

Am 21. warf Napoleon den österreichischen linken Flügel im Rückzugsgefecht bei Landshut weit über die Isar zurück. Die Österreicher verloren viele Leute und erlitten eine große Einbuße an Geschützen und Trains.

Der rechte Flügel versammelte sich indessen in der Linie Eggmühl-Regensburg, augenscheinlich in dem Bestreben, die altgewohnte geschlossene Ordre de bataille herzustellen, ehe man die Offensive wieder aufnahm. Von den Unfällen des linken Flügels hatte man noch keine Ahnung.

Die Rückmärsche des 3. und 4. Korps gegen Eggmühl vollzogen sich unter verlustreichen aber nutzlosen Kämpfen mit den vorgehenden Kolonnen Davouts.

Am 22. mußte der Vorstoß, da das 2. Korps nach anstrengendem Nachtmarsch erst am Morgen vom nördlichen Donauufer herangekommen war, auf die Mittagstunde verlegt werden. Inzwischen hatte Napoleon, der bisher eine gänzlich irrige Auffassung der Lage hatte, Kenntnis erlangt, daß die Hauptkraft der Österreicher gegenüber Davout stehe. Unverzüglich setzte er alle Truppen, die zur Hand waren, gegen Norden in Marsch, nur eine Division und etwas Reiterei unter Marschall Bessières folgten dem österreichischen linken Flügel, den Feldmarschalleutnant Hiller gegen den Inn zurückführte.

Das Erscheinen französischer Streitkräfte bei Eggmühl, in der Flanke der gegen Davout vorgehenden Österreicher, besiegelte das Schicksal des Tages und der ersten Phase des Feldzuges. Erzherzog Karl mußte die Armee auf das nördliche

Donauufer führen. Zur Deckung des Überganges warf sich am 23. die Reiterei den Franzosen entgegen und gewährte durch eine denkwürdige Reiterschlacht den übrigen Waffen Zeit zum Rückzug. In Regensburg leistete eine Nachhut hartnäckigen Widerstand.

So endete der Feldzug in fünf Tagen, eine der glänzendsten Feldherrntaten Napoleons. Sein Genie hatte die von Österreich heranziehende Wetterwolke zerstreut; die drohende Erhebung der unterjochten, nur auf den ersten großen Erfolg harrenden Völker war im Keim erstickt. Offen lag der Weg in das Herz Österreichs. Der durch den gefährlichen, seinen Siegeszug in Spanien jäh unterbrechenden Angriff auf das äußerste gereizte Löwe rüstete sich zum Sprunge, um die habsburgische Hausmacht zu zerstückeln und das Kaisertum Österreich von der Landkarte zu streichen. In Überschätzung seines Erfolges, der durch zahlreiche Trophäen, große Verluste an Toten, Verwundeten, Gefangenen und Kriegsmaterial äußerlich ein durchschlagender schien, glaubte er Österreichs Schwert zerbrochen.

Auf dem kürzesten Wege hastete er nach Wien, um dort den Frieden zu diktieren, den er wegen des Krieges in Spanien und der Unzufriedenheit im Innern Frankreichs dringend brauchte.

Der Wettmarsch nach Wien.

Die österreichische Armee war gegen die böhmische Grenze zurückgegangen und hatte am 25. April die gute Verteidigungsstellung bei Cham bezogen, in welcher die gelockerte Ordnung gefestigt und dem Nachdrängen der Franzosen ein kräftiges Halt geboten werden sollte. Noch zählte das Heer einschließlich inzwischen eingetroffener Verstärkungen 90.000 Mann, durch die Ereignisse bei Regensburg wohl herabgestimmt, aber von Kampfeseifer beseelt. Viele Truppen waren gar nicht ins Gefecht gekommen, eine richtige Schlacht hatte nicht stattgefunden und man vermochte sich kaum Rechenschaft zu geben, wie die mit Begeisterung aufgenommene Offensive in einem Gewirr von Hin- und Hermärschen, in zahllosen kleinen

Gefechten und schließlich in einem verlustreichen Rückzug enden konnte. Die Franzmänner sollten nur kommen und eine geordnete Schlacht schlagen, nicht in einer so vielfach bedeckten und durchschnittenen Gegend wie bei Regensburg, sondern im offenen Terrain, wie man es von den Übungsplätzen gewöhnt war!

Doch die Franzosen kamen nicht. Als der Generalissimus den Marsch Napoleons gegen Wien erfuhr, hoffte er ihm zuvorzukommen und ließ am 28. April den Rückmarsch über den Böhmerwald antreten. Durch schlechte Wege aufgehalten, erreichte die Spitze am 3. Mai Budweis. Am gleichen Tage hatte die Armeeabteilung des Feldmarschalleutnants Hiller bereits vor dem nachdrängenden Gegner die Gegend von Linz räumen und hinter die Traun zurückgehen müssen, wobei es zu dem blutigen Treffen bei Ebelsberg kam.

Schon früher hatte diese Armeeabteilung eine Reihe von Kämpfen bestanden, die Napoleon hätten belehren können, welch' zähe Widerstandskraft in den von ihm nach den Regensburger Tagen so gering bewerteten Österreichern steckte. Am 24. April war Hiller umgekehrt und hatte die nachfolgende Gruppe des Marschalls Bessières bei Neumarkt mit blutigen Köpfen zurückgeworfen; die Kunde vom Ausgang der Regensburger Kämpfe nötigte ihn zum Rückzug hinter den Inn und später gegen Linz, wobei die als Nachhut folgenden Truppen, insbesondere die Brigade des Generalmajors Radetzky, dessen Lebensabend in der Ruhmessonne von Mortara und Novara erstrahlen sollte, zahlreiche Kämpfe bestanden.

Hiller bezog nach Zerstörung der Linzer Brücke am rechten Ufer der Traun eine starke Stellung, die allerdings unhaltbar wurde, sobald französische Truppen bei Wels den Fluß überschritten. Marschall Massena hätte nur eine Weile zu zögern brauchen, um ohne Opfer, kampflos über die Traun zu gelangen; doch war die Versuchung zu groß, als seine Tetedivision Claparède, gleichzeitig mit den zuletzt zurückgehenden österreichischen Truppen, die bereits zur Zerstörung vorbereitete Brücke erreichte. Trotz des entgegenschlagenden heftigen Geschütz- und Gewehrfeuers stürmten die Franzosen über die Brücke, ein mörderischer Kampf entspann sich in Ebelsberg, dessen Schrecken dadurch erhöht wurden, daß der Ort alsbald in Flammen aufging. Im heißen Ringen, wobei sich die neuaufgestellten Wiener Freiwilligenbataillone besonders auszeichneten, wurde die Division Claparède fast überwältigt, als rechtzeitig über die mit Toten und Verwundeten bedeckte Brücke die Division Legrand zur Unterstützung herbeieilte, während Hiller die Hauptkraft vorsichtig zurückhielt. Als er Nachricht von einer drohenden Umgehung von Wels her bekam, brach er den blutigen Kampf ab und trat den Rückzug an die Enns an, wo ein zurückgelassenes Detachement von Deutschmeister-Infanterie unter Oberstleutnant Klopstein die Franzosen an den zerstörten Übergängen aufhielt, wodurch Hiller genügend Vorsprung gewann, um am 8. Mai bei Krems über die Donau zu gehen, während 12.000 Mann den direkten Weg nach Wien einschlugen und die dortige Besatzung verstärkten.

Napoleon, zur Sicherung seiner Rückzugslinie gegen Vorstöße der Österreicher Heeresteile längs der Donaustrecke von Passau abwärts zurücklassend, erschien am 10. Mai mit dem 2. Korps, Marschall Lannes, vor Wien. Entgegen seinen Erwartungen fand er die Tore der inneren Stadt geschlossen. Kanonenkugeln von den Wällen begrüßten die aus den geräumten Vorstädten auf das Glacis hinausrückenden Truppen und scheuchten sie zurück. Die Bürgerschaft, in patriotischer Begeisterung entflammt, hatte sich zum Widerstand gerüstet, Schulter an Schulter mit den Truppen wollten sie das Herz des Reiches unter Kommando des Erzherzogs Maximilian gegen die fränkischen Eindringlinge verteidigen.

Der Generalissimus Erzherzog Karl hatte das 3. Korps, Feldzeugmeister Graf Kolowrat, zur Deckung von Böhmen bestimmt und am 7. den Weitermarsch angetreten, nur von dem Gedanken beseelt, der bedrängten Hauptstadt zu Hilfe zu kommen.

Dort nahmen die Ereignisse indessen einen schnellen Gang. Alle Opferwilligkeit vermochte die Tatsache nicht aus der Welt zu schaffen, daß die längst vernachlässigten Befestigungen ihrem Zweck nicht mehr entsprachen. In der Überstürzung des Augenblicks wurde mancherlei versäumt. Als nun in der Nacht zum 12. Mai die französischen Haubitzbatterien das Bombardement begannen, gleichzeitig französische Truppen beim Lusthaus im Prater den damals dort vorbeifließenden Donaukanal, das sogenannte Wiener-Wasser, überschritten und die nur schwach bewehrte Verbindung mit der Taborbrücke bedrohten, gab Erzherzog Maximilian den Widerstand auf, führte die Truppen über die Donau und ließ die Brücken verbrennen. Am Nachmittag des 12. leitete die Stadt Verhandlungen ein, die am Morgen des 13. Mai zur Kapitulation führten.

Diese schmerzliche Nachricht, die seine Pläne zu nichte machte, traf den Generalissimus in der Gegend von Horn. Es erübrigte vorläufig nichts weiter, als die Vereinigung mit Hiller zu bewirken, der bei der Taborbrücke anlangte, als die Wiener Besatzung über dieselbe abzog. Am 16. traf die Armee nördlich Wien ein und bezog bei Hagenbrunn, Königsbrunn und beiderseits Groß-Ebersdorf, wohin das Hauptquartier kam, Lager. Den ermüdeten Truppen sollten einige dringend benötigte Rasttage gewährt werden. Man hoffte, daß in der Zwischenzeit die Vorstöße gegen die feindlichen Verbindungen in Oberösterreich wirksam würden, welche der aus Italien zurückgehenden Armee des Erzherzogs Johann, dem Korps Chasteler in Tirol und dem 3. Korps Kolowrat bei Budweis anbefohlen waren. Ob aber diese Pläne zur Ausführung gelangten oder, wie es tatsächlich der Fall war, infolge der Umstände nicht ins Werk gesetzt werden konnten, beziehungsweise seitens des 3. Korps im Gefecht bei Urfahr am 17. Mai ein klägliches Ende nahmen, der Generalissimus war jedenfalls entschlossen, alsbald einen Kampf zu suchen, um den Frieden herbeizuführen, dem er, der Schwächen des Heerwesens gegenüber der sieggewohnten französischen Armee voll bewußt, stets das Wort geredet hatte, und wozu er erst unlängst wieder, kurz nach Regensburg, dringend aber vergeblich geraten hatte.

Das Gefecht in der Schwarzen Lacken-Au und die Besetzung der Lobau.

Napoleon kam bald zur Erkenntnis, daß Kaiser Franz I. den Widerstand nicht aufgeben werde, solange er noch über eine Armee verfüge. Wohl glaubte er mit den verachtungsvoll als Heerestrümmer bezeichneten Streitkräften ein leichtes Spiel zu haben, doch mußte hiezu vorerst das mächtige Hindernis der Donau überschritten werden. Die Taborbrücke bei Wien

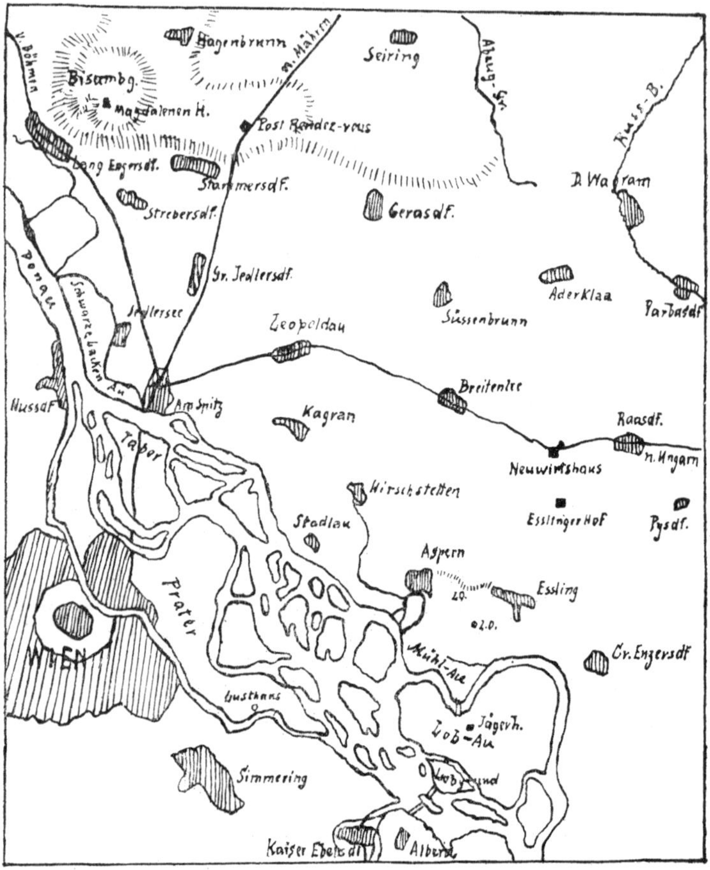

und der Übergang bei Krems waren zerstört, die Armee, mit Kriegsbrückenmaterial nicht ausgerüstet, verfügte nur über eine unzureichende Zahl bei Landshut erbeuteter Pontons, die Mehrzahl der auf der Donau verkehrenden Schiffe war entweder auf dem nördlichen Ufer in Sicherheit oder zerstört.

Gleichwohl war Napoleons Aufmerksamkeit sofort nach seiner Ankunft in Wien auf die Gewinnung des nördlichen Donauufers gerichtet. In erster Linie schien jene Stelle knapp oberhalb Wien, bei Nußdorf, besonders geeignet, wo bereits im Feldzug 1805 eine Brücke geschlagen worden war.

Marschall Lannes leitete den Übergang durch Besetzung

der jenseits des Hauptstromes gelegenen Schwarzen Lacken-Au etwas voreilig ein, bevor eine genügende Zahl von Fahrzeugen zur Überschiffung von Truppen bereit war. Diese Hast entsprang dem Verlangen Napoleons, vor einer Verstärkung der bei Stammersdorf, mit Vorposten am Donauufer, lagernden Gruppe Hiller, drüben festen Fuß zu fassen.

Als am 13. Mai einige Voltigeurkompagnien der Division St. Hilaire in der Au landeten und sich sukzessive auf neun verstärkten, leisteten ihnen die dort auf Vorposten stehenden Abteilungen des niederösterreichischen Landwehrbataillons Obergfell mannhaften Widerstand. Ehe sie noch vollständig zurückgedrängt waren, stürmte das von Hiller entsendete Infanterieregiment Kerpen Nr. 49 über den Damm, der die Au mit dem Ufer verband, und stürzte sich, des Kartätschfeuers ungeachtet, das von den Batterien bei Nußdorf in seine Flanke schlug, auf die Franzosen. Das Kampffeld war so schmal, daß die Österreicher ihre Überlegenheit nicht zur Geltung bringen konnten, aber der Wichtigkeit ihrer Aufgabe eingedenk, legten die Braven von Kerpen eine solche Wucht in ihren todesverachtenden Angriff, daß die Franzosen nach heißem Ringen aus zwei Stellungen, wo sie sich festgesetzt hatten, vertrieben wurden. Nun aber diente ihnen ein tiefer Wassergraben, der die Au durchquerte, als neuer Verteidigungsabschnitt. Schon neigte sich der Tag und die Befürchtung lag nahe, daß der Gegner nicht verdrängt und ihm Zeit geboten werde, sich durch neue Truppen zu verstärken, da stürzte sich Major O'Brien an der seichteren Ausmündung in den Graben, 50 Mann folgten ihm unter dem heftigen feindlichen Feuer und gelangten, durch eine Planke verdeckt, ungesehen auf etwa 100 Schritt in den Rücken des Gegners. Der überraschende Anfall des Majors O'Brien, dem diese Tat mit dem Maria Theresien-Orden und der Oberstleutnantscharge gelohnt wurde, entschied den Sieg. In wilder Flucht eilten die Franzosen zu ihren Schiffen, welche nur einem geringen Teil Rettung gewährten, die übrigen ballten sich am Ufer in mehrere Klumpen zusammen, die bald überwältigt, getötet oder gefangen wurden.

Feldmarschalleutnant Hiller beeilte sich, durch Anlage von Verschanzungen und Batterien eine Wiederholung des Versuches zu vereiteln.

Tatsächlich ließ Napoleon diesen Plan fallen. Noch am 13. Mai wurde der Kommandant des 4. Korps, Marschall Massena, angewiesen, mit tunlichster Beschleunigung alle Vorbereitungen zum Brückenschlag unterhalb Wien, bei Kaiser-Ebersdorf, zu treffen.

Die Stelle war gut gewählt. Wenn hier die Breite des Stromes mehr Brückenmaterial erforderte als bei Nußdorf, so gestattete eine im Strom gelegene Sandbank, der Schneidergrund, die Überbrückung in zwei Teilen. Der erste Arm war etwa 480 Meter, der zweite, in welchem der Stromstrich lag, nur halb so breit. Jenseits des Armes kam man zuerst auf eine Sandbank, den Lobgrund, der durch einen schmalen, bei normalem Wasserstand durchwatbaren Graben (Lobgrund-Arm) von einer mächtigen, weit gegen das nördliche Ufer vorspringenden Insel, der Lobau, getrennt war. Mit Wiesen und Waldparzellen bedeckt, stellenweise versumpft und von Wasseradern durchzogen, bot sie in ihren höheren, selbst bei Überschwemmungen noch aus dem Wasser ragenden Teilen einen geräumigen Sammelplatz für eine Armee, die sich zum Übergang über den letzten, im Mittel nur 100 Meter breiten, sogenannten Stadler-Arm in die weite Ebene des Marchfeldes bereitstellte.

Gedeckt durch die am 14. Mai nach Schwechat verlegte Division Molitor, entstand nahe der Schwechatmündung ein Zimmerplatz, den ein vorliegendes Wäldchen neugierigen Blicken vom linken Donauufer entzog. Tausend geschäftige Hände waren an der Arbeit, um Balken, Bohlen und Bretter herzurichten; nicht minder lebhaft ging es im Wiener-Wasser zu, wo alle Schiffe mit Beschlag belegt, ausgebessert und mit allem zum Brückenbau verwendbaren Material beladen wurden.

Viel zu lange für des Kaisers Ungeduld zogen sich die Arbeiten hinaus, fortwährend stieß man auf Schwierigkeiten und als endlich am 17. die Kunde kam, daß abends der erste Schiffstransport nach Kaiser-Ebersdorf abgelassen werde, da stellte sich die Freude als verfrüht heraus. Schon beim Lusthaus fuhren die Schiffe ineinander, erst am Morgen konnte man den Knäuel entwirren und die Weiterfahrt antreten. Da nur sehr wenig Pontoniere bei der Armee waren und die Verstärkung durch alle des Wasserfahrens kundigen Leute der anderen Truppen nicht viel ausgab, mußte man mit dem zweiten Transport bis zur Rückkunft der Geleitmannschaft warten. So verging der 18., ehe man die Schiffe an Ort und Stelle bereit hatte.

Mittlerweile hatte sich die Situation durch das Eintreffen der österreichischen Hauptarmee bei Wien bedenklich verändert. Im Angesicht eines Heeres das gewaltige Hindernis der Donau zu übersetzen, war unter allen Umständen ein Wagnis.

Napoleon war indessen weit davon entfernt, anzunehmen, daß ihn der Generalissimus während des Überganges anfallen werde, ja in seiner Sucht, bald einen entscheidenden Schlag zu führen, quälte ihn weit eher die Besorgnis, die Österreicher würden einem Kampf ausweichen.

So begann am Nachmittag des 18. Mai zur Deckung des Brückenschlages die Überschiffung der Division Molitor in die Lobau.

Daß französischerseits gegenüber der Lobau etwas im Werke sei, konnte nicht verborgen bleiben; kamen doch alle Augenblick Wiener Bürger heimlich über die Donau, um ihre, freilich oft recht konfusen Nachrichten mitzuteilen.

Deshalb stand schon seit dem 14. Mai ein Detachement des 6. Korps, Oberst Bákony mit seinem Infanterieregiment Duka Nr. 39, zwei Eskadronen Rosenberg-Chevaulegers Nr. 6 und der Wiener Jägerkompagnie Schlegenberg in Groß-Enzersdorf. Auch rekognoszierten der Armee-Generalstabschef Generalmajor Wimpffen, dann Feldmarschalleutnant Hiller und Generalstabsoffiziere wiederholt die Gegend. Die Meinung aller ging dahin, daß die Franzosen nichts anderes planten, als die Österreicher von der eigentlichen Übergangstelle bei Nußdorf wegzulocken.

Aus diesem Grunde konnte man sich nicht entschließen, die Lobau stark zu besetzen, wozu bei deren Ausdehnung ein beträchtliches Aufgebot an Truppen nötig war, wenn man sich gegen einen ernsten Angriff halten wollte. Eine Besatzung aber, die gerade hinreichend schien, einen kleineren Anschlag zu verhindern, kam bei einem Mißerfolg in schwierige Rückzugsverhältnisse, da zur Übersetzung des Stadler-Armes nur die Fähre bei Groß-Enzersdorf zur Verfügung stand. Es wurden daher in der Lobau nur schwache Beobachtungsposten aufgestellt.

Mit diesen hatten die in sechs Schiffen übersetzten Vortruppen der Division Molitor, 600 Voltigeure und sechs Geschütze, leichtes Spiel. Hauptmann Del Rio, der mit 40 Mann den Posten als Rückhalt diente, geriet, als er auf die ersten Schüsse zur Unterstützung in den Lobgrund eilte, mitten unter die schon gelandeten Franzosen und entging mit knapper Not der Gefangenschaft.

Die Voltigeure rückten nur bis zum Lobgrund-Arm vor, über den sofort eine Jochbrücke geschlagen wurde. Sie warteten die Ankunft der übrigen Truppen ab, deren Überschiffung während der ganzen Nacht unter Besetzung der beiderseits der Brückenstelle gelegenen kleinen Inseln durchgeführt wurde. Gleichzeitig marschierte Massena mit den anderen, bisher in den Wiener Vorstädten Landstraße und Leopoldstadt bequartierten Divisionen seines Korps, Boudet, Legrand und Carra St. Cyr, in ein Lager bei Kaiser-Ebersdorf.

Der frühe Morgen des 19. Mai brachte Napoleon eine ernste Warnung, den trügerischen Fluten der Donau nicht zu sehr zu vertrauen. Ein heftiger Wind, der den ganzen Vormittag anhielt, erzeugte einen derartigen Wellengang, daß die Überschiffung eingestellt werden mußte und die vorbereitenden Arbeiten zum Brückenschlag eine abermalige Verzögerung erfuhren. Österreichischerseits wurde kein Versuch gemacht, diesen Zufall auszunützen, um der bis auf einige Geschütze mit allen Truppen auf dem Lobgrund angelangten Division Molitor ein ähnliches Schicksal zu bereiten, wie den neun Kompagnien in der Schwarzen Lacken-Au.

Oberst Bákony hatte ein Bataillon mit zwei Geschützen am Ufer südlich Eßling, vier Kompagnien am Wege von Groß-Enzersdorf in die Au aufgestellt, während zwei Kompagnien stromabwärts in Schönau standen und eine schwache Postenkette längs des Wassers die Verbindung mit diesen sowohl, als auch aufwärts mit dem in Aspern auf Vorposten stehenden Grenzerbataillon Warasdiner St. Georger herstellte.

Als die Franzosen mittags die Vorrückung gegen den Stadler-Arm in mehreren Kolonnen antraten, erbat Bákony von Hiller Unterstützung. Dieser erkannte jedoch, daß es eines ganzen

Kaiser-Ebersdorf.

Korps bedürfe, um dem Gegner die Lobau streitig zu machen und wies den Obersten an, die Anlage von Batterien am Ufer möglichst zu stören, im Falle der Notwendigkeit aber den Rückzug anzutreten.

Dazu kam es nicht. Die Franzosen begnügten sich damit, das Ufer zu besetzen. Hiebei wurde von 1 bis 3 Uhr nachmittags ein lebhaftes Feuergefecht geführt, während dessen die beiden österreichischen Geschütze zum Abfahren gezwungen und etwa 40 Kanonenkugeln in den Raum zwischen Aspern und Eßling geworfen wurden. Als sich die französischen Tirailleure gut gedeckt gegenüber der Postenkette eingenistet hatten, verstummte allmählich der Kampf.

In den nächsten Dörfern hatte das Erscheinen französischer Truppen in der Lobau die Bewohner in Angst und Schrecken versetzt. Alles flüchtete mit der kostbarsten Habe und verbreitete die schaurige Mär im ganzen Lande. Als die Frau Verwalterin von Eßling mit Kindern und Gepäck in Schloßhof ankam, wurden sofort Boten an alle umwohnenden Jäger geschickt, Wildbret zu verschaffen, damit die hungrigen Herren Franzosen gleich beim Empfang gnädig gestimmt werden könnten.

Napoleons Donauübergang.

Napoleon war am Nachmittag des 19. Mai in Kaiser-Ebersdorf eingetroffen, wo er im Schlößchen Thürmelhof der Gräfin Veterani Quartier nahm. Nach Besichtigung der Vorbereitungen zum Brückenschlag, die ihn sehr befriedigten, erteilte er dem Armeegeniechef, Divisionsgeneral Bertrand, nachdem sich die Witterung gebessert hatte, um 5 Uhr nachmittags den Befehl zum Beginn der Arbeit, die er zuversichtlich bis zum frühen Morgen des 20. beendet glaubte. Daher wurden sofort die Anordnungen zur Bereitstellung der Armee für den Übergang erlassen.

Massena hatte die Divisionen Boudet, Legrand und Carra St. Cyr unverzüglich nach Beendigung des Brückenbaues der Division Molitor nachzusenden. Seine Kavalleriebrigade Marulaz, welche längs der Donau bis Hainburg verteilt war, ebenso die aus den Kavalleriebrigaden Piré und Bruyère neuformierte leichte Kavalleriedivision, von dem eben aus Spanien eingetroffenen hervorragenden Reitergeneral Lasalle befehligt, dann die Kürassierdivision Espagne sollten um 5 Uhr früh bei Kaiser-Ebersdorf eintreffen, um 6 Uhr die Kürassierdivision St. Sulpice, um 8 Uhr jene des Divisionsgenerals Nansouty, um 9 Uhr vormittags das im Raum Wien-Klosterneuburg kantonierende 2. Korps.

Außerdem wurde die bei Schönbrunn einquartierte kaiserliche Garde, deren Kavallerie größtenteils noch im Anmarsch war, dann von dem kleinen Beobachtungskorps unter Generaladjutant Lauriston bei Wiener-Neustadt General Colbert mit zwei Regimentern seiner leichten Brigade, 9. Husaren und 7. Jäger zu Pferd, heranbefohlen, während zur Sicherung gegen Steiermark und die Gegend von Ödenburg die 20. Jäger zu Pferd, das 1. und 2. Infanterieregiment, das Jägerbataillon und die halbe reitende Batterie des badischen Kontingents zurückblieben.

Die Sicherung gegen die ungarische Grenze zwischen dem Neusiedler-See und der Donau wurde dem Divisionsgeneral Montbrun mit den 1. und 2. Jägern zu Pferd (Brigade Jacquinot), den beiden hessen-darmstädtischen Füsilierbataillonen (zwei Kompagnien Leibgardefüsiliere an der Nachschublinie, dagegen die 80 Schützen des Leibgarderegiments beim Bataillon) und zwei französischen Kavalleriegeschützen übertragen. Montbrun hatte von Bruck a. d. Leitha nach Fischamend zurückzugehen, um erforderlichenfalls der übergegangenen Armee zu folgen.

An Stelle des 2. Korps sollte Marschall Davout (3. Korps) mit der Division Friant Wien, mit der Division Gudin Nußdorf besetzen, die Division Morand zur Deckung der Nachschublinie bis Melk zurücklassen. Weiter aufwärts besorgten die Württemberger und Sachsen die Sicherung.

Napoleons Absicht ging dahin, nach Bau der Brücke das linke Donauufer gegenüber Wien von den österreichischen Vorposten zu säubern, um sofort die Taborbrücke wiederherzustellen oder einen soliden Übergang bei Nußdorf zu schaffen, über den er das Korps Davout heranziehen und später den Nachschub der Armee einleiten wollte, so daß die abseits gelegene, nur den Zwecken des Augenblicks dienende Lobaubrücke entbehrlich wurde. Der Kaiser ließ es sich nicht träumen, daß dieser bisher ganz unbeachtete Erdenfleck durch sechs Wochen hindurch seine volle Aufmerksamkeit fesseln werde.

Der Brückenschlag stellte Napoleons Geduld auf eine harte Probe. War es schon eine Kunst, die vielgestaltigen Fahrzeuge, die man zusammengebracht hatte, Pontons, Kehlheimer-Plätten, Schiffe mit hohen und niederen Borden, in die Brücke einzufügen, so ließ auch das sonstige Material, Taue, Balken, Bretter, Bohlen, viel zu wünschen übrig. Am schlimmsten war, daß die Zahl der Anker nicht ausreichte; man mußte statt solcher mit Steinen und Kanonenkugeln beschwerte Kasten versenken, die dem schwanken Bau einen geringen Halt gewährten.

Der vaterländische Strom fügte sich nur ungeberdig in die ihm aufgezwungene Rolle, des fremden Eroberers Brücke zu tragen. Mit Bangen bemerkte man ein Steigen des Wassers, wild brachen sich die erregten Wogen an den schwimmenden Unterlagen, zerrten an den Ankern und verstärkten ihre Angriffe durch mitgerissene Hölzer, die sich in den Tauen verfingen.

Napoleon mußte zufrieden sein, daß es den unerhörten Anstrengungen seiner Leute gelang, das schwierige Werk statt bis zum Morgengrauen kurz nach der Mittagstunde des 20. Mai zu vollenden. Vertrauenerweckend sah es allerdings nicht aus, nur langsamen Schrittes, die Glieder geöffnet, Reiter abgesessen und zu zweien, durfte man den Übergang wagen.

Der Kaiser bedachte sich keinen Augenblick und überschritt mit seinem Stabe, den Marschällen Massena, Lannes und Bessières die Brücke. Ihm folgten seine gewöhnliche Eskorte, Guiden und Mamelucken der Gardekavallerie, die mit zwei Eskadronen anwesenden polnischen Garde-Chevaulegers (400 Reiter), die vier Bataillone der alten und die vier Füsilierbataillone der jungen Garde (5300 Mann), endlich das zum Dienst im kaiserlichen Hauptquartier kommandierte württembergische Chevaulegersregiment Herzog Heinrich (240 Reiter).

Dann kam die Division Boudet, um die Division Molitor beim Übergang des Stadler-Armes zu unterstützen, den Napoleon sofort durchführen wollte, ohne das Aufschließen größerer Massen in der Lobau zu erwarten. Da ihm vornehmlich daran lag, bald Nachrichten über Aufstellung und Verhalten der feindlichen Armee zu bekommen, sollten die leichte Kavalleriebrigade Marulaz und die leichte Division Lasalle folgen. Marulaz verspätete sich. So bekamen Lasalle und Legrand den Vortritt.

Es war zwischen 5 und 6 Uhr abends, als die an der Queue der letztgenannten Division eingeteilte badische Batterie auf die zweite Brücke kam, dahinter Marulaz mit den 3. Jägern zu Pferd, der Tete seiner Brigade. Immer grimmiger tobten die Fluten gegen das gebrechliche Menschenwerk. Mit dem Steigen des Stromes waren versenkte oder auf Sandbänken aufgelaufene Fahrzeuge flott geworden und trieben nun, oft von den Wogen verdeckt, gegen die Brücken. Mit übermenschlicher Kraft kämpften die Pontoniere gegen diese gefährlichen Feinde. Plötzlich erschütterte ein gewaltiger Stoß die zweite Brücke, einzelne Notanker gaben nach. Was gerade im Übergang war, hastete entweder in den Lobgrund oder kehrte eilig zum Schneidergrund zurück, das unvermeidliche Gedränge erhöhte den Druck auf die am Ende ihrer Widerstandsfähigkeit angelangte Brücke. Ein lautes Krachen und Brechen — und hochaufrauschend trug der Strom eine Anzahl der Schiffe mit unheimlicher Schnelligkeit davon.

Auch auf der ersten Brücke hatte das Zurückeilen der Vorderleute ein schleuniges Umkehren zur Folge, in der Verwirrung mögen die Pontoniere einen Augenblick auf herantreibende Schiffe und Baumstämme weniger geachtet haben, kurz, auch hier trat ein Riß der Brücke ein.

Ein badisches Geschütz war noch in den Lobgrund gelangt, die übrigen sieben, dann Marulaz und die beiden Eskadronen der 3. Jäger zu Pferd, waren am Schneidergrund von beiden Ufern abgeschnitten.

Generalstabschef Ransonnet ließ sofort 60 der an der Queue befindlichen badischen Dragoner aufsitzen und jagte mit ihnen nach Fischamend, wo die Schiffleute aus den Häusern geholt wurden. Unterstützt von 40 Dragonern, kreuzten sie bis tief in die Nacht auf dem Strome, um die enttragenen Schiffe einzufangen. Vergebliche Mühe!

Es war ein arger Streich, den die Donau den Franzosen gespielt hatte. Nahezu alle halbwegs geeigneten Schiffe waren beim ersten Bau verwendet worden. Man mußte Flöße erzeugen, um mit dieser notdürftigen Aushilfe die Lücken zu schließen. Dies erforderte viel Arbeit und Zeit und trug nicht zur Verbesserung der Brücken bei.

Doch Napoleon ließ in seiner geringschätzigen Beurteilung des Gegners auch diese ernste Mahnung zur Vorsicht und zur besseren Vorbereitung unbeachtet; ungeduldig drängte er auf den historischen Boden des Marchfeldes hinaus, wo schon einmal im Kampfe zwischen Rudolf von Habsburg und König Ottokar von Böhmen die entscheidenden Würfel über Österreichs Geschick gefallen waren.

Übersetzung des Stadler-Armes am 20. Mai.

Der Generalissimus hatte, ebenso wie Napoleon auf dem Stefansturm und am Leopoldsberg, seinerseits auf dem eine herrliche Übersicht gewährenden Bisamberg einen Observationsposten aufgestellt. Damals lag noch nicht der trübe Odem der Riesenstadt über dem Wiener Becken, so daß bei klarem Wetter, wie es damals herrschte, der Strom von Stockerau bis Fischamend genau übersehen werden konnte, sobald die Schatten der Nacht wichen und die Sonne den über den Auen lagernden Frühnebel zerstreute.

Die wachsende Ausdehnung von Lagerfeuern bei Kaiser-Ebersdorf, Staubwolken am Vormittag des 19., welche den Marsch einer langen Kolonne von Wien dahin verrieten, die Zurüstungen zum Brückenschlag, endlich die Besetzung der Lobau und das Gefecht bei Groß-Enzersdorf wiesen deutlich auf einen Übergangsversuch. Andererseits waren von sehr verläßlichen Beobachtern, so vom Obersten des Generalstabes Czerwenka, der bei der Kapitulation von Wien kriegsgefangen wurde, vertrauliche Mitteilungen eingelangt, die daran festhielten, den Franzosen sei es eigentlich doch nur um den Brückenschlag bei Nußdorf zu tun.

Der Generalissimus stand vor einer schweren Entscheidung: sollte er der Lockung gegen die Lobau folgen, die trotz allem, was bisher geschehen, doch nur eine sehr geschickt eingeleitete Demonstration sein konnte? Verdächtig war, daß die Franzosen bei Nußdorf gar nichts taten, um die Aufmerksamkeit dahin zu lenken, was ja die einfachste Kriegsregel gebot, wenn man bei der Lobau den ernsthaften Übergang beabsichtigte.

Während der Generalissimus noch zögernd erwog, kam die verläßliche Nachricht, daß Napoleon sein Hauptquartier nach Kaiser-Ebersdorf verlegt habe. Nun beschloß der Erzherzog, am 20. früh zwei Gruppen zu bilden: General der Kavallerie Bellegarde, 1., 5. und 6. Korps am Bisamberg, Front gegen Nußdorf; 2. und 4. Korps in der Linie Post Rendezvous-Seiring, Kavallerie des Reservekorps südlich Pillichsdorf auf dem Wege nach Aderklaa in Kolonne, die Grenadiere bei Eibesbrunn als Reserve, Front gegen Groß-Enzersdorf.

Ehe der Generalissimus diesen Teil seiner Armee auf das Ungewisse ausspielte, wollte er sich persönlich die Überzeugung verschaffen, was an dem Unternehmen des Gegners Wahres sei. Der in Lang-Enzersdorf mit der Avantgarde aufgestellte Feldmarschalleutnant Klenau erhielt den Befehl, mit dem Infanterieregiment Erzherzog Karl Nr. 3, dem 1. Jägerbataillon, den Schwarzenberg-Ulanen Nr. 2 und einer Kavalleriebatterie noch in der Nacht nach Aderklaa zu rücken, bei Tagesanbruch die Ulanen und die bereits früher nach Deutsch-Wagram verlegten Stipsicz-Husaren Nr. 10 als Bedeckung des Generalissimus bei der Rekognoszierung nächst Aderklaa bereitzustellen, während die Infanterie am Rußbach als Rückhalt dienen sollte.

Als der Generalissimus am Morgen bei Aderklaa eintraf, erfuhr er, daß sich der Gegner auf der Lobau nicht rühre. Es schien ganz aussichtslos, gegen die vom Stadler-Arm gedeckten, in den Büschen der Au verborgenen Franzosen anzureiten. Nachrichten vom Bisamberg über den neuerlichen Marsch großer Kolonnen gegen Kaiser-Ebersdorf, Meldungen der die Lobau umschwärmenden Patrouillen Klenaus, des bis Preßburg streifenden Rittmeisters Bekényi über den eiligen Abmarsch französischer Kavallerieabteilungen donauaufwärts, Kundschafterberichte des bei Stockerau stehenden Generalmajors Radetzky, all dies führte zu der im allgemeinen zutreffenden Anschauung, Napoleon wolle aus der Lobau einen Angriff gegen den österreichischen linken Flügel machen, um sich den Weg über Nußdorf zu eröffnen. Damit der Kommandant des Reservekorps, General der Kavallerie Fürst Liechtenstein, zum wirksamen Gegenstoß gegenüber dem zu erwarteten Auftreten französischer Reitermassen in der hiezu besonders einladenden Ebene befähigt sei, wurde nahezu die gesamte bei den Korps eingeteilte Kavallerie mit ihren reitenden Batterien nach Aderklaa befohlen. Hierher hatte Liechtenstein die Reiterei des Reservekorps vorzuführen, die am gleichen Tage durch das Einrücken von zwei Regimentern der Insurrektion, Neutra- und Primatial-Husaren zu je sechs Eskadronen, eine der Zahl nach ansehnliche Verstärkung erhalten hatte, deren patriotische Begeisterung aber die ungenügende Ausbildung dieser neuformierten Truppe nicht ersetzen konnte. Zwei Eskadronen Neutra wurden übrigens gleich am Morgen an die March zur Flußbewachung abgesendet.

Während der Generalissimus auf das Eintreffen der Kavallerie wartete, wurde eine Disposition ausgearbeitet, welche, der neugewonnenen Anschauung entsprechend, die Verteidigung des Bisamberges dem 5. und 6. Korps überließ, während das Gros der Armee in die Linie Fasanerie bei Post Rendezvous-Deutsch-Wagram aufschwenken sollte. Da aber beim Gegner noch immer alles ruhig blieb, wurde diese Disposition noch nicht ausgegeben. Von 11 Uhr vormittags an traf die Kavallerie bei Aderklaa ein, ohne Insurrektion, Klenaus Avantgarde aber eingerechnet, 36 Kürassier-, 18 Dragoner-, 29 Chevaulegers-, 16 Husaren- und 8 Ulanen-Eskadronen, zusammen 107 Eskadronen und 8 Kavalleriebatterien.

Gegen Mittag liefen Meldungen über die gänzliche Räumung von Nußdorf und Klosterneuburg ein. Tatsächlich war das französische 2. Korps zeitlich früh abmarschiert, während die Division Gudin erst nachmittags dort eintreffen konnte. Oberstleutnant Steigentesch, Vorpostenkommandant auf der Schwarzen Lacken-Au, sandte zwei Patrouillen seines 2. Wiener Freiwilligenbataillons und eine vom Infanterieregiment Deutschmeister zur Rekognoszierung hinüber. Freiwilligenkorporal Miedl machte dabei einen besonders glücklichen Fang, indem ihm der Generalmajor Roeder, Kommandant der den Garnisonsdienst in Wien versehenden württembergischen Leib-Chevaulegers in die Hände fiel, als er eben mit mehreren Damen aus Klosterneuburg zurückfuhr.

Die eingelangten Nachrichten waren wohl geeignet, Napoleons nächste Absicht erkennen zu lassen; blieb noch irgend ein Zweifel, so wurde er durch eine gegen 3 Uhr nachmittags von Bisamberg eingetroffene Meldung über die Fertigstellung der Brücken in die Lobau und den Übergang von Truppen behoben.

Napoleon nahm also das Risiko auf sich, mit dem Strom im Rücken das Schicksal herauszufordern; eine Kühnheit, die ungläubiges Erstaunen bei den österreichischen Führern hervorrief, trotzdem man des ganzen Wagnisses Umfang, die Dürftigkeit der Übergangsmittel, noch gar nicht kannte.

Sollte man angreifen oder den Gegner auf den sanften Höhen, die von Post Rendezvous nördlich Gerasdorf gegen den Rußbach streichen, erwarten? Die Leitung der Schlacht war in der Verteidigung bei der Übersichtlichkeit des Terrains gewiß wesentlich erleichtert, Mißverständnissen der unteren Führer war ein kleinerer Spielraum gegeben, endlich war die Verteidigung jene Form, mit der sich das Streben des Generalissimus nach baldigem Frieden, auf Grund eines Achtungserfolges, am ehesten erreichen ließ.

Griff man an, so war es schwierig, den richtigen Augenblick zu treffen. Kam man zu früh, so scheuchte man die Vortruppen in die Lobau zurück, wo man einem selbst schwächeren Feind kaum viel anhaben konnte und wieder in jenes unübersichtliche Terrain geriet, dessen unheilvollen Einfluß auf die Truppen der Generalissimus zur Genüge kennen gelernt hatte. Kam man zu spät, so trafen sich beide Heere unterwegs, es entstand eine Rencontreschlacht, wo so viel von der Geschicklichkeit der Unterführer abhing, und nach der allgemeinen Lage, bei der hohen Manövrierfähigkeit des Gegners, eine gefährliche Umfassung des jeder Stütze entbehrenden linken Flügels drohte.

Um 3 Uhr nachmittags knatterte Gewehrfeuer in der Gegend der Lobau, Kanonenschüsse rollten dazwischen und es währte nicht lange, als Feldmarschalleutnant Hiller zum Generalissimus mit der Meldung heransprengte, an dem Ernst des Überganges sei nun nicht mehr zu zweifeln. Auf den Vorschlag, vorzurücken und den Gegner anzufallen, ehe er sich auf der Lobau zum Angriff geordnet habe, ging der Generalissimus nicht ein, wohl aber ließ er den Feldmarschalleutnant Klenau zwischen 4 und 5 Uhr nachmittags über Neuwirtshaus gegen Eßling vorgehen, um die Rekognoszierung durchzuführen und die kämpfenden Vortruppen aufzunehmen. General der Kavallerie Fürst Liechtenstein hatte Klenau zu unterstützen, die Kavallerie beisammenzuhalten und Blößen, die sich der Gegner gab, zum Angriff auszunützen. Insbesondere war die feindliche Vorrückungsrichtung verläßlich zu erkunden; war dies doch die Basis für die am nächsten Tage zu treffende Entschließung.

Erzherzog Karl machte die Rekognoszierung nicht mit, sondern blieb bei Aderklaa, wo nun in rascher Folge von allen Seiten Meldungen über den Übergang der Franzosen in die Lobau und das Gefecht am Stadler-Arm einliefen.

Divisionsgeneral Molitor hatte seinen Kaiser mit der Meldung empfangen, daß er eine vorzügliche Stelle zum Übergang ausgemittelt habe, einen stark einspringenden Bogen auf der Seite von Aspern, wo das am anderen Ufer vorliegende Gehölz der Mühlau die Arbeiten verbarg und den deckenden Truppen eine gute Stellung gewährte. Molitor hatte Geschütze am Ufer auffahren lassen, welche durch ihr Kreuzfeuer die einspringende Landzunge bald für den Gegner unhaltbar machen mußten. Hier stand übrigens nur ein sehr schwacher Posten, während sich das Gros des Regiments Duka noch immer auf der Seite von Eßling und Groß-Enzersdorf befand.

Nachdem der Brückentrain herangekommen war, befahl Napoleon die Eröffnung des Feuers längs der ganzen Aufstellung. Gleichzeitig überschifften die Adjutanten Oberst Sainte Croix und Baudru mit 200 Voltigeuren und drängten dem rasch zurückweichenden Posten von Duka nach, bis sie einen geeigneten Abschnitt erreichten. Dahinter begann der Brückenschlag, während überschiffte Sappeure in aller Eile eine Brückenschanze zur unmittelbaren Deckung des Ausganges anlegten.

Der Brückenschlag stieß auf nicht geringe Schwierigkeiten. Das Anschwellen des Wassers machte sich auch hier fühlbar, die mitgebrachten Pontons reichten nicht aus, es mußten drei Böcke als Unterlagen eingebaut werden und selbst mit diesen erreichte man nicht das andere Ufer und mußte sich mit Improvisationen behelfen.

Um 5 Uhr nachmittags konnte Infanterie zur Not passieren, einige Voltigeurkompagnien verstärkten die vordere Abteilung und brachten zwei Geschütze mit, welche von den Leuten herübergezogen worden waren. Eine Abteilung vertrieb einen Posten der Warasdiner-St. Georger aus dem westlichen Teil der Au. Oberst Sainte Croix wandte sich mit den Geschützen nach Osten, gegen die Flanke des Regiments Duka, das noch immer mit dem gegenüberstehenden Gegner ein lebhaftes Feuergefecht führte.

Vor dem Flankenangriff wich der rechte Flügel rasch zurück. Als Oberst Bákony herbeieilte, um die Ordnung herzustellen, streifte eine Kanonenkugel sein Knie. Seine Leute schleppten ihn nach Eßling zurück, wo das Regiment erneuert Stellung nahm, gegen 6 Uhr abends aber den Rückzug gegen den Eßlinger-Hof antrat. Schon schickte sich die Nachhut ebenfalls zum Abmarsch an, als Feldmarschalleutnant Klenau mit seiner Infanterie und der reitenden Batterie ankam. Deren heftiges Feuer scheuchte die Franzosen in die Mühlau zurück. Klenaus Patrouillen fanden Gelegenheit, bis in die Nähe des Stadler-Armes zu gelangen, wo sie die Fertigstellung einer Brücke und das Überschreiten derselben durch Truppen zweifellos feststellten.

Um 6 Uhr abends war die Brücke fertig geworden. Lasalle überschritt dieselbe und zog sich durch die Mühlau gegen Aspern, um den Verteidigern von Eßling die Flanke abzugewinnen. Major Mihailovich hatte mit den St. Georgern und einer halben Eskadron Liechtenstein-Husaren Nr. 7 den Rückzug gegen Leopoldau begonnen. Lasalle schickte ihm den General Piré mit den 16. Jägern zu Pferd nach; mit der Brigade Bruyère und den 8. Husaren wandte er sich gegen Eßling, wo Klenau, das Flankenmanöver bemerkend, bereits den Rückzug auf seine beim Eßlinger-Hof stehende Kavallerie angeordnet hatte. Auf seine Meldung führte Fürst Liechtenstein das Reserve-Kavalleriekorps bis auf einige hundert Schritte gegen das Neuwirtshaus heran, wo er selbst mit der Kürassierbrigade Lederer zur unmittelbaren Unterstützung der Avantgarde Stellung nahm.

Es dunkelte bereits, als Lasalle mit seinen drei Reiterregimentern die Vorrückung in die Ebene gegen den Eßlinger-Hof antrat, wobei er wieder durch Vorschiebung des linken Flügels in Flanke und Rücken der Kavallerie Klenaus kommen wollte. Dieser beschloß, das Manöver durch eine Attacke zu stören. Hiezu waren die Schwarzenberg-Ulanen, Stipsicz-Husaren und die zwei Eskadronen Rosenberg-Chevaulegers zur Hand, 18, allerdings durch Detachierungen sehr geschwächte Eskadronen. Klenau erbat sich vom Fürsten Liechtenstein Unterstützung, der ihm die Hohenzollern-Kürassiere Nr. 8 der Brigade Lederer sandte. Diese wurden als Soutien hinter dem rechten Flügel aufgestellt und hielten ihrerseits auf die Mahnung Liechtensteins, auf ihre rechte Flanke achtzugeben, die Oberstdivision (zwei Eskadronen) im Staffel rechts rückwärts zurück. Nach den in der österreichischen Armee herrschenden Anschauungen genügte Klenau diese Reserve nicht, sondern er ließ auch einen Teil der Husaren und Ulanen als Soutien hinter der Mitte folgen und ritt daher nur mit kaum der Hälfte seiner Reiter, an der Spitze die Chevaulegers, zum Angriff vor.

Lasalle warf sich mit den 8. Husaren und 13. Jägern zu Pferd (sechs Eskadronen) auf die in mangelhafter Ordnung anreitenden Österreicher. Es mochte halb 9 Uhr abends sein, als beide Linien aufeinanderprallten, die Franzosen teilweise flankierend. Dies war entscheidend, die leichten Reiter Klenaus wurden geworfen, rissen im Rückzug die als Soutien folgenden Eskadronen mit sich, und nur der Tapferkeit des Wachtmeisters Jakob hatten es die verwundeten und gestürzten Offiziere von Rosenberg-Chevaulegers, Rittmeister Schmidt und Oberleutnant

Graf Woracziczky, zu danken, daß sie der Gefangennahme entgingen; dem Oberstleutnant Freiherrn von Metzger von Schwarzenberg-Ulanen, bereits von den Gegnern umringt, deren Säbelhiebe auf ihn niedersausten, machte der Gemeine Johann Zakrzewski mit Lanze und Säbel freie Bahn, Trompeter Karl Langer und Gemeiner Karl Selenac desselben Regiments retteten ihren Rittmeister Freiherrn von Saamen. Im eilenden Rosseslauf wandte sich die Wolke der leichten Reiter gegen den Standpunkt der Hohenzollern-Kürassiere, welche sich dem Anprall „wie eine Mauer“ entgegenstellten. Die Franzosen stutzten einen Augenblick, die Österreicher fanden Zeit, sich im Rücken der Kürassiere zu sammeln. Da ertönte ein neues Attackesignal und die 24. Jäger zu Pferd (zwei Eskadronen) sprengten aus dem Dunkel der Nacht gerade gegen die Flanke der im Trubel noch immer unbeweglich haltenden Kürassiere an.

In diesem Augenblick faßte der mit seiner Eskadron im Staffel rückwärts stehende Rittmeister Zedlitz der Oberstdivision den für jene Zeit ganz unerhörten und nachträglich hoch angerühmten Entschluß, ohne daß er hierzu einen Befehl erhalten hatte, in die Flanke der 24. Jäger zu Pferd zu attackieren. Diese wurden unter großem Verlust vollkommen geworfen; von den Offizieren blieb einer tot am Platz, zwei wurden verwundet. Gleichzeitig benützten die Obersten Fröhlich und Ignaz Graf Hardegg sowie Major Scheibler den Umschwung und stürzten sich mit den um sie gesammelten Husaren, Ulanen und Chevaulegers auf die Front des Feindes, der in wilder Flucht nach Aspern zurückwich. Die Verfolger, welche 50 Gefangene machten und zahlreiche Pferde erbeuteten, wurden, als sie sich dem Orte und dem von diesem gegen Eßling ziehenden Ravin näherten, mit Gewehrfeuer empfangen, da sich mittlerweile die Voltigeure dort eingenistet hatten.

Klenau sammelte seine Reiter gegen 10 Uhr nachts beim Neuwirtshaus, wo er Befehl erhielt, Vorposten in der Linie Süßenbrunn, Raasdorf, Markgrafneusiedel aufzustellen; das Kavallerie-Reservekorps war nach Aderklaa eingerückt, da der Generalissimus die Unmöglichkeit einsah, mit der Reiterei gegen die in den Ortschaften und Auen geschützte Stellungen findende Infanterie etwas auszurichten.

Klenau stellte in der bezeichneten Linie Infanterie-Feldwachen auf, Reiterposten davor bis etwa in die Höhe des Neuwirtshauses. Groß-Enzersdorf blieb von einer Division Duka besetzt, das Regiment selbst war zum 6. Korps abgerückt, dessen Vorposten, ein Bataillon St. Georger-, eine Kompagnie Broder-Grenzer, zwei Eskadronen Liechtenstein-Husaren, von Süßenbrunn über Leopoldau zur Donau standen, wo die übrigen Truppen der Avantgarde des Generalmajors Nordmann in ihrer früheren Aufstellung am Ufer anschlossen.

Die Franzosen hielten mit Voltigeuren Aspern und Eßling besetzt, in ersterem Ort nächtigte die Division Lasalle, gegen Westen durch das 16. Jägerregiment zu Pferd gesichert, das nach belanglosen Scharmützeln mit der Gruppe des Majors Mihailovich Vorposten bezog.

Die Nacht und der Morgen vor der Schlacht.

Der Generalissimus hatte schon um halb sechs Uhr abends des 20. Mai soweit Klarheit erlangt, daß er die am Morgen verfaßte Disposition ausgeben ließ. Hiebei beging der Generalstabschef den Fehler, die Ausfertigungen an das 6., 1., 2. und 4. Korps durch einen einzigen Offizier abzuschicken, so daß der Befehl dem 6. Korps schon um halb sieben Uhr, dem 4. Korps erst um Mitternacht zukam. Die angeordneten Bewegungen begannen teilweise erst sehr spät, das 1. Korps marschierte in das 2. hinein, ehe dort die Dispositionsausgabe stattgefunden hatte, woraus sich Kreuzungen und Stockungen ergaben. Eine Folge davon war, daß während der Nacht weder das 1. noch das 2. Korps zur Ruhe kamen, also auch keine Lagerfeuer anzünden konnten. Dies gab zufällig Anlaß zu einer argen Täuschung des Gegners.

Der Mißerfolg der französischen Kavallerie hatte deren Aufklärungstätigkeit lahmgelegt. Die österreichische Armee stand zu weit entfernt, als daß die Reiter vor Sonnenuntergang hätten herankommen können. Als Liechtensteins Kavallerie näher kam, war es schon dunkel.

Man wußte also nur, daß man mit schwacher Infanterie und etwa einer Brigade Kavallerie zu tun gehabt hatte; ob dies eine Vorhut oder eine Nachhut war, wo sich das zugehörige

Gros befand, war ein ungelöstes Rätsel. Napoleon, während der Nacht im Lobauer Jägerhaus einquartiert, ließ sich den Oberförster von Aspern holen, dessen Aussagen mit den Meldungen Lasalles, es stehe auf mehrere Meilen im Umkreis kein größerer feindlicher Körper, gewiß im Widerspruch waren. Um Mitternacht wurde deshalb Marschall Massena auf den Kirchturm von Aspern geschickt, um Ausschau zu halten. Der bei ihm als Adjutant eingeteilte Sprosse des badischen Fürstenhauses, Oberst Graf Hochberg, begleitete den einäugigen Marschall. Gegen den Bisamberg zu und beim Rußbach war der Schein von Lagerfeuern erkennbar. Graf Hochberg schloß auf die Anwesenheit einer Armee, doch der erfahrene Marschall wollte dem nicht beipflichten. Seiner Schätzung nach waren es kleinere Körper, wahrscheinlich stärkere Nachhuttruppen. Tatsächlich gehörten diese Feuer auch nur den Lagern des 6. und des Reservekavalleriekorps an.

Seine Meldung bestärkte Napoleon in der längstgehegten Befürchtung, die Österreicher würden sich dem entscheidenden Schlag entziehen. Ihnen nachzujagen, stand bei ihm fest, doch die Möglichkeit, sie zum Standhalten zu zwingen, eröffnete sich nur dann, wenn man sich sofort auf die richtige Spur setzte. Die Erkundung ihrer Abmarschrichtung war somit die nächste, wichtigste Aufgabe.

Während der Kaiser im Jägerhause eine unruhige Nacht verbrachte, vollzog sich der Übergang der Divisionen Molitor, Boudet und Legrand über den Stadler-Arm, wobei sich mehrfache Anstände mit den Improvisationen an der Brücke ergaben. Ohne in Ordre de bataille aufzumarschieren, verbrachten die übergegangenen Truppen in der Mühlau den Rest der Nacht.

Bei Kaiser-Ebersdorf wurde beim Schein der Fackeln unermüdlich gearbeitet und bis zum Morgen die erste Brücke wieder hergestellt. Viel länger dauerte es mit der zweiten.

Kaum erhob sich der Pfingstsonntag im Osten, saß Napoleon bereits im Sattel und sprengte mit seiner glänzenden Suite an Aspern vorüber in die weite Ebene des Marchfeldes. Doch schon nach kurzer Zeit tauchten Czapkas der Schwarzenberg-Ulanen auf, einzelne Schüsse krachten, eine Abteilung prellte vor und nahm einen Generalstäbler gefangen.

Der Kaiser mußte umkehren, ohne etwas gesehen zu haben. Bevor der Schleier der österreichischen leichten Reiter nicht durchbrochen war, durfte er die Befreiung aus quälender Ungewißheit nicht erwarten. Nach dem gestrigen Mißerfolg konnte man Lasalle diese Aufgabe nicht zumuten, der größte Teil seiner Division stand übrigens ringsherum auf Vorposten.

Napoleon erließ daher eine neue Disposition für den Übergang. Sobald die Brücke hergestellt war, hatten unmittelbar an die Brigade Marulaz die Kürassierdivisionen Espagne, St. Sulpice und Nansouty auf das linke Ufer zu rücken, dann erst die letzte Division des 4. Korps, Carra St. Cyr. Der Stoß der schweren Reiter sollte Klarheit in die Lage bringen.

Massena hatte einstweilen die Division Molitor längs des von Aspern in die Donau ziehenden, Mühl- und Gemeindeau trennenden Wassergrabens, rechter Flügel beim Ziegelofen, aufgestellt, womit der linke Flügel der künftigen Front gegeben war, falls das Verhalten der Österreicher die Vorrückung gegen den Bisamberg nötig machte. Die Divisionen Boudet und Legrand sollten sich en ordre de bataille formieren und aus der Mühlau gegen das von den Österreichern noch immer besetzte Städtchen Groß-Enzersdorf mit Ziehung rechts manövrieren. Diese Bewegung wurde zwischen 8 und 9 Uhr früh begonnen. Nach kurzem Gefecht mit den Vortruppen räumten die Österreicher bis 10 Uhr vormittags den Ort; beide Divisionen machten nun derart halt, daß die linksstehende, Legrand, Eßling vor der Front hatte. Pyramiden wurden angesetzt und die Leute vergnügten sich damit, aufgescheuchte Hasen einzufangen.

Im Hauptquartier des Generalissimus zu Seiring herrschte während der Nacht nicht weniger peinliche Ungewißheit. Man wußte, daß seit 12 Uhr mittags die Donaubrücken fertig waren, erfuhr aber auch, daß der Gegner bis zum Abend relativ schwache Kräfte auf dem linken Ufer gezeigt hatte. Der Brückenbruch blieb unbekannt, ja erst in der Nacht zum 22. erhielt man von dieser wichtigen Tatsache durch Aussagen der Gefangenen Kenntnis. Daß dies der Aufmerksamkeit des Observatoriums am Bisamberg entging, trotzdem die Unterbrechung fast bis zum Mittag des 21. dauerte, kann nur dadurch erklärt werden, daß der bisherige Beobachter nach dem Abmarsch des 1. Korps eingerückt und der neue, der seinen Standpunkt beim Magdalenenhof wählte, vielleicht weniger gut mit optischen Instrumenten ausgerüstet und mit den Verhältnissen nicht so vertraut war.

Das Auftreten geringer Kräfte weckte bei einigen die Meinung, es sei doch nur eine Demonstration, andere schlossen daraus auf die schlechte Beschaffenheit der Brücke und meinten, daß Napoleon nicht so tollkühn sein werde, einer solchen das Schicksal seines ganzen Heeres anzuvertrauen. Sie glaubten, er wolle sich nur mit einem kleinen Teil am linken Ufer festsetzen, sich dort verschanzen und durch die stete Drohung, hier vorzurücken, die Österreicher binden, während er anderswo den Übergang durchführte. Ihr Rat ging dahin, unverzüglich anzugreifen und die Franzosen zurückzuweisen, ehe der Brückenkopf zustande kam. Nun war aber vor dem nächsten Morgen, da die meisten Korps in Bewegung waren, nichts zu machen. Bis dahin konnte Napoleon mit Benützung der Nacht, falls die Annahme bezüglich des schlechten Zustandes der Brücken nicht zutraf, ganz gut die ganze Armee am linken Ufer haben. Rückte er mit der Hauptkraft am rechten Flügel gerade vor, so ergab sich die vom Generalissimus befürchtete Umgehung des österreichischen linken Flügels, die zur Katastrophe führen konnte, wenn man im Vormarsch war, während in der nunmehr eingenommenen Stellung dieser Flügel in den Höhen bei Deutsch-Wagram eine Stütze fand. In dieser Voraussicht war dem 4. Korps befohlen worden, in Kolonne bei Deutsch-Wagram Aufstellung zu nehmen.

Bei Tagesgrauen begab sich der Generalissimus zu den Truppen, die sich in Ordre de bataille formierten. Das 5. und 6. Korps mit einer Brigade bei Strebersdorf, mit dem Gros in den Weinbergen nördlich Stammersdorf, linker Flügel bei Post Rendezvous, anschließend das bis über Gerasdorf hinausreichende 1. Korps, dann das 2. längs des Weges vom Nordende dieses Dorfes nach Deutsch-Wagram. Dem 4. wurde befohlen, die Division Dedovich am rechten Rußbachufer, Tete bei Deutsch-Wagram, in Kolonne zu belassen, mit den anderen Truppen den Höhenrand am linken Ufer von Deutsch-Wagram bis Baumersdorf (Parbasdorf) zu besetzen. Die Erzherzog Ferdinand-Husaren Nr. 3 kamen zur Deckung der linken Flanke nach Markgrafneusiedel.

Das Kavalleriereservekorps wurde von Aderklaa in die Lücke zwischen dem 2. und 4. Korps zurückgezogen, die Grenadiere waren nach Seiring marschiert.

Die Bataillons- und Kavallerieregiments-Kommandanten verlautbarten den in der Nacht ausgegebenen Armeebefehl, der mit den Worten begann: „Morgen oder übermorgen kommt es zur Schlacht. Ihr Ausgang entscheidet wahrscheinlich über das Schicksal der Monarchie und über das Los jedes einzelnen. Zwischen ewiger Schande und unsterblichem Ruhm bleibt keine andere Wahl.“ Begeisterte Vivatrufe auf den Kaiser und den Generalissimus durchbrausten die Luft, die Leute schwangen ihre Kopfbedeckungen auf den Spitzen der Bajonette, umarmten einander, Küsse zwischen Vorgesetzten und Untergebenen wurden getauscht und damit der Schwur, zu siegen oder zu sterben, bekräftigt.

Als der Generalissimus die Reihen entlang sprengte, wiederholten sich die Ausbrüche stürmischer Begeisterung und zeigten ihm, daß die Unfälle und Mühsale der letzten Wochen dem vortrefflichen Geist, mit dem er die Herzen seiner Soldaten erfüllt hatte, nichts anzuhaben vermocht hatten. Es war das schönste, von den edelsten Gefühlen beseelte Heer, das er je befehligt.

Indessen liefen von den Vorposten Nachrichten ein, woraus zur größten Überraschung aller zu entnehmen war, daß sich bis auf einzelne Posten und Patrouillen nichts vom Feinde zeige. Ringsum herrschte tiefe Ruhe, die nur von den das Pfingstfest ankündigenden Glockenklängen unterbrochen wurde. Ein herrlich blauer Himmel lachte über den grünen Fluren, deren Halme kaum eine leichte Morgenbrise bewegte.

Feldmarschalleutnant Hiller, schon seit 3 Uhr früh längs der Vorposten nach Groß-Enzersdorf unterwegs, kam zum Generalissimus und versicherte, daß das gegnerische Unternehmen sicher ein ernstes sei, doch mußte er gestehen, daß sich bisher weder am linken Ufer noch auf der Lobau eine nennenswerte Bewegung gezeigt habe. Er wurde nochmals vorgeschickt, ebenso ritt der Generalstabschef Generalmajor Wimpffen zur Rekognoszierung vor.

Gegen 9 Uhr vormittags ließ der Generalissimus Pyramiden ansetzen; die Truppen sollten abkochen, die Pferde partienweise zur Tränke geführt werden. Kurz darauf sprengte Feldmarschalleutnant Hiller abermals heran und meldete, daß die Franzosen aus der Mühlau debouchierten und die Vorposten bei Groß-Enzersdorf wohl bald zurückgedrückt haben würden. Das deutete auf eine Offensive gegen den österreichischen linken Flügel am Rußbach und der Generalissimus mag sich wohl derart ausgesprochen haben, daß Hiller mit der Überzeugung wegritt, man wolle den Gegner in der Stellung erwarten.

Da jagte Generalmajor Wimpffen heran. Er scheint die Formierung der Division Molitor und das Abrücken ihrer Voltigeure aus Eßling gegen Aspern beobachtet zu haben, nur so erklärt es sich, daß er die vollkommen unzutreffende Meldung erstattete, der Gegner rüste sich zum Vormarsch längs der Donau gegen Hirschstetten.

Nun war der Generalissimus seiner Sorge vor einer Umfassung des linken Flügels ledig; sofort faßte er den Entschluß, dem Gegner entgegenzurücken, um ihn zu schlagen, ehe er den Aufmarsch vollendet hatte.

ASPERN
21. u. 22. Mai
1809.

Angriffsmarsch der Armee des Erzherzogs Karl.

Das Hauptquartier begab sich in den Ort Gerasdorf, wo Generalmajor Wimpffen eiligst die Angriffsdisposition entwarf, welche der Generalissimus mit einigen Abänderungen genehmigte.

Der Grundgedanke war, dem Gegner in der Front, also in der Linie Breitenlee-Hirschstetten-Stadlau eine starke Kraft, 6. und 1. Korps, entgegenzustellen, das 2. Korps gegen den etwa bei Breitenlee zu denkenden rechten Flügel anzusetzen, das 4. Korps und die Kavalleriereserve aber gegen den Rücken wirken zu lassen. Hiezu sollten anfänglich alle verfügbaren Truppen verwendet werden, doch riet die Wichtigkeit des Übergangspunktes bei Nußdorf, die bei Strebersdorf lagernde Brigade Weißenwolf als Reserve für die Postierungstruppen vom Spitz bis Lang-Enzersdorf zurückzulassen. Das Kommando über diese Gruppe, dann über die Brigade Radetzky bei Stockerau und die Division Schustekh beim Übergangspunkt von Krems, erhielt Feldzeugmeister Fürst Reuß. Diesem neuformierten 5. Korps wurden auch die nach Preßburg detachierten drei Bataillone und zwei Eskadronen zugerechnet.

Die Grenadiere bildeten die Armeereserve, welche ursprünglich hinter die Frontgruppe, nach Post Rendezvous, kommen sollte, dann aber nach Gerasdorf bestimmt wurde, um sie entweder in der Front oder am Flügel verwenden zu können.

Trotzdem kurz vor der Schlacht alle nicht schlagfertigen Abteilungen, sowie die während des Rückzuges eingetroffenen Rekruten nach Mähren zurückgesendet wurden, stärkere Abteilungen bei den Trains als Wachen verblieben, standen im unmittelbaren Bereich des Schlachtfeldes, die Gruppe des 5. Korps bei Strebersdorf und die Postierung bis Lang-Enzersdorf eingerechnet, 117 Bataillone, 144 Eskadronen oder 89.400 Mann Infanterie und 14.600 Reiter streitbar in der Front.

Hievon nahmen an der Schlacht nicht teil: acht Bataillone (Hoch- und Deutschmeister Nr. 4, Kerpen Nr. 49, 3. Jäger-, 5. Wiener Freiwilligenbataillon) und eine Eskadron Kienmayer-Husaren Nr. 8, zusammen 4280 Mann, 150 Reiter des 5. Korps; das vom 6. Korps beim Vormarsch zur Flankendeckung zurückgelassene niederösterreichische Landwehrbataillon Colloredo (Viertel unter dem Mannhartsberg Nr. 4), 650 Mann; dann die Eskadron Carneville-Freikorps, 115 Reiter, welche Feldmarschall-Leutnant Fürst Rosenberg zur Beobachtung des Donauufers abwärts Groß-Enzersdorf verwendete; ferner die dort bereits stehende Eskadron Bekény von Liechtenstein-Husaren Nr. 7, deren Stand aber bei obiger Zahl von Reitern bereits abgerechnet ist.

So kamen denn 108 Bataillone mit 84.550 Mann, 141 Eskadronen mit 14.360 Reitern und 292 Geschütze in den Kampf.

Die Artillerie hatte während des Rückzuges den erlittenen Materialverlust wieder hereingebracht, die Korps waren daher im allgemeinen normal dotiert: vier Brigade- (je acht Geschütze) und vier Positionsbatterien (je vier Sechs- oder Zwölfpfünder, zwei Haubitzen). Vom 6. Korps wurden eine halbe Brigade- und zwei Positionsbatterien bei der Gruppe des 5. Korps als Armierung der Uferbefestigungen zurückgelassen, dem 2. Korps fehlte eine Positionsbatterie. Dem Grenadierkorps waren drei Brigadebatterien zugeteilt, elf Kavalleriebatterien (je vier Sechspfünder, zwei Haubitzen) waren zum Teil bei den Korps, zum Teil bei der Reservekavallerie.

Bei der Artilleriereserve befanden sich 53 Geschütze, die zum Austausch demontierter oder sonst unbrauchbar gewordener Stücke dienten.

Der Generalissimus hatte die Kommandanten der nächststehenden Korps, General der Kavallerie Graf Bellegarde (1.) und Feldmarschalleutnant Fürst Hohenzollern-Hechingen (2.), sowie den eben abreitenden Feldmarschalleutnant Hiller zu sich berufen. Diesen las Generalmajor Wimpffen die Disposition vor der Ausgabe vor, während sie dem Kommandanten des 4. Korps, Feldmarschalleutnant Fürst Rosenberg, und des Reservekorps, General der Kavallerie Fürst Liechtenstein, zugeschickt wurde, der Vorsicht halber in zwei hintereinander abgesendeten Ausfertigungen.

Bellegarde und Hohenzollern benützten die Gelegenheit, um auf den gänzlichen Mangel an Korpskavallerie hinzuweisen, der ihnen nicht mit Unrecht beim Vormarsch in der Ebene bedenklich schien. Dem Feldmarschalleutnant Hiller waren schon am Vorabend zu seinen beiden Husarenregimentern die Erzherzog Johann-Dragoner Nr. 1 des Reservekorps zugewiesen worden. Der Generalissimus ließ sich dazu bewegen, dem 1. Korps die Brigade Vécsey, Chevaulegersregimenter Vincent Nr. 4 und Klenau Nr. 5, dem 2. Korps den Generalmajor Provenchères mit den O'Reilly-Chevaulegers Nr. 3 (fünf Eskadronen) zuzusagen. Nachträglich kam dann noch die Bitte Rosenbergs, sein Flügelkorps stärker mit Reitern zu versehen; so erhielt auch er während des Vormarsches das seinen Namen tragende Chevaulegersregiment Nr. 6. Hiedurch wurde das Streben, eine starke Reitermasse beisammenzuhalten, wieder zu nichte gemacht. Immerhin hatte die Beigabe von ziemlich viel Kavallerie an die Kolonnen Berechtigung, da man

3*

zu jener Zeit in einem Zug Reiter, der hinter einem Infanteriebataillon stand, einen besseren Schutz gegen Anfälle von Kavalleristen erblickte, als in den unsicher schießenden Gewehren. Tatsächlich fand die Mehrzahl der bei den Korps eingeteilten Regimenter wiederholt Gelegenheit, sich in dieser Verwendung rühmlichst hervorzutun, nur jene beim 6. Korps am rechten Flügel blieben untätig, weil hier das Terrain Vorstöße französischer Kavallerie nicht erlaubte. Vorsicht gebot jedoch, sie dort zu belassen, um bei einem Rückzug nicht schwere Einbuße zu erleiden.

Bevor der Generalissimus den Feldmarschalleutnant Hiller entließ, beauftragte er ihn, die Truppen des 5. Korps aufzufordern, die gegnerischen Brücken mit allen Mitteln zu zerstören. Jedem Mann, dem es gelingen sollte, eine Schiffmühle, ein schweres Schiff oder ein Floß an die Brücken zu bringen, wurde die goldene Tapferkeitsmedaille zugesichert. Als Hauptmann Magdeburg des Generalquartiermeisterstabes, der früher bei der Marine gedient hatte, den Wunsch des Erzherzogs vernahm, erbot er sich, das Zerstörungswerk zu leiten. Dies wurde ihm gewährt. Er eilte zum Spitz, um die Vorbereitungen zu treffen.

Schlag 12 Uhr mittags sollten alle Kolonnen den Vormarsch antreten. Geschah dies, so mußten alle nahezu gleichzeitig auf den bei Hirschstetten mit der Hauptmacht in der Formierung geglaubten, vermutlich Aspern, Eßling und Groß-Enzersdorf zur Deckung seiner Brücke besetzt haltenden Gegner treffen. Bedenken konnte man nur wegen des die 1. Kolonne bildenden 6. Korps tragen, das seine Vorposten teilweise erst durch Truppen des zurückbleibenden 5. Korps ablösen lassen mußte und von Stammersdorf die längste Anmarschlinie hatte. Trotzdem aber dieses Korps nicht, wie man voraussetzte, bei Hirschstetten, sondern erheblich später, bei Aspern, auf ernsten Widerstand stieß, war es dennoch weit vor den anderen im Kampf, weil Hiller ein sehr praktischer Truppenführer war und sich eben wegen der ihm entgegenstehenden Schwierigkeiten beeilte, dem Wortlaut der Disposition zu entsprechen.

Schon vor 12 Uhr stand sein Korps in Marschkolonne auf der Chaussee Post Rendezvous nach Am Spitz formiert, dort die bisherigen Vorposten unter Generalmajor Nordmann mit

Ausnahme des noch nicht abgelösten halben 1. und des 2. Wiener Freiwilligenbataillons. Um halb 12 Uhr hatte das zur Vorhut bestimmte Regiment Gyulai-Infanterie Nr. 60 den Vormarsch von Stammersdorf angetreten. Als das Regiment um dreiviertel 1 Uhr bei der Brigade Nordmann eintraf, setzte sich dieselbe sofort in Marsch, die bei Kagran gesammelte östliche Vorpostengruppe als Vortrab entsprechend vorgeschoben. Da die Haupttruppe seit 12 Uhr marschierte, befand sie sich ungefähr 3000 Schritte hinter der Vorhut.

Diese 1. Kolonne zählte, einschließlich der erst später nachgerückten, am 21. nur zur Uferbewachung verwendeten $1^1/_2$ Wiener Freiwilligenbataillone, jedoch das Landwehrbataillon Colloredo, das schon bei Kagran als Flankensicherung zurückgelassen wurde und unter die Befehle des 5. Korps trat, abgerechnet, 19 Bataillone, 20 Eskadronen, $3^1/_2$ Brigade-, 2 Kavallerie- und 2 Positionsbatterien, oder 10.000 Mann, 1820 Reiter, 52 Geschütze. Sie nahm ihren Weg südlich Kagran in den Zwischenraum Stadlau-Hirschstetten.

Die anderen Kolonnen blieben bis 12 Uhr in breiter Schlachtordnung stehen; ergab es sich nun, wie bei der 2. und 5. Kolonne, daß die Marschlinie vor dem linken Flügel lag, so mußten die zur Vorhut bestimmten, auf dem rechten Flügel stehenden Truppen erst einen fast drei Kilometer langen Weg entlang der Front zurücklegen, wodurch samt der Formierung eine Stunde verloren ging, so daß die 2. Kolonne tatsächlich erst um 1 Uhr nachmittags abmarschierte. Beim 4. Korps scheint die Disposition dem vielleicht rekognoszierenden Feldmarschalleutnant Fürsten Rosenberg ziemlich spät eingehändigt worden zu sein, möglicherweise wurde bei der hier — wegen Teilung des Korps in zwei Kolonnen — schwierigeren Befehlsausgabe auch sonst einige Zeit vertrödelt, kurz, der Abmarsch der 5. und der sich nach ihr richtenden 4. Kolonne verzögerte sich bis 2 Uhr nachmittags.

Beim 2. Korps (3. Kolonne) dauerte die Formierung der Vorhut bis halb 1 Uhr nachmittags.

Diese Kolonnen, welche die Vorhut nur auf kurze Distanz vorschoben, wodurch sich gleichfalls ein Rückstand gegenüber der Vorhut der 1. Kolonne ergab, waren wie folgt zusammengesetzt:

2. Kolonne (1. Korps), General der Kavallerie Graf Bellegarde, 20 Bataillone, 16 Eskadronen, 4 Brigade-, 4 Positions- und 2 Kavalleriebatterien, 22.800 Mann, 1520 Reiter, 68 Geschütze, von Gerasdorf an Leopoldau vorbei gegen Hirschstetten vorrückend.

3. Kolonne (2. Korps), Feldmarschalleutnant Fürst Hohenzollern-Hechingen, 23 Bataillone, 5 Eskadronen, 4 Brigade-, 3 Positions-, 2 Kavalleriebatterien, 19.300 Mann, 550 Reiter, 62 Geschütze, Marschlinie Süßenbrunn, Breitenlee, Aspern.

Der 4. und 5. Kolonne hatte die im Vorpostendienst stehende Avantgarde unter Feldmarschalleutnant Klenau als Vorhut zu dienen, die Schwarzenberg-Ulanen Nr. 2 und das 1. Jägerbataillon für die 4., die Stipsicz-Husaren Nr. 10 für die 5. Kolonne ; das Infanterieregiment Erzherzog Karl Nr. 3 wurde mit der Sammlung der bis Markgrafneusiedl stehenden Vorposten spät fertig; es rückte in der Folge zur 5. Kolonne ein. Diese Truppen und die erst beim Vormarsch je zur Hälfte zu beiden Kolonnen gelangten Rosenberg-Chevaulegers Nr. 6 eingerechnet, ergab sich folgende Zusammensetzung der im übrigen aus dem 4. Korps gebildeten Kolonnen :

4. Kolonne, Feldmarschalleutnant Dedovich, 14 Bataillone, 12 Eskadronen, 2 Brigade-, 1 Kavallerie- und 2 Positionsbatterien, 9850 Mann, 1370 Reiter, 34 Geschütze, von Deutsch-Wagram über Aderklaa, Raasdorf gegen Eßling,

5. Kolonne, Feldmarschalleutnant Fürst Rosenberg, $16^1/_6$ Bataillone, 20 Eskadronen, zwei Brigade-, eine Kavallerie-, zwei Positionsbatterien, 11.300 Mann, 2130 Reiter, 64 Geschütze, von Baumersdorf (Parbasdorf), links an Raasdorf und Pysdorf vorbei gegen Groß-Enzersdorf, die Erzherzog Ferdinand-Husaren Nr. 3 als linke Flankendeckung von Markgrafneusiedel direkt dahin.

Das Kavalleriereservekorps sollte zwischen der 3. und 4. Kolonne, in gleicher Höhe, gegen Neuwirtshaus vorrücken. Fürst Liechtenstein schickte die Blankenstein-Husaren Nr. 6 als Vorhut voraus, das Gros folgte in zwei Kolonnen, innerhalb jeder das 2. Treffen im Abstand von 1500 Schritten. Es waren dies zusammen 52 Eskadronen, 3 Kavalleriebatterien, 5530 Reiter, 18 Geschütze. Als 3. Treffen rückten die ungeübten, als Gefechtskraft kaum zu zählenden 10 Insurrektions-Husareneskadronen, 1440 Reiter, nach.

Das Grenadierkorps, 16 Bataillone, 3 Brigadebatterien, 11.200 Mann, 24 Geschütze, bezog bei Gerasdorf die vom 1. Korps verlassene Stellung.

Vor dem Abmarsch wurde „zum Gebet“ geschlagen, dann stimmten die Regimentsmusiken die weihevolle Hymne „Gott erhalte unsern Kaiser“ an, in welche die Soldaten begeistert einfielen. Wie zur Parade, blankgeputzt, Reiser auf den Tschakos, mit wehenden Fahnen, unter den Klängen der Musiken, die während der ganzen Schlacht durch kriegerische Märsche immer wieder den Mut der Kämpfer belebten, rückten die mit Kompagniebreiten formierten Kolonnen in den herrlichen Maitag, in Sieg und Tod hinein. All die Völker, die sich um Österreichs Doppelaar scharten, waren hier vertreten, von einem Willen, einem Sinnen nur beseelt, eins in dem Opfermut für Kaiser und für Reich. Als die dritte Kolonne Süßenbrunn erreichte, erwartete sie Kaiser Franz, der um 4 Uhr früh nach Anhören der Messe von Wolkersdorf auf das Schlachtfeld geritten war. „Vivat der Kaiser!“ lief's die Kolonne entlang und immer wieder brauste der Jubelruf in die Lüfte, solange die Truppen defilierten. Gerührt blickte der Monarch auf seine kampfbegeisterten Truppen und rief ihnen mit seinem Segenswunsch die väterliche Mahnung nach: „Seid's brav, meine lieben Kinder!“

Daran sollte es nicht fehlen.

Einleitung des Kampfes.

Nach der mißglückten Rekognoszierung am Morgen war Napoleon in die Lobau zurück und zur Brücke geritten, um die Arbeiter durch seine Anwesenheit anzuspornen. Seine Langmut wurde auf eine harte Probe gestellt, das Einfügen der Flöße in den zweiten Teil der Brücke war bei der reißenden Strömung ein schwieriges Unternehmen, beträchtliche Zeit verging, ehe die Brückendecke wieder hergestellt war. Mehrfach kamen mitten in der Arbeit kleinere Störungen vor; so mußte die Brigade Marulaz, während des Abkochens voreilig alarmiert, bis 11 Uhr vormittags warten, worauf sie endlich den Übergang mit Vorsicht beginnen konnte.

Der Kaiser hatte sich, des langen Wartens müde, neben der Jochbrücke über den Lobgrund auf einen Stein gesetzt und spornte die Kommandanten zur Eile an. Kaum war daher ein Regiment am linken Ufer, so ging's in scharfer Gangart durch die Lobau. Je weiter rückwärts, desto tolleres Jagen, glaubte man doch, daß drüben bereits gerauft werde. Pferde stürzten, Reiter trennten sich von ihren Pferden. Gegen 1 Uhr nachmittags war die Brigade nordöstlich Aspern gesammelt und aufmarschiert, die badischen Leibdragoner, die hessischen Garde-Chevaulegers und rechts anschließend die 3., 14. und 19. Jäger zu Pferd, Front gegen Nordwest, am rechten Flügel die 23. Jäger zu Pferd, Front gegen Nord. Sehr erstaunt sah man sich um. Rings kein Feind.

Die beiden deutschen Regimenter erhielten den Auftrag, die Vorposten der 16. Jäger zu Pferd westlich Aspern abzulösen. An das Donauufer und vorwärts Aspern auf der Straße nach Wien kam je eine Eskadron jedes Kontingents als Feldwache, ein Aufklärungsdetachement, je eine Halbeskadron, ritt längs der Straße bis an den Hirschstettener Graben, von dort die Hälfte der Reiter in aufgelöster Ordnung gegen den Zwischenraum Stadlau-Hirschstetten vortreibend. Zwei Eskadronen blieben am Nordrand von Aspern zurück, welchen Ort und die Lisière der angrenzenden Gemeinde-Au schwache Vorposten der Division Molitor, einige Voltigeurkompagnien des 37. Regiments, besetzt hatten.

Als nach der Brigade Marulaz die Kürassierdivision Espagne in der Lobau erschien, setzte sich Napoleon an deren Tete, um endlich die Aufklärung einzuleiten. Er war noch nicht lange beim Asperner Ziegelofen angelangt, als Meldungen vom Anmarsch der Österreicher sowohl seitens des Aufklärungsdetachements östlich Aspern, als auch von der in Breitenlee aufgestellten Feldwache des 16. Jägerregiments zu Pferd einliefen.

Die Österreicher greifen an? Unmöglich, wohl nur eine Vorpostenneckerei. Da erschien auch schon ein Offizier, den die Neugier auf den Asperner Kirchturm getrieben hatte, und berichtete, daß man deutlich drei starke Kolonnen wahrnehme, die zweifellos gegen Aspern vorrückten. Adjutant Flahault des

Marschalls Berthier wurde dahin abgeschickt, um sich von der Wahrheit der unglaublich klingenden Nachricht zu überzeugen, auch er bestätigte den Anmarsch.

Auf alles andere war Napoleon eher gefaßt. Man hatte darum die einfachsten Vorsichtsmaßregeln versäumt, Aspern und Eßling, die Stützpunkte der Verteidigung vor der Brücke, nicht befestigt. Dazu die Unverläßlichkeit dieses Übergangsmittels. Eben erhielt Napoleon Meldung von einer neuen Störung.

Sollte er mit drei Infanteriedivisionen (25 Bataillone, nach Abrechnung von etwa 1500 Kommandierten Molitors in den Auen und Inseln, etwa 16.000 Mann, 44 Geschütze), den zwei Kavalleriedivisionen Espagne, Lasalle und der Brigade Marulaz (16 Kürassier-, 29 leichte Eskadronen, 2500 schwere, 4000 leichte Reiter, 6 Geschütze) den ungleichen Kampf aufnehmen? Auf die Garde war nicht zu rechnen, da diese den letzten Rückhalt, die Lobau, unbedingt sicherstellen mußte.

Napoleon wollte den Rückzug in die Lobau antreten, um nach Versammlung des Heeres den Übergang über den letzten Arm erneuert zu versuchen. Hinter dem immerhin beträchtlichen Hindernis konnte ihm der Feind kaum etwas anhaben. Doch da wies Molitor auf die Verteidigungsfähigkeit von Aspern, Lannes auf Eßling hin, Orte mit solid gebauten Häusern, niederen Erdwällen rings um die Lisière, guten Stützpunkten im Innern. Aspern, welchem vorerst allein der Angriff zu gelten schien, lehnte sich überdies an die mit schwer passierbarem Gestrüpp bedeckte, von zahlreichen Wasseradern durchzogene Gemeinde-Au, die den Raum bis zur Donau ausfüllte und mit wenigen Truppen den direkten Weg zur Brücke zu versperren erlaubte.

Mitten in die Beratung dröhnten von Westen her einige Kanonenschüsse. Nun schien es zum Rückzug überhaupt zu spät zu sein, wollte man nicht die letzten Truppen der Gefahr aussetzen, von den Österreichern eingeholt und aufgerieben zu werden.

Dies entschied. Unterstützend wirkte, daß gerade auch die Nachricht eintraf, die Brückenunterbrechung sei behoben, der Übergang — Kürassierdivision St. Sulpice (16 Eskadronen, 2000 Reiter, 6 Geschütze) — werde fortgesetzt.

Dem Marschall Massena wurde mit der Division Molitor die Verteidigung von Aspern, dem Marschall Lannes mit der

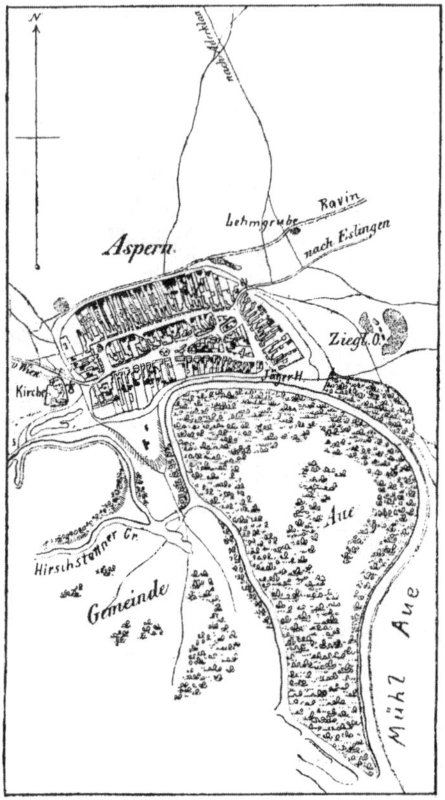

Division Boudet und der ganzen, vom Marschall Bessières befehligten Reiterei die Festhaltung von Eßling und der Zwischenräume gegen Aspern und die Donau übertragen. Der sonst günstige Stützpunkt Groß-Enzersdorf sollte ohne Kampf geräumt werden, weil die Truppenzahl eine Beschränkung gebot. Die Division Legrand bildete die Reserve und hatte hinter der Divison Molitor längs des vom Südosteck von Aspern gegen die Donau ziehenden Grabens, Front nach Westen, Stellung zu nehmen.

Napoleon, der nun keinen Grund mehr hatte, Kavallerie zum Aufsuchen des Feindes herbeizuziehen, ordnete an, daß nach Passieren der Division St. Sulpice wieder die frühere Übergangsdisposition in Kraft zu treten habe, insofern ein

Fehlgriff, als nun nach der Division Carra St. Cyr des 4. Korps wieder Kavallerie, die Kürassierdivision Nansouty, darankam. Gleichzeitig wurde der Artillerie der Garde, zwei reitende Batterien, zwölf Geschütze, der Befehl gesendet, ehebaldigst in die Lobau zu ihrem Korps einzurücken. Sie bewirkte gleich nach St. Sulpice den Übergang.

Während Napoleon zur kleinen Brücke zurückritt und, ein früheres Versäumnis gut machend, vor der Brückenschanze einen etwas geräumigeren Brückenkopf mit vorgelegtem, 300 Schritt breitem Verhau trassierte, sprengten die verschiedenen Kommandanten in die zugewiesenen Abschnitte.

Es war etwa halb 3 Uhr nachmittags und für Massena und Molitor die höchste Eile geboten, da der Vortruppenkampf bei Aspern bereits eine ernste Wendung nahm.

Schon kurz nach halb 2 Uhr nachmittags waren die ausgeschwärmten Patrouillenreiter der Hessen und Badenser auf österreichische Husaren gestoßen, eben als diese aus Stadlau und Hirschstetten debouchierten. Während es hier zu einer Plänkelei kam und die Husaren allmählich über Hirschstetten zurückgedrängt wurden, war der Vortrab der 1. Kolonne, Bataillon Warasdiner-St. Georger mit Husaren, längs der Donau über Stadlau hinausgerückt. Das Gros der Vorhut, zwei Bataillone Gyulai Nr. 60, ein halbes 1. Wiener Freiwilligenbataillon, fünf Eskadronen Liechtenstein-Husaren, näherte sich dem Weg Hirschstetten-Stadlau.

Nun fanden es die hessisch-badensischen Patrouilleure an der Zeit, den Rückzug anzutreten; ihr Detachement am Graben war längst zurückgegangen, sie hielten sich aber noch mit dem Abdecken der Brücke auf, während welcher Zeit die Husaren ein Geschütz vorbrachten, das den eilig zurückjagenden Reitern einige Kugeln nachsandte. Es waren dies die Kanonenschüsse, die den Entschluß Napoleons beeinflußten.

Mittlerweile waren die Husaren des Vortrabes auf die Vedetten der Feldwache am Donauufer gestoßen, man schoß sich einige Zeit herum, endlich, kurz nach 2 Uhr nachmittags, zwangen die Husaren die Feldwache zum Rückzug. Als sie aber nachdrängten, wurden sie aus den Gräben und Gebüschen von den Infanterievorposten derart mit Feuer empfangen, daß sie schleunigst umkehren mußten. Die Feldwache, durch die zwei in Reserve gehaltenen Eskadronen verstärkt, jagte verfolgend nach.

Schon war indessen die Infanterie herangekommen. Generalmajor Nordmann wies die St. Georger an, längs des Ufers gegen die Auen vorzugehen, eine Division (zwei Kompagnien) des 2. Bataillons Gyulai Nr. 60 sollte links davon gegen die Gebüsche vorrücken, das Regiment folgte gestaffelt längs des Südrandes des Hirschstettener-Grabens. Das halbe 1. Bataillon Wiener Freiwillige war rückwärts zur Sicherung am Donauufer abwärts Stadlau zurückgelassen worden.

Dem Angriff der tiraillierend vorgehenden Vortruppen mußten die Feldwache und die Infanterievorposten am Rande der Au bald weichen. Kaum war der Gegner soweit zurückgedrückt, daß die Brücke, auf welcher der Weg nach Aspern den Graben übersetzte, hinter der Front lag, als Generalmajor Nordmann dem Major Czarnoczy den Auftrag erteilte, mit den anderen vier Kompagnien des 2. Bataillons den augenscheinlich nur schwach besetzten Ort Aspern zu erstürmen.

Trotzdem die Brücke vom feindlichen Gewehrfeuer stark bestrichen war, drängte das brave Bataillon unaufhaltsam hinüber. „Deployieren! Fahne und Tambours vor die Front. Sturmstreich!“ Mit Ungestüm warfen sich die Ungarn auf den vor dem Westausgang gelegenen starken Stützpunkt, Kirche und Friedhof, verjagten den Feind und wandten sich gegen den Ort.

Im selben Augenblick kamen aus der entgegengesetzten Richtung im Sturmschritt französische Bataillone, Divisionsgeneral Molitor mit der Brigade Viviez, drei Bataillone Nr. 37, zwei Nr. 67. Diesem Stoß vermochte Czarnoczy nicht zu widerstehen. Das Bataillon ging bis über den Graben zurück, wo es sich in guter Ordnung dem Gegner entgegenstellte. Molitor drängte im Kampfeseifer nach, doch schon war Massena mit zwei Geschützen reitender Artillerie herbeigeeilt und wies Molitor angesichts des Anmarsches starker feindlicher Kräfte an, sich auf die Behauptung des Ortes zu beschränken.

Nun trat, etwa um 3 Uhr nachmittags, eine kurze Gefechtspause ein. Die Artillerie der Division Molitor (12 Geschütze) und vier Geschütze der bei Legrand eingeteilten badischen Fußbatterie fuhren in zwei Gruppen rechts und links rückwärts

Kirche von Aspern.

von Kirche und Friedhof auf, das 37. und 67. Regiment setzten sich in diesem vorspringenden Stützpunkt, am Westrand des Ortes und längs des südwärts ziehenden Grabens fest; das mittlerweile nachgezogene 2. Regiment (zwei Bataillone) besetzte die Nordlisière, ein Bataillon Nr. 16 stellte sich als Reserve beim Südosteingang auf, die anderen zwei waren in der Gemeindeau vorgegangen und hatten die österreichischen Plänkler alsbald aus derselben zurückgedrängt.

Napoleon kam zu dieser Zeit zur Kirche und schickte Berthier auf den Turm. Dieser entwarf ein flüchtiges Croquis des Anmarsches der gegnerischen Kolonnen, deren Stärke er mit geübtem Blick auf 90.000 Mann schätzte.

Aus dieser Skizze ging hervor, daß auch das Zentrum und der rechte Flügel der französischen Stellung bedroht war. Daher wurden alle noch verfügbaren Geschütze mit Ausnahme der bei Eßling benötigten 12 der Division Boudet dem Zentrum überwiesen. Sie nahmen an dem von Aspern nach Eßling ziehenden Ravin Stellung, 12 französische und 4 badische

Legrands nächst Aspern, die 12 Kavalleriegeschütze von Espagne und St. Sulpice in der Mitte.

Unverweilt begannen die Franzosen mit der früher versäumten Herrichtung des Ortes zur Verteidigung. Ihre große Geschicklichkeit kam ihnen sehr zu statten. In die Mauern wurden Schießscharten gebrochen, Auftritte für Schützen improvisiert, günstige Abschnitte im Innern geschaffen und für leichte Verbindung gesorgt. Sie ließen sich in ihrer Tätigkeit auch nicht durch das Artilleriefeuer stören, welches nunmehr mit steigender Heftigkeit gegen den Ort gerichtet wurde. So fanden die Österreicher, statt eines einfachen Dorfes, eine Festung, die sie stürmen mußten, ohne Bresche gelegt zu haben.

Erster Sturm auf Aspern.

Feldmarschalleutnant Hiller, etwa um halb 3 Uhr nachmittags mit der Haupttruppe der 1. Kolonne am Wege Stadlau-Hirschstetten eingetroffen, ordnete den Aufmarsch in zwei Treffen hinter dem Hirschstettener-Graben an. Zur Deckung desselben rückte die Kavallerie links von Hirschstetten vor, das vorübergehend vom Tetebataillon Klebeck Nr. 14 besetzt wurde. Die Batterien fuhren nach und nach vor der Front am Graben auf und eröffneten das Feuer. Der Aufmarsch war ungefähr bis halb 4 Uhr durchgeführt.

Mittlerweile war gegen halb 3 Uhr nachmittags die Vorhut der 2. Kolonne bei Hirschstetten eingetroffen. Deren Kommandant, Feldmarschalleutnant Fresnel, beauftragte, als er zu seiner Überraschung den Ort vom Feinde frei fand, den Generalmajor Wintzigerode, mit der Infanterie gegen Aspern vorzugehen, während er die Kavalleriebrigade Vécsey in der Direktion gegen Eßling vorführte und später, etwa am Wege Westeingang von Aspern-Breitenlee, gegenüber der an Aspern gelehnten Brigade Marulaz halt machen ließ.

Generalmajor Wintzigerode ließ die beiden Bataillone Anton Mittrowsky Nr. 10 geradeaus vorrücken, das 2. Jägerbataillon wurde zum rechtsumfassenden Angriff bestimmt und verschob sich längs des Hirschstettener-Grabens, kam also in den Angriffsraum der 1. Kolonne, wie sich nun überhaupt aus dem Umstand, daß man den Gegner nicht in der Front Stadlau-Hirschstetten sondern bei Aspern traf, eine Anhäufung der Truppen der 1., 2. und der gleichfalls dahin dirigierten 3. Kolonne ergab. Der Übelstand wurde dadurch erhöht, daß Feldmarschalleutnant Hiller dem Raume zwischen Aspern und der Donau, für den Gegner die gefährlichste Angriffsrichtung, geringe Beachtung schenkte. Allerdings lud hier das schwer passierbare Terrain wenig zur Verwendung größerer Truppenmassen ein, gar beim geringen Geschick der Linieninfanterie, in aufgelöster Ordnung zu fechten.

Das Anrücken der Brigade Wintzigerode brachte das Gefecht in lebhafteren Gang. Das 2. Jägerbataillon warf den linken Flügel der Brigade Viviez vom Graben zurück, drang in die dahinter liegenden Gebüsche ein und erstürmte das mitten darin liegende hölzerne Haus, wobei Generalmajor Wintzigerode erheblich verwundet wurde. Doch aus der Gemeindeau in der Front und Flanke heftig beschossen, kam hier der Angriff zum Stehen.

Noch schlechter erging es der Frontgruppe. Durch die Ruhe des Feindes getäuscht, rückten die beiden Bataillone Anton Mittrowsky wohlgemut gegen den Eingang bei der Kirche vor, ein beigegebener Zug Klenau-Chevaulegers Nr. 5 an der Tete. Erst auf wirksamster Distanz eröffneten die Verteidiger das Feuer, in das Rollen der Infanteriesalven mischte sich der Donner der Geschütze, die den Angreifern einen Kartätschenhagel entgegensandten. Das Regiment flutete zurück, zahlreiche Verwundete und Tote am Platz lassend. Den tödlich verwundeten Leutnant Freiherrn von Marwitz der Chevaulegers nahm der unerschrockene Korporal Krakler, der rings einschlagenden Geschoße ungeachtet, auf sein Pferd und rettete ihn vor Gefangennahme.

Dieser Mißerfolg war indessen nur das Vorspiel des eigentlichen Angriffes. Hillers Geschütze grollten mit stets vermehrter Heftigkeit gegen die Westfront, Artillerieleutnant Lenk führte eine Batterie am rechten Flügel auf wirksamere Schußdistanz vor, bald folgte eine zweite. Wintzigerodes Brigadebatterie eröffnete aus der Richtung von Hirschstetten das Feuer, Generalmajor Vécsey ließ die Kavalleriebatterie von Klenau-Chevaulegers in der Flanke auffahren.

Dieses Kreuzfeuer fügte der französischen Artillerie bald große Verluste zu. Dem Hauptmann Holtz der badischen Fußbatterie wurde der Kopf weggerissen. Kurz vorher hatte er sich beim Obersten Grafen Hochberg entschuldigt, daß er wegen des Brückenbruches so spät eingetroffen sei, worauf ihm dieser scherzhaft erwiderte: „Zum Totschießen kommen Sie noch früh genug!"

Die Kavalleriebrigade Marulaz, durch den Artilleriekampf in Mitleidenschaft gezogen, mußte bis an die Nordostecke von Aspern zurückgehen, nur die badischen Dragoner, als Artilleriebedeckung bestimmt, nahmen etwa in der Mitte des Nordrandes Stellung.

Hillers erstes Treffen rückte in Staffeln rechts vorwärts über den Graben vor, die Kavallerie näherte sich und weckte Massenas Besorgnisse, wegen der Batterie nördlich der Kirche. Marulaz mußte die badischen Dragoner in das mörderische Feuer vorführen, das sofort schwere Verluste verursachte.

Inzwischen hatte Generalmajor Nordmann die Plänkler am rechten Flügel mit zwei Kompagnien des 1. Bataillons Gyulai verstärkt. Oberst Mariássy des Regiments übernahm die Leitung dieses Kampfes und drängte die Franzosen in der Gemeindeau zurück. Kaum hatte nun Major Schneider mit seinem 2. Jägerbataillon etwas Luft bekommen, so stürmte er gegen die Gärten am Südrand von Aspern, warf die sich entgegenstellenden Abteilungen und drang gegen die Ortsgasse vor.

Allgemeine Verwirrung bemächtigte sich der Verteidiger der Westfront. Die Artillerie protzte auf und jagte zurück, die Infanterie kam ins Wanken, die badischen Dragoner kehrten um und wurden, als der Regimentskommandant in eine Ortsgasse einbog, um dem Artilleriefeuer zu entgehen, in zwei Hälften geteilt. Die eine unter den Oberstleutnants Sponeck und Heimroth hatte das Kommando überhört und ging längs des Ortsrandes zurück, Oberst Freistett mit der anderen kam im Strom der Flüchtenden an den Südostausgang.

Die Österreicher benützten sofort die Unordnung. Das 3. Bataillon Klebek Nr. 14 des ersten Treffens und das Regiment Anton Mittrowsky Nr. 10 stürmten gegen die Front vor. Die Verteidiger wurden überwältigt, in der Kirche ein Häuflein samt zwei Fahnen vom Unterjäger Schaller und einigen Leuten von Anton Mittrowsky gefangen genommen.

Es war gegen 4 Uhr, als dieser glückliche Sturm erfolgte, doch war damit der Ort noch nicht genommen. Zäh klammerten sich die Franzosen an jedem Hause, an jedem Abschnitt fest, erschwerten durch rasch improvisierte Barrikaden aus Wagen, Pflügen und Eggen das Vordringen der Sieger. Im Abschnitt bei der Schmiede, wo sich die Hauptgasse teilt, setzte endlich der von Massena und Molitor mit Todesverachtung organisierte hartnäckige Widerstand, wozu augenscheinlich das in Reserve gehaltene Bataillon Nr. 16 herangezogen wurde, dem weiteren Vordringen ein Ziel, umsomehr als eine Unterstützung der Angreifer ausblieb.

Feldmarschalleutnant Hiller beschäftigte sich damit, seine beiden Treffen näher am Orte aufzustellen und die Artillerie so zu placieren, daß sie bei einem Rückschlag das Vorbrechen des Feindes aus dem Orte hindern konnte. Die Haupttruppe der 2. Kolonne, bei welcher sich der Generalissimus befand, beendigte erst um diese Zeit ihren Aufmarsch in drei Treffen östlich Hirschstetten.

Die 3. Kolonne, welche nach Abmarschzeit und Weglänge bereits hätte zur Stelle sein müssen, ließ sich vor Breitenlee durch einige herumstreifende Reiter der französischen Vorposten aufhalten. Den Ort stark besetzt wähnend, marschierte die Vorhut auf und wartete auf zwei in der Mitte der Haupttruppe eingeteilte Positionsbatterien, die auf dem Königshügel (heute Kellerberg) auffuhren. Dies und später ein weiterer Aufenthalt zur Herstellung der Verbindung mit der 2. Kolonne verzögerten den Marsch um eine Stunde. Südöstlich Breitenlee wurde dann bis 4 Uhr nachmittags in zwei Treffen derart aufmarschiert, daß bei der Vorrückung der rechte Flügel etwa auf die Mitte von Aspern stoßen mußte. Sehr langsam bewegte sich das Korps vorwärts, wobei die Vorhut auf beiden Flügeln an das erste Treffen anschloß. Da man feindliche Kavalleriemassen vor sich erblickte, wurden alsbald die in den jüngsten Befehlen wiederholt zur Abwehr von Kavallerieangriffen statt des hohlen Karrees empfohlenen Bataillonsmassen auf die Mitte formiert — eine Kolonne mit Kompagniebreite, die rückwärtigen Abteilungen dicht angeschlossen, so daß bei der Zusammensetzung des Bataillons aus sechs Kompagnien mit dreigliedriger Aufstellung ein volles Viereck von 18 Mann Tiefe entstand. In dieser schwerfälligen, die Ausnützung der Feuerkraft wesentlich behindernden Formation wurde österreichischerseits in der Schlacht fast durchgehends auf der freien Ebene marschiert und gefochten.

„Ich habe wie gegen die Türken gekämpft," schrieb später der Generalissimus.

Reiterkampf bei Eßling.

General der Kavallerie Fürst Liechtenstein hatte das Kavalleriereservekorps im Marsch, entsprechend dem Vorrücken der 3. Kolonne, zurückgehalten, so daß es mit dem 1. Treffen erst um 3 Uhr nachmittags das Neuwirtshaus erreichte. Die Blankenstein-Husaren Nr. 6 als Vorhut kamen zu dieser Zeit etwa in gleiche Höhe mit dem Eßlinger-Hof. Als sie weiter vorgingen, eröffnete die französische Artillerie bei Eßling das Feuer, gleichzeitig erblickte man vor dem Intervall Aspern-Eßling zahlreiche Kavallerie in Formierung begriffen. Es waren die Kürassierdivision Espagne und die Brigade Piré der leichten Kavalleriedivision Lasalle.

Kaum hörte Liechtenstein den Kanonendonner, so verlor er beim Anblick der feindlichen Reitermassen die Ruhe. Er avisierte den Aufmarsch und trabte gleichzeitig mit dem 1. Treffen vor. War nun der Befehl mißverstanden worden oder machte es der Mangel an Übung, in größeren Verbänden zu kämpfen, kurz, das 2. Treffen marschierte gleichfalls auf, ging in eine raschere Gangart über und prellte, statt wie befohlen, 1500 Schritt Distanz zu halten, bis in das 1. Treffen hinein, als dieses, im Bereich des Artilleriefeuers angelangt, plötzlich stehen blieb.

In dem Bemühen, den Knäuel zu entwirren, zog Liechtenstein die Kürassierbrigade Kroyher nach links heraus. Wurde nun diese Bewegung vom Feinde als ein Versuch gedeutet, in die Flanke zu gelangen oder ergab sich zufällig durch die Ankunft der Tetebrigade von St. Sulpice eine Verschiebung hinter Eßling, jedenfalls glaubte Liechtenstein, daß der Gegner den Anmarsch der 4. und 5. Kolonne zu stören beabsichtige, weshalb nun die Brigade Kroyher, dann die Dragonerregimenter Knesevich Nr. 3 und Riesch Nr. 6, die gesamte frühere linke Kolonne, in den Raum nordöstlich Eßling verschoben wurden, wohin sich auch die Blankenstein-Husaren Nr. 6 zogen. Am rechten Flügel blieben nur die in drei Treffen hintereinanderstehenden Kürassierbrigaden Siegenthal, Lederer und Insurrektions-Husaren verfügbar.

Als Bessières diese Trennung gewahrte, ließ er seine Reiter gegen letztere Gruppe attackieren. So entspann sich um die vierte Nachmittagstunde bei Eßling ein großer Kavalleriekampf. Zum Glück war der Stoß der französischen Kavallerie nicht vollständig geordnet angesetzt worden. Die beiden Kürassierregimenter Siegenthals, Erzherzog Franz Nr. 2 und Herzog Albert Nr. 3, setzten einen so mannhaften Widerstand entgegen, daß die nun eilends herbeigerufenen Reiter der linken Gruppe noch rechtzeitig zur Unterstützung eintrafen. Auch diese, wie sie eben hintereinander mit ermatteten Pferden einlangten, besaßen nicht die Kraft zu einem durchschlagenden Erfolg. Der Kampf artete in ein hin- und herwogendes Gewirr von Reitern aus, in welchem der Vorteil sich allmählich auf Seite der Österreicher neigte, deren Regimenter sich durch rasches Sammeln und erneutes Hineinwerfen in den Kampf hervortaten, insbesondere die Kürassierregimenter Kaiser Nr. 1, Moritz Liechtenstein Nr. 6, Herzog Albert Nr. 3 und Erzherzog Franz Nr. 2. Gemeiner Cyrill Ternin von Knesevich-Dragonern Nr. 3 verwundete im Handgemenge den Kürassierbrigadier General Fouler, Stallmeister der Kaiserin, entführte ihn aus der Mitte zu Hilfe eilender französischer Kürassiere und kehrte nach dessen Ablieferung sofort wieder in den Kampf zurück. Auch die drei Kavalleriebatterien hatten durch einige glückliche Schüsse Anteil am Erfolg.

Liechtenstein ließ den weichenden Gegner von der Brigade Kroyher (Kaiser und Moritz Liechtenstein), den Erzherzog Franz-Kürassieren und Knesevich-Dragonern verfolgen, doch

4*

kamen diese bald in ein heftiges, flankierendes Geschützfeuer der Eßlinger Batterie und mußten umkehren.

Im Artilleriefeuer ausharrend, erwartete nun das Reservekavalleriekorps südwestlich des Eßlinger-Hofes die Ankunft der Nachbarkolonnen. Die Kavalleriebatterien erwiderten kräftig. Ein Vorstoß des Rittmeisters Taxis mit seiner Eskadron Erzherzog Franz-Kürassiere gegen einige aus dem Zentrum keck vorgegangene Geschütze brachte diese zum Schweigen, doch zwang ihn das Feuer von Infanterieabteilungen, die erbeuteten Geschütze zurückzulassen.

Zweiter Sturm auf Aspern.

Massena war nicht der Mann, um einen Fehler des Gegners ungenützt zu lassen. Wohl durfte er zu dieser Zeit, da sich bereits die Vorrückung des österreichischen 2. Korps gegen den östlichen Teil von Aspern aussprach, die Division Legrand nicht in den Ortskampf werfen, als er aber seine Truppen halbwegs wieder geordnet hatte, stellte er sich zu Fuß — seine Pferde hatte er bereits verloren — an die Spitze einiger Grenadierkompagnien und warf in unwiderstehlichem Stoße die vier österreichischen Bataillone aus dem Dorf hinaus. Die Lisière wurde abermals besetzt, einige Geschütze fuhren vor.

Trotz des Erfolges war die Situation für die Gruppe bei Aspern ernst. Das österreichische 2. Korps begnügte sich zwar, auf halbem Wege von Breitenlee stehen zu bleiben, schob aber seine Artillerie vor die Front und unterhielt ein heftiges Feuer gegen Aspern und das französische Zentrum. Das 1. Korps war gleichfalls in Bataillonsmassen, rechter Flügel Direktion auf das Nordosteck von Aspern, vorgerückt, wobei der linke Flügel hinter das 2. Korps geriet; seine Artillerie spielte gegen Aspern das nun im Halbkreis von Geschützen umgeben war.

Marulaz hatte sich genötigt gesehen, seine Brigade in die Front hinter den Ravin Aspern-Eßling zurückzunehmen, die an diesem nächst der Nordostecke von Aspern aufgefahrenen

Geschütze mußten der Überlegenheit weichen und weiter rückwärts, in der Höhe des Südosteinganges, Stellung nehmen Jeden Augenblick mußte man gewärtig sein, daß eine Vorrückung des 2. Korps den Verteidigern von Aspern in den Rücken falle. Zum Glück für die Franzosen konnten sie bezüglich der Gemeindeau, wo die St. Georger und die vier Kompagnien Gyulai ein stehendes Feuergefecht mit dem 16. Regiment führten, beruhigt sein. Die Division Legrand wurde daher für den Schutz der Rückzugslinie aus Aspern gegenüber dem 2. Korps frei. Napoleon ließ das 3. badische Regiment mit vier Kompagnien den Asperner Ziegelofen besetzen, die anderen acht nahmen südöstlich des Ortes in Kolonne Stellung, das 26. leichte und das 18. Regiment blieben vorläufig in Reserve.

Inzwischen hatten die Österreicher einen neuen Sturm auf Aspern angesetzt. Feldmarschalleutnant Hiller sandte die ersten Bataillone von Klebek Nr. 14 und Jordis Nr. 59 im Verein mit den früher geworfenen Truppen zum Angriff gegen Kirche und Westfront, General der Kavallerie Graf Bellegarde auf Befehl des Generalissimus das am rechten Flügel des 1. Treffens stehende Infanterieregiment Reuß-Plauen Nr. 17 zum Sturm gegen die Nordfront vor.

Oberstleutnant Fürst Bentheim erbat sich die Erlaubnis, die Spitze der Sturmkolonne bilden zu dürfen, der Flügeladjutant des Generalissimus, Major Fürst Reuß, setzte sich mit dem Rufe: „Auch ich bin ein Reuß!“ vor die Front eines Bataillons, und nun ging's, des mörderischen Feuers ungeachtet, im Sturmschritt gegen Aspern.

Bentheims Pferd wurde getötet, er stürmte zu Fuß weiter, sein Adjutant fiel, er selbst blutete aus zwei Wunden. Dem Kapitänleutnant Komadina riß eine Kanonenkugel beide Füße weg. „Hoch lebe das Haus Österreich! Der Sieg ist unser!“ rief der Sterbende aus und wies die Leute, die ihn wegtragen wollten, an, sich nicht mit ihm aufzuhalten, sondern zu stürmen.

Vom Artilleriefeuer erschüttert, vermochten die Franzosen dem doppelseitigen Angriff nicht lange an der Lisière Widerstand zu leisten. Fähnrich Pfanzelter von Jordis war einer der ersten, welche die Friedhofsmauer übersprangen, nach dem Verlust dieses Stützpunktes wich der Feind zurück. Doch abermals erneuerte sich das blutige Ringen im Ort, wo durch die Beschießung hervorgerufene Brände die Schrecken des Kampfes erhöhten. Ein Teil der französischen Infanterie war über den Graben südlich des Ortes zurückgewichen, setzte sich am Rande der Gemeindeau fest und erschwerte durch flankierendes Feuer das Vordringen.

Während des Angriffes war der Generalissimus zu Feldmarschalleutnant Hiller gekommen, der seine Besorgnisse nicht verhehlen konnte, der Gegner werde einen Durchbruch aus dem Zentrum versuchen. „Halten Sie nur Aspern, mein lieber Hiller. Ich werde sogleich die Grenadierreserve vorrücken lassen."

Tatsächlich erging kurz nach 5 Uhr nachmittags der Befehl an dieselbe, nach Breitenlee zu marschieren. Der Generalissimus ritt nun zur Mitte, um den Übeln, so gut es ging, abzuhelfen, welche dadurch entstanden waren, daß man gegen alle Voraussetzung erst bei Aspern auf den Geger stieß, so daß nun die drei Kolonnen eng beieinanderstanden, die zweite nicht einmal Raum hatte, sich in die Schlachtlinie einzufügen. Feldmarschalleutnant Fürst Hollenzollern erhielt den Befehl, das 2. Korps nach links zu verschieben.

Französischer Kavallerieangriff im Zentrum.

Zur Zeit als der zweite Sturm um Aspern tobte, war endlich auch die 4. Kolonne vor Eßling angelangt. Sie hatte nach 4 Uhr nachmittags östlich des Eßlinger-Hofes den Aufmarsch bewirkt und wartete nun die Einnahme von Groß-Enzersdorf durch die 5. Kolonne ab.

Feldmarschalleutnant Fürst Rosenberg rechnete dort auf ernsten Widerstand. Während die Vorhut, Oberst Fröhlich mit seinen Stipsicz-Husaren Nr. 10 und einem Bataillon Walachisch-Illyrier vor der Nordfront Aufstellung nahm, sollte die Haupttruppe sich in den Raum östlich des Ortes zum Angriff verschieben. Zur Deckung dieses Aufmarsches wurde die Kompagnie Carneville-Jäger vorausgesendet und umging in aufgelöster Ordnung den Ort. Schon prellten aber einige Reiterabteilungen hervor, hieben viele Jäger nieder und nahmen die anderen bis auf einige Versprengte gefangen.

Nach diesem Reiterstück zogen die leichte Kavalleriebrigade Bruyère und die Kürassierbrigade Lagrange der Division St. Sulpice (1.,und 5. Kürassiere) längs der Donau gegen Eßling ab. Fröhlich besetzte um halb 5 Uhr Groß-Enzersdorf, wo man 30 verspätete Marodeure gefangen nahm. Die dem Gegner folgenden Stipsicz-Husaren holten die schwache Nachhut ein, wobei es zu einem kleinen Reiterkampf kam.

Rosenberg entschloß sich nun zum Vormarsch gegen Eßling und verständigte hievon den Feldmarschalleutnant Dedovich, der hierauf mit der Kolonne die Vorrückung fortsetzte, im Bereich des Artilleriefeuers angelangt aber stehen blieb, um den Angriff gemeinsam mit Rosenberg durchzuführen. Seine leichten Truppen (1. Jägerbataillon, ein Bataillon Walachisch-Illyrier und das 2. mährische Freiwilligenbataillon) wurden vorgeschoben und führten ein Plänklergefecht, das sehr viele Opfer kostete, ohne daß man dem gutgedeckten Gegner etwas anhaben konnte. Die Artillerie beschoß den Ort, dessen Häuser schon durch Batterien Liechtensteins gelitten hatten und nun von einer Feuersbrunst ergriffen wurden.

Die Schwarzenberg-Ulanen Nr. 2 hielten hinter dem zweiten Treffen, die vier Eskadronen Rosenberg-Chevaulegers Nr. 6 auswärts des linken Flügels.

Vergeblich wartete Dedovich auf das baldige Erscheinen der 5. Kolonne, der Unfall der Carneville-Jäger machte einen tiefen Eindruck auf Rosenberg, der Bedenken trug, ohne die Stütze schwerer Reiter die Ebene zwischen Groß-Enzersdorf und Eßling zu passieren. Er erbat sich daher die Zuteilung einer Kürassierbrigade. Es mag fast 7 Uhr abends geworden sein, ehe die Brigade Lederer (Hohenzollern-Kürassiere Nr. 8 und Kronprinz Ferdinand-Kürassiere Nr. 4, deren Oberstleutnantdivision jedoch im Zentrum zurückblieb) bei Groß-Enzersdorf eintraf, worauf erst die Vorrückung begann.

Napoleon hatte bisher dem Kampf um Aspern beigewohnt, wobei er während des zweiten Sturmes der Österreicher einige Handpferde einbüßte. Hiller behauptet, daß mit ihnen der Divisionsgeneral und Stallmeister des Kaisers Durosnel gefangen wurde, während dies nach französischen Angaben erst am 22. früh, gelegentlich einer Befehlsübermittlung an eine Kürassierdivision, erfolgt sein soll.

Inzwischen wurde die Lage im Zentrum durch das Artilleriefeuer des 2. Korps immer unerträglicher, die Verschiebung der Infanterie wurde merkbar und weckte den Anschein, daß die Truppen zum Vorstoß durch das Intervall Aspern-Eßling bereitgestellt würden.

Der Anmarsch der Verstärkungen über die Brücken ging langsam und stockend vor sich. Die Donau stieg noch immer, der Wogenschwall mühte sich, die Schiffe und Flöße von den Verankerungen abzureißen, fortwährend mußten kleine Störungen behoben werden, stellenweise tauchten die Flöße so tief, daß die übergehenden Truppen im Wasser wateten. So war bis 5 Uhr nachmittags erst die 2. Brigade St. Sulpice am linken Ufer, die reitende Artillerie der Garde in der Lobau angelangt, wo sie am Stadler-Arm zur Bestreichung des Intervalles gegen Eßling auffuhr.

Von der Division Carra St. Cyr, die bereits um 3 Uhr nachmittags zur Brücke aufgebrochen war, erreichte erst die Tete (24. leichtes Regiment) die Brücke über den Stadler-Arm.

Man durfte das österreichische Zentrum nicht weiter ruhig gewähren lassen. Marschall Bessières erhielt den Auftrag, durch eine Attacke die Artillerie Hohenzollerns zu vertreiben und die Bewegungen der feindlichen Infanterie zu stören. Massena wurden das 26. leichte und 18. Regiment Legrands, die durch das Nahen der Division Carra St. Cyr als Reserve entbehrlich schienen, zur Wiedereroberung von Aspern zur Verfügung gestellt.

Marschall Bessières bestimmte die Kavalleriebrigade Marulaz, die an diesem Tage noch nichts geleistet hatte, zum Angriff, die vier Kürassierregimenter Espagnes (Nr. 4, 6, 7, 8) und die 2. Brigade St. Sulpice (General Guiton mit den 10. und 11. Kürassieren) sollten als 2. Treffen folgen.

Die Bereitstellung der Kavalleriemasse erforderte längere Zeit und blieb österreichischerseits nicht unbemerkt. Liechtenstein, der mittlerweile seine Reservekavallerie etwas zurückgeführt hatte, um dem 2. Korps Raum zur Verschiebung zu geben, glaubte nun, einem Durchbruch der Front am wirksamsten dadurch zu begegnen, daß er seine Reiter in drei Treffen rückwärts des linken Flügels des 2. Korps aufstellen ließ. Hiedurch beraubte er sich der Möglichkeit, dem Angriff entgegenzugehen und überhaupt das 2. Korps in dem folgenden Kampfe zu unterstützen. Da durch den Rückzug der Kavallerie eine weite Lücke zwischen der 3. und 4. Kolonne klaffte, erhielt die rechtsstehende Brigade Generalmajor Grill der Kolonne Dedovich vom Generalissimus den Auftrag, sich rechts, vor die Nordfront von Eßling, zu ziehen.

Endlich waren die Franzosen mit ihrer Aufstellung fertig und rückten zum Angriff vor. Dies geschah seitens der leichten Reiter so schnell, daß die Artillerie kaum Zeit fand, abzufahren. Mehrere Geschütze blieben stehen, andere retteten sich in den Schutz einzelner Infanteriemassen, die Mehrzahl jagte durch die Intervalle nach rückwärts. Generalmajor Provenchères versuchte mit den O'Reilly-Chevaulegers Nr. 3 vergeblich die Attacke des von Marulaz selbst geführten rechten Flügels, 14. und 19. Jäger zu Pferd, aufzuhalten; rasch flutete die Masse zurück, doch Oberst Mariàssy des Regiments Froon Nr. 54, vor dessen Front sich der Kampf abgespielt hatte, warf sich nun mit seinen beiden Bataillonsmassen dem Feind entgegen; der heftige Zusammenprall mit den Bajonetten der Infanterie hielt die hitzigen Verfolger ab und gab den Chevaulegers Zeit, sich ihnen zu entziehen. Beim Zusammenstoß wurde das Pferd des Generals Marulaz erstochen, und nur die Behendigkeit, mit der er sich auf ein anderes schwang, rettete ihn vor Gefangennahme.

Auch links davon kamen die 23. Jäger zu Pferd bis an das Regiment Zedtwitz Nr. 25 heran. Zwischen den Intervallen durchsprengend, umringten die Reiter das 2. Bataillon, welches ein Eskadronschef, dicht an die Front heranreitend, zur Übergabe aufforderte. Kaum hatte er geendet, sprang Korporal Prager an seine Seite und erstach ihn mit dem Bajonett. Als die Reiter wutschnaubend vorbrachen, empfing sie auf nächste Distanz eine Salve, die sie zur raschen Umkehr nötigte.

Am linken Flügel, wo die 3. Jäger zu Pferd, die hessischen Garde-Chevaulegers und die unter Oberstleutnant Sponeck stehende Hälfte der badischen Leibdragoner gegen die Massen von Josef Colloredo Nr. 57, Zach Nr. 15, des 1. Bataillons

Stain Nr. 50 und des 2. Legionsbataillons Erzherzog Karl anritten, wurden die Attacken gleichfalls durch das Feuer der teilweise im Seitenmarsch angefallenen Bataillone abgewiesen. Zweimal wiederholten die Hessen, einmal die Badenser den Versuch, wobei Oberstleutnant Sponeck fiel, zwei Offiziere schwer verwundet wurden und mehrere ihre Pferde verloren. Sie entgingen nur durch die Geistesgegenwart einiger Dragoner, die ihnen zu ledigen Pferden verhalfen, der Gefangenschaft.

Als sich nun die Brigade Vécsey des 1. Korps dem Flügel näherte, gaben die französischen Reiter den Angriff auf und sammelten sich hinter dem 24. leichten Regiment Carra St. Cyrs, das inzwischen herangekommen war und als Rückhalt der Kavallerie den Ravin besetzte.

Die Kürassiere hatten sich während der Angriffe der leichten Reiter damit begnügt, rückwärts im zweiten Treffen zu figurieren; der frühzeitigen Umkehr des linken Flügels gaben sogar die Badenser die Schuld, daß ihre Angriffe gescheitert waren.

Ein bestimmter Befehl Napoleons wies Bessières an, dem Zaudern ein Ende zu machen und gründliche Arbeit zu leisten.

Es war ein herrlicher Anblick, als sich die lange Reiterlinie im Glanze der scheidenden Sonne, die sich in den blanken Helmen und Kürassen spiegelte, langsam gegen die Infanterie in Bewegung setzte. Nicht wie der rasche Anfall der leichten Reiter, die plötzlich aus dem Pulverrauch aufgetaucht waren und vereinzelt ihre Vorstöße unternahmen, sondern in geschlossener Front, von weitem sichtbar, da der Rauch sich inzwischen verzogen hatte, rückte diese Elitereiterei wie das eherne, alles vor sich niedertretende Schicksal heran.

Minuten atemloser Spannung vergingen für die Infanterie. Hochklopfenden Herzens erwartete sie den gefürchteten Gegner, die Bataillonsmassen eng um die Mitte, wo die Berittenen Zuflucht genommen hatten, in einen nach allen Seiten von Bajonetten starrenden Klumpen zusammengeballt, die Finger fest um das Gewehr gekrampft. Offiziere eilten um die Massen, frühzeitige Feuerabgabe zu verhüten; war doch nur auf nächste Distanz ein Erfolg zu erwarten und nicht darauf zu rechnen, bis zum Einbruch der Reiter ein zweites Mal mit dem Laden fertig zu werden.

Auf 200 Schritt vor der Infanterie machte die Linie Halt, Offiziere sprengten vor und forderten zur Übergabe auf. Einige Kugeln sicherer Schützen waren die Antwort, Roß und Reiter wälzten sich am Boden. Da erklangen die hellen Töne der Attackesignale, dumpf dröhnte die Erde und wie eine vernichtende Woge rollte die Linie der Panzerreiter gegen die

Massen des 2. Legionsbataillons Erzherzog Karl, des 1. Bataillons Stain Nr. 50, des Regimentes Zach Nr. 15, Josef Colloredo Nr. 57, Zedtwitz Nr. 25 und Froon Nr. 54 heran. Erst auf fünfzehn Schritte schleuderte eine Salve aus den längst schußbereiten Gewehren einen Bleihagel gegen den Feind. Die Wirkung war eine vollkommene. Zahlreiche Kürassiere und Pferde deckten den Boden, ledige Pferde jagten einher, mühselig hasteten abgeworfene Reiter unter der Last ihrer Kürasse nach rückwärts, um der Gefangennahme zu entgehen.

Was im Sattel blieb, wirbelte in regelloser Masse umher, durch die Intervalle durch, bis hinter das zweite Treffen, wo die langen weißen Linien der österreichischen Reservekavallerie rechts, der linke Flügel des 1. Korps links abermals den Weg versperrten und die Reiter zurückschreckten.

Die Furcht der Infanterie, sich durch Feuerabgabe gegen einen neuen Anfall der besten Wehr zu berauben, bewahrte die längere Zeit zwischen den Bataillonen herumjagenden Reiter vor größeren Verlusten. Die Infanterie schoß nur, wenn um einzelne Kommandanten gesammelte Abteilungen erneuert einen Einbruch in die Massen versuchten.

Einzelne Infanteristen ließen sich hinreißen, vorzuspringen, um Gefangene zu machen, sie wurden meist von den Panzerreitern übel abgefertigt. So dankte es Oberleutnant Graf Nostitz nur seinem Kameraden Roßbach und einigen beherzten Leuten des 2. Legionsbataillons Erzherzog Karl, daß er den Säbeln eines sich rasch um ihn sammelnden Reiterklumpens entrissen wurde. Unterleutnant Roßbach erhielt dabei einen Stich ins Auge.

Allgemach erkannten die Panzerreiter das Vergebliche ihres Bemühens; mehr und mehr verloren sie sich in die frühere Aufstellung, die letzten wurden durch die hinter der Infanterie wieder gesammelten O'Reilly-Chevaulegers verjagt; einzelne Geschütze fuhren vor und sandten den Fliehenden einige Kartätschlagen nach.

Trotz des Mißerfolges der Kürassiere waren die, wie sich in der Folge zeigte, lange nicht so großen Verluste, als man nach der augenblicklichen Wirkung des Infanteriefeuers schließen mußte, nicht umsonst gebracht. Noch lange stand das 2. Korps im Banne des schaurig-schönen Angriffs. Jeden Augenblick eines neuen Anfalles gewärtig, blieb es unbeweglich, nur durch vorgeschobene Plänkler bemüht, allzukeck gegen die Massen vorgehende Tirailleure abzuhalten. Erst in der Dunkelheit wagte es, ein Stück vor- und seitwärts zu rücken, um aus dem Bereich der Toten herauszukommen. So kam die vom Generalissimus anbefohlene Verschiebung, welche den am rechten Flügel angehäuften Truppen Raum schaffen und den Ring um den Gegner schließen sollte, nur höchst unvollkommen zur Durchführung.

Die Artillerie blieb jetzt vorsichtig zwischen den Intervallen der Infanterie, ihre Feuerkraft hatte eine wesentliche Einbuße erlitten, da zahlreiche Geschütze nicht rechtzeitig genug abgefahren waren. Die Franzosen hatten sich bemüht, sie in ihre Linien zu schaffen, was zwar nicht gelang, sie aber doch so sehr in den Bereich des feindlichen Feuers brachte, daß ihre Rettung nicht versucht werden konnte. Erst in der Nacht wurden die meisten von streifenden Kavalleriepatrouillen gefunden und zurückgebracht.

Gleichwohl konnte die Tatsache nicht hoch genug bewertet werden, daß die Infanterie dem großen Reitersturm widerstand. Es war ein aufsehenerregendes, denkwürdiges Ereignis, trotzdem Ähnliches in früheren Kriegen wiederholt schon vorgekommen war. Die französischen Kürassiere hatten sich durch ihre Massenattacken den Ruf der Unüberwindlichkeit erworben; ihr Ruhm stand deshalb so hoch, weil die obwohl meist besser berittene und in der Einzelausbildung gewiß vollkommenere, an Tapferkeit mindestens ebenbürtige Kavallerie ihrer Gegner in größeren Verbänden absolut nicht zu fechten verstand. Überdies zählte die Infanterie eine Menge junge Leute in ihren Reihen, die nach den aus der Zeit der lebenslänglichen Dienstzeit stammenden Begriffen kaum als vollwertige Soldaten gerechnet werden konnten.

Alle angegriffenen Bataillone, nicht zum wenigsten das neuformierte Legionsbataillon, hatten eine bewunderungswürdige Haltung, Ruhe und Kaltblütigkeit gezeigt. General der Kavallerie Fürst Liechtenstein, der es nicht für rätlich hielt, während des Angriffes die Reservekavallerie aus ihrer geordneten Aufstellung im gefährlichen Flankenmarsch um das 2. Korps herumzuführen und sich hiedurch Aktionsfreiheit zu schaffen, sich aber persönlich zur Infanterie begab und diese zur Standhaftigkeit ermunterte, konnte deren Verhalten nicht hoch genug rühmen. Der Generalissimus beauftragte den Generalstabschef des 2. Korps, Oberstleutnant Freiherrn von Hundt, den Truppen sofort den Dank ihres Feldherrn auszusprechen und ihnen zu sagen, daß sie brave Soldaten seien. Er selbst konnte nicht länger im Zentrum verweilen, da in Aspern ein Rückschlag eingetreten war, der seine Gegenwart am rechten Flügel dringend nötig erscheinen ließ.

Dritter Sturm auf Aspern.

Massena hatte das 26. leichte und das 18. Regiment, an ihrer Spitze die hochaufragende Gestalt des Divisionsgenerals Legrand, in den Kampf um Aspern geworfen. Der Stoß dieser frischen Truppen entlang der Hauptstraße gab dem blutigen Ringen rasch eine andere Wendung. Der Oberst und der Oberstleutnant von Reuß-Plauen, welches Regiment die Hauptlast des Kampfes trug, waren bereits verwundet; als auch Major Söldenhoffen von einer Kugel getroffen wurde, wich das Regiment rasch zurück. Nun gab es für die übrigen Abteilungen keinen Halt mehr, in kürzester Zeit war der heißumstrittene Ort samt Kirche und Friedhof in den Händen der Franzosen. Nur in den Gebüschen südlich davon, in dem Abschnitt beim hölzernen Haus, vermochten sich die Truppen festzusetzen und dauernden Widerstand zu leisten.

Massena organisierte sofort wieder die Verteidigung; die stark durcheinander gekommene Division Molitor, die nahezu die Hälfte ihrer hier kämpfenden Streiter verloren hatte, wurde herausgezogen und sammelte sich im Wäldchen südlich des Ortseinganges. Die Verteidigung wurde den sechs Bataillonen Legrands, die mit einigen Geschützen verstärkt wurden, übertragen.

Feldmarschalleutnant Hiller, der den Preis dreistündigen heißen Kampfes ingrimmig wieder entschlüpfen sah, unternahm bald einen Versuch zur Wiedereroberung. Während seine Artillerie und das vor Aspern aufmarschierte 1. Treffen in der Front ein heftiges Feuer unterhielten, die geworfenen Truppen sich sammelten, wollte er den Besitz des Abschnittes beim hölzernen Haus ausnützen, um durch einen ähnlichen Vorstoß, wie ihn beim ersten Sturm das 2. Jägerbataillon in Flanke und Rücken des Gegners unternommen hatte, den Angriff zu erleichtern. Er schickte deshalb seinen Generalstabschef Oberst Csollich, wegen dessen Vertrautheit mit der Örtlichkeit, zu der Reserve der in der Gemeindeau fechtenden Plänkler, zum Regiment Gyulai Nr. 60.

Mit den bisher nicht im Angriff verwendeten vier Kompagnien des 1. Bataillons drang Csollich mit Sturmstreich aus den Gebüschen beim hölzernen Hause vor, warf die feindlichen

Tirailleure und gelangte fast bis an den Friedhof. Doch Massena hatte sich diesmal besser vorgesehen und bereitete den stürmenden Ungarn einen so heißen Empfang, daß sie unter großen Verlusten weichen mußten.

General der Kavallerie Graf Bellegarde hatte sich damit begnügt, zur Aufnahme des Regiments Reuß-Plauen die Brigade Wacquant aus dem zweiten Treffen vorzuziehen und gegenüber Aspern Stellung nehmen zu lassen.

So war die Lage, als der Generalissimus zum rechten Flügel kam. Sofort schickte er einen Flügeladjutanten zum General Wacquant, dieser möge den Ort, „koste es, was es wolle,“ stürmen. An Hiller und Hohenlohe erging die Aufforderung, den Angriff zu unterstützen.

Generalmajor Wacquant ließ zwei Bataillone Vogelsang Nr. 47 links, ein Bataillon Erzherzog Rainer Nr. 11 rechts als 1. Treffen aufmarschieren, ein Bataillon Vogelsang folgte als Unterstützung, zwei Bataillone Rainer bildeten rückwärts die Reserve. Die Fahne des 1. Bataillons Vogelsang ergreifend, sprengt der General vor die Front. „Mit ganzer Front marschieren! Hoch lebe Kaiser Franz! Siegen oder sterben!“ „Hoch Kaiser Franz!“ antwortet es jubelnd aus den Reihen, die Trommeln wirbeln, die Musiken hinter der Front fallen ein. Im Sturmschritt folgen die drei Bataillone dem wehenden Panier. Bald zeichnen blutige Spuren den Weg. Wacquant, im kurzen Galopp den Seinen weit voraus, bricht kurz vor der feindlichen Stellung zusammen. Schon stürzen Tirailleure aus dem deckenden Graben, um sich des feindlichen Führers zu versichern, da springt in langen Sätzen Hauptmann Wunsch als erster herbei und deckt den General, bis dieser sich unter dem toten Pferde emporgearbeitet hat und, die Fahne hoch nehmend, mit den herankommenden Bataillonen in die feindliche Stellung dringt.

Erzherzog Rainer-Infanterie am rechten Flügel stößt auf die gutbesetzte Kirchhofmauer. Ein Sprühregen von Geschoßen schlägt entgegen. Das Bataillon stutzt. Da hört man den Ruf: „Fürs Vaterland! Mutig vorwärts!“ Es ist Erzherzog Karl selbst, wie immer in kritischen Augenblicken, zur Stelle. „Tausend Leben für unsern Erzherzog! Mir nach!“ antwortet der Interimsbataillonskommandant Hauptmann Murmann und stürmt gegen die Mauer, seine Leute ihm nach. „Wohlan, Herr Major, führen Sie das Bataillon zum Sieg!“ lohnt der Generalissimus die Tat.

Auch dieses Bataillon dringt in die gegnerische Stellung, von Westen stürmt Anton Mittrowsky Nr. 10 herbei und hilft an der Eroberung des Stützpunktes mit, wo die Franzosen jeden Leichenstein, die Kirche und selbst das oberste Geschoß des Turmes verteidigen.

Das 2. Jägerbataillon, Klebek Nr. 14 und das 1. Bataillon Jordis Nr. 59 benützen die Verwirrung und rücken vom hölzernen Haus aus in den südlichen Gärten vor, setzen sich an dem Graben gegen die Gemeindeau fest und verhindern Flankenstöße gegen die Brigade Wacquant, die unaufhaltsam gegen den Ort vordringt und durch das 7. Jägerbataillon unter Generalmajor Mayer, den Hohenlohe den Stürmern von Aspern zu Hilfe schickte, unterstützt wird. Das Bataillon setzt sich in der Lehmgrube nördlich des Ziegelofens fest und nimmt die Häusergruppe beim Nordosteingang. Dieser Flankenangriff und das wohlgeleitete Feuer eines Geschützes, das Leutnant Lenk in die Hauptgasse vorführt, brechen den Widerstand beim Abschnitt nächst der Schmiede, in rascher Folge werden die Franzosen beim Südostausgang hinausgedrängt.

Napoleon, dessen Stab der Strom der Fliehenden bereits hinweggeschwemmt hatte, befand sich im Jägerhaus nächst dem Südostausgang, mit zwei Jägerburschen allein. Schon fühlten sich diese versucht, den Ahnungslosen zu erschießen. Doch vor der Feigheit der Tat zurückschreckend, wohl auch von der bannenden Größe dieses Mannes eingeschüchtert, ließen sie die günstige Zeit verstreichen. Da weckte schon der immer näher schallende Gefechtslärm den Kaiser aus seinem Brüten.

Als er draußen die Größe der Gefahr überblickte, eilte er aus dem Orte. Inzwischen war die Brigade Dalesme der Division Carra St. Cyr auf dem Schlachtfeld angelangt. Deren Tete, das 4. Regiment, war im Brückenkopf verblieben, dessen Sicherung gegen Handstreiche bei Eintritt der Dunkelheit unumgänglich nötig wurde, das 46. Regiment hatte sich auf dem Wege nach Aspern als Reserve aufgestellt. Dieses schickte Napoleon dem Marschall Massena zu Hilfe.

Kaum hatte General der Kavallerie Graf Bellegarde erfahren, daß Aspern erobert sei, als er das 1. Korps mit dem rechten

Flügel näher an das Dorf und den linken soweit vorführte, als ihm das Seitwärtsschieben des 2. Korps erlaubte. Zwei Batterien unter Oberleutnant Grimmer von Adelsbach fuhren bis in die Gegend der Nordostecke von Aspern vor und richteten ein heftiges Feuer gegen den Ziegelofen und in die Flanke des französischen Zentrums. Zwei Bataillone Kolowrat Nr. 36 stellten sich bei ihnen als Bedeckung auf.

Wie ein grollender Löwe wartete Massena auf das 46. Regiment, an dessen Spitze er sich sofort auf die siegreichen Österreicher stürzte, deren Ordnung sich im Einzelkampf, im Gewirr brennender Häuser, bei der notwendig gewordenen Schwenkung nach Süden gelöst hatte. Sie gaben dem Stoß nach, schon wichen einige Abteilungen aus dem Nordrand des Ortes gegen das 1. Korps zurück. Hauptmann Haberein des Infanterieregiments Kolowrat Nr. 36 erfaßte den kritischen Augenblick und warf sich mit der Mitteldivision des 2. Bataillons den nachdrängenden Verfolgern, die bereits die Ortslisière besetzten, entgegen. Generalmajor Wacquant führte seine Reserven vor und drängte den Gegner wieder zum Ortsausgang zurück, wobei der Oberst des französischen 46. Regiments, Richard, fiel.

Napoleon empfing die Weichenden mit der Frage, wo ihr Oberst sei und entflammte sie damit zum neuen Sturm; dem Kaiser wenigstens die Leiche zu Füßen zu legen, war ihr Sinnen, da er deren Verlust jenem des Adlers gleichstellte. So gewannen sie den Abschnitt bis zum Jägerhaus wieder, den sich Massena nicht mehr entreißen ließ, somit wenigstens die letzten Häuser von Aspern behauptend.

Da in dem engen Raume eine Masse von sechs Bataillonen Wacquants, Teile des 7. Jägerbataillons und des Regiments Anton Mittrowsky den Angriffsweg versperrten, eine Brigadebatterie des 1. Korps in diesem Abschnitt Stellung genommen hatte, die Truppen des 6. Korps den übrigens schwer passierbaren Graben am Südrand des Ortes besetzt hielten, versprach nur ein Angriff von Osten her einen Erfolg; dort bestrichen aber die beiden Batterien des 1. Korps die Fläche.

Ehe diese Geschütze nicht verjagt oder genommen waren, blieb jeder weitere Versuch vergeblich. Inzwischen rückte zwischen 6 und 7 Uhr die hessen-darmstädtische Brigade über die kleine Brücke, so daß nun die Division Carra St. Cyr

(13 Bataillone, 9500 Mann, 14 Geschütze) vollzählig war. Dahinter kam das Teteregiment der Division Nansouty, die 3. Kürassiere des Generals St. Germain (600 Reiter). Ihr Übergang hatte sich unter den größten Schwierigkeiten vollzogen und das nachfolgende 12. Kürassierregiment mußte lange warten, bis die technischen Truppen die Brückendecke wieder besser gesichert hatten.

Napoleon ließ die Hessen als Reserve an dem vom Ostende von Aspern gegen die Donau ziehenden Graben, die Gemeindeau vor der Front, aufmarschieren, Nansouty erhielt den Auftrag, mit dem 3. und zwei anderen Kürassierregimentern, vermutlich Brigade Guiton von St. Sulpice, die Batterien nordöstlich Aspern zu nehmen.

Gleich einer von Abendrot durchglühten Gewitterwolke rasselten die Panzerreiter vom Ravin über die Ebene, schräg an der Aufstellung des 2. Korps vorbei, gegen die Batterien heran.

Kavalleriekampf bei Aspern und im Zentrum.

Nach dem abgeschlagenen Reiterangriff gegen das 2. Korps hatte Fürst Liechtenstein die Unzweckmäßigkeit der Aufstellung seines Korps eingesehen und die zum Aufrücken in gleiche Höhe mit dem linken Flügel des 2. Korps nötigen Befehle erlassen. Um aber dieses nicht gänzlich eines Rückhaltes zu berauben, blieben die Herzog Albert-Kürassiere Nr. 3 unter ihrem Obersten Kuttalek von Ehrengreif hinter der Infanterielinie zurück. Die nach den wiederholten Detachierungun noch verbliebenen 40 regulären Eskadronen wurden so aufgestellt, daß die drei Kürassierregimenter Erzherzog Franz Nr. 2, Moritz Lichtenstein Nr. 6, Kaiser Nr. 1, vermutlich auch die Oberstleutnantdivision von Kronprinz Ferdinand Nr. 4, dann die Knesevich-Dragoner Nr. 3 ins erste Treffen kamen, Riesch-Dragoner Nr. 6 und Blankenstein-Husaren Nr. 6 im Staffel links rückwärts standen, die zehn Insurrektionseskadronen das 3. Treffen bildeten. Während sich die Bewegungen in die neue Aufstellung vollzogen, spielte sich der gegen die Batterie nordöstlich Aspern gerichtete Angriff Nansoutys ab.

Feldmarschalleutnant Fresnel erkannte die den Batterien und den zwei Bataillonen Kolowrat Nr. 36 drohende Gefahr und warf sich dem rechten Flügelregiment Nansoutys mit zwei Divisionen Vincent-Chevaulegers Nr. 4 entgegen. Diese wurden jedoch ebenso wie die unter Generalmajor Vécsey im 2. Treffen folgende 2. Majordivision Klenau-Chevaulegers Nr. 5 zurückgejagt. Die Panzerreiter der beiden anderen Regimenter drangen gleichzeitig in die Batterien ein; nur einige Geschütze retteten sich durch die Flucht. Kolowrat Nr. 36 hatte rasch Massen formiert und wies den Reitersturm ab, der sich gegen die rückwärts stehenden Bataillone des 1. und den rechten Flügel des 2. Korps wandte.

Das siegreiche Kürassierregiment am rechten Flügel sollte sich seines Erfolges nicht lange freuen. Oberst Kuttalek hatte den Augenblick gut erfaßt und war mit zwei Divisionen seiner Herzog Albert-Kürassiere durch die Intervalle der Infanterie in die rechte Flanke des Feindes eingebrochen, der nach kurzem Kampfe geworfen wurde. Die gegen das 1. Korps angerittenen Kürassiere wurden mit heftigem Feuer empfangen, Generalmajor Vécsey benützte die eingerissene Unordnung, um mit der 1. Majordivision Klenau in ihre Flanke zu fallen. Auch hier mußten die Franzosen weichen, die eroberten Geschütze am Platze lassend. Die gegen den linken Flügel des 2. Korps ansprengenden Reiter wurden durch die feste Haltung der Infanterie und die von Kuttalek zurückgelassene Majordivision von einem ernstlichen Angriff abgehalten und schlossen sich dem allgemeinen Rückzug an.

So war dieser Vorstoß schließlich mißglückt, der Flankenangriff gegen Aspern blieb unmöglich, der Kampf im Orte beschränkte sich fortab auf ein stehendes Feuergefecht mit partiellen Versuchen einzelner Abteilungen, ein Stück nach vorwärts zu gelangen. Die Österreicher mühten sich vergeblich ab, die Franzosen vom Rande der Gemeindeau zu verdrängen.

Mit wachsender Unruhe hatte man französischerseits das Vorrücken des Kavalleriereservekorps Liechtenstein am linken Flügel des 2. Korps bemerkt. Man dachte nichts anderes, als daß die österreichischen Reiter nun ihrerseits einen Durchbruch planten. Die französischen Reiterführer waren keineswegs gesonnen, dies untätig abzuwarten. Bessières formierte rasch eine tiefe Angriffskolonne. Die Brigade Marulaz, deren etwas hart mitgenommene badische Dragoner Napoleon bei seiner prinzipiellen Schonung der Bundestruppen durch das zu seiner Bedeckung bestimmte württembergische Chevaulegersregiment Herzog Heinrich abgelöst hatte, bildete die Tete, Marulaz mit den 23. Jägern zu Pferd an der Spitze, die Division Espagne folgte.

Es war noch nicht 8 Uhr abends, als durch das Anreiten dieser Kolonne ein heftiger Kavalleriekampf entbrannte. Das österreichische 1. Treffen ging entgegen, wurde aber durchbrochen; im wilden Handgemenge, wobei Generalmajor Siegenthal verwundet wurde, wälzte sich die Masse gegen Norden. Ein Teil der französischen Kürassiere schwenkte links ab und fiel auf die Massen der im 2. Treffen Hohenzollerns stehenden Infanterieregimenter Frelich Nr. 28 und Rohan Nr. 21. Auch hier bewährte sich die neue Formation der Infanterie.

Mittlerweile brauste durch die Abenddämmerung das österreichische 2. Treffen, Riesch-Dragoner und Blankenstein-Husaren, gegen die französische rechte Flanke heran, in die linke führte Oberst Kuttalek aus den Intervallen der Bataillonsmassen seine Herzog Albert-Kürassiere herbei. Die französischen Reiter mußten weichen.

In diesem Augenblick stürzt Marulaz unter sein zusammenbrechendes Pferd. Auf seinen Ruf eilen viele der schon umkehrenden Jäger zu Pferd herbei, Leutnant Carron vom 14. Regiment hilft ihm auf sein eigenes Roß. Es ist höchste Zeit. Schon dringen allseits österreichische Reiter auf die Zurückbleibenden ein, der Generalstabschef der Brigade wird niedergesäbelt, der Rückweg ist versperrt. Kurz entschlossen macht sich Marulaz, der beim Sturz den Hut verlor, durch kräftige Säbelhiebe Bahn. Nicht so glücklich sind viele andere seiner Begleiter. Nach Norden das Weite suchend, fallen sie den Insurrektionshusaren in die Hände.

Ein großer Teil der österreichischen Kavallerie verfolgt bis in die Höhe von Eßling, von dort schlägt aber ein so heftiges Feuer in ihre linke Flanke, daß sie eiligst in die frühere Aufstellung zurückweichen müssen.

Sturm der 4. Kolonne auf Eßling.

Erzherzog Karl war nach der Eroberung von Aspern zum Zentrum geritten, wo er den Ausgang des Kavalleriekampfes erfuhr. Da ein großer Erfolg der nachhauenden Reiter durch den französischen Stützpunkt Eßling vereitelt wurde, schien die Wegnahme dieses schon seit Stunden brennenden Ortes geboten. Rosenberg hatte noch immer nicht angegriffen, Dedovich sich auf Geschütz- und Plänklerkampf beschränkt. Es flogen daher Adjutanten an alle vor Eßling stehenden Kommandanten. Generalmajor Grill, Feldmarschalleutnant Dedovich und Klenau wurden zum unverzüglichen Sturm befehligt, der säumige Rosenberg zur Eile angespornt, selbst Hohenzollern aufgefordert, den Angriff zu unterstützen.

Letzterer sandte das 3. Bataillon Rohan Nr. 21 gegen Eßling ab. Die Kolonne Dedovich unternahm in zwei Gruppen den Angriff: Generalmajor Grill gegen die Nordfront mit dem 1. Jägerbataillon und dem Bataillon Walachisch-Illyrier als Plänkler voraus, das Infanterieregiment Coburg Nr. 22 in drei Sturmkolonnen, Erzherzog Ludwig Nr. 8 als Reserve folgend; Feldmarschalleutnant Klenau mit dem 2. mährischen Freiwilligenbataillon und den beiden Bataillonen Reuß-Greitz Nr. 55 und einem von Czartoryski Nr. 9 im ersten, mit den anderen zwei Bataillonen desselben im zweiten Treffen gegen die nordöstliche Ecke.

Marschall Lannes hatte die Zeit der Muße gut benützt. Ihm bot der vor der Mitte der Nordfront liegende Getreidespeicher, der sogenannte Schüttkasten, ein vorzügliches Verteidigungsobjekt. Massiv aus Stein gebaut, mit Mauern, unten 145, oben 100 cm breit, Türen und Fenster mit Eisenläden verschließbar, im Erdgeschoß mit gewölbter Decke versehen, konnte der gewaltige, 45 Schritt lange, 22 Schritt breite, fast 30 Meter hohe Bau selbst der Beschießung aus schweren Geschützen längere Zeit trotzen. Nun besaß jedoch die Kolonne Dedovich überhaupt keine zwölfpfündige Positionsbatterie, da die beiden des 4. Korps augenscheinlich am Morgen zum linken, mit der Verteidigung der Höhen am Rußbach betrauten Flügel kamen, der später die 5. Kolonne bildete.

Lannes hatte dem dreistöckigen Gebäude eine Besatzung

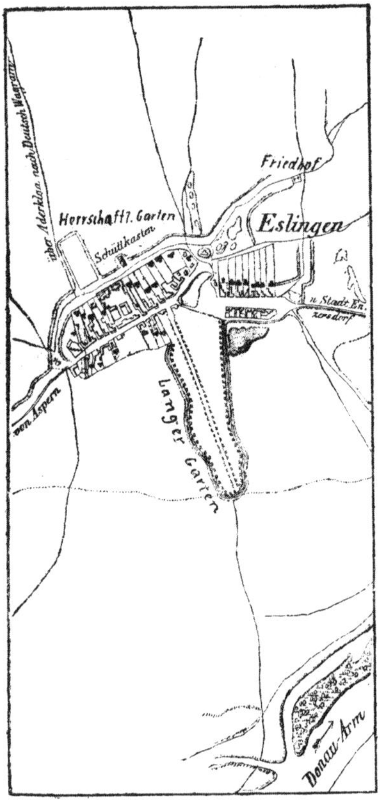

von 300 Mann gegeben, die mit dreifacher Munition, Reserve an Flintensteinen, Verbandmaterial, Chirurgen, Proviant und Wasser ausgerüstet wurde. Die Mannschaft reichte zur dreimaligen Ablösung der an 49 Fensteröffnungen und Dachluken Platz findenden 96 Schützen aus.

Westlich des Schüttkastens sprang der herrschaftliche Garten weit aus der Nordfront vor. Lannes hatte in dessen Umfassungsmauer Schießscharten brechen lassen Rückwärts zwischen beiden Stützpunkten bot ein ummauertes, zur Verteidigung gut geeignetes Gehöft eine Art von Reduit für die Nordfront, längs welcher ein kleiner Damm und Graben führte — die Fortsetzung des oft genannten Ravins zwischen Aspern und Eßling — eine vorzügliche Deckung für die Schützen und die Batterie am westlichen Ende des Ortes. Hinter der Front lief eine Allee, welche dem Verteidiger nützliche Dienste leistete. Noch heute weisen die mächtigen Bäume zahlreiche Kugelspuren auf.

So war die vom Schüttkasten und herrschaftlichen Garten flankierte Nordfront nahezu unangreifbar.

Die Ostfront wurde vornehmlich von dem sogenannten langen Garten, einer schmalen, mit Graben und Gebüsch umfriedeten Wiese, in deren Mitte eine Allee, gebildet. Sie zieht sich von der Mitte des Dorfes südwärts gegen die Donau und verengt damit das immerhin noch beträchtliche, offene Intervall bis zum Stadler-Arm. Der nach Osten vorspringende

Teil des Ortes, die Häusergruppen an der Straße nach Groß-Enzersdorf und am Wege gegen Raasdorf, an welchem, etwa 500 Meter vom Ort entfernt, der kleine Friedhof liegt, ist schwer zu behaupten, sowohl vom Verteidiger als auch vom eindringenden Angreifer. Ersterer besaß aber in der Lehmgrube, am Rande des langen Gartens, und in dem breiten Platze bei der Abzweigung des Weges von der Chaussee mit einem großen Tümpel, einen günstigen Abschnitt zum erneuten Widerstand.

Die Breite der Dorfstraße und die Entfernung der einzelnen Häuser von einander erleichterte im Gegensatz zu Aspern die Leitung der Verteidigung. Die hinter dem Orte aufgestellten Reserven hatten große Bewegungsfreiheit und das Umterrain gestattete die Unterstützung der Infanterie durch Kavallerie.

Anscheinend hatte Marschall Lannes die Division Boudet derart verteilt, daß die beiden Bataillone des 3. leichten Regiments die Nordfront und noch ein Stück des Ravins zwischen Eßling und Aspern, zwei Bataillone des 56. Infanterieregiments die Ostfront besetzten, ein Bataillon desselben am Ufer des Stadler-Armes zur unmittelbaren Sperrung des nächsten Weges zur Brücke mit etwas Artillerie Stellung nahm, das 93. Regiment (zwei Bataillone) die Reserve bildete. Den Durchbruch zwischen dem langen Garten und dem Stadler-Arm sowie eine Umfassung aus diesem Raume hatten die von Groß-Enzersdorf zurückgegangenen Kavalleriebrigaden Bruyère und Lagrange (13., 24. Jäger zu Pferd, 1. und 5. Kürassiere) zu hindern. Lasalles 2. Brigade Piré kam, als man den baldigen Angriff der bei Groß-Enzersdorf eingetroffenen 5. Kolonne erwarten mußte, zur Reserve hinter den Ort.

Wie unter diesen Umständen begreiflich, endete der Angriff der beiden Gruppen des Feldmarschalleutnants Dedovich kläglich. Am besten erging es noch den Sturmkolonnen von Reuß-Greitz-Infanterie, die sich im ersten Anlauf der Häusergruppen am Wege nach Aderklaa bemächtigten. Das rechts davon vorgehende Bataillon Czartoryski, aus dem Graben mit heftigem Feuer empfangen, vom Schüttkasten flankiert, mußte zurückweichen, ebenso die auf den letzteren und den herrschaftlichen Garten stoßenden Truppen des Generalmajors Grill.

Marschall Lannes war aber mit diesem Erfolg nicht zufrieden und wollte den Angreifern einen Denkzettel geben, der ihnen das Wiederkommen verleiden sollte. Er schickte den ihm unterstellten Reiterführer Bessières, mit dem er persönlich nicht gut stand und dessen bisherige Leistungen dem schwer zu befriedigenden Lannes keineswegs besonders hervorragend schienen, den Befehl, mit Espagnes Kürassieren in die weichende Infanterie einzuhauen. War schon das Wort Befehl für einen Rangsgenossen hart, so fügte Lannes mit verletzender Schärfe hinzu, daß dieses Mal aber die Attacke vollständig durchzureiten sei. Erst der dritte Befehlsüberbringer, Kapitän Marbot, richtete den Befehl wörtlich aus. Jetzt fügte sich Bessières, wiewohl zornbebend und ebenso wie Espagne einen Angriff verurteilend, der nach einem solchen heißen Tag die Zahl der Opfer häufen mußte, nicht unbedingt nötig und mit den ermüdeten Pferden wenig aussichtsvoll schien.

Es ging schon auf 9 Uhr abends, als die Kürassiere in die von den Bränden in Eßling erhellte Ebene hinausritten. Das lange Zögern ließ den günstigen Augenblick versäumen, schon hatten sich die Massen vom 1. und 2. Bataillon Coburg, 3. Erzherzog Ludwig und 1. und 2. Czartoryski, welche der Stoß ebenso wie das eben im Anrücken vom 2. Korps befindliche 3. Bataillon Rohan traf, geschlossen. Von heftigem Feuer empfangen, wichen die Reiter aus, jagten in den Intervallen weiter und kamen immer wieder in neue Salven, welche die Ordnung lösten.

Die Schwarzenberg-Ulanen warfen sich dem Reiterschwall entgegen und fanden bald Unterstützung in den auf den Gefechtslärm aus der Flanke herbeieilenden nächsten Regimentern des Kavalleriereservekorps, darunter auch wieder Oberst Kuttalek mit den Herzog Albert-Kürassieren. Die französischen Reiter wurden auf das äußerste bedrängt, Espagne fiel, Bessières, von Ulanen umringt, wehrte sich mit seinem Adjutanten verzweifelt. Schon empfing letzterer die Todeswunde, als Rettung kam. Lasalle hatte die Gefahr des Angriffes erkannt und war mit der Brigade Piré und den württembergischen Chevaulegers den Kürassieren nachgejagt. Sich in das Getümmel stürzend, macht er den schweren Reitern Luft und bricht dem Marschall Bahn zum Rückzug. Unter dem Feuer der Infanterie, sich der Vorstöße der nachsetzenden Reiter, besonders der Ulanen, durch Gegenattacken einzelner Abteilungen erwehrend, wobei sich insbesondere die Württemberger auszeichnen, verschwindet die Reitermasse im Dunkel außerhalb des Feuerscheines von Eßling.

Nach dem Rückzug der übrigen Bataillone war auch Reuß-Greitz aus den Häusern von Eßling zurückgewichen, hatte sich aber im Friedhof festgesetzt, wo die nach links detachierte Kompagnie des Hauptmanns Grafen Hardopp Gelegenheit fand, in einem Graben gegen eine Batterie heranschleichende Plänkler zurückzujagen.

Sturm der 5. Kolonne auf Eßling.

Feldmarschalleutnant Rosenberg hatte in Erwartung der Kürassierbrigade Lederer, die er hinfort nur als Rückhalt hinter den Treffen, anscheinend am linken Flügel, verwendete, so daß sie wohl durch Artilleriefeuer litt, zum Einhauen aber keine Gelegenheit fand, kostbare Zeit versäumt. Während dieser wurden die Truppen bei Groß-Enzersdorf bereitgestellt: Feldmarschalleutnant Rohan mit sechs Bataillonen (Chasteler Nr. 46, in zwei Bataillone formiert, 3. Bellegarde Nr. 44 im ersten, 1. und 2. Hiller Nr. 2, 3. Sztáray Nr. 33 im zweiten Treffen) beiderseits der Straße nach Eßling, Feldmarschalleutnant Hohenlohe mit vier Bataillonen (1. und 2. Bellegarde Nr. 44 im ersten, 1. und 2. Sztáray Nr. 33 im zweiten Treffen) am Stadler-Arm. Generalmajor Stutterheim mit den Erzherzog Ferdinand-Husaren Nr. 3, vier Eskadronen Rosenberg-Chevaulegers Nr. 6 in zwei Treffen, links davon Oberst Fröhlich mit Stipsicz-Husaren Nr. 10, sollten im Zwischenraum vorrücken.

Groß-Enzersdorf blieb mit dem 3. Bataillon Hiller und den Walachisch-Illyriern, die samt einigen Husaren auch die Bewachung des Donauufers übernahmen, besetzt.

In dieser Formation ging es nach 7 Uhr abends so weit vor, daß die vor der Front Rohans aufgefahrene Artillerie das Feuer eröffnen konnte. Die leichte Kavallerie rückte gegen das Südende des langen Gartens vor, wobei es mit der Brigade Bruyère zu mehreren Zusammenstößen kam, die auf keiner Seite zum durchschlagenden Erfolg führten.

Anscheinend raffte sich Rosenberg erst nach Einlangen

des bestimmten Befehls des Erzherzogs zum Angriff auf, den aber nur das erste Treffen von Rohan, Infanterieregiment Chasteler gegen die östliche Häusergruppe, 3. Bellegarde gegen den langen Garten, durchführte, während von der Gruppe Hohenlohe das 1. und 2. Bellegarde in Kolonne hintereinander längs des Ufers gegen die feindliche Brücke vorgeschickt wurden.

Es war schon vollkommen finster; so kam es, daß das im Staffel links rückwärts der Hauptangriffsgruppe vorrückende 3. Bataillon Bellegarde samt den auf gleiche Höhe zurückgegangenen Reitern Stutterheims unversehens aus nächster Nähe von einer Plänklerabteilung angeschossen wurde, die sich vorgeschlichen und in einem Graben versteckt hatte. Eine Panik riß ein, die nur durch die Ruhe und Besonnenheit des Oberstleutnants Weißenwolf rasch gebannt wurde. Dieser sammelte sein Bataillon bald wieder und führte es so geschickt vor, daß die Franzosen ohne weiteren Kampf Fersengeld gaben.

Der Sturm von Chasteler und vom 3. Bellegarde hatte anfänglich Erfolg, da aber zu dieser Zeit jener der 4. Kolonne bereits abgeschlagen war, hatte Lannes leichte Arbeit. Alle drei Bataillone wurden endlich geworfen.

Inzwischen war vom Generalissimus auf die Nachricht, daß Rosenberg endlich angreife, dem Feldmarschalleutnant Klenau befohlen worden, den Sturm zu erneuern. Reuß-Greitz und Czartoryski gingen um halb 10 Uhr nachts in denselben Richtungen wie früher vor, ersteres drang wieder in die Häuser ein, mußte jedoch, da indessen der Angriff der 5. Kolonne gescheitert war, der Übermacht weichen und geriet in arge Bedrängnis. Hauptmann Hardopp, bereits vom Regiment abgeschnitten, sammelte die noch in den Häusern verstreuten Leute, fiel den Franzosen in den Rücken und benützte ihre Überraschung zum Durchbruch. Der Zwischenfall gab dem Regiment Zeit, sich beim Friedhof wieder zu sammeln, wo es ungeachtet mehrerer von den Franzosen versuchten Überrumpelungen bis kurz vor Tagesanbruch blieb. Czartoryski mußte sein Unternehmen schon beim Anlauf aufgeben.

Als die drei Bataillone der 5. Kolonne nach Ordnen der Verbände ein zweitesmal angriffen, war Klenaus Vorstoß bereits abgefertigt, es wiederholte sich das Spiel von früher, anfänglicher Erfolg, dann Rückzug nach Eingreifen feindlicher Reserven in die Flanken, wobei diesmal je eine Division von Sztáray und Hiller dem 3. Bataillon Bellegarde vergeblich Hilfe brachten.

Der unermüdliche Kommandant dieses Bataillons, Major Taco, machte noch einen dritten Angriff, wobei die Witwe des beim ersten Sturm gefallenen Zimmermanns Cornicius wiederum, einen vom Boden aufgerafften Säbel schwingend, tapfer mittat; die Angreifer wurden wieder geworfen, worauf ihnen, es mochte gegen 11 Uhr nachts sein, der Befehl Rosenbergs zukam, die Stürme einzustellen.

Der rechte Flügel von Dedovich war ganz untätig geblieben. Den Truppen steckte wohl der Schrecken des Reitersturmes noch in allen Gliedern. Marschall Lannes versäumte übrigens nicht, zeitweise einige Eskadronen zur Einschüchterung gegen die Flanke der Infanterie vorgehen zu lassen. Moritz Liechtenstein-Kürassiere, die zur Deckung des abgesessenen Kavalleriekorps am Feinde blieben, waren indessen wachsam und scheuchten den Gegner jedesmal zurück. Erst um 11 Uhr nachts wurde bei diesem Regiment zum letztenmal zur Attacke geblasen.

Am Donauufer hatte sich gleichfalls ein für die österreichischen Waffen keineswegs günstiges Gefecht abgespielt. Das an der Tete, etwa 100 Schritte vor dem 2. vorrückende 1. Bataillon Bellegarde hatte sich zuerst durch eine Reiterabteilung, die sich ihm entgegenwarf, mit gefälltem Bajonett unter Jubelgeschrei Bahn gebrochen. Dann stieß man plötzlich im Dunkel auf Infanterie. Rasch wurde beiderseits eine Decharge abgegeben, als aber das Bataillon zum Sturm vorstürzen wollte, sandten die beiden Gardebatterien am anderen Ufer eine Kartätschenlage in die Richtung, welche das Aufblitzen der Schüsse andeutete. Alles stob auseinander und wich auf das 2. Bataillon zurück, das am Ufer Stellung genommen hatte und aufs Geratewohl einige Salven über das Wasser abgab.

Hier sammelten sich die Flüchtenden. Mit Schrecken sah man, daß die Fahne fehlte. In der Dunkelheit war der Tod des Fahnenführers nicht bemerkt worden. Das 2. Bataillon formierte sich, um dem Feind das kostbare Symbol zu entreißen, doch schon war Korporal Anton Strauch mit einigen Leuten umgekehrt, hatte sich auf die mit der Durchsuchung des Schlachtfeldes beschäftigten Franzosen gestürzt, den Finder der Fahne erschossen und mit dieser das Weite gesucht, bevor sich die Franzosen von ihrer Überraschung erholten.

Die Nacht zum 22. Mai.

Langsam erstarb der Feuerkampf auf der ganzen Linie, zuerst im Zentrum, später auf den Flügeln. Gegen Mitternacht war alles still. Die Brandfackeln von Aspern und Eßling lohten durch die Nacht und ergossen ihren hellen Schein auf die ermatteten Kämpfer, welche, das Gewehr im Arm, das müde Haupt oft auf einen Toten gestützt, Freund und Feind auf wenige Schritte von einander entfernt, im kurzen Schlummer Kräfte für das Ringen am nächsten Tage sammelten.

Über Anordnung des Generalissimus blieben in Aspern nur die Truppen des 1. Korps, Feldmarschalleutnant Ulm und Generalmajor Wacquant mit den acht Bataillonen Erzherzog Rainer, Vogelsang, Anton Mittrowsky und einer Batterie. Hiller stellte sein Korps westlich des Dorfes in Schlachtordnung auf, das 2. Jägerbataillon und die St. Georger als Vorposten gegen die Gemeindeau vor der Front, das nun vollzählige 1. und inzwischen nachgerückte 2. Wiener Freiwilligenbataillon längs der Donau in der rechten Flanke.

Das 1. und 2. Korps, durch vorgeschobene Kavallerie-Piketts gesichert, blieben in Massen fast auf derselben Stelle, wo sie während der Schlacht standen, die 4. Kolonne ging bis außerhalb Kartätschertrag, das sehr geschwächte 2. mährische Freibataillon bis zum Eßlinger-Hof zurück, Rosenberg beließ das 1. Treffen nahe an Eßling. Wiederholt wurden Patrouillen vorgesendet, doch fanden sie die Ortsverteidiger so wachsam, daß der geplante nächtliche Überfall unterblieb.

Der Generalissimus ritt um 10 Uhr nachts nach Breitenlee. Trotz aller unliebsamen Zwischenfälle, die sein wiederholtes persönliches Eingreifen auf allen Teilen des Schlachtfeldes nötig machten, war er mit dem Ausgang des Tages sehr zufrieden. Man war damals überzeugt, nahezu mit der ganzen französischen Armee gekämpft zu haben, der Brückenbruch und die sonstigen

Störungen des Überganges waren unbekannt. Unter diesen Umständen schien die Eroberung von Aspern ein um so größerer Erfolg, die Abweisung der Reiterangriffe im Zentrum, die man für Durchbruchsversuche hielt, ein um so größerer Sieg, als man dem bisher unbezwungenen Kriegsmeister gegenüberstand. Man neigte zur Annahme, der Feind werde die Nacht zum Rückzug in die Lobau benützen, wenn auch vorsichtshalber alles in strengster Kampfbereitschaft blieb, die Korps angewiesen wurden, die Nacht zum Munitionsersatz aus der nach Breitenlee vorgezogenen Munitionsreserve zu benützen und die Grenadiere Befehl erhielten, bei Tagesanbruch an den rechten Flügel der 4. Kolonne zu rücken, um die Lücke zu schließen, nachdem das Manöver des 2. Korps mißglückt war.

Ein freiwilliger Rückzug Napoleons wäre dem Generalissimus die für seine Friedenspläne genehmste Lösung gewesen. Wie sich die Verhältnisse infolge der kräftigen, überlegenen französischen Gefechtsführung gestaltet hatten, waren größtenteils die Österreicher die Angegriffenen gewesen. Im Abweisen der Angriffe hatte sich jene Widerstandskraft gezeigt, welche dem Gegner die zum glimpflichen Friedensschluß nötige Achtung abzwang, das Höchste, was der die Eigentümlichkeiten seines Heeres klar erfassende Generalissimus zu erreichen erhoffen konnte.

Für den Angriff in größeren Verbänden fehlte die Übung, Unordnung war dabei unvermeidlich und klaffte einmal eine Lücke in der Front, so schob sich der geschickte Gegner sicher rasch hinein und warf die in den Flanken so empfindlichen langen Linien über den Haufen. Eine Offensive hatte übrigens die Wegnahme von Eßling und der Gemeindeau zur Vorbedingung, für die im Orts- und Waldkampf unbeholfenen Truppen eine schwere Aufgabe, und führte schließlich wieder in den Wald, in die Mühlau. Bei richtiger Würdigung dieser Umstände scheint es erklärlich, daß sowohl der Erzherzog als seine Umgebung eine offenbare Scheu hatten, dem bewaldeten Anland der Donau nahe zu kommen. Man gedachte daher, selbst wenn der Gegner zurückging, nicht nachzudrängen, sondern ihn durch eine größere Demonstration donauaufwärts zur Räumung von Wien zu veranlassen. Deshalb wurde der

Kriegsbrückentrain (20 Pontons) zum 5. Korps beim Spitz in Marsch gesetzt.

Auch Napoleon konnte mit dem Ausgang des Tages wohl zufrieden sein. Die Detachierten Molitors, die in der Lobau stehenden Garden, die Hessen, das 4. Regiment und die polnischen Garde-Chevaulegers (über 11.000 Mann, 400 Reiter) nicht gerechnet, hatte er mit kaum 21.000 Mann und 9300 Reitern der ganzen feindlichen Armee erfolgreich die Stirne geboten, allerdings lediglich dank dem österreichischen Angriffsverfahren; denn eigentlich hatten nur 19 Bataillone bei Aspern, $15^2/_3$ bei Eßling wirklich angegriffen, nicht viel mehr als 27.000 Mann, und diese nicht gleichzeitig, sondern in Gruppen hintereinander, die Hauptkraft bei Eßling gegen die uneinnehmbare Front. Von der Reiterei hatten 9500 ihre Säbel wirklich gebraucht, auch diese nicht in geschlossener Masse.

Napoleon war natürlich nicht gesonnen, den Kampf aufzugeben. Nach Herankommen frischer Truppen wollte er aus der Verteidigung heraustreten und im gewohnten Angriff den Sieg an sich reißen.

Er erließ daher um 9 Uhr abends neue Befehle. Die noch am rechten Ufer befindliche Gardeinfanterie (sechs aus Rekruten mit einem Kader alter Garde formierte Bataillone, sogenannte Tirailleure, hierunter das erst am Vorabend eingetroffene 2. Regiment Tirailleurgrenadiere), dann das 2. Korps hatten vor allem die Brücke zu passieren. Davout sollte alle zur Festhaltung Wiens entbehrlichen Truppen des 3. Korps und insbesondere seine Artillerie samt Munitionsreserve nach Kaiser-Ebersdorf in Marsch setzen, um die Armee zu verstärken dagegen die rückwärts verbliebenen Staffeln nach Wien ziehen.

Während diese Befehle abgingen, war bei der großen Brücke wieder ein Unglück geschehen. Nach Behebung der kleineren Mängel hatte die Division Nansouty den Übergang fortgesetzt. Das 12. Kürassierregiment (600 Reiter) der Brigade St. Germain kam glücklich herüber, als sich aber die 2. Kürassiere der Brigade Doumerc gerade auf der Brücke befanden, rannte ein schwer beladenes Schiff gegen dieselbe an — augenscheinlich das erste der von den österreichischen Posten abgelassenen Zerstörungsfahrzeuge. Von der mächtig angeschwollenen Donau mit großer Schnelligkeit herangeführt, durchbrach es die schwache Brücke, einige Kürassiere mußten mit den abgerissenen Schiffen eine unfreiwillige Fahrt stromabwärts antreten, das halbe 2. und das 9. Kürassierregiment sowie die Karabiniersbrigade waren abgeschnitten.

Als die Brücke wieder hergestellt war, bestanden die Gardeinfanterie und das 2. Korps auf dem Vortritt. So mußte denn der Übergang der Tirailleure (3600 Mann), der Division St. Hilaire (8500 Mann), des aus den Divisionen Tharreau und Claparède bestehenden Grenadierkorps Oudinot (12.000 Mann) und der Reservedivision Demont (5000 Mann) abgewartet werden.

Beim Fackelschein ging der lange Zug über die Brücken. Es war kein leichtes Beginnen. Der noch immer anschwellende Strom wälzte seine Fluten mit wuchtigem Anprall gegen das dürftige Menschenwerk, spülte sein Wasser über die unter der Last tieftauchenden Flöße. Dazu gesellten sich die in rascher Folge herankommenden Zerstörungsfahrzeuge der österreichischen Posten. Die französischen Pontoniere arbeiteten mit dem Aufgebot aller Kräfte, um im tosenden Strome die durch das Dunkel der Nacht in rasender Geschwindigkeit heranschießenden Schiffmühlen, Steinschiffe und Flöße abzufangen und unschädlich zu machen. Allmählich erlahmten ihre Kräfte. Da begannen erst die von dem fachkundigen Hauptmann Magdeburg geleiteten Angriffe. Um halb 7 Uhr abends mit einem Steinschiff und einigen Flößen, bemannt von den Pontonierkorporalen Kugler, Schachinger, den Altpontonieren Girzhofer, Zeiller, Lobitzberger, Mayer, dem Korporal Schlotterbeck und den Gemeinen Fast, Paul und Witzenberger des 5. Wiener Freiwilligenbataillons und 16 Schiffleuten, vom Spitz abgefahren, erreichte Magdeburg nach beschwerlicher Durchquerung der Arme zwischen den Auen um 3 Uhr nachts den Hauptstrom, wo er sich bis auf 1500 Schritte den Brücken näherte und erst dort, in der größten Strömung, die Fahrzeuge ihrem Schicksal überließ, um zu einer neuen Expedition zum Spitz zurückzukehren, wo man inzwischen rüstig an Flößen arbeitete.

Das Zerstörungswerk gelang, allerdings nur dank dem Eifer der französischen Pontoniere, in einem geringeren Umfang.

Immerhin war der Übergang unterbrochen, ehe noch die Division Demont vollzählig über die Brücke gekommen war.

Napoleon hatte sich in der Mühlau nächst dem Brückenkopf nur wenige Stunden der Ruhe überlassen. Vor ihm lagerten als unmittelbarer Schutz nebst seinen Guiden und Mamelucken die polnischen Garde-Chevaulegers und die badischen Dragoner. Die Kavallerie hatte am Rande der Mühlau Biwak bezogen. Vom Korps Massena standen das 26. leichte und hinter ihm als Reserve das 18. Regiment Legrands längs des Aspern von der Gemeindeau trennenden Grabens, über den man dort, wo jenseits die ersten Häuser noch besetzt waren, zwei Übergänge hergestellt hatte. Die Häusergruppe beim Jägerhaus hielt das 46. Regiment Carra St. Cyrs, dessen 4. aus dem Brückenkopf herangerückt war und die Reserve des vorigen bildete. Die Hessen lagerten noch immer rückwärts am Graben gegenüber der Gemeindeau, das 3. badische Regiment hielt mit vier Kompagnien den Ziegelofen besetzt, die anderen acht standen zwischen diesem und dem Dorf, etwas zurückgezogen. Molitor, der seine geschwächte Division in ein Regiment formiert hatte, rückte in die Gemeindeau, um deren westlichen Rand zu halten, wo im Laufe der Nacht an den durch das Dickicht führenden Wegen Verschanzungen angelegt worden waren. Das 24. leichte Regiment blieb am Ravin im Zentrum, bis es durch die anrückenden Truppen abgelöst wurde und sich im Raume östlich des Ziegelofens sammelte. Bei Eßling war die Situation unverändert. Im Maße, als die Verstärkungen anrückten, nahmen sie im Zentrum Stellung, die Division St. Hilaire rechts gegen Eßling, links anschließend die Divisionen Tharreau und Claparède. Dahinter formierte sich die Kavallerie, am rechten Flügel die Kürassiere (Division vormals Espagne, der herübergelangte Teil von Nansouty, Brigade Guiton von St. Sulpice), am linken die leichten Reiter (Lasalle mit Brigade Piré, Brigade Marulaz im Staffel links rückwärts). Die württembergischen Herzog Heinrich- und die hessischen Garde-Chevaulegers kamen hinter Eßling als spezielle Reserve der Ortsverteidigung, die Brigaden Bruyère und Lagrange deckten das Intervall bis zur Donau.

Als dann die Division Demont heranrückte, löste sie die in der Lobau verbliebene Garde (9000 Mann) in der Uferbewachung ab, besetzte auch den Brückenkopf, während die Garde mit einer Batterie — die andere behielt ihre Stellung gegenüber Eßling — als Armeereserve am Rande der Mühlau aufmarschierte.

Napoleon hatte beschlossen, sich zunächst an beiden Flügeln Luft zu machen, dann nach Herankommen der übrigen Truppen die Mitte der Österreicher, deren geringer Zusammenhang ihm schon am Vortage aufgefallen war, zu durchbrechen.

Kaum warf die beginnende Morgenröte ihren ersten Schein auf die in der Ebene stehenden Massen des österreichischen Zentrums, während die in der Niederung befindlichen Franzosen noch vom Donaunebel eingehüllt waren, als an beiden Flügeln schon der Kampf in heftigsten Gang kam und bald darauf das Artilleriefeuer im Zentrum anhob.

Eroberung von Aspern durch Massena.

Der rührige Kommandant des 4. Korps hatte wohl erkannt, daß die Wiedereroberung von Aspern nur möglich war, wenn man den Feind, der den Angriffsraum gegen die Ostlisière flankierte, zurückwarf.

Kurz nach 2 Uhr Früh hatte er daher die badische 1. Voltigeurkompagnie beauftragt, die Lehmgrube 300 Schritt östlich des Nordostausganges, 400 Schritt nördlich des Ziegelofens überfallsartig zu erobern. Trotz des grellen Feuerscheins von Aspern krochen die Voltigeure bis auf 50 Schritte unbemerkt heran und stürzten sich dann im Sturmlauf auf den überraschten Jägerposten, der geworfen wurde. Wohl versuchten österreichische Plänklerabteilungen die Badenser zu vertreiben, diese wiesen indessen in der guten Stellung alle Angriffe ab, und zwangen die beiden Batterien des Oberleutnants Grimmer nordöstlich Aspern, die bald nur noch zwei gefechtsfähige Geschütze hatten, zum Abfahren. Als sich die Kompagnie fast vollständig verschossen hatte, kamen zwei andere zu ihrer Ablösung, die Voltigeure rückten zum Regiment ein.

Der Kampf beim Ziegelofen hatte die Schläfer geweckt, bald stand die ganze Gefechtslinie bei Aspern im heftigsten Feuergefecht. Feldmarschalleutnant Ulm und Generalmajor Wacquant, durch einen doppelten Angriff von Süd und Ost bedroht, baten den Feldmarschalleutnant Hiller wiederholt um Verstärkung, doch dieser war der Anschauung, daß in Aspern mehr als zuviel Verteidiger seien und richtete überhaupt mehr sein Augenmerk auf die Gemeindeau, die er heute nach der Weisung des Generalissimus energischer anzugreifen hatte, als am Vortag. Er verschob in den Raum zwischen Hirschstettener-Graben und Donau fast alle für das Plänklergefecht besser geeigneten Truppen: das 2. Jägerbataillon, gefolgt vom 3. Wiener Freiwilligenbataillon am linken, die St. Georger mit dem 3. mährischen Freibataillon Boxberg am rechten Flügel, das 1. und 2. Wiener Freiwilligenbataillon als Reserve. Als Leiter des Angriffes wurde Generalstabschef Oberst Csollich bestimmt.

Während Hiller sich mit der Aufstellung dieser Truppen beschäftigte, erfolgte etwa um 4 Uhr Früh der erste Angriff der Franzosen, Legrand mit dem 26. leichten und 18. Regiment von Süden, Carra St. Cyr mit dem 4. und 46. von Osten. Die Angreifer errangen Erfolge, doch nach längerem Ringen gelang es der Brigade Wacquant, den Feind vollkommen zurückzuwerfen. Der österreichische General fühlte aber, daß er seine Truppen einer zweiten solchen Kraftprobe nicht aussetzen dürfe. Erneuert bat er Hiller — es war 5 Uhr Früh — um Hilfe.

Inzwischen war der Generalissimus bei Aspern eingetroffen. Er billigte Hillers abweisenden Bescheid, ließ aber vorsichtshalber den bewährten Generalmajor Bianchi rufen, der untätig im 2. Treffen des 6. Korps stand, und trug ihm auf, die Verteidigung zu übernehmen, wenn nötig nach Belieben frische Truppen heranzuziehen.

Massena ließ sich durch den ersten Mißerfolg nicht abschrecken. Die Badenser und das 24. leichte Regiment mußten im Verein mit den geworfenen Truppen einen zweiten Sturm unternehmen. Die Österreicher hielten nicht stand. Vergeblich suchten sie sich an einzelnen Häusern und Abschnitten festzuklammern, der Feind drang immer weiter vor, überflügelte die zähesten Verteidiger und nahm sie gefangen. Fast 800 Mann und vier Geschütze der Brigadebatterie gingen auf diese Art verloren. Zu spät hatte General der Kavallerie Bellegarde, an den sich Wacquant in seiner Not gleichfalls wandte, ein Bataillon Argenteau Nr. 35 zu Hilfe geschickt. Die Brigade wich zwischen 6 und 7 Uhr früh mit dem größten Teile gegen Hirschstetten, mit einigen Abteilungen in den Raum südlich der Kirche zurück. Hauptmann Vernholz von Erzherzog Rainer Nr. 11 warf sich mit zwei Kompagnien in das hölzerne Haus und hielt dasselbe gegen alle Angriffe.

Noch konnte sich Massena nicht des vollen Erfolges freuen. Generalmajor Bianchi hatte das Regiment Klebek Nr. 14 sofort, als er das Weichen der Brigade Wacquant aus dem Dorf bemerkte, zum Vorgehen beordert. Mit Sturmstreich warf es sich den Franzosen entgegen und drängte sie im ersten Anlauf zurück. Ein wütendes Ringen begann, in das Bianchi auch das 2. Bataillon Splény Nr. 51 warf, während er das 1. Bataillon die Kirche und die nächsten Häuser besetzen ließ Über eine Stunde, fast bis 8 Uhr früh, dauerte der Kampf, der sich indessen mehr und mehr zu ungunsten der Österreicher neigte, die endlich sogar die Kirche und den Friedhof aufgeben mußten.

Die Brigade Wacquant hatte indessen Zeit gefunden, sich zu sammeln und am linken Flügel des 6. Korps Aufstellung zu nehmen. Das 1. Korps tat nichts zur Wiedereroberung des Ortes, wich sogar mit dem rechten Flügel bis hinter die Linie des Westrandes vor Aspern zurück. Allerdings zählte es nur mehr wenige intakte Bataillone.

Kämpfe bei Eßling.

Feldmarschalleutnant Rosenberg hatte schon um 2 Uhr nachts die 5. Kolonne eine neue Aufstellung nehmen lassen. Das 1. und 2. Bataillon Bellegarde wurden an die Straße Groß-Enzersdorf-Eßling gezogen, um der gegen letzteren Ort vorgeschobenen Brigade Riese (Chasteler und 3. Bataillon Bellegarde) als 2. Treffen zu dienen. Rechts davon wurde Erzherzog Karl Nr. 3 aufgestellt, links, knapp vor Groß-Enzersdorf, die Brigade Reinhart (Hiller und Sztáray). Die Kavallerie unter Generalmajor Stutterheim blieb vorwärts der Infanterie stehen, die Kürassierbrigade Lederer stand als Rückhalt vor Groß-Enzersdorf.

Marschall Lannes zögerte nicht, der Absicht Napoleons entsprechend, mit diesem in der Flanke stehenden Gegner ein wenig abzurechnen. Ein noch vor 3 Uhr früh plötzlich einsetzendes Geschütz- und Gewehrfeuer erschütterte das 1. Treffen der Brigade Riese und die Reiter Stutterheims, welche zurückwichen, als die französische Kavallerie aus dem Nebel auftauchte. Kaum wurde dies die Infanterie Rieses gewahr, als sie einen ziemlich ungeordneten Rückzug antrat.

Rosenberg konnte einem schweren Mißerfolg nur vorbeugen, indem er die noch rückwärts in Ordnung stehenden Truppen zum Angriff befehligte: Erzherzog Karl-Infanterie, dem das 1. Bataillon Hiller als Reserve folgte, gegen Eßling, die Brigade Reinhart mit dem 2. und 3. Bataillon Hiller in zwei Treffen gegen den langen Garten, mit Sztáray in einem Treffen südlich davon.

Oberst Fölseis stürmte mit seinem Regiment Erzherzog

Karl den Ostteil des Ortes, vermochte jedoch nicht über den Abschnitt beim Tümpel hinauszukommen. Von anrückenden Reserven zurückgedrängt, klammerten sich die Karler an die Gräben am Ortsrand an und leisteten nahezu durch drei Stunden heldenhaften Widerstand. Unglaublicherweise erhielten sie während dieser langen Zeit keine Unterstützung.

Feldmarschalleutnant Dedovich hatte gegen Morgen das Regiment Reuß-Greitz den Friedhof räumen lassen. Als der Kampfeslärm von der 5. Kolonne herüberschallte, rückte die Division nach 4 Uhr früh wohl etwas vor, begnügte sich aber mit dem Artilleriekampf, der den Verteidigern wenig Schaden tat, während die österreichischen Bataillonsmassen bedeutend litten. Oft riß eine Kanonenkugel 8—10 Mann aus der Mitte der Bataillone. Nach den Erfahrungen des Vortages scheute Dedovich einen neuen Angriff.

Das 1. Bataillon Hiller griff in den Ortskampf nicht ein, sondern wurde als Soutien zur eventuellen Aufnahme des geschlagenen 1. Treffens zurückgehalten.

Der Brigade Reinhart schlug heftiges Feuer aus der Front entgegen, der linke Flügel hatte überdies unter Geschütz- und Kleingewehrfeuer von der Lobau her zu leiden. Trotzdem rückte sie unverzagt vor, Sztáray in Bataillonsmassen, Hiller in Linie. Plötzlich brachen durch den Pulverdampf die leichten Reiter der Brigade Bruyère gegen die vier Bataillone im ersten Treffen vor. Ein kurzer Zuruf der Kommandanten forderte die Massen von Sztáray zur Standhaftigkeit auf. „Erstes Glied, fällt das Bajonett! Zweites Glied, schlagt an!"

Die Reiter, noch etwa 50 Schritte entfernt, stutzen. „Setzt ab!" Ruhig wie auf dem Exerzierplatz wird das Kommando befolgt. Als nun die Reiter endlich Ernst machen, bringt sie eine runde Salve rasch zur Umkehr. Auch das in Linie formierte 2. Bataillon Hiller erwehrt sich glücklich mit Kugel und Bajonett des Ansturmes. Stutterheim aber benützt die günstige Gelegenheit, um einige Eskadronen in die Fliehenden einhauen zu lassen.

Einen Erfolg hatten die französischen Reiter indessen bereits erzielt. Die Brigade Reinhart stellte angesichts der vor ihr sich rasch wieder sammelnden Kavallerie die Vorrückung ein. Das 2. Bataillon Hiller formierte Masse und verblieb in dieser ein so günstiges Ziel bietenden Aufstellung gleich dem Regiment Sztáray.

Als französische Tirailleure aus dem langen Graben vorrückten und aus nächster Nähe das 2. Bataillon Hiller beschossen wurde eine Kompagnie aus dem 2. Treffen vorgesendet, um in Plänklerkette den Gegner zurückzutreiben.

Sztáray aber hatte noch weit ernstere Prüfungen zu bestehen. Lannes erkannte sehr richtig, daß ein Erfolg am äußersten Flügel auf den Gegner den größten Eindruck machen werde. Er ließ daher den Reiterangriff, diesmal auch mit den Kürassieren, wiederholen. Es war die schneidigste Attacke dieser beiden Schlachttage, doch sie prallte an dem ruhigen Feuer der drei Bataillone ab. Trotz großer Verluste wurde sie nochmals erneuert, gegen das 2. Bataillon am linken Flügel nächst dem Stadler-Arm sogar ein viertesmal wiederholt. Vor der Front des Fußvolkes häuften sich die Leichenberge, die nachhauenden Reiter Stutterheims vervollständigten den Erfolg; die tapferen Angreifer mußten nach schweren Verlusten ihr todesmutiges Beginnen aufgeben.

Doch auch an der Infanterie, die in den Pausen unter dem Kreuzfeuer von Artillerie und Infanterie blutete, war dieser schwere Kampf nicht spurlos vorübergegangen. Als Lannes zwischen 6 und 7 Uhr früh einige Bataillone der Division St. Hilaire nach Eßling warf und General Curial gleichzeitig vier Bataillone Garde-Tirailleure längs des Stadler-Armes vorführte, nahm das Gefecht an diesem Flügel rasch eine andere Wendung. Reinhart wartete den Infanterieangriff nicht ab, sondern führte seine Bataillone bis in die Gegend von Groß-Enzersdorf zurück. Nun drangen die Franzosen aus dem langen Garten gegen die Flanke von Erzherzog Karl-Infanterie vor und nötigten diese zum Rückzug. Erst als die heldenmütigen Kämpfer in die Ebene zurückfluteten, erachtete das 1. Bataillon Hiller den Augenblick für gekommen, um Sturmstreich schlagen zu lassen. Da jagte aber auch schon französiche Kavallerie gegen die linke Flanke heran. Kaum fand man Zeit, aus jeder Division eine Masse zu bilden, trotzdem wurde der Angriff abgeschlagen.

Indessen ging französische Infanterie mit einigen Geschützen auch aus Eßling vor. Die Batterie am rechten Flügel, die mit dem Zurückgehen zu lange gezögert hatte, war nahe daran, genommen zu werden, als ihr ein glücklicher Vorstoß des 1. Bataillons Hiller noch rechtzeitig Luft machte.

Es war noch nicht 7 Uhr früh. Der Kampf hatte mit einem Mißerfolg der 5. Kolonne geendet, die nun rückwärts bei Groß-Enzersdorf gesammelt und geordnet wurde. Rosenberg hatte die Lust zum Angriff verloren, sah im Gegenteil einer baldigen Offensive des Feindes entgegen und führte den Kampf nur durch Artilleriefeuer auf große Distanz.

Auch Dedovich mußte seine Truppen dem schließlich unerträglich werdenden Artilleriefeuer entziehen. Er versuchte es zuerst, die Massen aufmarschieren zu lassen. Als aber die 5. Kolonne zurückwich und dadurch dem Gegner die Möglichkeit geboten wurde, Kavallerie zum Angriff vorzubringen, führte Dedovich die Division allmählich bis in die Gegend des Eßlinger-Hofes zurück, wo sie, in Massen formiert, stehen blieb und ein spärliches Artilleriefeuer unterhielt, da man während der Nacht nicht genügend für Munitionsersatz gesorgt hatte.

Napoleons Durchbruchsversuch.

Seit 3 Uhr früh durchritt Napoleon die Reihen seiner Krieger im Zentrum. Wo er erschien, tönte ihm begeisterter Jubel entgegen; im Vertrauen auf den verwöhnten Liebling des Sieges lechzten die Soldaten danach, zum entscheidenden Angriff geführt zu werden. Das Stillstehen zwischen Aspern und Eßling wurde übrigens bald recht unangenehm. Auf die ersten Morgengrüße der französischen Geschütze gab die Artillerie des österreichischen 2. Korps immer lebhafter Antwort. Aufs Geratewohl schleuderten die Kanoniere ihre Kugeln in den wogenden Nebel und die bis zur Mühlau hüpfenden und kollernden Todesboten rissen manche Lücke in die versammelten Massen. Auch der Stab Napoleons wurde nicht verschont.

Der Elan der Truppen, die Besorgnis, noch größere Verluste zu erleiden, wenn der verbergende Nebel schwand, der günstige Stand des Kampfes an den Flügeln, die Notwendigkeit, diese Erfolge auszunützen, damit der Gegner nicht Zeit zu Gegenmaßregeln finde, alles dies wirkte zusammen, daß

Napoleon beim Eßlinger Ziegelofen.

Napoleon dem Zureden seiner Generale nachgab und gegen 7 Uhr früh den Angriff im Zentrum befahl, trotzdem ihm General Bertrand die Störung des Überganges hatte melden lassen, und die Vorsicht gebot, die Ankunft der noch auf dem rechten Ufer befindlichen Verstärkungen abzuwarten.

Lannes sollte das feindliche Zentrum in der Richtung gegen Breitenlee durchstoßen, um später links aufzuschwenken und im Verein mit Massena den linken Flügel der Österreicher donauaufwärts zu werfen, während das nachrückende 3. Korps des Marschalls Davout den ohnedies bereits schwer erschütterten linken Flügel abtat.

Napoleon, der am Vortage sich meist in und bei Aspern aufgehalten hatte, wählte heute die Eßlinger Ziegelei als Standort, von wo er den zur Entscheidung gewählten Raum des Schlachtfeldes am besten überblickte.

Der immer mächtiger anschwellende Donner der Geschütze im Zentrum leitete den französischen Angriff ein. Als der Nebelschleier zur Erde sank, erblickten die Österreicher im Glanz des Sonnenscheines tiefformierte Infanteriemassen hinter einer starken Artillerielinie, noch weiter rückwärts in tiefen Kolonnen die französische Kavallerie. So gut es in der Eile ging, wurden die Bataillone des 2. Korps in ihrer schachbrettförmigen Aufstellung besser geordnet. Liechtenstein verteilte einen großen Teil seiner Reiter divisionsweise als Rückhalt hinter die Intervalle des 2. Treffens, die übrigen Eskadronen formierten zwei Treffen am linken Flügel des 2. Korps, hinter ihnen stand die Insurrektionskavallerie.

Die Grenadiere, ein wenig zurückgehalten, füllten die Lücke zwischen dem Kavalleriereservekorps und der Division Dedovich, die Division d'Aspre im ersten, Lindenau im zweiten Treffen.

Da begann bereits die französische Infanterie die Vorrückung, welche in Regimentskolonnen mit Staffeln rechts vorwärts durchgeführt werden sollte. Diese Anordnung wurde nicht befolgt. Statt der Division St. Hilaire setzten sich zuerst die sogenannten Grenadiere von Oudinot, darunter viele Rekruten, in Bewegung. Nun beeilte sich wohl das als äußerster Staffel rechts vorwärts bestimmte 57. Regiment, dem linken Flügel zuvorzukommen, doch wählte es die Direktion etwas zu weit rechts, was zu einer Trennung der Division von den Grenadieren führte, die sich ihrerseits zu sehr nach links hielten und bald zurückblieben, da die Brigade Vécsey des 1. Korps mit einem Angriff gegen den linken Flügel drohte.

Der Vorstoß der Division St. Hilaire erfolgte mit gewohnter Meisterschaft. Im ersten Anlauf wurden die von den österreichischen Massen entgegengeworfenen Plänkler zurückgetrieben, mehrere Geschütze genommen und der linke Flügel des 2. Korps zum Weichen gezwungen. Auch der rechte Flügel von Oudinot machte Fortschritte. Verschiedene österreichische Bataillonsmassen kamen ins Wanken, von Artilleriefeuer überschüttet und in ihrer gedrängten Formation außerstande, die eigene Feuerkraft auszunützen. Doch ballten sich die Klumpen immer wieder zusammen, scharten sich um die Fahnen, die sofort einen neuen Träger fanden, sobald der frühere gefallen war. Der Generalissimus spornte die Leute zum Ausharren an, die Generale und Offiziere folgten seinem Beispiel. So fanden die Franzosen immer wieder neuen Widerstand; nur wie ein zäher Brei ließen sich die Österreicher nach rückwärts schieben, dem stärksten Druck nachgebend, wodurch sich die Linie gegenüber der Division St. Hilaire stark nach Norden ausbog. Bataillone des zweiten Treffens füllten die entstandenen Lücken, ersetzten wohl auch einzelne Massen, die aus der Schlachtlinie gewichen waren und sich rückwärts sammelten. Rohan Nr. 21, Stuart Nr. 18 und das 2. Bataillon Stain Nr. 50 zeichneten sich hiebei besonders aus.

Gegen 8 Uhr früh begann die Offensivkraft der französischen Infanterie zu erlahmen. Die gegenüberstehenden Massen überschütteten sich nun mit Infanterie- und Artilleriefeuer. Der Generalissimus und seine Generale benützten diesen Augenblick, um die Schlachtlinie in Ordnung zu bringen. Da beim Zurückgehen der Mitte gegen Breitenlee eine von der Kavallerie nur spärlich ausgefüllte Lücke zwischen dem 2. und dem Grenadierkorps entstanden war, wurden einige Bataillone, welche hinter der Linie des im allgemeinen nur in einem Treffen formierten 2. Korps standen, zur Verlängerung der Front nach links gezogen. Dies traf auch das 1. Bataillon Zach Nr. 15, welches sich hinter dem von den Generalen Mayer und Fürst Wied-Runkel zum äußersten Widerstand begeisterten Regiment

Stuart Nr. 18 geordnet hatte. Die Artillerie fuhr zwischen den Massen auf und sandte ihr vernichtendes Kreuzfeuer aus der halbmondförmigen Stellung.

Doch auch Lannes blieb nicht untätig. Er wies St. Hilaire an, seine Division aufmarschieren zu lassen, um die Verluste zu vermindern und das Feuergefecht kräftiger führen zu können. Die 1. Brigade führte diesen im heftigen Feuer schwierigen Auftrag glücklich durch, Oudinot wagte nicht, das Beispiel mit seinen jungen Truppen nachzuahmen. Gleichzeitig ließ der Marschall dem Kaiser die bisherigen Erfolge melden, aber auch um Verstärkung bitten. Napoleon konnte diesem Wunsch nicht willfahren; eben war erst die Nachricht von der Wiederherstellung der Brücke eingetroffen und daß nach den letzten Bataillonen von Demont die zum 2. Korps zählende eichte Brigade Colbert, die Gardekavallerie (etwa 800 Dragoner, Grenadiere und Jäger zu Pferd) und die zweite Hälfte der schweren Division Nansouty den Übergang durchführen würden; Marschall Davout meldete, daß 20 Bataillone des 3. Korps mit Artillerie von Wien im Anmarsch seien. Lannes sollte sich daher vorläufig in der erreichten Position behaupten.

Dies war angesichts der überwältigenden Wirkung des Feuers der Österreicher, besonders der Artillerie, keine leichte Aufgabe. Überdies war durch den Vormarsch ein bedenklich großer freier Raum zwischen dem rechten Flügel von St. Hilaire und der in Eßling stehenden Division Boudet entstanden. Doch Lannes war ein ganzer Mann, der nicht so leicht vor etwas zurückschreckte. Der Rückzug und die Untätigkeit des österreichischen 4. Korps ermöglichte ihm, einen großen Teil der Brigade Fririon von Eßling zur Deckung der Lücke vorzuziehen, dem ungünstigen Stand des Kampfes der Infanterie sollte aber die Kavallerie abhelfen. Bessières, Lasalle und Marulaz erhielten den Befehl zur Attacke.

Der entfesselte Reitersturm erzielte anfänglich Erfolge, wieder wichen die Österreicher ein Stück zurück, so daß ihre zurückgebogene Mitte sich der Straße Breitenlee-Neuwirtshaus bis auf etwa einen Kilometer näherte. In dreimaligem Anreiten gegen den rechten Flügel des 2. Korps zwangen die leichten Reiter die Artillerie zu längerem Schweigen, brachten auch Unordnung in einzelne Massen, doch wies die Standhaftigkeit des 2. Bataillons Legion Erzherzog Karl, des 2. Zach Nr. 15 und des Regiments Josef Colloredo Nr. 57, unterstützt von den sich entgegenwerfenden Reiterabteilungen Liechtensteins, den Angriff schließlich ab. Einige Reiter, die durch die Intervalle durchgebrochen waren, kamen bis Breitenlee, fanden aber keinen Rückweg und wurden gefangen. Von der zurückflutenden Masse wurde der verwundete Feldmarschalleutnant Weber, der die Herrschaft über sein Pferd verloren hatte, mitgerissen und gelangte so in die Gefechtslinie der Division Tharreau, wo ihn ein Unteroffizier des 4. Regiments (4. Bataillon) gefangen nahm.

Den Kürassieren rückte der linke Flügel der Reservekavallerie Liechtensteins entgegen, doch zogen es diese Reiter vor, dem Zusammenstoß auszuweichen und zwischen den Infanteriemassen Schutz zu suchen; im Rückzug verließen erst einzelne, dann mehrere die Reihen, jagten zurück und trugen den Schrecken in die Insurrektionskavallerie, die sich zur Flucht wandte und weit rückwärts bei den Trains des 4. Korps eine Panik verbreitete.

Dieser Zwischenfall blieb nicht ohne Rückwirkung auf die Infanterie, deren dort stehende Massen zu weichen begannen. Das 1. Bataillon Zach Nr. 15 stellte sich jedoch bald den Reitern entgegen, die nicht anritten, sondern eine Batterie demaskierten, deren Kugeln wohl zuerst zu hoch gingen, bald aber in die Masse einschlugen und sie gänzlich auseinanderrissen. Flüchtend lief die Mehrzahl nach rückwärts, nur ein Häuflein von 200 Mann scharte sich um einen Hauptmann und erwartete die anreitenden Kürassiere.

Der Augenblick war höchst kritisch, der Durchbruch der Front stand bevor. Schon aber war der Generalissimus zur Stelle, ergriff die Fahne und führte die Fliehenden zur Pflicht zurück; es war dies jene entscheidende Tat, welche im Standbild auf dem äußeren Burgplatz in Wien verewigt ist.

Inzwischen hatte das 3. Bataillon Rohan, das durch seine Detachierung am Vortag gegen Eßling am äußersten linken Flügel stand, die Gelegenheit wahrgenommen, die Kürassiere durch eine Salve in deren Flanke zurückzutreiben. Liechtenstein führte überdies einige Eskadronen zur Gegenattacke heran.

An den Massen von Rohan Nr. 21, Frelich Nr. 28 und

des 2. Bataillons Stain Nr. 50 brach sich die Wucht des Stoßes der übrigen Kürassiere. Durch Gegenattacken österreichischer Kavallerieabteilungen wurden sie zurückgetrieben.

Mitten im Kampfgetümmel, dem sich Erzherzog Karl rücksichtslos aussetzte, wobei die meisten seines Gefolges getötet oder verwundet wurden, wenigstens ihre Pferde verloren, während der Generalissimus wie durch ein Wunder unverletzt blieb, kam die Nachricht. daß Hauptmann Magdeburg zur Zerstörung der Brücken am Abend vorher vom Spitz abgefahren, gleichzeitig aber auch, daß Aspern vollständig von Massena zurückerobert sei.

Der Generalissimus sandte Hiller und Bellegarde nunmehr den Befehl, Aspern um jeden Preis zu nehmen, Feldmarschall-Leutnant d'Aspre wurde beauftragt, gegen die rechte Flanke der französischen Stoßgruppe vorzugehen.

D'Aspre führte seine acht Bataillone rechts schwenkend zum Sturme vor. Wohl brachte das Flankenfeuer von Eßling her den linken Flügel bald in Unordnung, doch die Bataillone Brzežinsky, Puteany, Scovaud und Scharlach drangen bis zur Batterie vor, welche St. Hilaire dem Angriff entgegengestellt hatte. Die Artillerie fuhr ab, eine demontierte Kanone und zwei Munitionswagen wurden genommen. Die Grenadiere hatten bereits große Verluste erlitten, Feldmarschalleutnant d'Aspre verlor ein Pferd unter dem Leibe, Hauptmann Dombasle von Kerpen Nr. 49, der als erster in die feindliche Stellung drang, fiel tödlich verwundet. Nun schlug ein Hagel von Infanteriekugeln in die gelichteten Reihen, Kavallerie ritt an; die erschütterten Grenadiere befolgten das Beispiel des linken Flügels, in wilder Flucht wogte der Haufe zurück. Zum Glück sprengte der Generalissimus, wie immer Helfer in der höchsten Not, heran, führte das zweite Treffen den Reitern entgegen, warf sie zurück und ordnete dann die Flüchtlinge hinter den intakten Bataillonen, wo sie nunmehr als zweites Treffen verblieben. Auch ein Angriff von O'Reilly-Chevaulegers gegen die während der Vorrückung vom Grenadierkorps abgekommene linke Flanke der Division St. Hilaire wurde durch das Feuer des 105. Regiments abgewiesen.

Es mag nun 9 Uhr vormittags geworden sein, Lannes hatte alle ihm zur Verfügung stehenden Mittel erschöpft, um

Erzherzog Karl an der Spitze der Grenadiere.

seiner Aufgabe zu genügen, der befohlene Durchbruch war indessen nicht gelungen, ja das Gleichgewicht der Kräfte war sogar soweit wiederhergestellt, daß die Österreicher die allerdings mit unzureichender Kraft unternommenen und deshalb gescheiterten Gegenangriffe durchführen konnten. Im Innern des österreichischen Halbkreises stehend, gestaltete sich der stehende Feuerkampf immer ungünstiger und verlustreicher für die Franzosen, insbesondere für die am weitesten vorgedrungene Division St. Hilaire, deren tapferer und begabter Kommandant um diese Zeit tödlich verwundet wurde. Auch sein Artilleriechef General Navelet mußte auf den Verbandplatz zurückgeschafft werden. Sehr bedenklich war, daß der Kampf die mitgeführten Munitionsvorräte rasch aufzehrte. Lannes erbat daher nochmals Unterstützung durch frische Truppen und Ergänzung der Munition.

Zur selben Zeit vernahm Napoleon eine Schreckenskunde, die jede Hoffnung auf einen siegreichen Ausgang der Schlacht zerstörte

Kaum hatte hinter den letzten Bataillonen Demonts General Colbert an der Spitze einer Eskadron der 9. Husaren die Brücke passiert, als dieselbe in Trümmer ging. Vermutlich verursachten dies die vom Oberleutnant Atsch von Kerpen Nr. 49 bei der Schwarzen Lacken-Au in die Mitte des Stromes gebrachten schweren Salzschiffe, die angebohrt worden waren und tief ins Wasser tauchten, so daß sie unbemerkt herankamen. Übrigens häuften sich um diese Zeit die herabschwimmenden Schiffmühlen und Flöße, darunter auch einige Brander. In kurzer Aufeinanderfolge wiederholten sich die Anfälle, die erste Brücke zerriß, von der zweiten wurden ganze Stücke davongetragen, mit ihnen der Artilleriegeneral Pernetty und eine Anzahl seiner bei der Brücke beschäftigten Leute.

Viele Stunden mußten vergehen, ehe der Schaden notdürftig behoben war und Verstärkungen auf das linke Ufer gelangen konnten. Dies war eine zu lange Frist, um die in schwieriger Lage kämpfenden Truppen in genügender Gefechtskraft zum neuen Angriff zu erhalten; die zu erwartende Verstärkung schien aber zu gering, um mit ihr allein eine zweite Schlacht zu schlagen. Zu den am 21. im Kampfe gestandenen Truppen waren, die in der Lobau verbleibenden 5000 Demonts nicht gerechnet, 34.000 Mann und 1300 Reiter getreten, so daß die Gesamtsumme der ins Gefecht geworfenen Truppen 55.000 Mann und 10.600 Reiter betrug.

Das Schicksal des Tages war entschieden.

Es galt nur noch, sich bis zur Dunkelheit zu behaupten, um unter ihrem Schutze den schwierigen Rückzug durchzuführen. Die von Davout sofort eingeleitete Überschiffung von Munition und eine entsprechende Ökonomie im Feuer mußten diesen langen Widerstand ermöglichen.

Colberts Adjutant Curély brachte Napoleon die erste Nachricht, die noch nicht den ganzen Umfang des Unglücks erkennen ließ, weshalb der Kaiser seinen Adjutanten Lejeune zur Berichterstattung absandte. Dem Marschall Lannes, der sich um diese Zeit beim Ziegelofen einfand, wurde die Schwierigkeit der Lage kundgetan und ihm die Ermächtigung erteilt, das Korps in die frühere Stellung am Ravin zwischen den Dörfern zurückzuführen.

Vierter Sturm auf Aspern.

Massena hatte nach der Einnahme von Aspern den Ort mit der Division Legrand (26. leichtes, 18. und 3. badisches) besetzt, die Division Carra St. Cyr als Reserve zurückgenommen. Angesichts des vor der Westfront stehenden ersten Treffens des 6. Korps (Benjowszky Nr. 31, Jordis Nr. 59, 4. Wiener Freiwilligenbataillon und Brigade Wacquant), das mit heftigem Gewehr- und Geschützfeuer ein Vorbrechen über Aspern hinderte und den geworfenen Bataillonen von Splény Nr. 51 und Klebek Nr. 14 Zeit verschaffte, sich zu sammeln, richteten die Franzosen ihre Bemühungen gegen das hölzerne Haus, das aber Hauptmann Vernholz mit den zwei Kompagnien Erzherzog Rainer Nr. 11 gegen den doppelseitigen Angriff von der Gemeindeau und von Aspern her hartnäckig behauptete, bis es in Flammen stand, worauf er hinter einigen Erdaufwürfen die Verteidigung fortsetzte. So gewann Generalmajor Bianchi Zeit, das Regiment Anton Mittrowsky Nr. 10 zu ordnen und im Verein mit einer Division des 3. Wiener Freiwilligenbataillons eine Gefechtsfront südwestlich der Kirche zu bilden. Molitor ging in der Gemeindeau angriffsweise gegen die Gruppe des Obersten Csollich vor und machte insbesondere gegen das 2. Jägerbataillon, das sich bald verschossen hatte, Fortschritte. Das Einsetzen des 1. Wiener Freiwilligenbataillons brachte endlich den Angriff zum Stehen.

Als Hiller und Bellegarde den Befehl erhielten, Aspern um jeden Preis zu nehmen, waren insoferne günstige Vorbedingungen dafür geschaffen, als die Artillerie des 6. Korps mit gutem Erfolg gegen die Westfront, zwei von Hauptmann Dietrich vorgeführte Positionsbatterien des 1. Korps gegen die Nordfront wirkten.

Hillers Artilleriechef, Oberstleutnant Fasching, vereinigte

nun das Feuer seiner Geschütze auf Kirche und Friedhof. Als der Gegner genügend erschüttert schien, stürmten das 1. Bataillon Benjowszky und das Regiment Klebek gegen die Mauern. Sobald einige Leute sich über diese geschwungen hatten, wurde der Gegner rasch von den nachdrängenden Massen überwältigt. Nach heroischen Einzelkämpfen in der Kirche war dieser Stützpunkt den Franzosen entrissen.

Hiller beeilte sich, den Gegner für den Fall eines neuerlichen Rückschlages dieses guten Verteidigungsobjektes zu berauben. Seine Pioniere mußten die dem Angriff zugekehrten Mauern des Friedhofes niederlegen, Kirche und Pfarrhof wurden in Brand gesteckt. Ein Hauptmann rettete vorher das über dem Tabernakel befindliche Marienbild und ließ es nach Leopoldau in Sicherheit bringen.

Ehe der Sturm fortgesetzt wurde, fuhr die Artillerie bis zur Kirche vor und überschüttete im Verein mit jener des 1. Korps den Ort mit Brandgeschossen. Was bisher verschont blieb, ging in Flammen auf, Rauch, Hitze, Aschenregen und stürzende Balken machten in den nächsten Stunden den Aufenthalt unerträglich und brachten es mit sich, daß an Stelle des hartnäckigen Ortskampfes eine Aufeinanderfolge von Hineinstürmen und raschem Zurückweichen trat.

Als Bianchi längs der Gärten am Südrande, die drei Bataillone von der Kirche in den Ort, die Division Vogelsang (Kolowrat Nr. 36 und Reuß-Plauen Nr. 17) gegen die Nordwestecke vordrangen, wich die Division Legrand — ungefähr um 10 Uhr vormittags — bald zurück. Doch Massena gab seine Sache nicht so bald auf. Noch hatte er eine ganz intakte Truppe, die hessische Brigade, die am Ostrand von Aspern aufmarschiert war. Die Schützen des Leibregiments, dahinter das 2. Bataillon, wurden den Österreichern entgegengeworfen. Die Kompagnie Königer drang sogar bis zum Platze vor der Kirche vor, geriet aber hier in ein solches Kreuzfeuer, daß sie unter bedeutenden Verlusten das Weite suchen mußte. Inzwischen hatte Massena wieder ein Bataillon — vermutlich des 24. leichten Regiments — herangeführt, das samt den übrigen Kompagnien des hessischen Bataillons und den Badensern im Sturmschritt vordrang, die in der Flanke zurückgehende Kompagnie Königer für Österreicher hielt, auf diese das Feuer eröffnete, ohne jedoch etwas zu treffen und eilig zurückwich, als eine gegnerische Kolonne anrückte.

So mag es 11 Uhr vormittags geworden sein. Nun meldete sich General Curial bei Massena, er habe Befehl mit seiner Brigade Garde-Tirailleure Aspern zurückzuerobern. Napoleon, von der ungünstigen Wendung bei Aspern unterrichtet, hatte drei der bei Eßling aufgestellten, dort wegen der gänzlichen Untätigkeit des österreichischen 4. Korps überflüssigen Bataillone quer über das Gefechtsfeld gegen Aspern abrücken lassen, wobei die aus dem Zentrumkampf herüberfliegenden Kanonenkugeln beträchtliche Verluste verursachten, so daß Eskadronschef Boulart sich veranlaßt sah, mit seiner Gardebatterie am Ravin nächst Aspern Stellung zu nehmen.

Die hochfahrende Art des Gardegenerals mißfiel Massena und er dachte wohl sofort, daß diese den stolzen Titel tragenden, aber fast ganz aus Rekruten bestehenden Bataillone keine besondere Ehre aufheben würden.

Die Tirailleure stürmten mit Trommelschlag in den Ort, das 2. Bataillon des hessischen Leibregiments und Teile der Division Legrand schlossen sich an. Als die Kolonne die Biegung der Ortstraße gegen den Kirchhof erreichte, bewog eine Kartätschenlage die Garden zur Umkehr. Noch rascher als sie vormarschiert, räumten sie den Ort.

Massena, darauf gefaßt, hatte indessen schon wieder das 4. und 46. Regiment und das 1. Bataillon des hessischen Leibregiments bereitgestellt. Vor dem wuchtigen Stoße wichen die Österreicher aus, und die Sturmkolonne bemächtigte sich im ersten Anlauf des Friedhofes.

Stürme auf Eßling.

Marschall Lannes hatte die Führung der ihres Kommandanten beraubten Division St. Hilaire übernommen und etwa von 10 Uhr vormittags mit deren Rückzug aus der unhaltbaren Stellung begonnen. Er führte sie zunächst auf gleiche Höhe mit dem rechten Flügel des Grenadierkorps zurück, doch langsam, in geschlossener Ordnung, demontierte Geschütze und fast alle Verwundeten mitnehmend. Dies wurde ihm dadurch ermöglicht, daß die Österreicher nicht nachdrängten, von Vorstößen kleinerer Kavallerieabteilungen abgesehen, welche mit Kugel und Bajonett leicht abgewiesen wurden.

Das 2. Korps war so durcheinandergekommen, daß man nicht wagen konnte, nachzustoßen. Der Generalissimus ordnete daher dessen Ablösung durch das Grenadierkorps an, dessen Division Lindenau sich rechts vor die Front zog, während die Division d'Aspre den linken, ungefähr gegenüber Eßling stehenden Flügel bildete. Das 2. Korps sollte sich dahinter als zweites Treffen neu formieren, der größte Teil seiner Artillerie, bei welcher indessen um diese Zeit Munitionsmangel eintrat, blieb in der Front. Diese Bewegungen nahmen beträchtliche Zeit in Anspruch; wie die Folge zeigt, scheinen die Verbände der Grenadierdivisionen etwas durcheinandergekommen zu sein.

Auf dem linken Flügel des Grenadierkorps stellte Fürst Liechtenstein das Kavalleriereservekorps auf, zu welchem auch die bisher untätig beim 4. Korps gestandene Kürassierbrigade Lederer herangezogen wurde.

Der Generalissimus sandte dem 1. Korps Befehl, nach Einnahme von Aspern dem 6. Korps die Behauptung des Ortes zu überlassen, den im Laufe des Rückzuges verloren gegangenen Anschluß an das Zentrum herzustellen und dann gegen die Flanke des vorwärts des Intervalles Aspern-Eßling stehenden Gegners vorzustoßen. Er selbst ritt mit den Knesevich-Dragonern zur 4. Kolonne.

Feldmarschalleutnant Dedovich ging gerade mit dem Gedanken um, endlich doch einen Angriff durchzuführen, merkwürdigerweise mit der Begründung, dem Gegner den bei der Artillerie eingetretenen Munitionsmangel zu verbergen. Der Generalissimus, um 11 Uhr vormittags hier eingetroffen, wies Dedovich an, ungesäumt den Angriff zu beginnen und schickte den Obersten Grafen Hardegg von Schwarzenberg-Ulanen mit dem gleichen Befehl an Rosenberg. Der Kampf bei Eßling mußte den noch immer vorwärts des Dorfes haltenden Gegner zum Rückzug zwingen; gelang es, den Ort zu nehmen, so geriet das französische Zentrum sogar in eine höchst kritische Lage. Dies veranlaßte den Generalissimus, die Wahrscheinlichkeit des Erfolges durch einen dritten Angriff zu erhöhen. Er ließ deshalb die Dragoner zur Unterstützung des linken Flügels zurück und ritt wieder zu den Grenadieren, um den Feldmarschalleutnant d'Aspre mit den Flügelbataillonen gegen den Teil der Nordfront westlich des Schüttkastens vorgehen zu lassen.

Die Art der Befehlgebung brachte es mit sich, daß diese Angriffe nicht gleichzeitig erfolgten.

Zuerst kam die Division Dedovich heran. Sie brachte nur drei Geschütze mit, welche noch Munition hatten. Zum Glück erbot sich Leutnant Christ freiwillig, mit seiner bei Feldmarschalleutnant Klenau eingeteilten Kavalleriebatterie den Angriff zu unterstützen, welchem er auch in höchst erfolgreicher Weise vorarbeitete.

Mit dem 3. Bataillon Erzherzog Ludwig Nr. 8, zwei Bataillonen Coburg Nr. 22, dem Walachisch-Illyrischen und dem 2. mährischen Freibataillon im ersten Treffen stürmte Dedovich gegen die Nordostecke vor, die Truppen bemächtigten sich der ersten Häusergruppen, doch hatte Boudet inzwischen die Brigade Fririon wieder herangezogen und fiel den Angreifern vom Schüttkasten her in die Flanke. Dies entschied. Nach halbstündigem Kampf, etwa um 12 Uhr mittags, flutete die österreichische Brigade zurück.

Zur selben Zeit näherten sich die Grenadierbataillone Scharlach und Scovaud dem Schüttkasten und dem herrschaftlichen Garten. Es war ein vergebliches Beginnen. Der Angriff scheiterte nach kurzer Zeit.

Indessen war die 5. Kolonne angerückt. Rosenberg ließ den Feldmarschalleutnant Rohan mit dem Regiment Chasteler Nr. 46, dem 1. und 2. Bataillon Bellegarde Nr. 44 und dem 1. Bataillon Hiller Nr. 2 beiderseits der Groß-Enzersdorfer-Straße vorgehen, so daß der rechte Flügel zum Friedhof, der linke an den langen Garten kam. Feldmarschalleutnant Hohenlohe rückte mit dem 2. und 3. Bataillon Hiller Nr. 2 und dem Regiment Sztáray Nr. 33 wieder gegen das Intervall Eßling-Donau vor. Das Regiment am linken Flügel kam wegen des Flankenfeuers aus der Lobau nicht recht vorwärts, Hiller-Infanterie wich zurück, als Generalmajor Reinhart verwundet wurde. Auch Feldmarschalleutnant Rohan widerfuhr das gleiche Schicksal, seine Truppen kamen nur bis an die Gräben am Ortsrande und mußten dann zurück.

Jetzt, etwa um 1 Uhr nachmittags, hatte Dedovich seine Truppen wieder geordnet und führte alle Bataillone, nur das schwache Reuß-Greitz Nr. 55 als Reserve ausscheidend, zum Sturm. Wirklich drangen die Stürmenden tief in den Ort ein, erreichten unter großen Verlusten den jenseitigen Ortsrand, doch hier empfing die Reserve, welche Boudet mit einigen Geschützen verstärkt hatte, die gelichteten und aus dem Schüttkasten und Meierhof flankierten Reihen mit einem mörderischen Feuer, das sie bald zur Umkehr nötigte. Feldmarschalleutnant Dedovich und Generalmajor Grill wurden bei diesem Angriff verwundet, es bedurfte längerer Zeit, bis sich die Trümmer der Angriffstruppen wieder zusammenfanden.

Kaum hatten die Franzosen diesen Sturm abgewehrt, wirbelte der Sturmstreich der Grenadiere vor der Nordfront. Es war eine ebenso unglücklich verlaufende Wiederholung des ersten Versuches von Scharlach und Scovaud.

Nun war die Division Rohan, deren Kommando Generalmajor Riese übernommen hatte, zum Sturm bereit. Der Fahne von Chasteler folgend, die Oberstwachtmeister Freidong vorantrug, stürzte sich das Regiment gegen den nordöstlichen Eingang und den langen Garten, das 1. Bataillon Hiller auf den Friedhof. Chasteler mußte zurück, kehrte zwar rasch wieder um, als man den General Riese mit einer Fahne gegen den Feind wenden sah, doch auch dieses Mal winkte kein Erfolg. Sogar Kavallerie brach aus dem Ort vor, vermutlich die beiden deutschen Regimenter. Als aber Chasteler rasch einige Klumpen formierte, kehrte der Gegner, ohne anzureiten, um.

Es ging auf 2 Uhr nachmittags. So glücklich sich bisher der Kampf für den tapferen und unermüdlichen Verteidiger gestaltet hatte, legte er ihm doch auch schwere Opfer auf, erschöpfte die letzten Kräfte. Die Situation wurde um so gefährlicher, als auch auf den anderen Teilen des Schlachtfeldes eine bedenkliche Krise eintrat.

Die Krise.

Die Franzosen erfreuten sich nicht lange des Besitzes der Kirche von Aspern. Oberleutnant Ehrenstein des Generalstabes hatte sich sofort an die Spitze von 200 Freiwilligen von Benjowszky und Klebek gesetzt, das 2. und 3. Bataillon des erstgenannten Regimentes folgten willig dem jungen Offizier, der den Weg zum Siege wies. (Siehe Titelbild.) Mit unwiderstehlichem Elan näherte sich die Sturmkolonne dem seiner Verteidigungsfähigkeit beraubten Stützpunkt, Generalmajor Bianchi raffte die nächsten, längs des Südrandes zurückgegangenen Truppenteile zusammen, führte sie zum Angriff vor, eine Division vom 3. Wiener Freiwilligenbataillon und das 3. Glied von Anton Mittrowsky als Plänkler voran. Alle übrigen am Ortskampf beteiligt gewesenen Truppen schlossen sich — es war gerade Mittag — dem Vorgehen der beiden Gruppen an, Oberst Csollich ging in den Auen siegreich vor.

Die gefräßigen Flammen hatten indessen alles Brennbare zerstört und fanden keine weitere Nahrung, das Feuer erlosch und war nicht mehr ein Hindernis für die Wut der Kämpfer. So entbrannte denn noch einmal jenes wilde Ringen, das diesen heißumstrittenen Boden bereits mit so viel Blut gedüngt hatte. Oberleutnant Jakob, den trotz seiner 62 Jahre nach sieben mitgemachten Feldzügen der Ruf des Vaterlandes an die Spitze der beiden Kompagnien Wiener Freiwillige geführt hatte, fand hier den Heldentod und später am Asperner Friedhof die ewige Ruhe. Mit ihm teilten viele dies Geschick. Bajonett und Gewehrkolben, Steine und Ziegelstücke dienten den erbitterten Kämpfern inmitten der rauchenden Brandruinen als Waffen, dazwischen flogen Kugeln und Kartätschenschrotte hageldicht umher. Durch Bianchis flankierendes Vorgehen in den Gärten immer wieder gedrängt, mußten die Franzosen zurückweichen. Auch längs des Nordrandes gewannen Teile der Division Vogelsang Raum und bedrängten die in Deckungen nordöstlich Aspern aufgestellten Plänkler vom 24. leichten Regiment und drei Kompagnien des 1. Bataillons hessische Leibgarde.

Bei diesem Stande des Kampfes konnte General der Kavallerie Bellegarde dem Befehl des Generalissimus entsprechen. Er formierte sein Korps derart, daß der linke Flügel an die

Grenadiere stieß, und begann etwa um 1 Uhr nachmittags die Vorrückung gegen die Flanke des noch immer vorwärts in der Ebene stehenden Korps Oudinot. Hiller verstärkte ihn hierzu mit einer Kavallerie- und zwei Positionsbatterien.

Massena versuchte noch einmal das Schicksal zu wenden. Was er an Truppen zusammenraffen konnte, führte er in das Gewühl des Ortskampfes hinein, drängte die Österreicher abermals zurück, aber nur für kurze Zeit. Ein zufällig herbeikommender Adjutant des Generalissimus beorderte das von Hiller an die Westlisière gezogene Regiment Duka Nr. 39 zum Angriff längs der nördlichen Straße. Diese Verstärkung brachte rasch eine Wendung. Abschnitt um Abschnitt wurde erobert und um 2 Uhr nachmittags hatten die Franzosen nurmehr den Ortsrand beim Jägerhaus im Besitz, den sie sich allerdings nicht entreißen ließen. Duka ging dann flankierend gegen die mit dem anrückenden rechten Flügel des 1. Korps kämpfenden Plänkler nordöstlich Aspern vor und trieb diese zurück.

Auch in der Au hatte in dieser Zeit ein heißer Kamp getobt. Molitor, augenscheinlich durch Garde-Tirailleure verstärkt, hatte einen kräftigen Vorstoß unternommen und das 2. Jägerbataillon weit in das freie Feld hinausgeworfen. Als aber Hiller das Regiment Anton Mittrowsky mit zwei schweren Geschützen zu Hilfe schickte, das 1. Wiener Freiwilligenbataillon siegreich in die südliche Flanke vorging und Oberst Csollich mit dem äußersten rechten Flügel längs des Donau-Ufers vordrängte, gaben die Franzosen den Angriff auf und begnügten sich damit, den Graben der östlichen Gemeindeau zu halten.

Im Maße, als der Druck des 1. Korps die Grenadiere Oudinots zum Zurückgehen an den Ravin Aspern-Eßling nötigte, führte der Generalissimus auch das Grenadierkorps vor; war ihm doch gegen 1 Uhr nachmittags vom Feldzeugmeister Reuß die bestimmte Meldung zugekommen, daß das Observatorium am Bisamberg um halb 12 Uhr einen Riß von 15 bis 18 Pontons Länge bei der großen Brücke konstatiert habe und des Feindes Bemühen, den Schaden zu beheben, augenscheinlich keinen Erfolg hätte. Gegen 2 Uhr nachmittags standen die Franzosen bereits am Ravin, die österreichischen Linien gegenüber, deren

Artillerie mit der in der Zwischenzeit ergänzten Munition, geleitet vom Obersten Smola, ein verheerendes Feuer unterhielt und selbst die im Brückenkopf und am Ufer der Lobau stehenden Truppen nicht verschonte.

Napoleon war von allen Seiten bedrängt. Bei Aspern stand der Kampf schlecht, der Mitte drohte ein Durchbruch, Eßling bedurfte dringend der Hilfe. Wollte er nicht seine alte Garde opfern, so blieben ihm als letzte Reserve nur die vier Bataillone Garde-Füsiliere und eines der Tirailleure zur Verfügung. Die beiden erst in allerjüngster Zeit errichteten Bataillone des 2. Garde-Tirailleur-Grenadierregiments kamen nicht in Betracht. Zu all dem war Hauptmann Magdeburg mit neuen Zerstörungsmitteln vom Spitz angelangt, die er nicht nur gegen die große Brücke, sondern auch, den hohen Wasserstand benützend, gegen jene im Stadler-Arm dirigierte.

Bereits hatte Napoleon bei Eßling die ganze verfügbare Kavallerie zusammengezogen, nun schickte er auch den Generaladjutanten Mouton mit drei Bataillonen Garde-Füsiliere dahin ab, die alte Garde rückte ein wenig vor, um im äußersten Notfall das Zentrum zu unterstützen. Oberst Seruzier wurde beauftragt, alle erlangbaren Geschütze in eine große Batterie zu vereinigen. Napoleon spornte ihn mit den Worten: „Ich rechne darauf, daß du mir die Armee rettest!" zum äußersten Eifer an. Tatsächlich brachte der „Kugelvater", wie ihn seine Soldaten nannten, 80 Stücke zusammen und verschaffte sich durch Umladen aller Munitionswagen, deren er habhaft werden konnte, einen genügenden Vorrat. Diese große Batterie fuhr am Rande der Mühlau auf, durch Baumäste gut maskiert. Am Ravin war dies unter dem überwältigenden Feuer Smolas nicht möglich, auch die Gardebatterie Boularts hatte längst ihre Stellung gegen eine andere in der Nähe des Ziegelofens eintauschen müssen.

Der Generalissimus wie auch General der Kavallerie Fürst Liechtenstein erkannten, daß bei Eßling die Entscheidung fallen müsse. Letzterer begab sich zum 4. Korps, teilte dem Generalmajor Riese mit, daß alle Generale der 4. Kolonne gefallen seien und forderte ihn auf, auch über diese das Kommando zu übernehmen und einen gemeinsamen Sturm anzusetzen. Von dem unermüdlichen Reiterführer angefeuert, stellten sich die Truppen noch einmal bereit: die Division Dedovich in drei Regimentskolonnen gegen die Nordfront östlich des Schüttkastens, Riese mit Chasteler, 1. und 2. Bataillon Bellegarde und 1. Hiller gegen die Ostfront. Auch das 2. und 3. Hiller rückte unter dem Obersten Prinzen von Hessen-Homburg zum zweiten Angriff gegen das Intervall vor, ihm zur Seite die Reiterbrigade Stutterheim. Offiziere ergriffen die Fahnen und so ging's denn nochmals vorwärts auf den mit Blut gezeichneten Wegen.

Nahezu gleichzeitig erfolgte ein Angriff der Grenadier-Bataillone Scharlach und Georgi gegen den herrschaftlichen Garten und rechts davon, Scovaud und Kirchbetter gegen den Schüttkasten.

Diesen vereinigten Bemühungen gelingt es, den Ort bis auf Schüttkasten und herrschaftlichen Garten zu nehmen. In ohnmächtiger Wut stoßen die Grenadiere ihre Bajonette in die vergitterten Fensteröffnungen, aus welchen die Verteidiger Tod und Verderben auf die Stürmenden schleudern. Mouton kommt mit der jungen Garde gerade zurecht, um dem Vordringen der Österreicher über den Süd- und Westrand Einhalt zu gebieten. Mehr aber vermag er nicht. Unentschieden wogt der Feuerkampf hin und her, Moutons Hand wird zerschmettert; die bei Eßling drohende Gefahr weckt die Unruhe aller Truppen, Verwundete drängen sich bei der kleinen Brücke zusammen, mit ihnen viele, welchen der Geleitedienst ein willkommener Vorwand ist.

Napoleon entschließt sich bereits, an den Rand der Mühlau zurückzugehen und dort den letzten Widerstand zu leisten; Generaladjutant Rapp soll mit den noch übrigen zwei Bataillonen der jungen Garde Moutons Rückzug ermöglichen. Beide Generale entschließen sich jedoch, die Verstärkung zu einem letzten Gegenstoß zu benützen. Wirklich löst dieser Angriff die auf des Messers Schneide schwankende Entscheidung zugunsten der Franzosen aus.

Die ihrer Generale, der meisten Offiziere und fast eines Drittels der Streiter beraubten Truppen des 4. Korps werden durchbrochen, rasch wandelt diese Kunde todesmutige Tapferkeit der Nachbarabteilungen in rasche Flucht, die siegreichen Garden stoßen nach, vertreiben die Österreicher aus dem erst nach langem Kampf erstürmten Meierhof und das 1. Bataillon Hiller sogar vom letzten Stützpunkt, dem Friedhof. Als nun noch einige Reitergeschwader Miene machen, südlich Eßling vorzubrechen, glaubt der Korpskommandant Fürst Rosenberg einer Katastrophe nicht anders vorbeugen zu können und ordnet den Rückzug bis in die Linie Groß-Enzersdorf und Eßlinger-Hof an.

Die Grenadiere, aus ihrer unhaltbaren Stellung zurückgeworfen, versuchen wohl noch zweimal das aussichtslose Beginnen, doch als sich die zusammengeschmolzenen Häuflein zum neuen Anlauf rüsten, verbietet der Generalissimus das nutzlose Opfer, denn auch in der Front ist ein Umschwung eingetreten.

Die Franzosen hatten dem anrückenden österreichischen Zentrum einen heißen Empfang bereitet und dieses in respektvoller Entfernung gehalten. Vereinzelt unternommene Vorstöße von Grenadierbataillonen wurden blutig abgewiesen. Doch Napoleon, der jeden Augenblick einen kräftigen Massenangriff befürchten mußte und die Opfer durch die so nahe gerückte feindliche Artillerie sich häufen, ja selbst viele der Bärenmützen seiner alten Garde dahinsinken sah, erkannte die Notwendigkeit, seiner Kavallerie zum Heil der Armee noch einen letzten Todesritt zuzumuten. Mit kundigem Blick bezeichnete er dem Marschall Bessières eine Lücke am linken Flügel des Zentrums, vermutlich durch das Vorziehen der Grenadiere zum Angriff gegen Eßling entstanden.

Doch auch dem Fürsten Hohenzollern entgingen die etwas umständlichen Vorbereitungen der Kürassiere zum Angriff nicht. Rasch beorderte er den Obersten Mecséry mit seinem Regiment Frelich Nr. 28 in die Lücke. Diese drei Bataillone traf der wuchtige Stoß, aber auch dieses Mal vermochten die Panzerreiter den Massen nichts anzuhaben. Eine derselben wird von einer Kanonenkugel, die 45 Mann niederschmettert, in zwei Hälften gespalten, doch die französischen Reiter können sich kaum zu einem kurzen Galopp aufschwingen, um den Vorteil auszunützen. Sie kommen zu spät. Jede Hälfte hatte einen Klumpen gebildet; als einzelne Reiter sich in das Intervall wagten, schlossen die Hälften zusammen und zermalmten die Verwegenen mit ihren Bajonetten. Die nächsten österreichischen Kavallerieregimenter kamen zu Hilfe, nach langem Handgemenge wurden die Franzosen geworfen und mußten sich hinter ihre Infanterie retten, welche die nachhauenden Verfolger abwies.

Trotzdem konnte sich der Generalissimus der Einsicht nicht verschließen, daß eine Fortsetzung des Angriffes bei dieser guten Haltung des Gegners wenig erfolgversprechend sei. Da traf ihn die Nachricht vom vollständigen Zurückweichen des 4. Korps, von den anscheinenden Vorbereitungen Napoleons, die Offensive vom rechten Flügel aufzunehmen, jene Eventualität, die der Erzherzog stets befürchtet hatte.

Seit dem 20. früh nur wenige Stunden aus dem Sattel, unermüdlich das Schlachtfeld durcheilend und seine Person stets dort einsetzend, wo die Seinen ins Wanken kamen, ließ ihn diese Hiobspost, dieses abermals zutage tretende Versagen einer Gruppe, bei der er sich nicht selbst befand, an einem glücklichen Ausgang verzweifeln. In dieser Stimmung erteilte er den Befehl zum Rückzug. Grenadiere, 1. und 2. Korps, traten langsam den Rückmarsch an, als Liechtenstein heransprengte, auf den Besitz von Aspern wies, den Erzherzog auszuharren beschwor und sich verpflichtete, jede Offensive über Eßling zu hindern. An der Spitze der Kürassierbrigade Kroyher, die Kürassiere Lederers mitnehmend, welche während des Angriffes der Grenadiere auf Eßling zu deren Unterstützung gegenüber dem Schüttkasten gehalten hatten, endlich noch Riesch-Dragoner und die 3 Kavalleriebatterien (nur noch 14 Geschütze) zu sich befehlend, eilte er in den Raum östlich Eßling. Eine Kavalleriebatterie fuhr vor dem Ausgang nach Aderklaa auf, die anderen nahmen an der Straße nach Groß-Enzersdorf Stellung; gegenüber dem Intervall hatte sich die Brigade Stutterheim mit ihrer Kavalleriebatterie aufgestellt.

Den Franzosen war es selbstverständlich nicht in den Sinn gekommen, anzugreifen. Die vorgerückten Abteilungen gingen rasch nach Eßling zurück. Es kam nur zu einer lebhaften Kanonade, in welche auch die Artillerie des 4. Korps einfiel, als sie endlich gegen 5 Uhr nachmittags ihre Munition ergänzt hatte.

Nachdem der Generalissimus das Zentrum so weit zurückgeführt hatte, daß die Artillerie gerade noch gegen den Raum zwischen Aspern und Eßling wirken konnte, ließ er halten. Oberst Smola richtete das Kreuzfeuer aller noch brauchbaren

Feuerschlünde gegen die französische Stellung und überschüttete den ganzen Raum, in welchem die sich kreuzenden Geschoßfurchen an manchen Stellen vielarmige Sterne bildeten.

Das Ende der Schlacht.

Gegen 3 Uhr nachmittags war für Napoleon die größte Gefahr vorüber. Es galt, den Abend abzuwarten und die unvermeidlichen Verluste zu ertragen, welche das österreichische Artilleriefeuer forderte. Infanteriekämpfe fanden fortan nur noch bei Aspern statt.

Da die Holzstöße beim Ziegelofen in Flammen aufgegangen waren, mußten die vier Kompagnien Badenser den Posten aufgeben. Sie rückten zum Regiment ein, das mit den anderen Truppen des 4. Korps in der Höhe des Asperner Wäldchens samt der Gardebrigade Curial in Kolonnen bereitstand.

Oberst Csollich war mit den Grenzern am äußersten rechten Flügel um $^1/_4$4 Uhr nachmittags bis an die Mündung des Asperner Grabens in die Donau vorgedrungen, doch seine Bemühungen, Zerstörungskörper in den Stadler-Arm zu bringen, wurden durch französische Abteilungen vereitelt, die sich auf beiden Ufern festgesetzt hatten.

Mit ihrer Pontonbrücke hatten die Franzosen indessen ohnehin ihre liebe Not. Das steigende Wasser überflutete den auf Böcken eingebauten Teil, die hinüberdrängenden Verwundeten und insbesondere die auf die Lobau zurückschwimmenden ledigen Pferde, welche sich in die Taue verstrickten, verursachten wiederholt ernste Beschädigungen.

Den Bitten seiner Umgebung nachgebend, hatte Napoleon um vier Uhr nachmittags seinem bei der Lage der Dinge zwecklosen und gefährlichen Aufenthalt vor der alten Garde ein Ende gemacht. Unauffällig näherte er sich durch das Gehölz der Mühlau dem Stadler-Arm, ließ einen Ponton von der Brücke herbeischaffen, wodurch eine abermalige Störung des Überganges entstand, und setzte in die Lobau über. Vermutlich vermied er die Brücke, um nicht durch die Kunde seines Rückzuges die Stimmung seiner Soldaten noch mehr niederzuschlagen.

Am jenseitigen Ufer rekognoszierte er gründlich und kam zur Überzeugung, daß es dem Gegner wohl sehr schwer fallen dürfte, über das beim eingetretenen hohen Wasserstand mächtig angewachsene Hindernis des Stadler-Armes in die Lobau nachzudrängen, wenn das Ufer entsprechend besetzt wurde. Etwas beruhigt wandte er sich der kleinen Brücke zu, wohin er seine Marschälle berufen hatte, um ihnen — zum ersten Mal im Leben — Befehle zum Rückzug der Armee zu erteilen.

Massena ließ bis sieben Uhr abends auf sich warten, da der weiterglimmende Kampf seine Aufmerksamkeit in Anspruch nahm. Gegen 5 Uhr nachmittags hatte sich nämlich die österreichische Armee dem Zentrum wieder genähert. Feldmarschalleutnant Fürst Hohenzollern sandte das 7. und 8. Jägerbataillon, das 1. Bataillon Zach Nr. 15 und das 3. Zedtwitz Nr. 25 nach Aspern. Diese Truppen verdrängten einige Tirailleurabteilungen aus der Gegend der Lehmgrube am Ravin und stürmten dann Tambour battant in den Ort, den sie zu ihrer Verwunderung bereits vom 6. Korps besetzt fanden. Sie beteiligten sich hierauf an dem Plänklergefecht, das beim Südostausgang stattfand und feindlicherseits vornehmlich von den Hessen geführt wurde. Ein vom Feldmarschalleutnant Vogelsang über Aufforderung Hillers mit den Regimentern Reuß-Plauen Nr. 17 und Kolowrat Nr. 36 unternommener Angriff vertrieb die französischen Schützen vom Ravin bei Aspern, worauf dort eine Batterie enfilierend aufgestellt wurde und das französische Zentrum zum Rückzug an den Rand der Mühlau zwang. Eßling blieb jedoch besetzt.

Das war das letzte ernstere Ereignis. Das stundenlang in seltener Heftigkeit unterhaltene Artilleriefeuer hatte die Vorräte erschöpft, die Vorsicht gebot, sich nicht ganz von Munition zu entblößen, da man Napoleon eine Wiederholung des Angriffes am nächsten Morgen, nach Herstellung der Brücke und Heranziehen seiner übrigen Truppen, ganz wohl zumuten durfte. Deshalb erhielt auch Hiller, welcher dem Obersten Csollich Truppen in die Gemeindeau nachsenden wollte, den Befehl, weitere Kämpfe zu vermeiden und sich auf die Behauptung des Erreichten zu beschränken. Er formierte hierauf das Gros seines Korps wieder in Schlachtordnung westlich Aspern, die Behauptung des Ortes dem Generalmajor Bianchi mit Truppen des 2. und 6. Korps überlassend. Die Franzosen hatten indessen ihre Plänklerkette ganz aus dem Ort herausgezogen und dieselbe zur Sicherung der beim kleinen Wäldchen und rückwärts desselben lagernden Truppen knapp vor der Ortslisiere aufgestellt. Die beiderseitige Ermattung und Mangel an Patronen ließ das schon längere Zeit lässig geführte Feuergefecht um 7 Uhr abends gänzlich verstummen. Allgemein war das Bedürfnis nach Ruhe und Nah-

Napoleon uud der verwundete Lannes.

rung, insbesondere bei den Franzosen. von welchen die meisten seit Passieren der Brücken keine Verpflegung bekommen hatten.

Während Napoleon mit Marschall Bessières bei der Brücke wartete, brachte man ihm seinen Jugendfreund und Waffengefährten, den Mann, dem er so viele Ruhmestaten verdankte und der sich erst wieder in den beiden Schlachttagen als unvergleichlicher Truppenführer bewährte, tödlich verletzt auf einer improvisierten Bahre. Marschall Lannes, Herzog von Montebello, war zwischen 4 und 5 Uhr nachmittags, als er hinter der Front am Rande eines Grabens saß, kurz nachdem eine Kanonenkugel seinen ehemaligen Lehrer General Pouzet hinweggerafft hatte, von einem anderen, aus der Richtung von Groß-Enzersdorf kommenden Geschoß in beide Kniee getroffen worden.

Der Schmerz des Kaisers übertäubte eine Zeit hindurch all' den anderen Kummer dieses schweren Tages. Dann schüttelte er die Rührung gewaltsam ab und widmete sich den an ihn zunächst herantretenden Sorgen. Inzwischen waren Massena und Davout, welch letzterer auf Napoleons Wunsch die Donau in einem Boote übersetzt hatte, eingetroffen. Nach längerem Meinungsaustausch entschied der Kaiser, daß die Armee während der Nacht in die Lobau zurückgehen solle. Massena wurde mit der Durchführung und Deckung dieser Bewegung betraut. Da die gegen halb 3 Uhr nachmittags mit Not und Mühe zusammengeflickte Brücke kurz nachher in ihrem ersten Teil abermals schwer beschädigt wurde und der zweite Teil über den Hauptarm, nachdem ihn einige Munitionswagen und eine Anzahl Verwundete passiert hatten, abermals durchbrochen und fast ganz weggerissen wurde, ein Werk des vom Spitz abermals herabgefahrenen Hauptmanns Magdeburg, blieb nichts anderes übrig, als sich auf der Lobau zu behaupten. Napoleon erfaßte sofort den Vorteil dieses aufgezwungenen Entschlusses. So lange die französische Armee nur durch einen verhältnismäßig rasch zu überbrückenden Wasserarm vom linken Ufer getrennt stehen blieb, würden es die Österreicher nicht wagen, das Marchfeld zu verlassen und ihrerseits einen Donauübergang durchzuführen. Seine Sorge sollte es sein, diese Pause zur Heranziehung von Verstärkungen und zur Herstellung eines

Überganges zu benützen, der nicht solch bösen Zufällen ausgesetzt war.

Massena führte den Rückzug, wie ihm befohlen, durch. Fast alle Verwundeten, die demontierten Geschütze, viele Kürasse und sonstiges Kriegsmaterial wurden in die Lobau geschafft, dann folgten die Truppen. Seitens der Österreicher fand keine Störung statt, trotzdem die Division Tharreau, welche Eßling besetzt hatte, den Ort viel zu früh räumte. Das 4. Korps merkte es nicht, zum Glück für die Franzosen, deren Truppen sich an der oft beschädigten Brücke stauten, in der Hast, das jenseitige Ufer zu erreichen, sich zusammenballten und auf der Brücke derart drängten, daß mancher Verwundete in die Fluten hinabgestoßen wurde. Einige Kanonenschüsse hätten eine heillose Verwirrung angerichtet.

Es war Neumond, eine stockfinstere Nacht, was den Franzosen jedenfalls zustatten kam. Überdies hatte Massena die Vorsicht gebraucht, die Lagerfeuer durch Colberts Husaren-Eskadron während der ganzen Nacht unterhalten zu lassen.

Erst am Morgen entdeckten die Österreicher den Abzug des Feindes. Einige Patrouillen, die gegen die Lobau vorgingen, wurden durch Kanonenschüsse bald zurückgescheucht; als endlich Infanterieabteilungen sich plänkelnd näherten, war der Übergang fast vollendet. Oberst Pelleport unterhielt mit den Voltigeuren des 18. Regiments das Feuergefecht nur so lange, bis die Brücke abgebrochen war, dann räumte er den Brückenkopf und schiffte in zwei bereitgehaltenen Plätten hinüber.

Napoleon hatte sich um 1 Uhr nachts aus der Lobau in einem kleinen Boot nach Kaiser-Ebersdorf übersetzen lassen

Unendlicher Jubel erfaßte das Heer des Generalissimus, als es den Rückzug des Feindes erfuhr, dessen Abrücken auf das andere Donauufer nach Herstellung der Brücken als selbstverständlich angenommen wurde. Der unüberwindliche Napoleon hatte nach dreißigstündigem Ringen sein Vorhaben aufgeben, dem Gegner den Kampfplatz überlassen müssen, ein unerhörtes, bis dahin noch nicht dagewesenes Ereignis. Der Siegesflug des Eroberers war jäh unterbrochen, zum erstenmale hatte er eine offenkundige Niederlage erlitten. Hochklopfenden Herzens vernahmen die unterjochten Völker die freudige Mär. Der Glaube an des großen Korsen Unüberwindlichkeit schwand, und Vertrauen auf eine glückliche Zukunft rankte sich an dem Siege des Generalissimus Erzherzogs Karl empor. So wurde Aspern das verheißungsvolle Morgenrot künftiger Befreiung.

Für die Erbitterung des langen Ringens führen die Verluste eine beredte Sprache. Bei den Österreichern waren 88 Offiziere, 3886 Mann tot, 13 Generale, 663 Offiziere, 15.615 Mann verwundet, ein General, 22 Offiziere, 2709 Mann gefangen und vermißt, wovon 1200 zu den Toten zu rechnen sind, da die Franzosen nur einen General, 21 Offiziere und etwa 1500 Mann gefangen nahmen, hierunter die meisten verwundet. Kamen doch allein in die Wiener Spitäler nach der Schlacht über 700 Österreicher. Der Gesamtverlust betrug fast 23.000 Mann, hierunter 787 Generale und Offiziere, 23.5%, also fast ein Viertel der Streiter. Bei der 4. und 5. Kolonne stieg der Infanterieverlust auf 31%, nahezu ein Drittel.

Über den Verlust der Franzosen besitzen wir nur spärliche Daten. Gefangen wurden 2300 Mann, darunter viele Verwundete, die hessische Infanterie büßte ebenso wie die badische 27% der Streiter ein, trotzdem erstere nur am 22. focht, letztere am 21. geringe Verluste hatte; Molitor verlor 2186 Mann, 34% des Gesamtstandes, vermutlich 45—50% der wirklich kämpfenden Truppen, die Garde ohne Einrechnung der drei Tirailleurregimenter 1177 Mann, etwa 20%. Bekannt sind die Namen von 19 Generalen, 998 Offizieren (hierunter 29 der deutschen Kontingente), welche getötet oder verwundet wurden, doch weisen Anzeichen darauf hin, daß diese Liste keineswegs vollständig ist, ferner wurden nachweisbar zwei Generale und 27 Offiziere, viele verwundet, gefangen. Hieraus läßt sich schließen, daß die Franzosen kaum viel weniger als ihre Gegner verloren, mindestens fünfmal so viel als Napoleon im 10. Armeebulletin zugestand: 1100 Tote und 3000 Verwundete!

Österreichischerseits wurden 53.000 Kanonenschüsse abgegeben, die Franzosen verfeuerten, den auf Schiffen erfolgten Nachschub nicht gerechnet, 24.300 Artillerie- und 1,600.000 Infanteriegeschosse.

Der Generalissimus Erzherzog Karl gab sich keiner

Täuschung darüber hin, daß er den blutigen Sieg nur der zähen Ausdauer, der Tapferkeit seiner Soldaten verdankte, die nicht nur über einen gewaltigen Feind, sondern auch über die Mängel des vom Kriege mitten in einer Neuschaffung überraschten Wehrwesens triumphiert hatten. Er war zu einsichtsvoll, um zu verkennen, daß die schwierigen Verhältnisse des Gegners wie die Gestaltung des Schlachtfeldes das Heer außerordentlich begünstigten, daß aber alle Tapferkeit nicht ausreichte, um bei einer Offensive über die Donau und bei einem Zusammenstoß in einem minder einfachen Terrain die geringe Vertrautheit der Truppen mit der neuentstandenen Gefechtsführung wettzumachen. Darum unterließ er es, den Sieg und die in den nächsten Tagen wahrhaft klägliche Lage der in der Lobau eingeschlossenen, dem bittersten Mangel preisgegebenen Franzosen auszunützen, welche Pferde schlachten und aus Mangel an Salz Schießpulver zum Würzen ihrer kärglichen Nahrung gebrauchen mußten. Rings vom Wasser eingeschlossen, fehlte ihnen doch Trinkwasser, nur der peinigende Durst liess sie ihren Eckel überwinden und mit dem trüben, von Sand und Lehm verunreinigten Donauwasser, in welchem zahlreiche Leichen und Pferdekadaver herumschwammen, ihre Lippen netzen.

Selbst wenn es aber den Österreichern gelang, die Zeit auszunützen, wo der größte Teil des Heeres in die Lobau gebannt war, das schwierige Werk des Überganges glücklich durchzuführen und die am südlichen Ufer bereitstehenden Truppen Davouts zurückzuwerfen, war der Krieg nicht zu Ende. Napoleon gebot noch über genügende Streitmittel, eine ganze große Armee in Spanien, um den Krieg weiterzuführen, Erzherzog Karl befehligte aber das einzige, durch schwere Verluste geschwächte Heer, das die Monarchie bei der Erschöpfung aller Mittel ins Feld zu stellen vermochte. Daß er dieses nicht dem Wagnis eines Unternehmens mit höchst ungewissem Ausgang aussetzen wollte, ist begreiflich. Darum erblickte er in dem errungenen Erfolg nicht die erste Stufe zu einem den großen Korsen niederwerfenden Sieg, sondern nur ein Mittel, das die Diplomatie benützen sollte, um einen erträglichen Frieden zu erlangen.

Erzherzog Karl war indessen in einem schweren Irrtum befangen, da er annahm, Napoleon werde nach einem solchen Mißerfolg die Hand zu einem glimpflichen Frieden bieten. Das konnte und durfte der Imperator nie und nimmer, der sich seinen Thron mit dem Schwert gezimmert hatte. Aber insoferne hatte der Generalissimus recht, als Napoleons Ansichten über die Ohnmacht des Kaiserstaates eine jähe Wandlung erfuhren, so daß er den Gedanken an eine Zertrümmerung desselben fallen ließ und sich selbst nach dem folgenden entscheidenden Sieg mit relativ mäßigen Ansprüchen begnügte.

„Schweig!“ rief er seinem Schwager Murat zu, als ihm dieser nachträglich seine scheinbare Milde vorwarf. „Du hast die Österreicher bei Aspern nicht gesehen!“

Preis und Ehre darum den Tapfern, die dem Gegner solch hohe Anerkennung abzwangen, den Bestand der Monarchie mit ihrem Blut und Leben erkauften. Keine geringe Tat kündet der Nachwelt das Denkmal auf der Stätte heißesten Ringens, das Meisterwerk Fernkorns: der Löwe auf dem Kirchhof von Aspern.

Wagram.

DAS KRIEGSJAHR 1809

IN

EINZELDARSTELLUNGEN

UNTER LEITUNG SR. EXZELLENZ GENERAL DER INFANTERIE

EMIL VON WOINOVICH

HERAUSGEGEBEN VON EINEM KREISE VON OFFIZIEREN DES K. U. K. HEERES.

REDIGIERT VON

HAUPTMANN ALOIS VELTZE.

BAND 8.

WIEN UND LEIPZIG, 1909

C. W. STERN

VERLAG.

WAGRAM.

VON

OBERSTLEUTNANT
MAX RITTER VON HOEN.

WIEN UND LEIPZIG, 1909

C. W. STERN

VERLAG.

Druck von Gustav Röttig & Sohn in Ödenburg.

Eine lange Operationspause.

Friedliche Stille lagerte in den Junitagen des Jahres 1809 auf den von Rosseshufen zerstampften und von Kanonenkugeln durchfurchten Gefilden, die dem blutigen Ringen am Pfingstfest als Schauplatz gedient hatten. Am 25. Mai war das Gros der österreichischen Armee hinter den Rußbach zurückgegangen und hatte zwischen Helmahof und Markgraf-Neusiedl ein Lager bezogen, in dem sich die Truppen alsbald für einen längeren Aufenthalt einrichteten und Erdhütten bauten. Das 6. Korps blieb bei Aspern, die vom FML. Klenau, später vom FML. Nordmann befehligte, in ihrer Zusammensetzung oft wechselnde Avantgarde bei Eßling. Das 5. Korps behielt dieselbe Aufstellung, die es vor und während der Schlacht eingenommen hatte: Division Schustekh bei Krems, Brigade Klebelsberg, früher Radetzky, bei Stockerau, Division Weißenwolff und Korpskommando in Strebersdorf. am Spitz und auf der Schwarzen Lacken-Au, endlich die Brigade Bianchi (früher Hoffmeister) bei Preßburg.

Generalissimus Erzherzog Karl, der sein Hauptquartier zuerst in Markgraf-Neusiedl aufgeschlagen hatte, dasselbe aber am 3. Juni infolge eines Brandes nach Deutsch-Wagram verlegen mußte, sah sich in seiner anfänglichen Hoffnung getäuscht, daß die Franzosen die Lobau, diese Ausfallspforte in das Marchfeld, freiwillig räumen würden. Der günstige Augenblick, die entmutigten und hungernden Truppen Napoleons zum Rückzug zu zwingen oder zu überwältigen, war ungenützt verstrichen, da der am 23. vom Generalissimus angeordnete nächtliche Überfall aus Mangel an genügenden Vorsorgen zur Überbrückung des in ungewöhnlicher Breite dahinrauschenden Stadler Armes unterblieb. Die Franzosen beeilten sich, die Insel zu verschanzen, so daß ein Angriff bald aussichtslos wurde.

War der am 22. Mai erstrittene Erfolg nicht unmittelbar ausgenützt worden, so stand der Generalissimus nun vor der schwierigen Frage, wie dies nach der Hand mittelbar geschehen könne. Seine Denkweise war viel zu klar und nüchtern, um sich von dem Siegesjubel, der die Armee, die Monarchie und alle unterjochten Länder erfaßte, berauschen und die Urteilsfähigkeit rauben zu lassen. Eine gelungene Abwehr ist noch kein positiver Erfolg und der Sieg, der unter schweren Opfern nach langem Ringen den kaiserlichen Fahnen lächelte, entbehrte des vollbefriedigenden Abschlusses.

Mit Einsatz der ganzen eigenen Armee konnte es der Generalissimus nicht dahin bringen, den Gegner in die Donau zu werfen, das Wagnis eines überhasteten Stromüberganges mit Vernichtung zu strafen. Schwer getroffen, aber unbehelligt hatten die Truppen Napoleons den nächtlichen Rückzug durchgeführt und obendrein war bekannt, daß ein beträchtlicher Teil des französischen Heeres, durch den Brückenbruch abgeschnitten, unangetastet südlich der Donau stand. Mit diesen Streitern war umsomehr zu rechnen, als ihr Führer der große Korse war, ein Mann, der hunderttausend Soldaten aufwog und trotz des letzten Mißerfolges, der den Nimbus seiner Unbesiegbarkeit zerstörte, noch immer einen dämonischen Einfluß auf Freund und Feind im vollen Maße ausübte. Glaubte doch der Generalissimus, daß Napoleon den verunglückten Übergangsversuch an anderer Stelle sofort wiederholen werde!

Erst als diese Erwartung sich nicht erfüllte, reifte die Erkenntnis, daß dem napoleonischen Heere bei Aspern sehr übel mitgespielt worden war. Vielleicht würde der Erzherzog, wenn er dies gleich nach Beendigung des Waffenganges zu erkennen vermocht hätte, den Glauben an die Möglichkeit der Wiederaufnahme des großen Befreiungswerkes Europas, in dessen Namen der Krieg unternommen worden, gewonnen und daraus den kühnen Wagemut zum rücksichtslosen Einsatz aller Kräfte behufs Herbeiführung eines gänzlichen, von den Gebrüdern Stadion erträumten Umschwunges geschöpft haben. Ob die Offensive ein gutes Ende genommen hätte, läßt sich füglich bezweifeln, nun aber war es dazu jedenfalls zu spät und den Generalissimus erfüllte nach wie vor die feste Überzeugung, der große Befreiungsgedanke habe bei Regensburg endgültig Schiffbruch gelitten und der einzig

Blick auf die Brücken und die Lobau vom rechten Donauufer.

vernünftige Ausweg aus dem zwecklos gewordenen, blutigen Ringen, in dem die Monarchie nichts zu gewinnen, wohl aber alles zu verlieren hatte, sei ein halbwegs erträglicher

Frieden, der dem Sammeln neuer Kräfte zu einer Wiederholung des gescheiterten Versuches gewidmet sein mochte.

Daher sah er in dem Schlachtenerfolg bei Aspern nur ein Mittel, mit dem bisher so übermütig gewesenen und laut die gänzliche Zertrümmerung der Monarchie verkündenden Franzosenkaiser zu einer Verständigung zu gelangen. Dies schien ihm die einzige zweckmäßige Ausnützung des Sieges. Mußte doch in den Forderungen Napoleons nach diesem Beweis zäher Widerstandskraft der Monarchie eine wesentliche Herabminderung eintreten.

Ob sich der Generalissimus nicht einer Täuschung hingab, wenn er glaubte, daß der Eroberer, der seinen Thron mit Blut und Eisen aufgebaut hatte, nach einem Aspern Frieden schließen wollte und konnte, bleibe dahingestellt. Jedenfalls war Kaiser Franz gegenteiliger Meinung und drängte gleich seiner Umgebung zur kräftigen Fortsetzung des Krieges.

Das war nun leichter gesagt als getan. Sollte der Generalissimus dem Gegner an den Leib rücken, so mußte er die Donau überschreiten. Hiefür gab es nur zwei halbwegs geeignete Punkte: bei Krems oder bei Preßburg. Beiderseits stand eine sehr schwierige Operation bevor. Gegenüber Krems war das die beherrschenden Höhen krönende Kloster Göttweih von Napoleon befestigt und besetzt worden. Der Widerstand dieses starken Forts und die zum Brückenschlag erforderliche Zeit ermöglichten das zeitgerechte Herankommen von Verstärkungen, so daß die übergehende Armee in eine richtige Mausfalle geraten konnte. Kam aber Napoleon zu spät, so war die nächste Folge eine Schlacht mit verkehrter Front, für den Franzosenkaiser, dem sich Ende Mai durch das Herannahen seiner italienischen Armee eine neue Rückzugslinie über den Semmering eröffnete, weit weniger gefährlich als für den Generalissimus, der bei einer Niederlage wohl kaum einige Trümmer des Heeres auf das nördliche Donauufer zurückbrachte.

Bei Preßburg war es etwas besser, dort bestand schon eine Schiffbrücke, doch der sie deckende Brückenkopf war viel zu klein und obendrein unzweckmäßig angelegt, so daß es der Armee wohl schwer geworden wäre, sich rasch daraus zu entwickeln. Napoleon hatte überdies schon Ende Mai gesorgt, daß diese Ausfallspforte wohl verwahrt blieb, indem er das Korps Davout dahin sandte, das nach zwei kleinen Gefechten am 1. und 3. Juni sich ringsum dicht vor den Befestigungen festsetzte. Obendrein ermöglichte aber der Besitz der Lobau dem großen Schlachtenlenker, die Entfernung der Armee des Generalissimus dazu zu benützen, um in das Marchfeld hineinzumarschieren und mit den bei Wien versammelten Kräften dem Erzherzog unmittelbar zu folgen. War dieser nach Preßburg abgerückt, so ging sofort die Verbindung mit Böhmen verloren, das Land mit den größten, für die Fortführung des Krieges unentbehrlichen Hilfsmitteln.

Unter diesen Umständen ist es begreiflich, daß alles Drängen des Kaisers vergeblich blieb, daß der Generalissimus den mehrmals gefaßten Entschluß, in dessen Vorbereitung sich der Armeegeneralstabschef Wimpffen sogar nach Krems und Preßburg begab, jedesmals bald wieder fallen ließ und lieber abwartete, was sein Gegner zu tun gedenke. Daß dieser einmal wieder über die Donau gehen werde, war wohl anzunehmen, doch glaubte der Generalissimus nicht, diesen Versuch aus der Lobau erwarten zu müssen. Es kam also darauf an, sich auf die Lauer zu legen und den Hauptangriff von täuschenden Demonstrationen rechtzeitig zu unterscheiden, um sich sodann mit versammelter Kraft auf die übersetzenden Kolonnen zu werfen und ihnen ein zweites Aspern zu bereiten. Mißlich war nur, daß beim Verlassen der eigenen Stellung die Besatzung der Lobau den Augenblick zum Festsetzen auf dem linken Donauufer benützen konnte. Um dies zu vereiteln, ließ der Generalissimus alsbald mit der Anlage von Befestigungen (16 Schanzen und Redouten, im Kärtchen mit I–XVI. angedeutet) in der Linie Aspern—Eßling—Groß-Enzersdorf und an der Mündung des Stadler-Armes beginnen, die vorläufig mit Feldgeschützen bestückt wurden. Die Herbeischaffung von Festungsgeschützen aus Olmütz war wohl im Juni angeordnet worden, ehe sie jedoch abgesendet wurden, kamen die Ereignisse bereits wieder in Gang.

Außerdem war der Erzherzog auf Heranziehung von Verstärkungen bedacht. Schon am 6. Juni rückte der FZM. Kolowrat, der in Böhmen nur die schwache Division Sommariva ließ, mit dem 3. Korps beim Heere ein und bezog am Abfall des Bisamgebirges bei Königsbrunn Lager. Die vor Aspern weggeschickten Rekruten und Landwehren wurden herangezogen und füllten nebst sonstigen Ergänzungstransporten die durch die Schlacht bei Aspern gerissenen Lücken. Die Truppen mußten fleißig exerzieren, besonders die Bewegung in den Bataillonsmassen üben, die sich beim letzten Waffengang so sehr bewährt hatten.

Im übrigen begnügte sich der Erzherzog, den stromaufwärts bis Krems aufgestellten Abteilungen eine häufige Beunruhigung des Gegners zu empfehlen und die Erlaubnis zu einem Einfall in Sachsen und Bayreuth zu erteilen, dessen Leitung dem FML. Kienmayer anvertraut wurde. Man gab sich der trügerischen Hoffnung hin, damit die Unzufriedenen in Norddeutschland für die eigene Sache zu gewinnen, ebenso wie der Anschluß Preußens zuversichtlich aber vergeblich erwartet wurde, denn der eine Erfolg bei Aspern genügte nicht, um das seit den Tagen von Regensburg arg geschwundene Vertrauen in einen glücklichen Ausgang zu heben, welch lebhaften Widerhall auch die Siegesnachricht aller Orten weckte. Und der folgende Stillstand war noch weniger dazu angetan, die Norddeutschen zu Taten zu entflammen.

Je mehr Zeit verstrich, desto sicherer rechnete der Generalissimus darauf, daß der Wiederbeginn der Operationen Napoleons unmittelbar vor der Türe stehe. Er erwartete dies mit Sehnsucht, um endlich dem unablässigen Drängen der Kriegspartei zu entgehen, deren stürmischen Aufforderungen zu kühnen, leichter auszudenkenden als durchzuführenden Kriegsoperationen er beständig aber erfolglos den Hinweis auf die unbedingte Notwendigkeit von Friedensverhandlungen entgegenstellte.

Woche auf Woche zog ins Land, ohne daß ein Schuß die friedliche Stille im Marchfeld störte, da auch die auf beiden Ufern des Stadler Armes stehenden Vorposten stillschweigend übereinkamen, einander in Ruhe zu lassen. Gar oft flogen Scherzworte und höhnende Zurufe hin und her und als einmal der Franzosenkaiser erkannt wurde, der sich bei der Rekognoszierung ganz dicht ans Ufer vorwagte, machte ihn ein österreichischer Postenkommandant mit aller Höflichkeit darauf aufmerksam, daß sich Seine Majestät nicht auf dem richtigen Platze befinde.

Während dieser idyllischen Ruhe gewann indessen die allgemeine Lage ein immer böseres Aussehen. Schon am 25. Mai war die aus dem oberen Ennstal gegen Graz marschierende Division Jellačić bei St. Michael der aus Italien vorrückenden Armee des Vizekönigs Prinz Eugen Beauharnais in die Arme gelaufen und arg zerzaust worden. Erzherzog Johann hatte sich mit dem ihm verbliebenen Rest der innerösterreichischen Armee von Graz nach Ungarn zurückziehen müssen. Am 14. Juni, dem Jahrestag von Marengo und Friedland, an welchem der Generalissimus mit Bestimmtheit einen Vorstoß Napoleons erwartet hatte, wurde der Erzherzog Johann, mit dem sich die ungarische Insurrektion vereint hatte, bei Raab von der italienischen Armee und Teilen der napoleonischen Hauptarmee ereilt und gänzlich geschlagen. Erzherzog Johann mußte sich bei Komorn auf das nördliche Donauufer ziehen und gelangte schließlich nach Preßburg. Die Festung Raab kapitulierte nach rühmlichem Widerstand am 22. Juni, so daß Napoleon nunmehr in weiten Räumen Westungarns unbestrittener Gebieter war.

Der vom Erzherzog Johann mit einer Armeegruppe in Kroatien zurückgelassene Banus FML. Gyulai vermochte den Marsch des aus Dalmatien ausgebrochenen Korps Marmont nach Laibach und Graz nicht zu hindern. Tirol mußte seinem Schicksal überlassen werden, mit Müh und Not entkam FML. Chasteler mit dem größten Teil seiner Division beim Marsch durch das Drautal den auf ihn lauernden französischen Gruppen und erreichte in der zweiten Hälfte Juni den Plattensee, wo er längere Zeit verblieb.

Endlich ließ der Zar nach langem Zögern seine Russen in Galizien einrücken, womit alle Vorteile, die der Erzherzog Ferdinand mit dem 7. Korps errungen hatte, verloren gingen. Laut geheimer Abmachung jede Feindseligkeit vermeidend, mußte der Erzherzog vor dem langsam aber stetig vordringenden heimlichen Freunde zurückweichen und näherte sich immer mehr Krakau.

Das zweideutige Verhalten der Russen erregte am kaiserlichen Hofe die größte Bestürzung. So konnte die Sache wirklich nicht mehr fortgehen. Wie lange dauerte es und die Russen standen in aller Freundschaft in Mähren, im Rücken der Hauptarmee und brachten sie zwischen zwei Feuer. Es schien wirklich so, als ob Napoleon in Gemütsruhe darauf warte und es gewann sogar die Anschauung die Oberhand, nicht der bei Aspern zurückgeworfene und nun schon so lange bei Wien untätige Franzosenkaiser, sondern die russische Armee bedeute die größere Gefahr. Der Generalissimus wurde gedrängt, entweder die Offensive über die Donau in allernächster Zeit einzuleiten oder dem Erzherzog Ferdinand eine Verstärkung zu senden, die diesen in stand setze, den Russen ein energisches Halt zu gebieten.

Schweren Herzens entschloß sich der Erzherzog Karl unter diesen Umständen dazu, den Übergang bei Krems zu wagen und erließ am 26. Juni eine Reihe von Befehlen, die den am 1. Juli anzutretenden Abmarsch vorbereiten sollten.

Gewiß zur lebhaften Befriedigung des Generalissimus kam sein Plan nicht zur Durchführung. Schon am 30. Juni abends öffneten die so lange stumm gebliebenen Geschütze ihre ehernen Schlünde und dumpfer Kanonendonner durchzitterte die Luft gleich dem grollenden Brüllen des Löwen, der nach langer Ruhe willkommene Beute wittert.

Zurüstungen Napoleons zur Entscheidungsschlacht.

Nicht ohne schwerwiegende Gründe hatte sich der sonst so tatenlustige Imperator dazu verstehen müssen, die Wettmachung des jüngsten Unfalles immer wieder hinauszuschieben. Ein zweites Aspern durfte ihm nicht zustoßen; er wußte nur zu gut, daß dies abgesehen von der neuerlichen Einbuße an Kraft das Signal für alle offenen und heimlichen Feinde sein werde, sich zum längstersehnten Sturz des neugeschaffenen Kaisertums zu erheben. Es galt also, alles vorzukehren, was menschliche Voraussicht erdenken konnte, um ähnliche Zufälle wie jene am 21. und 22. Mai unbedingt auszuschließen.

Das Wohl und Wehe des Heeres mußte von den Launen des Donaustromes völlig unabhängig gemacht, die Lobau oder, wie sie jetzt genannt wurde, die Insel Napoleon, in einen festen Waffenplatz umgewandelt werden, der einerseits die Entwicklung großer Massen in das Marchfeld in kurzer Zeit ermöglichte, anderseits bei widrigem Ausgang dem geschlagenen Heer eine sichere Zuflucht bot.

Was der Kaiser in dieser Absicht während der Operationspause vollbrachte, ist eine bewunderungswürdige Leistung, die sowohl dem das große Werk in allen Einzelheiten anordnenden und überwachenden Meister als auch seinen technischen Mitarbeitern zur höchsten Ehre gereicht.

In die Lobau führte außer der gründlich verbesserten Schiffbrücke eine Pfahljochbrücke von genügender Breite für 3 Wagenreihen und über den Hauptarm überdies ein Steg auf Piloten.

Der Sicherung dieser Übergänge gegen Brander und sonstige Zerstörungsfahrzeuge dienten stromaufwärts eingerammte Pfahlreihen, eine sogenannte Estakade, vor welcher Marinesoldaten in kleinen Booten beständig Wache hielten. Schanzen deckten die Ein- und Ausgänge der Brücken gegen überraschende Angriffe; jene am Lobauufer, jenseits des sogenannten Lobgrundarmes, bildeten einen zusammenhängenden ausgedehnten Brückenkopf, dessen Reste noch heute zu sehen sind.

Brücken vom rechten Ufer zum Schneidergrund.

Am Nord- und Ostrand der Lobau, auf der nächsten stromaufwärts gelegenen größeren Insel, dem Biberhaufen, nun Insel Massena genannt, dann auf einzelnen kleinen Inseln im

Stadler oder Lobauarm, deren angestammte Namen jenen französischer Führer weichen mußten, entstanden mächtige Schanzen, die mit 124 Geschützen, meist schweren Stücken aus den in Wien erbeuteten Vorräten, bewehrt waren; für jedes Geschütz lag Munition für 300 Schüsse bereit. Überdies hatte der Kaiser eine aus 10 Fahrzeugen mit 19 Kanonen bestehende Donauflottille geschaffen, die mit Marinesoldaten unter dem bewährten Linienschiffskapitän de Baste bemannt war.

Auf der Lobau befanden sich Magazine aller Art, eine Bäckerei, ein Spital, ein kleines Arsenal mit Hilfswerkstätten, Werft- und Zimmerplätzen. Von den Donaubrücken führte zu der im Mai benützten Übergangsstelle über den Lobauarm eine breite, gerade Straße, deren Spuren bis heute noch nicht verwischt sind. Von ihr zweigten zahlreiche Kolonnenwege ab, Sümpfe und Wasseradern auf Dämmen überquerend. Wegweiser und Laternen erleichterten die Orientierung bei Tag und Nacht. Zur Überbrückung des Stadler Armes lag Material für 10 Übergänge aller Art bereit, darunter eine neuartige Pontonbrücke, aus 4 Gliedern bestehend, die nach dem Aufschwenken rasch versteift werden konnten und die Herstellung eines Überganges in wenigen Minuten gestatteten. Außerdem standen 9 Plätten zur Überschiffung von je 300 Mann zur Verfügung.

Während der Operationspause war Napoleon bestrebt, die am 21. und 22. Mai den Reihen seines Heeres zugefügten Verluste durch Einstellung von Ergänzungstransporten zu ersetzen. Da er die Überlegenheit der österreichischen Artillerie unangenehm empfunden hatte, trachtete er eifrigst, die Geschützzahl zu erhöhen. Neue Batterien lassen sich indessen nicht aus der Erde stampfen. Da erinnerte er sich, daß bei der Infanterie noch viele Leute waren, welche die in früherer Zeit beigegebenen Bataillonsgeschütze bedient hatten. So griff er wieder auf diese Organisation zurück und teilte jedem Regiment des 2., 3. und 4. Korps 2 Geschütze, meist erbeutetes Material zu. Nur die Gardeartillerie erfuhr eine wesentliche Vermehrung mit ganzen Batterien und zählte nun 4 reitende und 6 fahrende, zusammen 60 Geschütze.

Daneben ließ es sich Napoleon angelegen sein, seine Truppen durch reichliche Verpflegung, die von den Quartierträgern aufgebracht werden mußte, für die ausgestandenen Mühseligkeiten zu entschädigen und für neue Anstrengungen zu wappnen.

Getreu seinem Grundsatz, für den entscheidenden Schlag alle nur irgend entbehrlichen Kräfte zusammenzuraffen, nahm sich der Kaiser vor, für die Festhaltung des weiten von ihm besetzten Gebietes und zur Sicherung der Verbindungen nur das unumgänglich nötige Maß an Truppen aufzuwenden. Doch durfte die Zusammenziehung der Streitkräfte bei Wien erst im letzten Augenblick erfolgen, damit der Generalissimus und seine Unterführer nicht aus der Entblößung jener Räume Nutzen ziehen konnten, ehe sich der große Schlag im Marchfeld fühlbar machte. Nebstdem lag in der raschen Vereinigung die Gewähr für die im Kriege so bedeutungsvolle Überraschung, die dem Erzherzog nicht Zeit ließ, ein gleiches zu tun und seine weitverstreuten Gruppen zur Entscheidung heranzubekommen.

Napoleon löste das Problem in mustergültiger Weise, unterstützt durch die fast unglaubliche Marschfähigkeit seiner Truppen. Während der Operationspause mußte er sie derart verteilt halten, daß er etwaigen Versuchen des Generalissimus, die Donau zu überschreiten, an jedem Orte rasch eine starke Streitkraft entgegenwerfen konnte, die bis zum Herankommen der übrigen Gruppen standhielt. Für Napoleon kam dabei die gewaltige Strecke von Passau bis Komorn in Betracht und er war gleich nach Aspern darauf bedacht gewesen, mit Vernachlässigung aller Nebenrücksichten möglichst viele Truppen für diesen Zweck in Dienst zu stellen. Passau war mit der aus den Kontingenten der deutschen Kleinstaaten zusammengesetzten Division Rouyer besetzt. Die Bayern durften auf die Gefahr einer neuen Erhebung, die tatsächlich stattfand, nur eine Division in Tirol lassen; die anderen beiden kamen nach Linz und übernahmen die Strombewachung bis Melk, wo sich die mit dem Gros im Tullner Feld kantonierenden Württemberger anschlossen. Die Reserve beider bildete Bernadotte mit den Sachsen und der schwachen französischen Division Dupas.

Um und in Wien standen das 2. Korps Oudinot (früher Lannes), die Garde und die schwere Kavallerie, auf der Lobau das 4. Korps Massena, im Raum bis unterhalb Preßburg das 3. Korps Davout, bei Raab und gegenüber Komorn die italienische Armee unter dem Vizekönig Prinz Eugen, der nur

Brücken zwischen Schneidergrund und Lobgrund

die Division Rusca gegen Tirol und die Division Broussier bei Graz zurückgelassen hatte. Mit letzterer vereinigt war das dalmatinische Korps Marmont, das während einer längeren

Rast in Laibach Ergänzungen aus Italien erhalten und seine Gebirgsartillerie gegen 24 Feldgeschütze umgetauscht hatte.

Erst am 29. Juni, als alle Vorbereitungen beendet waren und Napoleon den Entschluß faßte, am 5. Juli die Entscheidungsschlacht zu schlagen, ergingen die Befehle zur Versammlung und kamen bei der großen Entfernung und der geringen Schnelligkeit der damaligen Verbindungsmittel erst am 30. Juni abends in die Hände der in Linz und Graz stehenden Kommandanten. An der oberen Donau sollten nur die Truppen Rouyers, von dem übrigens ein Regiment in Wien stand, und eine bayrische Division zurückbleiben, Vandamme mit den Württembergern an der Strecke von Melk bis einschließlich Wien. Die Division Severoli und das 25. Jägerregiment zu Pferd der italienischen Armee hatte Baraguey d'Hilliers teils zur Festhaltung von Raab, teils zur Ablösung der Truppen Davouts vor dem Preßburger Brückenkopf zu verwenden. Endlich war von Broussier beim Vorbeimarsch in Wiener-Neustadt das dort aufgestellte 6. Husarenregiment der italienischen Armee mit einem Infanteriedetachement zu verstärken, wozu dieser 2 Bataillone des 92. Linienregiments bestimmte. Das war alles, was Napoleon der Sicherheit seiner Verbindungen opfern wollte. Später, als bedrohliche Meldungen über eine erhöhte Tätigkeit der ungarischen Insurrektion eintrafen, wurde Baraguey noch mit den württembergischen Herzog Heinrich-Chevaulegers und dem provisorischen Jägerregiment zu Pferd unter dem General Thierry verstärkt, beides Truppenkörper, die bisher im kaiserlichen Hauptquartier als Stabskavallerie verwendet worden waren.

Alles übrige hatte spätestens am 4. Juli bei Kaiserebersdorf einzutreffen, wobei dem Vizekönig eingeschärft wurde, seinen Marsch mit Vermeidung jeglichen Aufsehens durchzuführen. Alle Kommandanten bestrebten sich, mit Aufbietung aller Kräfte von Mann und Pferd dem Befehl gerecht zu werden. Nur die bayrische Division Wrede aus Linz, ferner die Division Broussier und das Korps Marmont aus Graz, endlich die am weitesten vorgeschobene Division Pacthod der italienischen Armee vermochten die lange Wegstrecke nicht in der festgesetzten Zeit zu bewältigen. Sie trafen erst am 5. in der Lobau ein. Immerhin bilden die Gewaltmärsche der erst am 1. Juli von Linz, beziehungsweise Graz aufgebrochenen Truppen eine sehr bemerkenswerte Leistung. Erstere legten an 180 Km, letztere mehr als 160 Km, wobei der Semmering zu überschreiten war, in fünf Tagen zurück.

Da die eigentliche Entscheidung erst am 6. Juli fiel, kamen auch diese Truppen noch zurecht. Dem Kaiser standen somit für das große Ringen zu Gebot:

Die Kaiserliche Garde, 12 Bataillone, 18 Eskadronen, 60 Geschütze;

Das 2. Korps Oudinot mit den Infanteriedivisionen Tharreau, Frère (früher Claparède), Grandjean (früher St. Hilaire), der portugiesischen Legion und der Kavalleriebrigade Colbert, 46 Bataillone, 11 Eskadronen, 52 Batterie- (dabei 4 der Legion) und 24 Regimentsgeschütze.

Das 3. Korps Davout mit den Infanteriedivisionen Morand, Friant, Gudin und Puthod (früher Demont), der leichten Kavalleriedivision Montbrun (Brigaden Pajol und Jacquinot), den beiden Dragonerdivisionen der italienischen Armee Pully und Grouchy, 52 Bataillone, etwa 40 Eskadronen, 60 Batterie-, 30 Regiments- und 8 Kavalleriegeschütze;

Das 4. Korps Massena mit den Infanteriedivisionen Legrand, Carra St. Cyr, Molitor, Boudet, der leichten Kavalleriedivision Lasalle (Brigaden Bruyère, Piré, Marulaz), 49 Bataillone, 31 Eskadronen, 70 Batterie- (davon 18 hessische und badische) und 24 Regimentsgeschütze;

Italienische Armee Vizekönig Prinz Eugen mit dem 5. Korps Macdonald, Infanteriedivisionen Lamarque und Broussier;

dem 6. Korps Grenier, Infanteriedivisionen Seras und Durutte, ferner mit

der Reserve, Infanteriedivisionen Pacthod, leichte Kavalleriedivision Sahuc, italienische Garde, insgesamt 56 Bataillone, 15 Eskadronen, 52 Batterie- und 10 Kavalleriegeschütze;

Vom 7. Korps die bayrische 2. Division Wrede, 9 Bataillone, 8 Eskadronen, 36 Batteriegeschütze;

Das 9. Korps Bernadotte mit der sächsischen 1. und 2. und der schwachen französischen Division Dupas, 21 Bataillone, 20 Eskadronen, 36 Geschütze (darunter 24 sächsische);

Die Armee von Dalmatien (11. Korps) mit den Divisionen

Claparède (früher Montrichard) und Clausel, 15 Bataillone, 24 Geschütze.

Die Kavalleriereserve unter dem Marschall Bessières mit den schweren Reiterdivisionen Nansouty, St. Germain (früher St. Sulpice) und Arrighi (früher Espagne), 56 Eskadronen, 24 Kavalleriegeschütze.

Die Gefechtsstärke dieser 260 Bataillone und 199 Eskadronen ist nicht verläßlich bekannt, doch steht so ziemlich fest, daß es zwischen 150.000 und 160.000 Streiter waren, darunter mindestens 24.000 zu Pferd, mit 510 Geschützen.

Dieser Streitmacht standen unter dem Generalissimus unmittelbar gegenüber:

Die Avantgarde FML. Nordmann, Brigaden Peter Vécsey, Frelich, Riese (des 4. Korps), Mayer (des 5.) und Schneller (des 3.), 23 Bataillone, 22 Eskadronen, 48 Geschütze;

Das 1. Korps G. d. K. Graf Bellegarde, Brigaden Henneberg, Wacquant (Division Dedovich), Clary, Motzen, Stutterheim, (Division Fresnel), 22 Bataillone, 8 Eskadronen, 68 Geschütze;

Das 2. Korps FML. Fürst Hohenzollern, Brigaden Ignaz Hardegg, Paar, Buresch (Division Brady), Altstern, Wied-Runkel (Division Siegenthal), 26 Bataillone, 6 Eskadronen, 68 Geschütze;

Das 3. Korps FZM. Graf Kolowrat, Brigaden Oberst Schmuttermayer, Lilienberg, Bieber (Division St. Julien), Grill, Oberst Wratislaw (Division Vukassovich), 22 Bataillone, 6 Eskadronen, 58 Geschütze;

Das 4. Korps FML. Fürst Rosenberg, Brigaden Provenchères, Weiß (Division Radetzky), Hessen-Homburg (Division Hohenlohe-Bartenstein), Swineburne (Division Rohan), $24^{1}/_{3}$ Bataillone, $8^{1}/_{2}$ Eskadronen, 60 Geschütze (2 an der March belassene Landwehrbataillone, rund 1200 Mann, nicht gerechnet);

Das 6. Korps FML. Graf Klenau (an Stelle des am 4. Juli früh erkrankten Hiller), Brigaden Wallmoden, Mariássy, August Vécsey (Division Vincent), Adler, Hoffmeister (Division Hohenfeld), Splényi (Division Kottulinsky), $25^{1}/_{3}$ Bataillone, 16 Eskadronen, 64 Geschütze;

Das Reservekorps G. d. K. Fürst Liechtenstein, Grenadierbrigaden Merville, Hammer (Division d'Aspre), Murray und Steyrer (Division Prochaska), Kavalleriebrigaden Roussel,

Lederer (Division Hessen-Homburg), Kroyherr (Division Fürst Moritz Liechtenstein), Theumern, Kerekes (Division Schwarzen-

Brückenkopf beim Eintritt in die Lobau.

berg), Rothkirch und Wartensleben (Division Nostiz), 18 Bataillone, 84 Eskadronen, 48 Geschütze.

Insgesamt waren dies $160^2/_3$ Bataillone (hierunter 31 der

Landwehr, von welchen wohl die anwesenden 10 Freibataillone bereits eine genügende Kriegstüchtigkeit erlangt hatten, die übrigen 21 aber minder, in der Schlachtfront eigentlich gar nicht verwendbar waren), 150$^1/_2$ Eskadronen (dabei 12 der nicht vollwertigen Insurrektionsreiterei), mit einem ausrückenden Stand von 120.950 Mann, 15.600 Reitern (darunter 1550 Insurrektionshusaren) und 414 Geschützen, außerdem befanden sich bei den Artilleriereserven noch 43 Ersatzgeschütze.

In der Nähe des Schlachtfeldes standen die beiden Gruppen des 5. Korps bei Strebersdorf und Stockerau, 15 Bataillone (dabei 2 der Landwehr), 8 Eskadronen, 32 Geschütze, also eine Verstärkung von 7550 Mann und 800 Reitern, falls sich der Generalissimus entschloß, sie in den Kampf zu werfen, was angesichts der am anderen Donauufer gegenüberstehenden Württemberger immerhin bedenklich war.

Schließlich kam die Gruppe bei Preßburg in Betracht, von welcher der Erzherzog Johann indessen nach Abschlag einer Sicherheitsbesatzung des Brückenkopfes, 2300 Mann und 2 Eskadronen Insurrektionshusaren, tatsächlich nur 11.200 Mann, darunter 1900 Landwehrmänner, 1269 reguläre Reiter und 6 Eskadronen Insurrektionshusaren heranzuführen vermochte. Das Gros der Insurrektion stand noch in der Gegend von Komorn.

Bei Vereinigung aller Kräfte hätte somit der Generalissimus mit 139.500 Mann, 18.600 Reitern und 480 Geschützen dem Gegner an Infanterie überlegen sein können, wobei freilich rund 17.000 Landwehrmänner nicht als vollwertig einzusetzen sind; an Reitern und Geschützen war aber auch in diesem Fall die Überlegenheit bei Napoleon. Da das 5. Korps nicht herangezogen wurde, auch ein Detachement des 3. auf dem Bisamberg zurückblieb und die Kolonne des Erzherzogs Johann zu spät auf dem Schlachtfeld eintraf, stellte sich für Napoleon eine der wesentlichsten Grundbedingungen des Schlachtenerfolges, die Überlegenheit der Zahl, in jeder Waffengattung ein.

Erwartungsvolle Tage.

Napoleon war von seinen Spionen vortrefflich bedient. Am 30. Juni erfuhr er, daß ein Abmarsch der Armee des Generalissimus unmittelbar bevorstehe. Das war ein recht unangenehmer Zwischenfall. So lange Zeit war sie untätig geblieben und nun, da alle Vorbereitungen zur Entscheidungsschlacht getroffen waren, flogen die Vögel aus dem Nest und dem Kaiser, der zur raschen Beendigung des Krieges drängte, eröffnete sich die Aussicht auf langwierige Märsche und Operationen. Dem mußte abgeholfen, der Gegner festgehalten werden und Massena erhielt den Auftrag, genau an derselben Stelle wie im Mai eine Brücke (1 im beigegebenen Kärtchen) über den Stadler Arm zu schlagen und diese durch Anlage von Verschanzungen zu decken.

Massena führte die Aufgabe unter dem Donner der Lobaubatterien gegen Abend glücklich durch, ohne daß ihn das Artilleriefeuer der nächsten Werke des 6. Korps irgendwie zu stören vermochte, in welche sich die Vorposten vom Stadler Arm eilig zurückzogen, als das Kreuzfeuer der am rechten Ufer aufgestellten Geschütze Massenas begann.

Als der Generalissimus Kunde von dem Vorfall erhielt, der auf eine Wiederholung der Schlacht bei Aspern deutete, erließ er sofort Befehle an seine Korps, auf die schon am 4. Juni bestimmten Alarmplätze in der Linie Rutzendorf-Hirschstetten zu rücken. Um Mitternacht traten die Truppen den Vormarsch an. Am Morgen des 1. Juli liefen beim Generalissimus von den verschiedenen beobachtenden Generalstabsoffizieren auf dem Bisamberg und dem Kirchturm von Groß-Enzersdorf Meldungen ein, wonach sich bei der neuen Brücke über den Stadler Arm Massen der Franzosen sammelten, der östliche Teil der Lobau bis auf wenige Posten von Truppen geräumt war. Trotzdem das Eintreffen stärkerer Kräfte in der

Denkstein des Napoleonzeltes in der Lobau.

Lobau nicht festgestellt werden konnte, glaubte das Hauptquartier, es werde alsbald zum Angriff kommen und der Erzherzog ordnete den Aufmarsch des 3. und 2. Korps hinter Aspern und Eßling, des 4. bei Wittau an, dahinter bei Raasdorf und Breitenlee das 1. Korps, die Grenadiere und die Reservekavallerie.

Napoleon hatte am Morgen sein Hauptquartier in die Lobau verlegt, in deren westlichem Teil, nicht weit vom Brückenkopf am Lobgrund für ihn ein großes Zelt aufgeschlagen worden war, welche Stelle noch heute ein Denkstein bezeichnet. Der Franzosenkaiser war natürlich hoch erfreut, als er von dem für ihn eingerichteten Beobachtungsstand am Nordostrand der Insel die ganze Armee des Generalissimus gleichsam zur Parade aufmarschiert sah. Weniger erbaut war der Erzherzog Karl, als der Tag verstrich, ohne daß sich die Franzosen rührten. Sie schanzten fleißig an dem neuen Brückenkopf in der Mühlau, ab und zu ließ sich wohl auch eine Patrouille sehen, die aber rasch in den Gebüschen verschwand, wenn die Artillerie der Werke zwischen Aspern und Eßling die Vorwitzigen aufs Ziel nahm. Die Sache schmeckte sehr nach einer Demonstration, mit der Napoleon vielleicht die Aufmerksamkeit fesseln wollte, um an einer anderen Stelle einen Übergang ungestört durchzuführen. Hatte doch Davout auch dem Preßburger Brückenkopf vom 26. Juni an hart zugesetzt und sogar die offene Stadt bombardiert, um die Räumung der Schanzen auf dem rechten Ufer durch dieses barbarische Mittel zu erzwingen. Gerade am Morgen des 30. war vom Erzherzog Johann die Meldung eingelaufen, er könne sich nur noch 48 Stunden halten und der Generalissimus hatte ihm in der sicheren Erwartung, daß ohnedies die Entscheidung bevorstehe, den Rückzug freigestellt. Am Abend aber gewannen die Dinge ein anderes Ansehen. Demonstrierte Napoleon in der Mühlau, so mußte der Erzherzog Johann bei Preßburg das Gleiche tun, um ebenfalls einen Teil der gegnerischen Truppen festzuhalten, wozu ein entsprechender Befehl an ihn erlassen wurde. Der Generalissimus hätte vielleicht am Abend die Armee in das alte Lager einrücken lassen, wenn nicht vom Observatorium auf dem Bisamberg neuerlich Truppenverschiebungen in der Lobau gegen die neue Brücke gemeldet worden wären. Massena ließ nämlich seine beiden im südlichen Inselteil lagernden Divisionen nach Norden verschieben, um dem 2. Korps Platz zu machen, das in der Nacht in die Lobau rückte.

Napoleon fühlte sehr wohl, daß am 2. Juli etwas geschehen müsse, um den Generalissimus im Marchfeld festzuhalten. Schon bei Tagesanbruch donnerte eine im Prater aufgeführte Batterie den Posten auf den Inseln bei Stadlau ihren Morgengruß entgegen, gleichzeitig landeten etwa 500 Mann auf der nächsten großen Insel oberhalb des Biberhaufens, dem Schierlinggrund. Massena begann neben der Brücke über den Stadler Arm mit dem Bau einer zweiten (2), ließ seine Divisionen Kolonnen formieren und die auf das nördliche Donauufer vorgeschobenen Sicherungsabteilungen demonstrativ gegen die Vorposten Hillers vorgehen, mit welchen sich eine lebhafte, zeitweise mit Kanonenschüssen vermischte Plänkelei entspann.

Um 8 Uhr früh eröffneten plötzlich 9 Batterien ein gewaltiges Bombardement auf die von der Avantgarde unter FML. Nordmann besetzten Schanzen bei Eßling und Groß-Enzersdorf. Die Wirkung war gegen die Erdwerke eine sehr beträchtliche. 300 Leute Nordmanns wurden kampfunfähig, selbst bis zu dem hinter Eßling aufmarschierten 2. Korps fielen die Bomben, ohne jedoch besonderen Schaden anzurichten. Während des Bombardements bemächtigte sich Massena des Mühlhäufels, von den Franzosen Insel Bessières genannt; der dort aufgestellte Sicherungsposten, 10 Mann, wurde teils niedergemacht, teils gefangen genommen. Sofort erfolgte der Bau einer Schiffbrücke (3) zur Insel, auf welcher die Anlage einer Batterie begann.

Von 11 Uhr vormittags an wurde das Bombardement immer schwächer und erstarb bis 3 Uhr nachmittags gänzlich. Der Generalissimus konnte aus diesem merkwürdigen Gebaren des Gegners begreiflicherweise noch immer keinen Schluß ziehen, ob Napoleon es ernst meinte oder nur Komödie spielte. Die neuesten Nachrichten vom Observatorium deuteten eher auf letzteres. Untertags war wohl ein lebhafter Verkehr auf den Donaubrücken zu bemerken, doch nur Fuhrwerke, die Vorräte in die Lobau brachten, aber keine Truppen. Auf der Simmeringer Heide exerzierten Abteilungen ganz friedlich, wie dies während der ganzen Zeit geschehen war.

Eines aber hatte der Erzherzog nach den Vorgängen am 2. Juli erkannt: das bisher in Aussicht genommene Schlachtfeld hart an der Donau war so unvorteilhaft wie möglich. Gegen die schweren Geschütze der Lobaubatterien war nicht aufzukommen, sie beherrschten den ganzen Raum bis jenseits Aspern-Groß-Enzersdorf, boten also dem vielleicht doch beabsichtigten Vorstoß Napoleons eine wertvolle Unterstützung und im Falle des ungünstigen Ausganges der Schlacht ausreichenden Schutz gegen nachdrängende Verfolger. War es schon am 22. nicht gelungen, den köstlichen Trank des Erfolges bis zu dem eigentlich würzigen Bodensatz zu schlürfen, um wieviel weniger war jetzt darauf zu hoffen. Obendrein hatte der Generalissimus, der sich wärend des ganzen 2. Juli beobachtend in Groß-Enzersdorf aufgehalten hatte, die Anschauung gewonnen, daß Napoleon, wenn er schon aus der Lobau vorging, kaum den Weg gegen die Schanzenlinie wählen werde. Hier würde er demonstrieren und die Hauptkraft seitlich ausbrechen lassen, vermutlich trotz mancher Schwierigkeiten in östlicher Richtung. Dies verlegte den Kampf in ein vielfach von Gräben und

Wasseradern durchschnittenes, mit Wäldern und Gebüschen bedecktes Gelände. Wessen Truppen sich dort geschickter benehmen würden, wußte der Generalissimus nur allzu genau. Für seine eigenen war die unvermeidliche Störung der gewohnten Ordnung geradezu ein Mißgeschick, jene des Gegners konnten darin ihre besten Eigenschaften entfalten. Um überhaupt einen Erfolg zu erringen, mußte das Gros des Heeres hier entwickelt werden und mit der Front gegen Westen kämpfen; es wurde somit bei einem Mißerfolg naturgemäß nach Osten, gegen Ungarn abgedrängt, Böhmen und Mähren waren verloren. Und der Rückzug im allgemeinen, wenn ein unglücklicher Ausgang ins Auge gefaßt wurde! Eine langdauernde Bewegung über die weite deckungslose Ebene, ohne jeglichen Abschnitt, wo dem Verfolger ein Halt zu gebieten war. Welche Aussichten eröffneten sich der zahlreichen feindlichen Reiterei gegenüber einem geschlagenen Heere!

Zweifellos mußte es verlockender erscheinen, den Gegner in der einen Winkel bildenden, die Verteidigung begünstigenden Stellung auf dem Ostabfall des Bisamberges und hinter dem Rußbach zu erwarten. Rannte Napoleon gegen die eine Front an, so bot sich der anderen Gelegenheit, ihm in die Flanke zu fallen. Die Scheere klappte zu und nun waren die Franzosen über die weite Ebene einer langen Verfolgung ausgesetzt, ehe sie im deckenden Schatten der Lobaubatterien ihren Schaden besehen konnten.

Ähnliche Erwägungen mögen am 2. Juli den Generalissimus beschäftigt haben, allerdings nur in unbestimmten Umrissen, war es doch mehr als zweifelhaft, ob Napoleon gerade diesen Teil des Marchfeldes zum Boden des nächsten Ringens machen wollte. War er überhaupt dazu entschlossen und nach neuen blutigen Tänzen lüstern?

Anscheinend nicht. Seit Aspern war seine hochtönende Sprache merklich herabgestimmt. Berthier mußte den am 29. April gestellten und zuerst hochmütig behandelten Auswechslungsantrag hinsichtlich der Gefangenen mit verbindlichen Worten beantworten; es entspann sich eine Korrespondenz zwischen beiden Generalstabschefs, die durch den Protest Wimpffens gegen die völkerrechtswidrige Beschießung von Preßburg neue Nahrung erhielt. Die prompte und zuvorkommende Erwiderung Berthiers, die mit der Einstellung des Bombardements im Einklang stand, griff wieder auf den Auswechslungsantrag zurück, so daß Wimpffen am 2. früh die Absendung des FML. Weißenwolff zur näheren Vereinbarung in Vorschlag bringen konnte. Wirklich traf am 3. die Zustimmung und die Einladung ein, der General möge am Morgen des 4. Juli zu den Vorposten kommen, von wo ihn ein Generalstabsoffizier zu Napoleon geleiten werde. Der Generalissimus hoffte zuversichtlich, daß mit der Anbahnung persönlicher Beziehungen der erste Schritt zu dem von ihm längst gewünschten Frieden geschehen sei.

So wurden am 3. Juli mittags zuerst die in Reserve stehenden Korps in ihr früheres Lager zurückgeführt, bei Einbruch der Dunkelheit folgten das 2. und 3. Nur Hiller und Nordmann blieben in den Schanzen und am Morgen des 4. Juli stand somit alles wieder so wie am 30. Juni.

Das Vertrauen in eine friedliche Lösung erlitt indessen bald einen harten Stoß. Seit dem frühen Morgen des 4. Juli wurde bei Aspern und Eßling kanoniert. Jeden Versuch, die mit auffälligem Eifer betriebenen Schanzarbeiten in der Mühlau und auf der Insel Bessières mit Artilleriefeuer zu stören, beantworteten die Lobaubatterien kräftigst und gegen 1 Uhr nachmittags vereinigten sie plötzlich eine so heftige Kanonade auf das nächst dem Stadler Arm westlich Groß-Enzersdorf gelegene Werk IX, daß dessen Geschütze alsbald zum Schweigen gezwungen waren. Der Zweck dieser Beschießung wurde bald offenbar; Massena ließ eine Floßbrücke (4) von der Insel Bessières auf das nördliche Ufer schlagen, die durch rasch aufgeworfene Befestigungen gedeckt wurde. Nun bestanden schon 3 Übergänge in das Marchfeld.

Noch alarmierender klangen aber die Nachrichten der Observatorien. Aus Ungarn sah man lange Kolonnen heranziehen, das Korps Davout. Über die Donaubrücken marschierten beständig Truppen, mit denen sich die Lobau immer mehr füllte. Ein um 2 Uhr nachmittags einsetzender Gewitterregen machte diesen interessanten Beobachtungen ein Ende.

Der Generalissimus wußte aber nun genug. Klenau, der am Morgen das Kommando des 6. Korps übernommen hatte, erhielt gleich Nordmann den Auftrag, in den Schanzen bei einem Angriff wohl Widerstand zu leisten, ohne es jedoch auf das Äußerste ankommen zu lassen, sondern das 6. Korps gegen den Bisamberg, die Avantgarde gegen den linken Flügel des Heeres bei Markgraf-Neusiedl kämpfend zurückzuführen. Indessen sollte um 11 Uhr abends doch ein Versuch unternommen werden, durch ein plötzlich einsetzendes Bombardement aus allen Batterien des 6. Korps die im Nordteil der Lobau angehäuften Truppen in Verwirrung zu bringen, vielleicht sogar die inzwischen hergestellten Brücken zu zerstören. Die Armee wurde davon in Kenntnis gesetzt, damit die Kanonade nicht zu einem zwecklosen Alarm Anlaß biete. Gleichzeitig gab der Generalissimus den Korpskommandanten bekannt, daß er beabsichtige, falls Napoleon in das Marchfeld vorrücken sollte, ihm mit jener der beiden Armeegruppen in die Flanke zu fallen, gegen welche sich der Angriff nicht richte. Im Hinblick darauf war schon am 3. den hinter dem Rußbach stehenden Korps befohlen worden, für eine Vermehrung der Übergänge zwecks Erleichterung der Vorrückung zu sorgen, weiters sollte der FML. Rosenberg einige Redouten als Abschluß des linken Flügels bei Markgraf-Neusiedl, Kolowrat solche als Stützpunkte der Bisambergfront auf den Höhen oberhalb Stammersdorf errichten lassen. In der Kürze der Zeit und beim Mangel an Schanzzeug gediehen diese Arbeiten nicht besonders.

Endlich erging im Streben, zum augenscheinlich bevorstehenden Entscheidungskampf möglichst viele Kräfte zur Hand zu haben, an den Erzherzog Johann in Preßburg um 7 Uhr abends des 4. Juli der Befehl, im Brückenkopf nur die unentbehrliche Besatzung zu lassen, mit allen übrigen Truppen aber nach Marchegg zu marschieren. Beiläufige Stunde des Eintreffens und Stärke der Kolonne waren umgehend dem Armeekommando zu melden.

Die Friedensschalmeien, die der Generalissimus am Vorabend bereits zu hören vermeinte, waren jäh verklungen; schon riefen die Hörner zum Streite, zum zweiten blutigen Ringen um den Bestand der Monarchie, deren Schirm und Wehr der große Korse nach dem ersten mißglückten Versuch um so vernichtender zu treffen gedachte.

Napoleon hatte sich in gewiß wohlerwogener Absicht

plötzlich so entgegenkommend gezeigt, doch nicht im mindesten nach dem Frieden strebte sein Sinn, sondern nur nach dem unmittelbar bevorstehenden entscheidenden Schlage. Seine Korps waren im vollen Anmarsch, am 3. Juli wurden bereits die Befehle für ihr Einrücken in die Lobau erteilt, das am Abend zu beginnen hatte: Kaisergarde und Bernadotte in der Nacht zum 4., Davout von 8 Uhr abends desselben Tages an, nach Mitternacht die italienische Armee, um 4 Uhr Früh des 5. die Kürassiere. Was nicht streitbar war, mußte am linken Donauufer zurückbleiben, dagegen Verpflegung bis 6. abends mitgebracht werden.

Gleichzeitig wurden weitläufige Dispositionen entworfen und ausgegeben, welche die ganze in der Nacht zum 5. Juli durchzuführende Unternehmung des Überganges bis in die kleinsten Einzelheiten festsetzten. Das am selben Tage veröffentlichte 24. Bulletin der Großen Armee gipfelte in den stolzen Worten: Die Donau ist kein Hindernis mehr für die französische Armee, das Schicksal des habsburgischen Reiches wird mit dem nächsten Waffengang besiegelt sein!

Eine denkwürdige Nacht.

Alle bösen Geister schienen losgelassen zu sein, als sich die Nacht vom 4. auf den 5. Juli herniedersenkte. Dem nachmittägigen Gewitter folgte ein zweites von unerhörter Heftigkeit. Gemischt mit Hagelschloßen strömten Regenfluten auf die Erde nieder, der Sturmwind heulte und schlug Äste von den Bäumen, die sich seiner Gewalt ächzend beugen mußten, der Donner rollte unaufhörlich und die rasche Aufeinanderfolge greller Blitze ließ die tiefe Dunkelheit dieser schauerlichen Nacht noch mehr empfinden.

Doch die Dispositionen Napoleons waren so trefflich, die

einzelnen Details so reiflich überdacht und für die Erleuchtung und Bezeichnung der von den Kolonnen einzuschlagenden Wege so zweckentsprechende Vorsorgen getroffen, daß das Toben der Elemente keine Störung hervorzubringen vermochte, ja dem Unternehmen sogar förderlich wurde. Die am Ufer des Lobauarmes aufgestellten österreichischen Vedetten, in ihre Mäntel gehüllt und, so gut es ging, unter Bäumen Schutz suchend, konnten nicht auf den Gedanken verfallen, daß die Franzosen just eine solche Nacht zum Übergang benützen würden; der Aufruhr in der Natur verschlang zudem jedes Geräusch, das Auge vermochte das Dunkel nicht zu durchdringen und der grelle Widerschein der Blitze blendete. Die Hauptposten drängten sich in den während der Operationspause geschaffenen Unterkünften zusammen und die Bekanntmachung, daß eigenerseits in der Nacht das Bombardement eröffnet würde, ließ sie aus dem Gefühl der Sicherheit nicht aufschrecken, als noch vor der angegebenen Stunde das Donnerkonzert aus hunderten von Feuerschlünden mit dem Tosen des Unwetters in den Wettkampf trat.

Zu Mittag hatte Napoleon den Divisionsgeneral Reynier als Kommandanten der in eine mächtige Trutzfestung umgewandelten Lobau eingesetzt; das badische 3. Regiment Hochberg, je 2 Bataillone des 2. Korps und der Sachsen, endlich das Leibbataillon Berthiers bildeten nebst der Artillerie die ihm zur Verfügung gestellte Besatzung. Um 6 Uhr abends stellten sich jene Truppen bereit, die zunächst zum Übergang über den östlich der Lobau befindlichen Teil des Stadler Armes, wo Napoleon diesmal in das Marchfeld hinaustreten wollte, bestimmt waren. Massena ließ nur die Division Legrand bei den in der letzten Zeit hergestellten Übergängen, die übrigen drei Divisionen versammelten sich im nordöstlichen Teil der Insel, im südöstlichen das 2. Korps Oudinot, dazwischen rückte das 3. Korps Davout ein. Im westlichen Teil standen das 9. Korps Bernadotte und die Garde bereit, die italienische Armee begann eben bei Kaiserebersdorf einzutreffen und bezog dort vorläufig Lager.

Die Kanonenboote Lodi und Arcole der neuen Donauflottille fuhren gegen Abend stromaufwärts gegen Stadlau und kanonierten fleißig auf jeden am Ufer sichtbaren Posten, um die Aufmerksamkeit auf die dem geplanten Übergang entgegengesetzte Seite zu lenken. Sie hatten in der Folge die Aufgabe, etwa gegen die großen Brücken abgelassene Zerstörungsfahrzeuge abzufangen. Im Verein mit den kleinen Patrouillebooten gelang es ihnen vollkommen, die vom Hauptmann Magdeburg in der Zwischenzeit vorbereiteten, mit allem Raffinement ausgestatteten Höllenmaschinen, Steinschiffe und Schiffmühlen unschädlich zu machen.

Mit den übrigen 8 Kanonenbooten geleitete de Baste 23 Transportschiffe, auf welchen 1500 Voltigeure der zum 2. Korps gehörigen Division Tharreau unter dem Brigadegeneral Conroux die erste Festsetzung am jenseitigen Ufer nächst der Einmündung des Stadler Armes in den Hauptstrom zu bewirken hatten. Um 8 Uhr abends begann die Einschiffung bei der großen Schiffbrücke, um 9 Uhr ging der Transport ab und landete eine halbe Stunde später im Hanselgrund.

Hier stand eine mit 3 Dreipfündern bewehrte und mit 1½ Kompagnien des 1. Jägerbataillons besetzte Batterie. Erst im letzten Augenblick sichteten die Posten die Schiffe, ihre Alarmschüsse wurden sofort von der Schiffsartillerie und einer nächst der Mündung angelegten Batterie mit einem heftigen Bombardement beantwortet. Dies war das Zeichen für alle auf der östlichen Seite der Lobau befindlichen Batterien, mit einer heftigen Kanonade einzufallen, die den von den Truppen Nordmanns besetzten Werken hart zusetzte, namhafte Verluste an Leuten verursachte und nach kurzer Zeit in Groß-Enzersdorf Brände aufflammen ließ.

Oudinot sandte dem Landungsdetachement rasch Unterstützung. Auf vier bereitgestellten Plätten begann die Division Tharreau die Überschiffung. Sobald die ersten Abteilungen auf dem anderen Ufer festen Fuß gefaßt hatten, wurde eine Schiffbrücke (5) für den Übergang der übrigen Teile des 2. Korps, die Reiter Colberts an der Tête, geschlagen.

Auch Massena säumte nicht lange. Auf 5 Plätten ließ er zunächst 1500 Mann der Division Boudet mit 10 Geschützen auf die der Insel Alexander gegenüberliegende Schusterwiese übersetzen. Die neuartige Pontonbrücke glitt aus dem Arm hinter der genannten Insel heraus, schwenkte auf und stellte in 8 Minuten eine für Infanterie benützbare Verbindung mit dem Uferhaus her (6). Die Pontoniere begannen indessen damit, von der Insel Alexander eine Kriegsbrücke (7) für Artillerie und Kavallerie des 4. Korps zu schlagen, unterhalb dieser ließ Davout für das 3. Korps eine bereits vorbereitete Floßbrücke (8) einbauen.

Das 1. Jägerbataillon, das in Posten vom Uferhaus abwärts bis zur Mündung des Steinbügelarmes und mit einer kleinen Reserve in Mühlleuten aufgestellt war, vermochte dem übermächtigen Ansturm nicht zu widerstehen. Wohl leistete das Häuflein in der Batterie nächst der Mündung des Stadler Armes nachhaltigen Widerstand. Als jedoch der Posten beim Uferhaus in die Schusterau zurückgedrängt wurde, ließ der Bataillonskommandant Oberst Lutz zum Rückzug blasen. Das Bataillon sammelte sich unter Zurücklassung der 3 Geschütze hinter dem Steinbügelarm, zerstörte die über denselben führende Brücke und brachte den verfolgenden Feind eine Zeit lang zum Stehen. Die ausgesendeten Patrouillen meldeten indessen, daß sich große Massen des Gegners auf der Schusterwiese entwickelten, weshalb das Bataillon den Rückzug nach Mühlleuten antrat, von wo es der Oberst Lutz, die drohende Gefahr erkennend, unaufgehalten weiter zurückführen wollte, um den Anschluß an den linken Flügel der Armee zu gewinnen. In Mühlleuten fand sich jedoch der GM. Frelich ein, der die Postierung von Schönau abwärts bis zur Marchmündung mit 7 Husareneskadronen und 4 Kompagnien Beaulieu-Infanterie Nr. 58 bestritt. Er bewog den Obersten Lutz unter dem Hinweis auf die bis zum Morgen bestimmt eintreffenden Verstärkungen, in Mühlleuten stehen zu bleiben und den Steinbügelarm zum Widerstand auszunützen. Ebenso veranlaßte er das 7. Jägerbataillon, das auf Vorposten entlang der Donau bis Schönau stand, sich aber inzwischen infolge der Ereignisse bei der Nachbargruppe in Mittel-Hausen gesammelt hatte, das dortige Schloß Sachsengang zu besetzen.

Oudinot ließ seine Truppen in der Nacht nicht über den Steinbügelarm vorgehen, sorgte aber dafür, daß über diesen 3 Übergänge hergestellt wurden.

FML. Nordmann hatte gleich auf den ersten Kanonendonner seine Truppen bei Groß-Enzersdorf antreten und das Infanterieregiment Beaulieu die beiden im Intervall gegen

Eßling gelegenen Werke VIII und IX, die Walachisch-Illyrier, von denen eine Kompagnie auf dem Flößerstatthaufen, von den Franzosen Insel Pouzet genannt, stand, das Ufer bei Groß-Enzersdorf und die Werke nächst des Marktes besetzen lassen. Die zugeteilten Brigaden Mayer und Riese stellten sich im zweiten Treffen hinter Groß-Enzersdorf auf, welcher Ort von einem Bataillon Bellegarde besetzt wurde. GM. Schneller mit den Hessen-Homburg-Husaren hielt am rechten Flügel gegen Eßling, GM. Peter Vécsey mit 5 Husarenschwadronen am linken südöstlich Groß-Enzersdorf. Als am Hanselgrund heftiges Feuer hörbar wurde, ohne daß eine Meldung kam, sandte Nordmann Patrouillen in dieser Richtung aus, die jedoch schon auf der Schusterwiese auf den Feind stießen. Nun wurde der versumpfte Graben südöstlich Groß-Enzersdorf vom Regiment Chasteler besetzt, dessen linken Flügel Husaren sicherten. In dieser Verfassung erwartete Nordmann den Morgen.

Das 6. Korps hatte um 11 Uhr nachts programmgemäß das Feuer eröffnet und bis 2 Uhr nachts mit großer Munitionsverschwendung unterhalten, ohne eine nennenswerte Wirkung zu erzielen. Die beschossenen französischen Batterien fanden es kaum der Mühe wert, hie und da mit einigen Schüssen zu antworten.

Mittlerweile benützte Massena die Nacht, um seine Truppen auf das jenseitige Ufer zu bringen, wo vor den Brücken sofort Schanzen aufgeworfen wurden. Das 4. Korps nahm Front nach Norden, hart an die Donau gelehnt, um einem Gegenstoß die Spitze bieten zu können. Davout, dessen Brücke erst später fertig wurde, zog mit dem 3. Korps hinter Massena gegen Wittau, um dort als rechter Flügel aufzumarschieren. In die Lücke dazwischen sollte das 2. Korps einrücken.

Als sich der Sonnenball im Osten erhob, sah der nach dem Unwetter überraschend klare und schöne Morgen des 5. Juli bereits große Massen Napoleons in der Ebene aufmarschiert und unaufhörlich zogen neue Kolonnen über die Brücken. Der große Kriegsmeister hatte wieder einmal eine Musterleistung vollbracht. Die Schnelligkeit, mit welcher er einen großen Teil seines Heeres auf das andere Ufer warf und in die nach Norden gerichtete Front einschwenken ließ, wirkte verblüffend und sicherte ihm einen zweiten Faktor des Sieges, die Überraschung.

Groß-Enzersdorf und Sachsengang.

Massena hatte noch während der Nacht auch die Division Legrand vom Nordufer der Lobau herangezogen und nach vollbrachtem Aufmarsch Plänklerschwärme gegen Groß-Enzersdorf vorgesendet, die kurz nach Tagesanbruch die Vortruppen Nordmanns bis zu diesem Ort und in die Schanzen zurückdrückten. Die Grenzerkompagnie auf der Insel Pouzet wurde abgeschnitten und mußte sich ergeben, worauf Napoleon, dem der Übergang zu langsam ging, weshalb er bereits den Bau einer zweiten Brücke (9) bei der Alexanderinsel angeordnet hatte, oberhalb derselben eine Schiff- und mit Benützung der Insel Pouzet eine Floßbrücke bauen ließ (10 und 11), die allerdings erst nachmittags, beziehungsweise am Abend des 5. fertig wurden.

Massena ging indessen mit seinen 4 Divisionen unter fortdauernder Kanonade näher gegen Groß-Enzersdorf heran, wobei er den rechten Flügel immer mehr vorschob und durch diese Umfassung den FML. Nordmann zwang, den linken Flügel zurückzunehmen. Das im Ort stehende Bataillon Bellegarde hatte durch die Beschießung viel gelitten, seine Munition verbraucht und sollte eben abgelöst werden, als der Adjutant Massenas, der kühne und befähigte Oberst Sainte Croix, das 46. Linienregiment zum Sturm gegen den Südosteingang vorführte. Die Kolonne drang in den in rauchenden Trümmern liegenden Ort ein und überwältigte nach heftigem Straßenkampf etwa um 8 Uhr früh die Besatzung. Nordmann mußte nun seine Truppen noch weiter zurücknehmen, derart, daß sein rechter Flügel nächst dem im Intervall gegen Eßling errichteten Werk VIII zu stehen kam und die Front in nordöstlicher Richtung verlief. Ihm war es in dieser Stellung angesichts der sich fortwährend vermehrenden Massen der Franzosen sehr unheimlich und er wollte schon den Rückzug anordnen, als er bemerkte, daß die gegnerische Armee nach Einnahme von Groß-Enzersdorf ihren Vormarsch vollständig einstellte.

Napoleon hatte in der festen Überzeugung, daß sich der Generalissimus, sobald er den Übergang wahrnahm, auf ihn stürzen werde, allen Scharfsinn und alle Mittel aufgewendet, um in kürzester Zeit große Massen auf das linke Ufer des Stadler Armes zu bringen. Nun stellte es sich am Morgen heraus, daß der Kaiser eine offene Türe eingerannt hatte. Die bisherigen Kämpfe waren offenbar nur gegen Vortruppen geführt worden, die ohne Unterstützung blieben, von der Hauptarmee war nichts zu sehen und der Gedanke naheliegend, daß der Generalissimus, der bisherigen Demonstrationen müde, denn doch seinen Plan zur Ausführung gebracht hatte und abmarschiert war. Wie dem immer sein mochte, blieb Napoleon vorläufig nichts anderes übrig, als den Aufmarsch der Armee abzuwarten, um dann mit versammelter Kraft die Vorrückung in das Marchfeld anzutreten.

Oudinots Eintreffen in die Schlachtfront erlitt einige Verzögerung. Als er bei Morgengrauen seine Kolonnen den Steinbügelarm überschreiten ließ, trat das 1. Jägerbataillon nach einigem Widerstand den Rückzug gegen das Wäldchen westlich Mittel-Hausen an, von wo der Bataillonskommandant den Anschluß an den linken Armeeflügel bei Markgraf-Neusiedl gewinnen wollte und 2 Kompagnien bereits voraussandte. GM. Frelich war mit seinen Reitern inzwischen nach Wittau und, als er dort auf Truppen Davouts stieß, gegen Rutzendorf zurückgegangen. Lasalle verfolgte ihn, mußte aber umkehren, da ihm das Jägerbataillon der Legion Erzherzog Karl, das sich zur Sicherung des 4. Korps in Rutzendorf festgesetzt hatte, einen warmen Empfang bereitete.

Die von der Kavallerie verlassenen Jäger des Obersten Lutz sahen sich alsbald von den Reitern Colberts umschwärmt. In Klumpen formiert, einige kleine Attacken abwehrend, gelangten sie nach Unter-Hausen, wo sie bemerkten, daß ihnen auch Infanterieplänkler bereits auf den Fersen saßen. Der Oberst glaubte, den Rückzug nicht mehr fortsetzen zu können und warf sich mit seinen vier Kompagnien — die vorausgegangenen zwei gelangten glücklich nach Markgraf-Neusiedl

— trotz des Abratens der Offiziere in das bereits vom 7. Jägerbataillon besetzte Schloß Sachsengang, ein festes zweistöckiges Gebäude mit einem Turm, auf einem Hügel gelegen, um welchen sich ein versumpfter Graben zog. Der Brücke über diesen waren steinerne Wirtschaftsgebäude

vorgelagert, vor denen sich gleichfalls ein nasser Graben befand, so daß sie gleichsam als Brückenkopf dienten.

Alsbald sahen sich die Jäger von den Massen des Korps Oudinot umgeben, doch schlugen sie eine Aufforderung zur Übergabe rundweg ab. Nun begann die Artillerie der Franzosen ihr Werk. Die beiden Dreipfünder, die hinter einer schwachen Brustwehr auf einer Terrasse standen, vermochten nur kurze Zeit zu erwidern, da sie bald demontiert waren. Nach längerer Kanonade glaubten die Angreifer, die Jäger genügend mürbe gemacht zu haben. Mit großem Elan brachen gegen 9 Uhr vormittags zwei Sturmkolonnen gegen die hölzerne Brücke beim Haupteingang und eine von Westen in das Wirtschaftsgebäude führende Steinbrücke vor. Doch räumte das Feuer der Jäger des 1. Bataillons, von dem drei Kompagnien das Vorwerk besetzt hatten, unter den Stürmenden gehörig auf. Trotzdem drangen sie todesmutig über die Steinbrücke bis an die Mauer vor, mußten aber an diesem Hindernis umkehren.

Oudinot dürfte indessen das Gros seines Korps gegen Norden in Bewegung gesetzt haben, um den Aufmarsch im ersten Treffen der Armee zu bewirken. Ein Teil blieb vor Sachsengang zurück, nistete sich rings um das Schloß in Häusern und Gräben ein und erwartete die Ankunft schwerer Geschütze.

Es war Mittag vorüber, bis diese in Stellung gebracht waren und ein sehr wirkungsvolles Bombardement eröffneten. Die Tirailleure feuerten gleichzeitig gegen alle Fenster und Lucken, so daß die Verteidiger sich sorgsam in den Deckungen halten mußten. Dies benützten einige Franzosen, um zur Steinbrücke vorzuschleichen und zwei Scheunen in Brand zu stecken. Erst als die Flammen auf das Wirtschaftsgebäude übergriffen, wurden die Jäger die Gefahr inne. Der einschlagenden Geschoße ungeachtet, machten sie sich an das Löschwerk und vereitelten den Anschlag.

Trotz der sich mehrenden Verluste, des bald eintretenden Munitionsmangels und des quälenden Hungers, für dessen Stillung keine Vorräte vorhanden waren, blieben die Jäger guten Mutes. Anders die Kommandanten, die von der Plattform des Turmes einen weiten Ausblick in das Marchfeld hatten und mächtige Heeresmassen um 2 Uhr nachmittags gegen den Rußbach und den Bisamberg vorrücken, die eigenen Vortruppen aber weichen und keinen Entsatz anmarschieren sahen. Sie erkannten, daß der opfervolle Widerstand aussichtslos und ohne Nutzen war und hißten um $^1/_2$3 Uhr nachmittags ein weißes Tuch zum Zeichen, daß sie Verhandlungen einzuleiten wünschten.

Allgemeiner Unwille erfaßte die Jäger, der sich drohend steigerte, als der abgesandte Unterhändler mit der Antwort zurückkehrte, der geforderte freie Abzug sei abgeschlagen, der französische General habe zuerst geäußert, er werde die ganze Besatzung über die Klinge springen lassen, weil sie angeblich drei Parlamentäre erschossen habe, und bestehe darauf, daß die Jäger sich kriegsgefangen gäben.

Ehe Offiziere und Mannschaft, die nicht übel Lust zeigten, sich den Abmachungen mit Gewalt zu widersetzen, zur Besinnung kamen, wurde das Tor geöffnet und allen Weiterungen durch das Einrücken eines Grenadierbataillons ein Ende bereitet.

Napoleons Vormarsch in das Marchfeld.

Während Kolonne auf Kolonne aus der Lobau anrückte und sich in den Rahmen der in der Linie Bug des Stadler Armes südwestlich Groß-Enzersdorf—Kimmerleinsdorf aufmarschierenden Großen Armee einfügte, die leichte Kavallerie vom rechten Flügel ausschwärmte, um das zu erwartende Anrücken der Armee des Erzherzogs Johann rechtzeitig zu erkunden, herrschte auf der Gegenseite ziemliche Ruhe. Das nächtliche Unternehmen wurde längere Zeit hindurch nicht in seiner vollen Bedeutung eingeschätzt. Schien es doch, daß Napoleon in der Gegend von Groß-Enzersdorf vorläufig nur festen Fuß am linken Ufer fassen wollte, wie dies in den vorigen Tagen zwischen Aspern und Eßling geschehen. Die erste Meldung erhielt der Generalissimus erst um 5 Uhr früh des 5.; sie wie die folgenden waren in diesem Sinne gehalten. Daraus war kaum zu erkennen, daß die Entscheidung unmittelbar bevorstehe, wohl aber im Zusammenhalt mit den Berichten des Bisamberg-Observatoriums von dem ununterbrochenen Zuzug großer Kolonnen in die Lobau, daß es sich keineswegs um eine Demonstration, sondern um das ernste Vorhaben eines Überganges des ganzen französischen Heeres handle.

Erzherzog Karl säumte nicht, Vorbereitungen für die in den nächsten Tagen zweifellos bevorstehende Schlacht zu treffen. An die Korps erging der Befehl, an den Befestigungen in der Stellung am Rußbach und am Bisamberg Tag und Nacht schanzen zu lassen. An den Erzherzog Johann wurde der Auftrag gesendet, in Marchegg nur drei Stunden zu rasten und sodann nach Unter-Siebenbrunn zu rücken, um sich mit dem linken Flügel bei Markgraf-Neusiedl in Verbindung zu setzen. In der Voraussetzung, daß die Franzosen am 5. Juli nicht über Groß-Enzersdorf vorgehen würden, sollten Klenau und Nordmann vorläufig noch in ihrer vorgeschobenen Stellung bleiben. Dieser Befehl, der die Vortruppen einer schweren Einbuße preisgab, ist immerhin begreiflich, da im Hauptquartier des Generalissimus nicht geahnt werden konnte, Napoleon werde das Kunststück vollbringen, den größten Teil seiner Armee bis zur Mittagstunde auf dem linken Ufer zu vereinigen.

Der Fürst Liechtenstein hatte seine Reiterei um 7 Uhr früh alarmiert und war mit ihr zur Unterstützung der Vortruppen bis zum Neuen Wirtshaus vorgerückt. Als Groß-Enzersdorf genommen war, befahl er den Aufmarsch: 7 leichte Regimenter bei Pysdorf, 2 Kürassierregimenter beim Neuen Wirtshaus, 4 solche als Reserve bei Raasdorf. Dieses Aufgebot an Reitern mochte dem Erzherzog Karl die Beruhigung geben, daß sich der Rückzug der Vortruppen erforderlichenfalls leicht vollziehen könne, so daß er auch in den späteren Vormittagsstunden, als er den Eindruck gewann, daß es noch am 5. zum ernsten Kampfe kommen dürfte, unterließ, den Rückzugsbefehl zu erteilen.

Gegen seine Gewohnheit begab sich der Generalissimus nicht in die vordere Linie, sondern nach Markgraf-Neusiedl, welcher Flügelpunkt allerdings bei der bevorstehenden Schlacht besondere Bedeutung gewinnen mußte. Dies verschuldete, daß er zu wenig Einblick in die tatsächlichen Verhältnisse erlangte, um den richtigen Augenblick für Nordmanns Rückzug wahrzunehmen. Klenau aber, dem als älteren General das Oberkommando der Vortruppen zufiel, wollte sich nicht voreilig von seinen mit solchem Aufwand an Arbeitskraft hergestellten Schanzen trennen und hatte ein begreifliches Interesse, Nordmann an seinem Flügel festzuhalten, um die Front des 6. Korps vor einem Flankenangriff zu schützen.

Während auf dieser Seite der Wahn herrschte, daß noch beträchtliche Zeit bis zum Beginn entscheidender Kämpfe vergehen werde, durchflog der korsische Imperator mit kleinem Gefolge die Reihen seiner Streiter, mit Jubel begrüßt und eifrig bemüht, die Ordnung in seinen sich stetig mehrenden Schlachthaufen herzustellen, welchen — angeblich durch ein Versehen Berthiers — die Übergänge derart unzweckmäßig zugewiesen worden waren, daß sich das 3. Korps mit den Kolonnen des 2. und 4. kreuzte. Bis zur Mittagstunde waren die Korps Davout, Oudinot und Massena aufmarschiert, dahinter die italienische Armee mit Ausnahme der noch nicht eingetroffenen Divisionen Pacthod und Broussier. Links an sie sollte sich das eben im Übergang begriffene Korps Bernadotte anschließen, von dem die sächsische 1. Division zum Schutz der Brücken zurückblieb; Garde und Kürassiere standen noch in der Lobau, um als Reserve den ersten beiden Treffen nachzufolgen.

Schon bald nach 11 Uhr vormittags ließ Napoleon den Vormarsch seiner leichten Reiter mit der Besetzung von Rutzendorf einleiten, wohin ein Infanteriedetachement Davouts vorging und sich nach kurzem Kampf in den Besitz dieses Stützpunktes setzte. Nun rückten die Reiter Davouts über diesen Ort vor, bald auch jene Oudinots in der Richtung gegen Pysdorf. Zahlreiche Kavalleriegeschütze begleiteten diese Bewegung. Fürst Liechtensten hatte schon früher, als er die Absicht der französischen Reiter, um den Flügel Nordmanns herumzukommen, merkte, die 7 leichten Regimenter von Pysdorf gegen Rutzendorf verschoben und ihnen von Raasdorf 2 Kavallerieregimenter als Unterstützung gesendet. So stießen Davouts Reiter alsbald auf diese Kavalleriemasse. Keiner der beiden Gegner schritt jedoch zur Attacke. Sie begnügten sich, einander mit Geschützfeuer zu überschütten, wobei sich die Franzosen an Zahl und Beweglichkeit ihrer Batterien weit überlegen zeigten. Dabei zogen sich die französischen Kavallerieregimenter fortwährend nach rechts, um ihren Gegnern die Flanke abzugewinnen, was Liechtenstein zu ähnlichen Manövern zwang.

Als Erzherzog Karl von diesen Vorgängen Kenntnis erlangte, sandte er dem Fürsten Liechtenstein um $^1/_2$2 Uhr nachmittags den Befehl, den sichtlich auf eine Umgehung des linken Flügels von Nordmann abzielenden Gegner mit Überlegenheit anzufallen. Falls er es für nötig hielt, durfte er auch das Korps Rosenberg zur Unterstützung des Angriffes vorziehen. Augenscheinlich war also das Armeekommando nach den bisher eingelaufenen Meldungen zum Schluß gekommen, daß der 5. Juli mit Kämpfen bei den Vortruppen vergehen werde.

Ehe diese Weisung ihre Bestimmung erreichte, war das

Unheil bereits im vollen Zuge. Gegen 2 Uhr nachmittags ordnete Napoleon den Vormarsch des Heeres an: Davout und hinter ihm der Vizekönig Eugen mit der italienischen Armee gegen Glinzendorf, Markgraf-Neusiedl, Oudinot, dahinter Bernadotte gegen Pysdorf-Baumersdorf (Parbasdorf), Massena links schwenkend gegen den Bisamberg, mit dem linken Flügel an die Donau gelehnt. Die Artillerie ging voraus, ihr folgte die Kavallerie, schließlich die Infanterie in breiter Front, die Bataillone geschlossen in Massen formiert.

Es war ein herrlicher Anblick, als sich die französische Armee, zur Schlacht geordnet, langsam in das Marchfeld bewegte, auf dem die versengende Hitze des sonnendurchglühten Sommertages lastete. Massena ließ seine Divisionen nach und nach in die Flanke des 6. Korps einschwenken, Boudet als Stützpunkt an der Donau, dann Molitor gegen Hirschstetten-Breitenlee, Carra St. Cyr gegen letztgenannten Ort, Legrand gegen Süßenbrunn. Drei Kavallerieregimenter sollten den linken Flügel begleiten, das Gros der Divisionen Marulaz und Lasalle, unterstützt von einigen Bataillonen Carra St. Cyrs, vor der Mitte gegen Leopoldau vorgehen.

Nordmann hatte sofort beim Vorbrechen der bedeutend überlegenen Massen eingesehen, daß seines Bleibens nicht länger sei und den Rückzug gegen Großhofen-Markgraf-Neusiedl angeordnet. Ohne große Verluste war dies aber unter dem Feuer der mächtigen französischen Artillerielinie nicht durchführbar. Die Avantgarde wurde arg zerzaust, fast alle Geschütze, die das Bombardement überdauert hatten, wurden im Laufe des Rückzuges demontiert, doch hat es den Anschein, als ob die Rückzugskämpfe sich auch für die Franzosen ziemlich verlustreich gestaltet, insbesondere das Korps Oudinot stärker in Mitleidenschaft gezogen hätten.

Liechtenstein vermochte die Streiterwoge, die sich über das Marchfeld ergoß, nicht aufzuhalten. Um die Umgehung der französischen Reiter zu vereiteln, hatte er allmählich 5 Regimenter bis in die Gegend von Glinzendorf verschoben, 4 waren weiter westlich verblieben, beide Gruppen mußten gegen Markgraf-Neusiedl weichen.

Immer weiter drang die französische Armee vor, ohne einem ernsten Widerstand zu begegnen. In dem Maß, als

Massena abschwenkte, vergrößerte sich der Zwischenraum zwischen ihm und Oudinot. Napoleon ließ zunächst das Korps Bernadotte in die Lücke einrücken, das gegen Raasdorf vorging.

Es wurde 5 Uhr nachmittags, bis das Korps Massena seine Schwenkung vollzogen hatte, während Bernadotte, Oudinot und Davout etwa die Linie Raasdorf-Glinzendorf erreichten. Im letztgenannten Ort mußten die Franzosen den Widerstand des Jägerbataillons der Legion Erzherzog Karl brechen, das sich im Verein mit dem von Rosenberg zur Unterstützung vorgesendeten 2. mährischen Freibataillon erneuert festgesetzt hatte. Raasdorf wurde geräumt, ehe die zum Angriff entwickelte Tetebrigade der Sachsen in Feuerbereich gekommen war. Davouts Kavallerie, gefolgt von einer Infanteriekolonne, war nach Leopoldsdorf abgezweigt worden, um die Flanke der Armee zu decken; der GM. Frelich mußte vor diesen Kräften nach Ober-Siebenbrunn zurückweichen.

Napoleons Ungewissheit über die Absichten des Erzherzogs Karl hatte sich noch gesteigert. Was bedeutete es, dass sich bisher nur relativ schwache Vortruppen zeigten, die teils gegen Markgraf-Neusiedl, teils wie die Kürassierbrigaden Roussel und Lederer des Fürsten Lichtenstein vom Neuen Wirtshaus und Raasdorf gegen Aderklaa zurückwichen, während die Schanzen bei Aspern und Eßling noch immer besetzt blieben? Von den Hauptkräften des Erzherzogs Karl ließ sich nichts blicken, nichts kündete das Herannahen des Erzherzogs Johann an.

Trotz der Ermüdung der Truppen mußte die Vorrückung fortgesetzt werden, um den Weichenden an der Klinge zu bleiben und auf diese Weise vielleicht doch an die Hauptstellung zu kommen. Massena sollte sich durch Flankenstoß der Schanzenlinie bemächtigen, das Gros des Heeres im Vormarsch in nördlicher Richtung bleiben. Da indessen das Korps Bernadotte hinter den weichenden Kürassieren die Richtung gegen Aderklaa nehmen mußte, klaffte bald abermals eine Lücke in der Front. In diese wurde die italienische Armee befohlen, die indessen längere Zeit brauchte, um vom rechten Flügel in ihren neuen Vorrückungsraum zu kommen, weshalb Bernadotte die schwache

Division Dupas vorläufig in diesem zu belassen hatte, dagegen ermächtigt wurde, die sächsische 1. Division von den Brücken, wo sie durch das Eintreffen der Divisionen Pacthod, Broussier und Wrede, sowie des Korps Marmont in der Lobau entbehrlich wurde, heranzuziehen.

Massena hatte mit seinem Flankenangriff leichte Arbeit. Schon während des Aufmarsches hatte sich Boudet nach dem Rückzug Nordmanns der Schanzen VIII. und IX. bemächtigt und bedrohte Nr. VII, wo 4 Kompagnien des 3. Wiener Freiwilligenbataillons und 2 von Splényi-Infanterie standen, in der Flanke. Als Klenau immer stärkere Kräfte sich entwickeln sah, ließ er nach und nach zuerst die Artillerie der Schanzen VII, VI und V zurückgehen, was dank der guten Haltung der Wiener Freiwilligen gelang. Bis 7 Uhr abends hatte Klenau sein Korps in die Linie Aspern-Breitenlee zurückgenommen und trat den Rückzug auf die Höhen bei Stammersdorf an, den die Kavallerie in der Ebene und eine Infanterienachhut in Aspern und den dortigen Schanzen deckte. Hier kam es zu etwas ernsteren Kämpfen mit der Division Boudet, in der Ebene kreuzten die beiderseitigen Reiter einigemale ihre Klingen. Die Warasdin-St. Georger Grenzer unter dem Major Mihailovich fanden bei Abwehr eines Reiterangriffes Gelegenheit zu besonderer Auszeichnung. Es wurde dunkel, ehe die Franzosen in Aspern einzogen; die Kavallerie und die beigegebenen Bataillone Carra St. Cyrs folgten bis Leopoldau, das Gros des Korps stellte in der Linie Aspern-Breitenlee-Süßenbrunn die Vorrückung ein.

Bernadotte sah sich nach dem Verlassen von Raasdorf von der Kürassierbrigade Roussel in der linken Flanke bedroht, weshalb er seine Reiterei, von der vier Eskadronen Prinz Johann-Chevaulegers ohne sein Vorwissen vom Kaiser als Artilleriebedeckung Oudinots abkommandiert waren, zur Attacke beorderte. Während des Anreitens wurden die Sachsen in der rechten Flanke von Infanterie beschossen, doch schwenkte die Eskadron Husaren rasch auf, warf sich in toller Jagd auf die Abteilung, anscheinend drei Kompagnien Beaulieu Nr. 58, zersprengte sie und erbeutete dabei eine Fahne. Die Kürassiere erwarteten indessen bewegungslos den Angriff der vom General Gutzschmidt geführten Masse von 15 Eskadronen. Prinz Clemens-

Chevaulegers gingen vorzeitig los und kehrten um, ehe es zum Anprall kam. Als aber das Gros, 11 Eskadronen, heranbrauste, schlug den Kürassieren die passive Haltung zum Unheil aus; sie wurden nach erbittertem Kampfe Mann gegen Mann geworfen. Der Zufall wollte, daß in diesem Reitergefecht die dem gleichen Inhaber, dem Herzog Albert von Sachsen-Teschen, dem väterlichen Freunde des Erzherzogs Karl, gehörenden Kürassiere und sächsischen Chevaulegers aneinandergerieten. Das Eingreifen der Kürassierbrigade Lederer hielt schließlich die Sachsen von einer gründlichen Ausnützung ihres Erfolges ab.

Mittlerweile hatten sich die Korps Oudinot und Davout bis 6 Uhr abends der Stellung am Rußbach genähert. Alsbald schlug ihnen Artilleriefeuer entgegen, das zu immer stärkerem Donner anschwoll. Eine köstliche Musik für Napoleons Ohren. Verhieß ihm dies doch nach banger Ungewißheit, daß sich stärkere Kräfte des Erzherzogs Karl im Schlagbereich befanden. Der Imperator zögerte trotz der vorgerückten Stunde keinen Augenblick, die Befehle zum Angriff zu erteilen. Wer konnte wissen, ob der Generalissimus die Nacht nicht zum Rückzug benützte und der auf die endliche Entscheidung dieses schon unerträglich langwierig gewordenen Krieges brennende Kaiser am nächsten Morgen das Nest nicht leer fand? Da die auf dem Plateau aufmarschierten Truppen nicht zu sehen waren, gewann es sogar den Anschein, als ob der Rückzug bereits begonnen habe und nur eine starke Nachhut mit viel Artillerie zu dessen Deckung zurückgeblieben sei.

Die Abendkämpfe des 5. Juli.

Die auf dem Plateau nördlich des Rußbaches lagernden Hauptkräfte des Generalissimus, 1. Korps zwischen Deutsch-Wagram und Baumersdorf, 4. bei Markgraf-Neusiedl, 2. dazwischen, hatten beim Näherkommen des Feindes von 4 Uhr nachmittags an zu den Waffen gegriffen. Ihre Vortruppen hielten den Rußbach und die am selben liegenden Orte besetzt: vom 1. Korps Oberst Oberdorf mit Reuß-Plauen-Infanterie Nr. 17, dem 2. Jägerbataillon und 1 Bataillon Anton Mittrowsky Nr. 10, $^1/_2$ Batterie Deutsch-Wagram; vom 2. Korps GM. Ignaz Hardegg mit dem 8. Jäger-, dem 2. Legionsbataillon und einigen Kompagnien Frelich Nr. 28 Baumersdorf; vom 4. Korps GM. Weiß mit Stain-Infanterie Nr. 50 und dem zugeteilten 4. Landwehrbataillon unter dem Wiener Wald, ferner 2 Bataillonen Erzherzog Karl Nr. 3 und 1 Batterie Markgraf-Neusiedl. Oben auf dem Plateau stand das Gros der Korps in zwei Treffen, die Artillerie vor der Front. Liechtenstein hatte den FML. Nostitz mit 4 leichten Regimentern am linken Flügel gelassen und zog mit den anderen an den rechten, wo er sich mit den Brigaden Roussel und Lederer vereinigte.

Da es schon so spät war, erwartete der Generalissimus keinen ernsten Angriff mehr. Das 3. Korps bei Hagenbrunn und die Grenadiere, die von Gerasdorf nach Seiring zurückgegangen waren, erhielten deshalb keine Befehle. Seinem Bruder Erzherzog Johann hatte der Generalissimus abermals ein Schreiben gesendet, in dem er den Entschluß aussprach, die Stellung am Rußbach zu halten und sogar zum Angriff überzugehen. Erzherzog Johann wurde verständigt, daß sich starke Kolonnen des Feindes gegen Siebenbrunn gewendet hätten, woran sich die Weisung zu vorsichtigem Vorrücken schloß, damit er durch unerwartetes Erscheinen in Flanke und

Rücken des Gegners Verwirrung in dessen Reihen trage und am Erfolg wirksam mithelfe.

Doch die Annahme, daß die Franzosen angesichts der starken Stellung die Vorrückung einstellen würden, um am Morgen mit frischen Kräften in den Waffentanz einzutreten, schlug fehl. Schon waren Napoleons Adjutanten unterwegs, um die Korpskommandanten zum Angriff anzutreiben. Diese Überstürzung, die verschiedenen Eintreffzeiten der Befehle und der Umstand, daß der Vizekönig mit der italienischen Armee erst im Einrücken in die Front begriffen war, brachten es mit sich, daß der Angriff weder im Ganzen einheitlich erfolgte, noch von den Korpskommandanten planmäßig mit ganzer Kraft eingeleitet wurde. Es kam zu 4 räumlich und zeitlich getrennten Gefechten: Oudinot gegen Hohenzollern bei Baumersdorf, italienische Armee gegen die inneren Flügel des 1. und 2. Korps westlich Baumersdorf, Davout gegen Rosenberg bei Markgraf-Neusiedl und Bernadotte gegen Bellegarde bei Deutsch-Wagram.

Es war nach 6 Uhr abends, als die Division Frère, dieselbe, die sich unter Claparède bei Ebelsberg rühmlichst hervorgetan hatte, nach kurzer Artillerievorbereitung von Oudinot zum Angriff beordert wurde. Die Franzosen vermochten jedoch den in Baumersdorf und in einigen dem Rußbach vorgelagerten Laufgräben eingenisteten Verteidigern keinen Vorteil abzugewinnen. Es kam zu einem längeren stehenden Feuerkampf, während dessen der Ort in Flammen aufging. Gegen 8 Uhr abends entschloß sich Oudinot, Ernst zu machen, da mittlerweile auch links von ihm ein heißer Kampf entbrannt war und es dringlich schien, den zum Nachrücken von Artillerie und Kavallerie der italienischen Armee nötigen Rußbach-Übergang bei Baumersdorf zu eröffnen. Er setzte das 10. leichte und das 57. Linienregiment der Division Grandjean und augenscheinlich auch die Brigade Albert der Division Tharreau zum entscheidenden Angriff ein, an dem sich ein Bataillon des 19. Linienregiments samt einer Kompagnie sächsischer Schützen, vom DG. Dupas gegen Baumersdorf entsendet, beteiligte. In 3 Massen formiert, gingen die Franzosen vor. Während die gegen Baumersdorf und den Laufgraben der Jäger vorrückenden Kolonnen im

Feuer der Verteidiger zu stutzen begannen, gewann die am rechten Flügel vordringende Masse des 10. leichten Regiments rasch Raum, gelangte über den Rußbach und erstieg, eine Abteilung in die Flanken der Verteidiger von Baumersdorf abzweigend, das Plateau. Dieser Erfolg zwang die Jäger zur Räumung des Laufgrabens. Die Franzosen drängten von allen Seiten in das Dorf nach, wo sich alsbald ein mörderischer Kampf entspann. Doch dank der Tapferkeit seiner Truppen und der rechtzeitigen Unterstützung durch 2 Bataillone (3. Rohan Nr. 21. und 3. Frelich Nr. 28) vermochte Hardegg, der sich hier das Kommandeurkreuz des Maria Theresien-Ordens erstritt, den Fortschritten des Gegners im Dorf Einhalt zu tun und den eigentlichen Zweck von Oudinots Angriff zu vereiteln.

Mittlerweile erfüllte sich das Geschick des kühn bis in die Hauptstellung vorgedrungenen, ohne Unterstützung gelassenen 10. leichten Regiments. In der Front auf die Brigade GM. Buresch, Zach- und Josef Colloredo-Infanterie, stoßend, wurde es in der rechten Flanke von 2 Bataillonen Hiller Nr. 2 des 4. Korps, die der GM. Prinz Hessen-Homburg eilends zur Unterstützung heranführte, angefallen, in der linken von einer Kompagnie des 8. Jägerbataillons mit zielsicherem Feuer überschüttet. Die vom Korpskommandanten Fürst Hohenzollern herbeigeholten Vincent-Chevaulegers, dasselbe Regiment, das bei Kolin die Entscheidung auslöste, heute Windischgrätz-Dragoner Nr. 14, gaben den erschütterten Feinden mit einer flotten Attacke den Rest und jagten sie auf dem Weg, den die Franzosen gekommen waren, über den Rußbach zurück; sie wurden noch ein gutes Stück jenseits desselben von 2 Bataillonen Zach Nr. 15 verfolgt. Auch die in Baumersdorf hart ringenden Franzosen wandten sich zur Flucht, als die Verfolger in ihrer Flanke auftauchten. In dem Handgemenge erbeutete der Oberjäger Lauer ein Bataillonsfähnchen, nachdem er den dasselbe tragenden Offizier niedergeschossen hatte. Die Dunkelheit machte der Verfolgung bald ein Ende. Die Vortruppen des 2. Korps begnügten sich damit, die früher innegehabte Stellung wieder zu besetzen.

In eine sehr kritische Situation kam der linke Flügel des 1. Korps durch den Angriff der italienischen Armee. Diesen bereitete eine heftige Kanonade vor, bei welcher die Artillerie des Vizekönigs durch die vier reitenden Batterien der kaiserlichen Garde unterstützt wurde. Als die Infanterie herangekommen war, befahl Napoleon seinem Adoptivsohn, Macdonald solle das vorliegende Plateau stürmen. Dieser setzte sich sofort zu Fuß an die Spitze von 7 Bataillonen der Division Lamarque, um sie oberhalb Baumersdorf über den Rußbach zu führen, die übrigen vier Bataillone folgten als 2. Treffen. Der Vizekönig formierte indessen das Korps Grenier, das Macdonald unterstützen sollte: Division Seras rechts, Durutte links rückwärts, die Reiter Sahucs am rechten Flügel dieses Korps.

Ein Zufall wollte, daß auch Dupas, der vorläufig im Aufmarschraum der italienischen Armee belassen worden war, fast dieselbe Stelle wie Macdonald zum Angriff wählte und somit ein Vordertreffen bildete. Die beiden französischen Regimenter in der Mitte, das sächsische Schützenbataillon Metzsch am rechten, die Radloff-Grenadiere am linken Flügel, die Artillerie vor der Front, rückte Dupas, durch das Geschützfeuer der auf dem Plateau aufgefahrenen Batterien ansehnliche Verluste erleidend und in der linken Flanke zeitweise von Kavallerie bedroht, langsam gegen den Rußbach vor. Als die Linie in den Bereich des Kartätschfeuers kam, — nach 7 Uhr abends — fuhr die Artillerie rasch zurück, die Infanterie aber beeilte sich, in den gedeckten Raum unter dem Plateaurande zu kommen. Die am Rußbach aufgestellten Plänkler wichen vor dem jähen Ansturm. Ohne sich lange zu besinnen, stürzten sich die Angreifer, um den auf sie niederprasselnden Kartätschlagen zu entgehen, in den Bach, erklommen den jenseitigen steilen Uferrand und stürmten nach kurzer Rast und Sammlung im gedeckten Raum, die Sachsen voran, in die verderbenspeiende Batterie. Die Kanoniere, durch den vom brennenden Baumersdorf herüberziehenden Qualm und den Rauch der feuernden Geschütze am Ausblick behindert, sahen zu ihrem Schrecken plötzlich Franzosen und Sachsen in die Batterie eindringen. In wilder Flucht retteten sie sich mit den Bespannungen hinter die rückwärts aufgestellten Bataillone des 1. Korps, die hiedurch nicht wenig in Unordnung gebracht wurden.

Dupas hatte nicht Zeit, sich mit dem Wegführen der genommenen Geschütze zu befassen. Er mußte sein Augenmerk auf die Bekämpfung der hinter der Batterie aufmarschierten Massen des Regiments Vogelsang Nr. 47 verwenden, dessen Plänkler sich in den Lagergruben des 1. Treffens erneuert festgesetzt hatten. Sie wurden rasch überwältigt, doch zum Stoß gegen die geschlossenen Bataillone reichte die Gefechtskraft der beim Überschreiten des Rußbaches durcheinandergekommenen Division nicht mehr aus. Dupas begnügte sich vorerst, Schützen und Tirailleure ausschwärmen und ein Feuergefecht unterhalten zu lassen, um hinter diesen seine Bataillone in Ordnung zu bringen.

Inzwischen war jedoch auch ein Teil der italienischen Armee über den Rußbach gelangt. Durch einen Einschnitt zum Plateau aufsteigend, sah Macdonald an der Spitze der 7 Bataillone Lamarques links vorwärts den linken Flügel des 1. Korps im Kampf mit Dupas, vor sich einige Landwehrbataillone, jene 4 des 2. Korps. die der FML. Hohenzollern im Intervall zwischen beiden Korps aufgestellt hatte.

Rauch und Pulverdampf ermöglichten es dem Divisions-General Macdonald, unbemerkt eine Angriffskolonne zu formieren, zu deren Unterstützung er auch die zurückgebliebenen 4 Bataillone Lamarques beorderte. Der Vizekönig hatte den Divisionsgeneral Seras an der Spitze der Brigade Moreau gleichfalls über den Rußbach setzen lassen, während dessen Brigade Roussel als Reserve zurückblieb. Seras benützte einen Einschnitt rechts von Macdonald und erschien oben auf der Höhe, als dieser eben seine Truppen beisammen hatte. Der stolze Abkömmling eines schottischen Geschlechtes, nach langer Ungnade wieder mit einem Kommando betraut, entschloß sich nunmehr zum Angriff und stürmte, in seiner alten Uniform der republikanischen Generale an vergangene Zeiten gemahnend, seinen Leuten voran, während Seras nicht säumte, das Beispiel zu befolgen.

Die Landwehr wurde rasch zersprengt und die ganze Wucht des Stoßes richtete sich gegen die linke Flanke des in der Front von Dupas bedrängten Regiments Vogelsang, das dem Anprall nicht zu widerstehen vermochte. In tollem Wirbel warfen sich die Leute des linken Flügels auf ihre Kameraden, das ganze Regiment kam durcheinander und auch das anschließende 3. Bataillon Erzherzog Rainer Nr. 11 geriet bereits ins Wanken. In dem Maße allerdings, als Vogelsang aufgerollt wurde und Macdonalds Scharen, Gefangene machend und Fahnen erbeutend, vordrangen, erhielten die im 2. Treffen stehenden Bataillone, 4. der Legion Erzherzog Karl und Regiment Argenteau Nr. 35, ein freies Schußfeld, was sie ausnützten, um runde Salven in die Flanke der Verfolger zu schleudern und dadurch deren Vorschreiten zu hemmen.

Doch auch Dupas ließ sich die Gelegenheit nicht entgehen, als er die Verwirrung bemerkte. Seine inzwischen gesammelte Division setzte zum frontalen Vorstoß an, der die Masse der Fliehenden auf das 2. Treffen warf. Das 2. Bataillon Argenteau wurde vollständig umgerannt, das 1. und 3., sowie das Legionsbataillon mußten zurückgehen, um von dem in die Lücke nachstürmenden Feinde nicht in der Flanke gefaßt zu werden. Doch blieben sie in Ordnung und hielten sich mit Feuer die nachdrängenden Verfolger vom Leibe.

Deren Siegeslaufbahn erfuhr jedoch eine jähe Unterbrechung. G. d. K. Bellegarde war herbeigeeilt und hatte das 3. Bataillon Rainer wieder in Ordnung gebracht, das er derart zurückschwenken ließ, daß es den Raum zwischen den noch intakten Teilen beider Treffen im Verein mit einem vom rechten Flügel herbeigekommenen Bataillon Kolowrat Nr. 36 abschloß. Alsbald überschütteten beide Bataillone die ungestüm vordringenden Feinde mit einem Hagel von Geschossen. Nicht genug an diesem Flankenfeuer, kam es beim Zusammentreffen der Division Dupas mit der Kolonne Macdonald zu einem unangenehmen Mißverständnis. Die am rechten Flügel eingeteilten sächsischen Schützen wurden ihrer weißen Uniform wegen für Österreicher gehalten; innerhalb der Massen entbrannte ein Kampf, Unordnung trat ein, die durch die in beide Flanken einschlagenden Geschosse gesteigert wurde. Oberst Schaeffer von Argenteau hatte indessen die Fahne des Legionsbataillons ergriffen und war den Franzosen entgegen gegangen. Sein Regiment sowie die Legionäre folgten und warfen die Feinde im ersten Anprall bis in die Linie der Lagergruben des 2. Treffens zurück. Bei dieser Gelegenheit entkamen die meisten Gefangenen und brachten sogar die verlorenen Feldzeichen mit.

Der augenblickliche Erfolg änderte jedoch wenig an der großen Gefahr für die durchbrochene Schlachtfront. Schon nahten Verstärkungen der Franzosen, die Division Durutte, an welche sich Macdonalds und Dupas Bataillone zum neuen Angriff anschlossen; am bedrohten linken Flügel des 1. Korps herrschte dagegen unbeschreibliche Verwirrung. Es war noch ein Glück, daß der Vizekönig mit Ausnahme weniger leichter Stücke keine Artillerie über den Rußbach bringen konnte und daß auch von seiner Reiterei nach vieler Mühe nur drei Eskadronen herübergelangten. Sahuc hatte deshalb das Gros seiner Division nach Baumersdorf abschwenken lassen, doch konnte er nicht durch, da der tapfere Verteidiger GM. Ignaz Hardegg alle Anstrengungen Oudinots vereitelte, sich zum Herrn der brennenden Ortschaft zu machen.

Schon aber war der Generalissimus Erzherzog Karl, wie immer der Retter aus größter Bedrängnis, zur Stelle. Mit seinem Gefolge von Deutsch-Wagram heransprengend, wandte er sich sofort zu den durcheinander gekommenen Massen von Vogelsang. Unterstützt von den Stabsoffizieren des Regiments, insbesondere vom Obersten Fürst Bentheim, der die Leibfahne hoch in die Lüfte flattern ließ, um den Sammelplatz zu bezeichnen, stellte er mit flammenden Worten und auch mit flachen Hieben seines Degens die Ordnung her und führte das Regiment dem neuerdings andringenden Feinde entgegen.

Ein wildes Ringen entspann sich, wobei der Erzherzog hoch zu Roß, stets im ärgsten Kampfgewühl, den Seinen ein leuchtendes Beispiel gab. Sie taten das Äußerste und wurden zur höchsten Wut entflammt, als sie ihren verehrten Führer, durch einen Streifschuß verwundet, wanken sahen. Doch auch die Italiener, die sich den Kameraden der Großen Armee ebenbürtig zeigen wollten, die Franzosen und Sachsen ließen sich nicht spotten. In erbitterten Einzelkämpfen wurde um jede Lagerhütte gestritten, unentschieden wogte der Kampf hin und her. Schon hatte der Stab des Erzherzogs viele Pferde verloren, die meisten seines Gefolges bluteten, doch ließ er in voller Erkenntnis der dem ganzen Heer drohenden Gefahr nicht ab, immer wieder vorzusprengen, um weichende Gruppen mit frischer Kampfeslust zu beseelen. Sein Degen war bei den vielen Streichen, d e er führen mußte, um Säumige zur Pflicht zurückzurufen, in Stücke gesprungen; wieder riß ihn sein Eifer fort und mitten hinein in eine Schar der Feinde. „Ergeben Sie sich, General," tönt es ihm französisch von allen Seiten entgegen und einer der Gegner bringt bereits das Gewehr in Anschlag. Da durch-

Erzherzog Karl im Abendkampf am 5. Juli.

bricht ein Oberleutnant von Vogelsang, Karl Pecchio von Weitenfeld, den Ring der Feinde, ein wuchtiger Streich streckt den gefährlichsten Bedränger nieder und die ihrem Interimskommandanten nachdrängenden Leute der 17. Kompagnie vollenden das Werk der Befreiung. Pecchio wurde für seine entschlossene Hilfe Kapitänleutnant und erhielt 1825 das Kleinkreuz des Leopold-Ordens. Als der Veteran im Jahre 1860 bei der Enthüllung des Erzherzog Karl-Denkmales nach Wien kam, erwachte die Erinnerung an seine Tat am 5. Juli, die ihm vom Kaiser Franz Josef mit der Verleihung der Majorscharge nochmals gelohnt wurde.

Den Ausschlag in dem langwährenden Kampfgetümmel

gab endlich ein Flankenstoß des Regiments Erbach Nr. 42. Dessen Oberst Brixen hatte über Aufforderung des Korpsgeneralstabschefs GM. Richter das 1. Bataillon aus dem 2. Treffen des rechten Flügels herangeführt und zum Angriff formiert, wobei er verwundet vom Pferde sank. Doch Major Fromm trat sofort an seine Stelle und gab das Kommando zum Angriff, dem das von Bellegarde heranbeorderte 2. Bataillon folgte. Mit unwiderstehlicher Wucht, in jeder Divisionsmasse enggeschlossen, drangen die wackeren Egerländer in den wirren Kampfesknäuel vor. Ihr Stoß traf zunächst die Division Dupas, der sie mit dem Bajonett auf den Leib rückten, ohne sich durch die entgegenschlagenden Geschosse erschüttern zu lassen, Angesichts dieses todesmutigen Vorgehens gab es für die vom langen Kampf erschöpften Bataillone des Generals Dupas kein Halten. Vergeblich ergriff er einen Adler, um die Weichenden zur Umkehr zu bewegen; vor dem Sturmschritt des Regiments Erbach, dem zur bleibenden Erinnerung an seine Heldentat das Recht verliehen wurde, bei allen Gelegenheiten den Grenadiermarsch schlagen zu dürfen, stoben die Leute mit dem Rufe: „Rette sich, wer kann!“ davon. Viele hielten in der Flucht nicht eher an, als bis sie den Rußbach weit hinter sich hatten, nur ein Teil warf sich in die Lagergruben des 1. Treffens und leistete hier erneuerten Widerstand.

Die Panik bei Dupas teilte sich rasch den italienischen Bataillonen mit. Jene von der benachbarten Division Duruttte stürzten sich auf die Division Lamarque und brachten sie in Unordnung, die ganze Masse trat den Rückzug an, der naturgemäß umso langsamer vor sich ging, je weiter die Truppen vom Schauplatz der Panik entfernt waren. Vogelsang, Argenteau und das Legionsbataillon drängten nach, kamen aber an den Lagergruben zum Stillstand. Während die in den Kämpfen auseinandergekommenen Abteilungen gruppenweise das Feuer auf die in den Gruben gedeckten Verteidiger eröffneten, drohte eine neue Gefahr. Die drei Eskadronen Sahucs hatten endlich den Übergang vollendet und waren auf das Plateau gelangt, wo sie alsbald das Attackesignal erschallen ließen. Zum Glück wurden die Gruben soeben infolge des weiteren Vordringens von Erbach geräumt. Die Infanterie warf sich eilig hinein und rettete sich damit vor den heranbrausenden Reitern, welchen sie ihrerseits mit Gewehrfeuer hart zusetzten. Nur das 3. Bataillon Argenteau wurde früher erwischt und zersprengt. Eben als die Jäger zu Pferd auftauchten, war der Fahnenträger von einem Gewehrschuß niedergestreckt worden; Unterleutnant Zlasnowsky wollte das Panier retten, doch sank auch er, von 3 Säbelhieben betäubt, zu Boden. Die Fahne war verloren.

Das Auftauchen zahlreicher Geschwader, Klenau-Chevaulegers, die von Deutsch-Wagram zu Hilfe eilten und 4 Eskadronen Hessen-Homburg-Husaren, die von der Gruppe Nordmann über Baumersdorf zurückgegangen waren und sich hinter dem 1. Korps gesammelt hatten, verscheuchte die reitenden Jäger. Noch aber hielt sich die Infanterie am Plateaurande, zu deren Unterstützung der Vizekönig aus der Reserve das 106. Linienregiment vorsandte. Nochmals entstand ein heißes Ringen, in welchem es den von Baumersdorf vom FML. Hohenzollern herangeführten Vincent-Chevaulegers zum zweitenmal an diesem Tage beschieden war, die Entscheidung auszulösen. Ihr Anreiten in die rechte Flanke der gegnerischen Linie benahm dieser die letzte Lust zum Widerstande. In Unordnung flutete alles zum Rußbach zurück. Oberleutnant Dittmayer des 3. Bataillons Argenteau benützte den günstigen Augenblick, um den Verlust der eigenen Fahne wettzumachen. An der Spitze seiner Kompagnie stürzte er sich auf einen Knäuel, der sich um einen Adler gesammelt hatte und überwältigte nach heißem Kampf den Gegner. Was nicht niedergemacht worden war oder in schneller Flucht sein Heil suchte, wurde gefangengenommen. Mehrere Offiziere und fast 200 Mann bildeten mit dem Adler und einer Kanone die Trophäen der schönen Waffentat, für welche Dittmayer das Theresienkreuz erhielt. Überdies wurde von Argenteau eine Bataillonsfahne eingebracht, deren Erbeutung aber dem Gefreiten Wilde des 4. Legionsbataillons zu danken war.

Um den Strom der Fliehenden aufzuhalten, hatte der Vizekönig rasch das Gros der Reiter Sahucs herbeigeholt und hinter dem Rußbach aufmarschieren lassen. Der plötzliche Anblick dieser Kavallerie, die aus dem Dunkel auftauchte und im ersten Schreck für Österreicher gehalten wurde, erhöhte die

Panik. In wirrer Flucht stürmte alles in die Ebene hinaus, viele machten nicht eher halt, als bis sie die Lobaubrücken erreichten. Auch die Reiter Sahucs wurden von den verfolgenden Vincent-Chevaulegers und Hessen-Homburg-Husaren angefallen und zum Rückzug genötigt.

Mit vieler Mühe brachten es die Kommandanten zustande, wenigstens Teile ihrer Truppenkörper zu sammeln und zu ordnen. Da es mittlerweile fast 10 Uhr, also schon vollkommen Nacht geworden war und lautes Rufen nicht rätlich schien, das die Sieger herbeilocken konnte, erklärt es sich, daß die Divisionäre recht niederschmetternde Eindrücke empfingen, als sie die Häupter ihrer Untergebenen zählten. Dupas konnte aus seinen zwei französischen Regimentern nur 2 Bataillone formieren, vom sächsischen Schützenbataillon fanden sich nur 43 Mann ein, vom Grenadierbataillon Radloff niemand. Doch waren an anderer Stelle noch etwa 300 Schützen um ihren Bataillonskommandanten versammelt, auch die beim Angriff auf Baumersdorf verwendete 1. Kompagnie vermochte in der Dunkelheit nicht den Anschluß an die Division zu finden und nächtigte abgetrennt. Von den Grenadieren war allerdings nur ein Offizier dienstfähig, der mit 20 Mann nach langem Herumirren beim sächsischen Korps einrückte; nach und nach fanden sich noch 170 Grenadiere ein.

Am nächsten Morgen, als die Verstreuten einrückten, stellte es sich heraus, daß die Einbuße weit geringer war, als es anfänglich den Anschein hatte, wenn sie auch blutig genug war, wie die nachweisbare Zahl von etwa 100 toten und verwundeten Offizieren beweist.

Ein Nachstoßen der Sieger, das bei dem Zustande der geworfenen Truppen große Erfolge hätte zeitigen können, fand nicht statt. Es war bereits finster, also ein weites Vorprellen in die Ebene keineswegs ratsam; bei Deutsch-Wagram tobte just ein heftiger Kampf und schließlich war es den Bataillonen Bellegardes nicht leicht geworden, den jähen Anfall abzuwehren; sie mußten froh sein, daß die Sache noch so glimpflich abgelaufen war und die Vortruppen wieder ihre früheren Stellungen am Rußbach besetzen konnten.

Bernadotte hatte den Angriffsbefehl um 7 Uhr abends erhalten, beeilte sich aber nicht mit der Ausführung. Er hatte vorläufig nur die sächsische 2. Division mit 8 Geschützen und die Reiterei zur Hand. Dupas manövrierte auf eigene Faust, die 1. Division hatte nach 5 Uhr nachmittags ihre Aufstellung bei den Brücken verlassen und brauchte mehr als 3 Stunden, um anzuschließen. Überdies stand vor Deutsch-Wagram der größte Teil der Reservekavallerie Liechtensteins und mußte erst durch langwierige Bewegungen zum Rückzug genötigt werden, ehe der Angriffsweg offen stand, dessen Durchschreiten im Feuer der vom Plateau herunterdonnernden Geschütze nicht leicht und sehr opfervoll war.

Die achte Stunde hatte schon geschlagen, ehe die sächsische Linie, je 3 Bataillone rechts und links, die Artillerie in der Mitte, so nahe an Deutsch-Wagram gelangt war, daß die vorgesendeten Tirailleure mit den in einem Schützengraben vor dem Rußbach eingenisteten Jägern des 2. Bataillons zu plänkeln beginnen konnten. Die Stutzen der letzteren taten gute Arbeit, von 40 Plänklern des Bataillons Prinz Clemens waren nach einer halben Stunde nur noch 10 dienstfähig.

Als Bernadotte — es ging schon gegen neun — die 1. Division anrücken sah, gab er dem GM. Le Coq den Befehl, mit der 3. Brigade — 3 Bataillone — den Ort zu stürmen, in welchem die sächsischen Granaten schon einige Gebäude in Brand gesteckt hatten.

Das 2. Jägerbataillon sowie das 1. und 2. von Reuß-Plauen Nr. 17 bereiteten den Sachsen indessen einen warmen Empfang. Vom unermüdlichen Obersten Oberdorf angefeuert, wiesen sie mehrmals die vordringenden Kolonnen ab und erst, als dieser verwundet vom Pferde sank und gleichzeitig das Bataillon Prinz Max der 4. Brigade in die Kampflinie einrückte, gelang es den Angreifern, sich des Haupteinganges zu bemächtigen.

Die Sachsen, deren Ordnung sich beim Überschreiten des Rußbaches gelöst hatte, fanden in Gärten und Häusern einen erbitterten Widerstand. Wohl drang Le Coq an der Spitze einer Sturmkolonne wiederholt bis zum Hauptplatz vor, doch wurde er jedesmal zur Umkehr gezwungen.

Bernadotte hatte inzwischen die an der Tete der 1. Division vorrückenden 3 Bataillone der 2. Brigade GM. Zeschau mit der Ablösung der kämpfenden Truppen beauftragt. Auch diese Brigade erzielte keinen durchschlagenden Erfolg und versplitterte sich gleichfalls im opfervollen Ortskampf. Einer Abteilung, die Deutsch-Wagram östlich zu umgehen trachtete und bis an das Rideau gelangte, warf sich der Hauptmann Haberein mit dem 3. Bataillon Kolowrat ohne höheren Befehl entgegen und drängte sie wieder über den Rußbach zurück. Die Reserven der Ortsbesatzung, 3. Bataillon Reuß-Plauen und das rechts rückwärts bei der Mühle aufgestellte 1. Anton Mittrowsky Nr. 10 setzten indessen, längs der beiderseitigen Ortsränder vorgehend, zum Gegenstoß an. Doch auch Bernadotte verdoppelte seine Anstrengungen, indem er der 1. Brigade GM. Hartitzsch, die der 2. mit größerem Abstand folgte, den Befehl entgegenschickte, das brennende Dorf zu nehmen. Daß in demselben bereits Sachsen kämpften, erfuhr der General nicht und die Dunkelheit verhinderte, den Stand des Kampfes zu überblicken. Mit gefälltem Gewehr, den Hahn gespannt, drang die Front der 3 Bataillone in Deutsch-Wagram ein, wo die Brigade Zeschau und die 4 Bataillone der 2. Division, soweit sie sich nach erfolgter Ablösung nicht rückwärts bei der Artillerie gesammelt hatten, in hartem Kampf mit den sie bedrängenden Verteidigern standen. Da die beiderseitigen weißen Uniformen sehr ähnlich waren, eröffnete die 1. Brigade das Feuer, als ihr weichende Kameraden im Dorf entgegenkamen, dies weckte wieder bei den vorne kämpfenden Truppen den Glauben, daß sie im Rücken angegriffen worden seien. Ehe die Offiziere das Mißverständnis aufklären konnten, war die ganze Masse aus dem Orte gedrängt und sammelte sich bei Aderklaa, wo Lager bezogen wurde, das indessen in nicht geringe Verwirrung geriet, als Pferdegetrappel das Herannahen einer Reitermasse ankündigte. Es waren die vom Korps Oudinot einrückenden Prinz Johann-Chevaulegers.

Weniger belangreich war der Kampf bei Markgraf-Neusiedl, wo Davout nach einem spät eingelangten Befehl eine Umfassung durchführen sollte. Es dauerte lange, ehe die Divisionen Morand und Friant bei Glinzendorf über den Rußbach kamen, die ausholenden Bewegungen der Kavallerie wurden vom FML. Nostitz mit den 4 Regimentern des Reservekavalleriekorps vereitelt. Da es indessen ganz dunkel geworden war, der Gefechtslärm im Zentrum allgemach schwächer wurde, stellte Davout den Kampf ein, der sich im allgemeinen auf ein Artillerieduell der über Großhofen frontal vorgerückten Divisionen Gudin und Puthod gegen Rosenbergs Batterien beim alten Turm von Markgraf-Neusiedl beschränkte, wobei letztere im Vorteil blieben.

Napoleon war während der Abendkämpfe, die allerorten mit einem vollständigen Mißerfolg geendet hatten, auf einer Bodenwelle bei Raasdorf verblieben, wo er, Gräser mit dem Reitstock abschlagend und zeitweise eine Prise nehmend, auf und ab ging, manchmal stehen blieb, um durch das Fernrohr den Gang des Kampfes zu verfolgen. Der für ihn wenig erfreuliche Verlauf zeigte ihm deutlich, daß er es nicht mit einer Nachhut zu tun hatte, sondern daß am 6. Juli ein entscheidendes Ringen bevorstand, in welchem dem französischen Heer nach aller Wahrscheinlichkeit die angriffsweise Überwältigung der Stellung am Rußbach zufiel. Hatte doch der Erzherzog Karl entgegen allen Erwartungen Napoleons den günstigen Augenblick des Überganges nicht zu einem Angriff benützt, umsoweniger war ihm also ein solcher am nächsten Tage zuzumuten. Doch kam es abermals anders, als menschliche Voraussicht anzunehmen erlaubte.

Die Nacht vom 5. zum 6. Juli.

Es war 11 Uhr abends, als endlich Ruhe auf dem Schlachtfeld eintrat und der Generalissimus wieder in seinem Hauptquartier Deutsch-Wagram eintraf. Eine Julinacht ist gar kurz und es mußten rasch die Entschlüsse für den nächsten Tag gefaßt werden. Die Überstürzung der Ereignisse am 5. Juli hatte zur Folge, daß die Armee des Generalissimus nicht versammelt stand. Das 5. Korps befand sich an der Donau von Krems bis gegenüber Nußdorf, das 6. auf den Stammersdorfer Höhen, das 3. bei Königsbrunn, das Grenadierkorps im Lager bei Seiring. Diese Kräfte mit dem 1., 2. und 4. Korps in der Stellung am Rideau zu vereinigen, ging nicht mehr an, überdies hatten die Vorfälle am Abend das Vertrauen in deren Güte gemindert. So blieb nur der Angriff übrig, zu dem der Generalissimus umsomehr entschlossen war, als er auf die Erschütteruug des Gegners durch die soeben erlittenen Mißerfolge und auf die baldige Ankunft des Erzherzogs Johann rechnete.

Eilig entwarf der Generalstabschef GM. Wimpffen die Dispositionen für den nächsten Tag, wonach das 2. Korps mit den Hohenzollern-Kürassieren und ein Teil des 1. Korps die Stellung hinter dem Rußbach zu behaupten, das 4. Korps um 4 Uhr morgens gegen den feindlichen rechten Flügel, das Gros des 1., die Grenadiere, das Kavalleriereserve-, sowie das 3. und 6. Korps in breiter Front zwischen Deutsch-Wagram und der Donau gegen den feindlichen linken Flügel vorbrechen sollten. Kolowrat hatte um 1 Uhr nachts aufzubrechen, sein 3. Korps gegen Breitenlee, Klenau mit dem 6. Korps entlang der Donau vorgehen zu lassen; die Grenadiere bildeten, um 3 Uhr früh abrückend, die 3., über Süßenbrunn gewiesene Kolonne, das Kavalleriereservekorps die 4. in gleicher Höhe mit den Grenadieren in dem Raum zwischen Süßenbrunn und Aderklaa, das Gros des 1. Korps die 5. Kolonne, um 4 Uhr früh gegen Aderklaa aufbrechend. Bei Bemessung der Abmarschzeiten, wurde darauf gerechnet, daß der rechte Flügel um 4 Uhr früh in der Linie Stadlau-Breitenlee eintreffen werde, um welche Stunde der doppelseitige Angriff erfolgen sollte.

Diese Verfügungen, die auf eine beiderseitige Umklammerung und einen geradezu vernichtenden Angriff abzielten, haben viel Anlaß zur Kritik gegeben, vor allem, daß keine Reserve zurückgehalten wurde und der Erzherzog sich somit des besten Mittels, in den Gang der Schlacht einzugreifen, begab. Das 5. Korps wurde in seiner Aufstellung belassen; so fiel die gegenüber Nußdorf stehende und eventuell verfügbare Brigade Neustädter desselben für die Entscheidung aus, wobei allerdings nicht übersehen werden darf, daß am anderen Donauufer die Württemberger standen, die bei ungehinderter Benützung der günstigen Übergangsstelle recht unangenehm werden konnten. Außerdem wurde Kolowrat in der Disposition angewiesen, eine Brigade auf dem Bisamberg zurückzulassen, doch begnügte sich der General mit 3 Bataillonen und einer halben Batterie, immerhin ansehnliche Kräfte, die der vorderen Linie abgingen.

Weniger berechtigt ist der Vorwurf, daß der rechte Flügel in so breiter Front und nicht direckt auf den linken Napoleons angesetzt wurde. Als die Disposition niedergeschrieben wurde, war das Korps Massena bei Aspern und durfte nicht unberücksichtigt bleiben, auch konnte auf die gute Anlehnung an der Donau nicht verzichtet werden.

Daß auch Rosenberg mit dem Angriff beauftragt wurde, stellte sich nachträglich als ein Fehler heraus. Gefaßt wurde der Entschluß unter der sicheren Voraussetzung, daß der Erzherzog Johann schon am Morgen aus Preßburg eintreffen müsse und es schien neben der Absicht, die Aufmerksamkeit vom rechten Flügel, wo der Hauptangriff geplant war, abzulenken, sogar geboten, das 4. Korps vorgehen zu lassen, um dem Gegner die Lust zu benehmen, sich mit Übermacht auf die anmarschierende Kolonne zu werfen.

Wohl war der erste Abmarschbefehl für den Erzherzog Johann in Preßburg bereits um 5 Uhr früh des 5. eingetroffen, doch befanden sich dessen Truppen auf dem südlichen Donauufer, da er im Sinne des früheren Auftrages gesonnen war, einen Vorstoß durchzuführen, der wegen des nächtlichen Unwetters unterblieb. Nun wagte es der Erzherzog nicht, die Truppen bei Tageslicht zurückgehen zu lassen, um den Gegner nicht zu einem Angriff herauszufordern, auch spielten Rücksichten auf die Ruhebedürftigkeit der seit dem Vorabend unter den Waffen gestandenen und gänzlich durchnäßten Soldaten mit. Über die Berechtigung dieser Gründe angesichts eines Befehls, der zur Anteilnahme an einer Entscheidungsschlacht aufforderte, mögen die Meinungen verschieden sein, umsomehr als das Schreiben nicht scharf genug stilisiert war, um die Dringlichkeit des Abmarsches erkennen zu lassen. Schwer verständlich ist, daß der Generalstabschef unterließ, eine Antwort zu verfassen und Zeit des Aufbruches sowie Stärke der verfügbaren Kraft zu melden, obzwar dies ausdrücklich verlangt worden war.

Erst als um 6 Uhr abends ein zweiter Adjutant mit dem Auftrag eintraf, in Marchegg nur 3 Stunden zu rasten, erfolgte eine Meldung, die den auf 1 Uhr nachts des 6. Juli festgesetzten Abmarsch von rund 9000 Mann Linieninfanterie, 2000 Landwehrmännern, 1200 Linienreitern und 6 Eskadronen Insurrektionskavallerie ankündigte. Dies kam dem Generalissimus frühestens gegen 6 Uhr früh des 6. zur Kenntnis. In der Zwischenzeit hatte er in der sicheren Erwartung des baldigen Eintreffens seines Bruders diesem um 2 Uhr früh einen dritten Befehl entgegengesendet, in Marchegg nicht zu rasten, sondern mit dem Aufgebot aller Kräfte weiterzumaschieren und über Unter-Siebenbrunn und Leopoldsdorf den Anschluß an Rosenberg zu suchen, um vereint mit ihm gegen den feindlichen rechten Flügel zu wirken.

Erzherzog Johann erschien tatsächlich, als alles vorbei war. Diese Hoffnung schlug also gänzlich fehl und überdies trat ein zweiter Übelstand ein: die Disposition war erst um 2 Uhr nachts in den Händen Kolowrats, der schon um 1 Uhr hätte abmarschieren sollen. Der Generalstabschef GM. Wimpffen hatte eben nicht überdacht, daß der Adjutant in finsterer Nacht bei dem gebotenen Umweg über Seiring mindestens zwei Stunden brauchte, um von Deutsch-Wagram nach Hagenbrunn zu gelangen. Es hat übrigens den Anschein, als ob

Wimpffen und der Generaladjutant Grünne überhaupt die Schuld an den nicht ganz einwandfreien Verfügungen hätten.

Vieles spricht dafür, daß der Erzherzog Karl in jener Nacht leidend war. Nach den Aufregungen des abendlichen Kampfes und der dabei erlittenen Verwundung ist dies umsomehr anzunehmen, als im Juni ein schweres Darmleiden den ohnedies zarten Körper geschwächt hatte. In diesem Zustand mußte er die Details des von ihm gefaßten Entschlußes seinen Untergebenen überlassen, die es ganz gegen die Gewohnheit des Erzherzogs unterließen, eine Armeereserve auszuscheiden. Allerdings war die Front, die von der Armee am Morgen gebildet werden sollte, so ausgedehnt, daß die vorhandenen Kräfte kaum für deren lückenlose Formierung hinreichten.

Napoleon verbrachte die Nacht, sich kaum 3 Stunden Schlafes unter freiem Himmel gönnend, bei Raasdorf. Er war selbstverständlich entschlossen, am nächsten Tage die Stellung am Rußbach, doch einheitlich und mit versammelter Kraft, anzugreifen und die eben erlittene Schlappe wettzumachen. Daß außer dem gegen den Bisamberg zurückgegangenen 6. Korps noch das 1. bei Hagenbrunn stand, wußte er nicht und hegte für diese Flanke geringe Besorgnis. Dagegen erwartete er, rechts vom Erzherzog Johann angefallen zu werden, dessen Armee er weit stärker annahm, als sie nach Rücklassung einer starken Garnison in Preßburg tatsächlich war.

Die Angriffsbefehle verschob der Kaiser bis zum Morgen, wo bezüglich der Verteilung der Armee des Generalissimus und der Anmarschrichtung des Erzherzogs Johann mehr Klarheit eintreten mußte. Vorläufig galt es nur, die am 5. beim Vormarsch fächerförmig auseinandergeflatterte Armee enger zu versammeln und für den Kampf bereitzustellen. Davout und Bernadotte sollten gegen die Mitte, Korps Oudinot und italienische Armee, anschließen. Massena hatte nur die Division Boudet zum Schutz der Brücken bei Aspern zu belassen, mit dem Gros des 4. Korps aber um 2 Uhr nachts aufzubrechen und hinter den Sachsen aufzumarschieren. Hinter Oudinot standen bei Raasdorf in mehreren Treffen die Garden und die schweren Reiterdivisionen.

Im Laufe der Nacht rückte zur italienischen Armee die

Napoleon in der Nacht zum 6. Juli.

Division Pacthod ein, um 7 Uhr früh kam die Division Broussier, die schon am vorigen Nachmittag in der Lobau eingelangt war, jedoch die Brücke, an die sie gewiesen wurde, mit Truppen verlegt fand. Niemand sagte dem Divisionär, daß noch zahlreiche andere Brücken bestanden.

Marmont ging um 2 Uhr nachts über den Stadler Arm und fügte sich gegen 9 Uhr vormittags vor der Garde als Reserve hinter das Zentrum ein.

Auch GL. Wrede hatte sich bei Napoleon eingefunden, um Befehle für seine in der Lobau nach dem Gewaltmarsch rastende bayrische Division zu empfangen. Der Kaiser begrüßte ihn huldvollst, zögerte aber mit der Erteilung des Auftrages. Sinnend saß er auf einer Bärendecke, fragte wiederholt, ob Wrede noch da sei, konnte sich aber nicht zu einem bestimmten Auftrag entschließen. Er hoffte wohl, bald von den an die March vorgeschobenen Patrouillen zu erfahren, wie weit der Erzherzog Johann vorgerückt sei und welche Richtung er einschlage. Auf wiederholtes Drängen wurde Wrede endlich um 1 Uhr nachts angewiesen, bis Groß-Enzersdorf zu marschieren. Dort stand er günstig, um entweder einen Anschlag des Erzherzogs Johann gegen die Brücken abzuwehren oder als Reserve in den Hauptkampf einzugreifen.

Um sich für den nächsten Morgen Freiheit der Entschließung zu wahren, ließ Napoleon dem Vizekönig, Oudinot und Bernadotte einschärfen, nicht vorzeitig in ernste Kämpfe zu treten und daher die Vorposten ein wenig zurückzunehmen, damit nicht gegen den Willen der Führer eine Plänkelei entstehe und das Eingreifen der Hauptkräfte nach sich ziehe.

Ungeduldig blickte der Kaiser dem jungen Tag entgegen, um seine versammelten Massen zur Überwältigung der am Vorabend vergeblich angegriffenen Stellung loszulassen. Doch kam er nicht dazu, die Befehle zu erteilen. Kaum erhob sich der Sonnenball im Osten, so lief schon die Meldung ein, Davouts Korps werde angegriffen. Unverzüglich schwang sich der Kaiser auf seinen arabischen Schimmel Euphrat, um in Begleitung einiger Eskadronen schwerer Reiter zum rechten Flügel zu sprengen. Daß der Generalissimus zur Offensive überging, konnte er kaum annehmen; sein erster Gedanke war, der Erzherzog Johann sei eingelangt.

Einleitungskampf bei Großhofen-Glinzendorf.

Um 4 Uhr früh des 6. Juli ließ der FML. Fürst Rosenberg dispositionsgemäß die Vorrückung beginnen. Unter dem FML. Radetzky gingen 10 Bataillone und 8 Eskadronen voraus, 2 Kolonnen, 6 und 16 Bataillone, sollten in der Richtung gegen Großhofen und Glinzendorf folgen. FML. Nostiz begleitete mit 28 Eskadronen den Angriff in der linken Flanke, GM. Riese blieb mit 11 Bataillonen und der schweren Artillerie als Reserve in der Stellung zurück.

Beim Korps Davout hatten eben die Verschiebungen in westlicher Richtung begonnen, die einen besseren Anschluß an die Mitte des Heeres bezweckten, als die Truppen Radetzkys herannahten. Schnell rüstete sich Davout zum Empfang und ließ Großhofen und Glinzendorf sowie die dazwischen sich hinziehende Bodenwelle von den Divisionen Puthod, Gudin und Friant besetzen. Bis 5 Uhr früh waren Radetzkys Truppen entwickelt und im heftigen Feuerkampf, in dem sie gegenüber den gedeckt stehenden Franzosen sichtlich im Nachteil waren. Nun ging es vorwärts zum Angriff, der die Sturmkolonnen bis in die ersten Häuser der beiden Orte brachte. In diesem Augenblick traf Napoleon beim rechten Flügel ein, die schweren Reiterdivisionen Arrighi und Nansouty folgten ihm auf dem Fuße, die Garde hatte sich gleichfalls dahin in Bewegung gesetzt.

Unverzüglich ließ der Kaiser die reitende Artillerie Nansoutys in der Flanke der Angreifer von Großhofen auffahren, Arrighis Geschütze jagten an den anderen Flügel, um bei Glinzendorf flankierend einzugreifen. Davout ordnete seine Reserven zum Gegenstoß und es schien sicher, daß die nächste Stunde ein schweres Ringen bringen müsse, da soeben die Hauptkolonnen Rosenbergs den Rußbach überschritten und sich anschickten, Radetzky zu unterstützen.

Zur Überraschung der Franzosen sahen diese plötzlich rückgängige Bewegungen bei den Hauptkolonnen. Rosenberg hatte schon früher vom Armeekommando den Befehl erhalten, den Angriff nicht zu übereilen, da der Generalissimus zu seinem Befremden wahrgenommen hatte, daß sich von den Korps des rechten Flügels noch nichts blicken ließ. Bald darauf kam die Nachricht, daß noch Stunden vergehen mußten, ehe Kolowrat und Klenau sich fühlbar zu machen vermochten, auch mag das Schreiben des Erzherzogs Johann eingetroffen sein, aus dem zu entnehmen war, daß dessen Truppen erst um 1 Uhr nachts von Preßburg abrückten, also keineswegs, wie das Armeekommando dachte, am Morgen bereits die March überschritten hatten. So wurde denn der Flügeladjutant Major Cavriani mit dem Befehl zu Rosenberg abgesendet, den nun zwecklosen Angriff einzustellen und in die Stellung zurückzugehen.

Dies war nicht leicht. Nur dem Umstand, daß ein solch vorzüglicher General wie Radetzky das Vordertreffen befehligte, dankte es Rosenberg, daß er sein Gros ohne bedeutenden Unfall wieder auf die Höhe bei Markgraf-Neusiedl zurückbrachte. Radetzky hielt sich den nachdrängenden Gegner mit großem Geschick vom Leibe und führte seine Truppen, die ihren Widerstand allerdings mit großen Opfern bezahlen mußten, erst nach Markgraf-Neusiedl zurück, als sich Rosenberg zum Empfang der Angreifer gerüstet hatte.

Etwa um 6 Uhr früh war diese Episode zu Ende, die das 4. Korps einer harten Prüfung aussetzte und nicht ohne ungünstige Rückwirkung auf die Moral von Truppen bleiben konnte, welchen ein besonders schwerer Kampf bevorstand.

Napoleon, der bald erkannt hatte, daß er sich nutzlos aufgeregt hatte, gewann durch den Ritt auf den rechten Flügel den Vorteil, das dortige Gelände einem genauen Augenschein unterziehen zu können, der ihn belehrte, daß sich zu einem umfassenden Angriff des durch den alten Turm von Markgraf-Neusiedl bezeichneten linken Flügels der Stellung am Plateau recht günstige Verhältnisse boten. Hatten die Truppen den Rußbach außerhalb Feuerbereich überschritten, so hemmte kein Hindernis den Angriff in die linke Flanke, die durch das Kreuzfeuer der Artillerie leicht mürbe zu machen war. Da die ausgesendeten Patrouillen zweifellos bereits die Meldung erstatteten, daß bis zur March keine Truppen zu sehen seien, entfiel für die nächste Zeit die Möglichkeit eines Eingreifens des Erzherzogs Johann und eine Störung der Umfassung, weshalb Napoleon den Marschall Davout mit deren Durchführung betraute und ihm die Kürassierdivision Arrighis zur Verfügung stellte. An den bei Groß-Enzersdorf nun überflüssig scheinenden General Wrede erging der Befehl, mit seinen Bayern zur großen Armeereserve bei Raasdorf zu stoßen.

Dann wandte sich der Kaiser gegen Raasdorf, wohin er die schweren Reiter Nansoutys mitnahm und auch die anmarschierende Garde zurückbeorderte. Der Ritt entlang der Front zeigte, daß die Schlacht bereits im vollen Gange war. Die Batterien am Plateaurand hatten, sobald Rosenbergs Vorgehen bemerkbar wurde, das Feuer eröffnet, was den DG. Oudinot und den Vizekönig zwang, ihre Truppen ein beträchtliches Stück zurückzunehmen, um sie nicht nutzlosen Verlusten auszusetzen. Napoleon erteilte beiden die Weisung, sofort zum Angriff überzugehen, sobald Davout die Stellung bei Markgraf-Neusiedl überwältigt habe. Als sich der Kaiser dem linken Flügel näherte, erhielt er die überraschende Meldung, daß die Österreicher auch gegen diesen vorgebrochen und bereits im Besitz von Aderklaa waren.

Das Ringen um Aderklaa.

Gen. d. Kav. Bellegarde hatte das 1. Korps schon um 3 Uhr früh zum Angriff auf Aderklaa bereitgestellt. GM. Stutterheim sollte mit 2 Eskadronen Klenau-Chevaulegers, dem 2. Jäger- und dem 4. Legionsbataillon als Avantgarde vorausgehen, Hauptmann Haberein mit dem 3. Bataillon Kolowrat Nr. 36 und 6 Eskadronen Klenau als Unterstützung nachrücken, endlich das Gros unter dem FML. Fresnel in 2 Kolonnen folgen, Reuß-Plauen-Infanterie Nr. 17, 2 Bataillone Kolowrat Nr. 36, 3 Rainer Nr. 11 links, je 2 Bataillone Erbach Nr. 42 und Anton Mittrowsky Nr. 10 rechts. In der Stellung bei Deutsch-Wagram blieb der eben von seiner bei Aspern erlittenen Verwundung genesene FML. Dedovich mit den Regimentern Vogelsang Nr. 47, Argenteau Nr. 35 und dem 1. Hradischer Landwehrbataillon.

Zur großen Überraschung Bellegardes kehrte der auf Streifung gesendete Rittmeister Tettenborn mit einigen Gefangenen und der Kunde zurück, daß die Sachsen Aderklaa geräumt hatten. Bernadotte hatte sich auf seinem vorgeschobenen Posten nicht wohl gefühlt und benützte gern die Weisung Napoleons, sich näher an die italienische Armee heranzuziehen. Mit Tagesanbruch rückten die Sachsen ab und bezogen eine mehr gegen Raasdorf gelegene Stellung.

Obzwar die Verzögerung im Anmarsch des rechten Flügels dem Gen. d. Kav. Bellegarde die Vorsicht nahelegte, mit dem Vormarsch nach Aderklaa zu warten, war die kampflose Gewinnung des wichtigen Stützpunktes zu verlockend, als daß der General hätte zögern dürfen. Stutterheim ging mit der Avantgarde voran, fand in Aderklaa zahlreiche verwundete Sachsen und ließ unverzüglich die dem Ort vorgelagerten Gräben vom 2. Jägerbataillon besetzen, das 4. Legions- und das 3. Bataillon Kolowrat hinter Aderklaa als Reserve in Massen aufmarschieren. FML. Fresnel rückte indessen mit seinen beiden Kolonnen vor, die derart links aufschwenkten, daß die Linie des 1. Treffens zwischen Aderklaa und Deutsch-Wagram zu stehen kam. Vor dem linken Flügel fuhren unter Bedeckung von 6 Eskadronen Klenau-Chevaulegers eine Kavallerie-, eine Positions- und eine Brigadebatterie auf, am rechten Flügel rechts vorwärts von Aderklaa nahm eine andere Brigadebatterie Stellung.

Der Aufmarsch des 1. Korps hatte den Marschall Bernadotte gezwungen, seinen linken Flügel zurückzunehmen und eine neue Front, gegen Nordwest gerichtet, zu bilden. Vor dieser fuhren die 26 sächsischen Geschütze vereinigt auf und alsbald war eine lebhafte Kanonade im Gange, die in die Massen der Infanterie beträchtliche Lücken riß. Geduldig ließen Bellegardes Bataillone diese Prüfung ihrer Standhaftigkeit über sich ergehen. Mußten sie doch bis zum Eintreffen der Korps des rechten Flügels warten, ehe der Angriff beginnen konnte. Noch übler waren die Sachsen daran, die obendrein von den am Plateau zurückgebliebenen Batterien flankierend beschossen wurden. Die Zahl der Opfer häufte sich und die Truppen mußten wiederholt ihre Aufstellung ändern, um die Verluste nach Möglichkeit zu vermindern.

Es wurde 6 Uhr früh. Das Grenadierkorps, beiderseits begleitet von den Reitern Liechtensteins, rückte endlich heran und begann in der Verlängerung der Front des 1. Korps, also in der Linie Aderklaa-Süßenbrunn, welch letzteren Ort schon früher einige Eskadronen leichter Reiter Liechtensteins besetzt hatten, aufzumarschieren. Vom 3. Korps war noch immer nichts zu erblicken.

Zur selben Zeit waren die Divisionen Legrand und Molitor des Korps Massena bereits auf dem ihnen angewiesenen Aufstellungsplatz im 2. Treffen des linken Flügels angelangt, die Kavallerie unter den Generalen Lasalle und Marulaz trabte heran, Carra Saint Cyr, mit der hessischen Brigade an der Spitze, war noch im Anmarsch und sah sich bereits genötigt, zur Deckung der linken Flanke die Schützen ausschwärmen zu lassen, hinter welchen die Artillerie, zum sofortigen Auffahren bereit, marschierte.

Zu dieser Zeit kam Napoleon auf die Kunde von der

Besetzung von Aderklaa rasch zum 4. Korps herangesprengt. Er hielt wohl den Vorstoß der Österreicher für nicht sehr gefährlich, vielleicht ähnlich jenem, den Davout soeben mit leichter Mühe abgewiesen hatte und begnügte sich daher, Massena mit der unverzüglichen Wegnahme des von Bernadotte voreilig geräumten Dorfes zu betrauen. Dann ritt er wieder zum Zentrum zurück, um dieses von einem vorzeitigen Angriff, ehe Davouts Umgehung sich fühlbar machte, abzuhalten. Hatte doch aus diesem Grunde und wegen des erwarteten Herannahens des Erzherzogs Johann vorläufig nur der rechte Flügel für den Kaiser ein erhöhtes Interesse.

Marschall Massena, erst unlängst in der Lobau mit dem Pferd gestürzt und ziemlich stark beschädigt, ließ es sich doch nicht nehmen, sein Korps zu führen. Von einem Wundarzt betreut, der ihm zeitweise den kühlenden Umschlag wechselte, saß er in einem mit blendend weißen Schimmeln bespannten Wagen und leitete von diesem aus die Bewegungen seines Korps mit gewohnter Umsicht und Tatkraft. Er berief sofort den DG. Carra Saint Cyr zu sich und betraute ihn mit der Wegnahme von Aderklaa. Gleichzeitig erging an Bernadotte die Aufforderung, den Angriff zu unterstützen.

Carra Saint Cyr ließ seine Division gegen Aderklaa einschwenken und die Artillerie zur Vorbereitung des Vormarsches das Feuer eröffnen. Die Reiterei des 4. Korps wurde an den linken Flügel beordert, indessen holte Massena die Divisionen Molitor und Legrand herbei, die sich als 2. Treffen in Kolonnen hinter der Division Carra Saint Cyr bereitstellten. Am rechten Flügel, neben der Division Molitor, marschierte die schwache Division Dupas auf, die eben auf der Suche nach dem sächsischen Korps von Raasdorf herankam und von Bernadotte dem Marschall Massena für dem geplanten Angriff zur Verfügung gestellt wurde.

Carra Saint Cyr hatte mittlerweile seine Truppen entwickelt: hessische Brigade rechts, 4. und 46. Linienregiment Mitte, 24. leichtes links. Nun ging es ruckweise vorwärts, stets längere Halte einschaltend, um der Artillerie Zeit zur Wirkung zu geben. Als die Infanterielinie auf etwa 1200 Schritte vor Aderklaa angekommen war, begann die vor dem Ort aufgefahrene Batterie mörderisch in den Angriffskolonnen aufzuräumen. Doch schon schmetterten bei den Kavallerieregimentern des Generals Marulaz die Attackesignale und der Reitersturm, die Batterie bei Aderklaa als Ziel, ging los. Ehe sichs die Kanoniere versahen, waren die Attackierenden mitten unter ihnen, die Batterie genommen.

Fürst Liechtenstein hatte das drohende Unheil wohl rechtzeitig erkannt, da aber seine Reiter hinter den Grenadieren standen, mußte er diese erst die Front räumen lassen, ehe er seine Reiter entgegenwerfen konnte. Nun kamen sie allerdings herangesprengt. Vier Eskadronen Kronprinz Ferdinand-Kürassiere warfen sich todesmutig der feindlichen Front entgegen, doch waren sie dem Anprall nicht gewachsen. Schon schwankten die schweren Reiter, da erschien Fürst Liechtenstein wie ein vom Bogen geschnellter Pfeil mitten unter ihnen. Er war auf dem Standpunkt, von dem aus er die Bewegungen seiner Reiter leitete, nicht zu halten gewesen, als er die ungünstige Wendung bemerkte. Unverzüglich stob er auf seinem edlen Renner zu den bedrängten Seinen. Da gab es plötzlich ein Hindernis, einen Hohlweg, in dem eines seiner Grenadierbataillone marschierte. Ein Sporendruck und in mächtigem Satz flog das Pferd über die Köpfe der verdutzten Grenadiere hinweg, mitten in den Kampfestrubel hinein, wo sich die Kürassiere um den wohlbekannten grünen Federbusch ihres verehrten Führers zu neuem Widerstand scharten. Alsbald kam Hilfe. In die linke Flanke der Franzosen brausten die Rosenberg-Chevaulegers; die als Unterstützung nachrückenden Albert-Kürassiere warfen sich gleichfalls mit wuchtigem Stoß in das Getümmel und als endlich der FML. Moritz Fürst Liechtenstein mit seinem und dem Kaiser-Kürassierregiment drohend in Flanke und Rücken des Feindes aufmarschierte, gab es bei diesem kein Halten mehr. Unter Zurücklassung der erbeuteten Geschütze ging die Masse dahin, woher sie gekommen war. Lasalles rechtzeitiges Vorgehen mit der zweiten Reiterdivision Massenas setzte der ungestümen Verfolgung bald ein Ziel und zwang Liechtenstein, Appell blasen und seine Regimenter in die frühere Stellung zurückgehen zu lassen.

Einen Erfolg hatte diese Attacke der Franzosen aber doch. Die Artillerie war zum Schweigen gebracht, die rechte Flanke von Aderklaa durch das Zurücknehmen der Grenadiere entblößt,

Fürst Liechtenstein bei Aderklaa.

Massena säumte nicht, den Vorteil auszunützen. Längst durch das langsame Vorgehen Carra Saint Cyrs ungeduldig geworden, jagte er mit seinem Wagen mitten in die Infanterie hinein und ließ Sturmmarsch schlagen. Unter unaufhörlichem Rufen „Vorwärts!“ und „Avancez!“ ging die Division Carra Saint Cyr mit großer Bravour und Entschlossenheit gegen Aderklaa und den linken Flügel des 1. Korps zum Angriff vor. Es war ein schwieriges Gelände, Gräben und Sumpfadern hemmten die Bewegung, die Artillerie des 1. Korps bestrich den Raum mit Flankenfeuer, die Jäger in dem Graben vor Aderklaa sandten einen Hagel treffsicherer Kugeln entgegen und bald vereinigte sich damit das Kartätschfeuer der Brigadebatterie, zu der die Kanoniere nach Abweisen des Reiterangriffes eiligst zurückgekehrt waren. Gleichwohl kamen der linke Flügel der Hessen und die französische Brigade Carra Saint Cyrs rascher vorwärts, als Stutterheim gedacht hatte. Zu spät erteilte er dem 4. Legionsbataillon den Befehl, zur Unterstützung der Jäger vorzugehen. Die ersten drei Kompagnien durchschritten im Reihenmarsch eben das Dorf, als die Jäger in wilder Flucht zurückfluteten, Hessen und Franzosen folgten ihnen auf den Fersen. Das Grenadierbataillon Scharlach, das der FML. d'Aspre eilends zur Unterstützung vorgesendet hatte, wurde gleich den 3 Legionskompagnien mitgerissen. Vergeblich führte der Bataillonskommandant die anderen 3 Kompagnien zum Sturm vor. Fast ging die Fahne verloren; zersprengt und zur Flucht genötigt, vermochte sich dieses Halbbataillon erst bei Deutsch-Wagram zu sammeln, während das andere nach der Wendung im Kampf bei Aderklaa blieb.

Als der Strom der Fliehenden etwa um die siebente Morgenstunde Aderklaa verließ und sich teils auf die beiden Bataillone Anton Mittrowsky im zweiten Treffen, teils auf den rechten Flügel des ersten, Regiment Reuß-Plauen, warf, unmittelbar danach Massen des Feindes aus dem Ort vorbrachen, erfaßte den ganzen rechten Flügel Bellegardes eine Panik. Vom rechten Flügel der Hessen in der Front bedrängt, durch den unvermuteten Verlust des Flügelstützpunktes in Flanke und Rücken bedroht, ballten sich die durch langwährendes Geschützfeuer erschütterten Bataillone zu wirren Massen zusammen, die sich nach rückwärts wälzten.

Bellegarde und sein Stab jagten in die ungeordneten Haufen und brachten es mit äußerster Energie, unterstützt von den eingeteilten Offizieren, dazu, den Schrecken zu bannen und notdürftig eine neue Schlachtlinie herzustellen.

Doch auch die Franzosen und Hessen, durch die großen Verluste nicht wenig erschüttert, sahen sich gezwungen, die Ordnung herzustellen und von einem weiteren Vordringen gegen die sich zu energischem Widerstand rüstenden Massen abzusehen. Vom Erfolg berauscht, waren sie weiter vorgedrungen, als ihnen vorgeschrieben worden war, auch versäumten es die Kommandanten, Aderklaa zur nachhaltigen Behauptung herrichten zu lassen. Sie rechneten wohl darauf, daß das 2. Treffen zur Ausnützung des errungenen Erfolges nachrücken und das Versäumnis gut machen werde.

Das 2. Treffen war indessen ziemlich weit abgeblieben und Massenas Aufmerksamkeit wurde gerade in diesem kritischen Augenblick in eine andere Richtung gelenkt. FZM. Kolowrat war mit dem 3. Korps schon um 4 Uhr Früh südlichst Gerasdorf eingetroffen, hatte aber hier nach vollzogenem Aufmarsch gewartet, bis das 6. Korps bei Leopoldau in gleiche Höhe kam. Darüber waren Stunden vergangen, nun aber rückte das 3. in breiter Front gegen die Linie Süßenbrunn-Breitenlee vor und bedrohte die linke Flanke Massenas. Dieser entwickelte zur Abwehr die Division Legrand, deren linker Flügel eilig dem wichtigen Stützpunkt des Königshügels nördlich Breitenlee zustrebte. Doch Kolowrats Vorhut, 3 Bataillone, die Schwarzenberg-Ulanen Nr. 2 und eine Kavalleriebatterie, kam den Franzosen zuvor. Bald donnerten die eisernen Morgengrüße von der Höhe herab und benahmen den Franzosen die Lust zum Angriff, so daß Kolowrat sein Einrücken in die anbefohlene Linie gesichert sah, Massenas Truppen hingegen durch die in Flanke und Rücken einschlagenden Geschosse in Unruhe versetzt wurden.

Mittlerweile war aber bei Aderklaa bereits eine Wendung eingetreten. Erzherzog Karl, der vom Plateau zwischen Baumersdorf und Deutsch-Wagram den Gang des Kampfes beobachtet hatte, war sofort zum 1. Korps gesprengt, als er die Verwirrung in dessen Reihen wahrnahm. Er kam erst an, als Bellegarde seine Truppen halbwegs geordnet hatte und befahl ihm sofort die Wiedereinnahme von Aderklaa. Liechtenstein erhielt den Auftrag, den Angriff zu unterstützen.

Wieder war es das Regiment Erbach Nr. 42, das mit kühner Entschlossenheit in Sturmkolonne auf den Feind eindrang. Gleichzeitig ließ Liechtenstein einige Eskadronen das am linken Flügel Carra Saint Cyrs westlich Aderklaa aufgestellte französische 24. leichte Regiment attackieren, GM. Merville ging mit seinen 4 Grenadierbataillonen direkt gegen den Ort, GM. Hammer mit der anderen Brigade rechts seitwärts zum Angriff vor.

Diesem Ansturm waren Franzosen und Hessen nicht gewachsen. Zunächst unterlag des 24. leichte Regiment den Säbeln der Reiter. In wilder Unordnung wandte es sich zur Flucht, bei der es ihm sehr übel ergangen wäre, wenn nicht einige sächsische Eskadronen zur Rettung eingegriffen und mit einem Flankenangriff der Verfolgung rasch ein Ende gemacht hätten.

Als der linke Flügel zu weichen begann, warfen sich die französischen und hessischen Abteilungen, die im Raum vorwärts Aderklaa kämpften, in den Ort. Doch wurde ihnen zur

Festsetzung keine Zeit gelassen. GM. Merville drang mit den Grenadieren in der Front, der Hauptmann Haberein mit dem 3. Bataillon Kolowrat von der Flanke in das Dorf ein, das 2. Jäger- und das halbe 4. Legionsbataillon schloßen sich an. Ein wildes Ringen entspann sich in den Ortsgassen, wobei Franzosen und Hessen, wie die sich mehrenden Flüchtlinge zeigten, zusehends den kürzeren zogen. Als das Gros der Hessen, das östlich Aderklaa gegen das 1. Treffen Bellegardes stritt, durch die Wendung im Ortskampf seinen Flügel bedroht sah, begann es gleichfalls seine Haltung zu verlieren. Die Reihen wankten und lösten sich immer mehr in fliehende Gruppen auf.

Zu spät kamen Dupas und der rechte Flügel der Division Molitor heran, die Massena, vergeblich bemüht, die Fliehenden zur Umkehr zu bewegen, wutschnaubend zum Angriff beordert hatte. Legrand und der linke Flügel Molitors konnten nicht mehr mittun, weil das immer näher rückende 3. Korps sie an ihre Stelle fesselte. Ehe Molitors Bataillone Aderklaa erreichten, war der Ort bereits verloren, die ganze Division Carra Saint Cyr in toller Flucht. Stutterheim und die Grenadiere bereiteten den Anstürmenden einen warmen Empfang. Wohl drangen einzelne Abteilungen bis in den Ort ein, sie wurden aber mit Bajonett und Kolben wieder hinausgeworfen, als der Erzherzog Karl den FML. d'Aspre mit seiner 2. Grenadierbrigade GM. Hammer zur Verstärkung schickte.

Dupas war indessen rechts von Aderklaa gegen den rechten Flügel des 1. Korps vorgegangen. An einem Graben kam die Front zum Stocken, bis Dupas, sich eine Trommel umhängend und Sturmstreich schlagend, mit gutem Beispiel voranging. Die sächsischen Schützen, etwa 100 Mann, folgten ihm zuerst, dann die französischen Bataillone. Im ersten Anprall wurden die vor der Front des 1. Korps aufgestellten Plänkler geworfen, als aber die Angreifer an die gleich ehernen Säulen standhaltenden Bataillonsmassen herankamen, das Geschützfeuer unbarmherzig in den Reihen aufräumte und aus Aderklaa, wo die Österreicher inzwischen endgültig Sieger waren, Abteilungen drohend gegen die Flanke vorbrachen, erfaßte auch Dupas Truppen die allgemeine Panik und sie wichen gleich den anderen in Auflösung zurück.

Es war etwa 8 Uhr früh, als das 1. Korps und die Grenadiere diesen Erfolg errungen hatten, von dessen Größe 500 Gefangene, darunter zahlreiche Stabsoffiziere, 1 Adler und 3 Fahnen beredtes Zeugnis ablegten.

Napoleon in krtisicher Lage.

Auch Bernadotte hatte mit seinen Sachsen versucht, zur Wiedereroberung Aderklaas mittelbar beizutragen und war mit seinen beiden Divisionen, während die eben geschilderten Kämpfe spielten, ein beträchtliches Stück gegen die Front des 1. Korps vorgerückt. Die Sachsen kamen indessen, unter frontalem und flankierendem Artilleriefeuer leidend, nicht bis auf Nahkampfdistanz heran. Als Carra Saint Cyr geworfen wurde, blieb dies nicht ohne Rückwirkung. Bernadotte mußte den Rückzug anordnen, welchen die Klenau-Chevaulegers zur Attacke benützten. Sie wurden jedoch teils von der Infanterie, teils von den Reitern abgewiesen. Hiebei lockerte sich die Ordnung der bereits hart mitgenommenen Sachsen, teilweise durch Bernadottes Schuld, der die zur Abwehr der Attacke formierten Massen mit der Reitpeitsche auseinandertrieb, um der österreichischen Artillerie nicht gar so gute Ziele zu geben.

Bernadotte hatte nicht versäumt, dem Vizekönig Nachricht von der bedrohlichen Wendung des Kampfes zu geben, den übrigens die gegen Raasdorf eilenden Flüchtlinge der Division Carra Saint Cyr und der Sachsen deutlich belehrten, wie schlecht es am linken Flügel stand. Er sandte sofort Botschaft an Napoleon und ordnete gleichzeitig das Abschwenken seiner beiden Korps in die Flanke an. Die eben eingetroffene Division Broussier bildete den rechten Flügel, daran schloß sich Lamarque, so daß das Korps Macdonald beisammen war; links rückwärts marschierte Greniers Division Durutte auf, Seras mit seinen am Vorabend hart mitgenommenen Truppen blieb im 2. Treffen, ebenso die Armeereserve, die gleichfalls erst gegen Morgen angelangte Division Pacthod. Die italienische Garde hatte sich an die Kaisergarde angeschlossen.

Als Napoleon zwischen 7 und 8 Uhr früh auf die Meldung seines Stiefsohnes abermals zum linken Flügel heransprengte, war die Division Broussier bereits in der neuen Front aufmarschiert, die anderen noch in der Bewegung. Jubelnd begrüßten Broussiers Bataillone den Imperator, den sie so lange nicht gesehen hatten, doch war der Zeitpunkt wenig geeignet, diesen bewährten Regimentern, die im Verlaufe des Feldzuges bereits manchen rühmlichen Strauß bestanden, die Zufriedenheit zu bezeigen. Das Bild, das sich dem am linken Flügel der Division, von Kanonenkugeln umschwirrt, in unerschütterlicher Ruhe haltenden Kaiser darbot, war ziemlich trostlos. Eben begannen die Truppen Molitors und Dupas zurückzufluten, ein Versuch, den Bernadotte an der Spitze der gesamten sächsischen Reiterei machte, das Schicksal des Kampfes zu wenden, endete im flankierenden Feuer der österreichischen Artillerie kläglich.

Es war ein Glück für die Franzosen, daß der Vizekönig rechtzeitig eine Flanke gebildet hatte und jetzt bereits das Korps Macdonald zur Aufnahme und zum Ersatz des total geworfenen Teiles der Schlachtfront bereitstand. Der Anblick dieses intakten Treffens benahm wohl dem Fürsten Liechtenstein die Lust, die Deroute zu einer mächtigen Attacke auszunützen, die große Erfolge hätte zeitigen können.

Napoleon säumte nicht, das Korps Macdonald sofort ein Stück vorrücken zu lassen, so daß es in gleiche Linie mit der gegenüber dem 3. Korps standhaltenden Division Legrand kam und die Front der Flankenstellung schloß. An Bessières erging der Befehl, die schwere Reiterreserve, Divisionen Nansouty, St. Germain und Gardekavallerie, heranzuführen und hinter der Infanterie als Rückhalt aufmarschieren zu lassen.

Dann bemühte sich der Kaiser, gleich Massena, die geworfenen Truppen zum Halten zu bringen und im 2. Treffen zu ordnen. Er eilte auch zu den Sachsen und ließ ihnen durch den Obersten Gersdorf kundmachen: „Sie sollten nur aushalten, bald würde sich alles ändern."

Noch vermochte Napoleon die ganze Größe der Gefahr, in der sein linker Flügel schwebte, nicht zu übersehen.

Nach 9 Uhr vormittags gewann indessen die Sache ein

anderes Ansehen und Napoleon begann die Absicht des Erzherzogs Karl zu erfassen. Gestützt auf den stark besetzten Ort Aderklaa, wo der Erzherzog Ludwig das Kommando übernahm, ließ der Generalissimus den rechten Flügel eine Schwenkung machen. Kolowrat erhielt den Befehl, mit dem 3. Korps derart vorzurücken, daß der rechte Flügel an der von Breitenlee nach Raasdorf führenden Straße blieb, die Lücke zwischen dem linken Flügel und Aderklaa mußte die Grenadierdivision des FML. Prochaska schließen. Der Raum war indessen so breit, daß dieser General alle 8 Bataillone in einem Treffen entwickeln mußte, weshalb Liechtenstein seine Reiter dahinter als Rückhalt aufstellte. Ganz einverstanden war der bewährte Reitergeneral nicht damit, seine Geschwader in die Mitte der Front eingekeilt zu sehen, wo sich ihnen umsoweniger Gelegenheit zum erfolgreichen Anreiten bot, als mittlerweile Bessières beträchtliche Massen aufmarschiert waren und sich bereit hielten, jeden Vorstoß gegen die Infanterie zu vereiteln. Liechtenstein machte daher dem Generalissimus den Vorschlag, ihn zu Rosenberg auf den linken Flügel zu senden, um den er große Sorge hegte. Doch konnte sich der Erzherzog nicht entschließen, den rechten Flügel von Kavallerie zu entblößen, was im Falle eines unglücklichen Ausganges bei dem langen Rückzug durch die Ebene gegenüber der mächtigen Reitere des Feindes gewiß nicht ohne Bedenken war.

Langsam aber unaufhaltsam gewann das 3. Korps mit den Grenadieren nach vorwärts Raum. Schon näherten sich letztere der Bodenwelle östlich des von Aderklaa nach Breitenlee führenden Weges, der rechte Flügel Kolowrats dem Neuen Wirtshaus. Legrand wurde immer mehr nach rückwärts gedrückt, auch die Sachsen waren vom Kreuzfeuer der Artillerie so hergenommen, daß sie sich kaum in der ihnen angewiesenen Stellung länger zu behaupten vermochten. Wenn das so fortging, wurde die Armee aufgerollt, die Schlacht verloren. Überdies traf jetzt bei Napoleon die Meldung ein, daß noch eine Kolonne im Anmarsch sei und sogar Boudets Stellung bei Aspern bedrohe.

Vielleicht hätte dieser Vorstoß gegen die so wohlbewachten Brücken Napoleon weniger Unruhe bereitet, wenn er noch über seine Armee von Austerlitz verfügt hätte. Doch die Reihen waren allzustark mit Rekruten durchsetzt und die Ereignisse am Vorabend, die Deroute bei Aderklaa ließen es wenig rätlich erscheinen, die Truppen der Kraftprobe eines in ihrem Rücken dröhnenden Kanonendonners auszusetzen. Noch stand die Entscheidung bei Markgraf-Neusiedl, auf die der Kaiser rechnete, in weiter Ferne. Davout kam zum großen Befremden Napoleons nicht vorwärts. Letzterer wählte darum den am wenigsten intelligenten Adjutanten Berthiers aus, von dem er sicher sein konnte, daß er den Auftrag Wort für Wort wiederholen werde und sandte ihn zum Marschall, damit er diesem die Überraschung des Kaisers ausdrücke, daß er sich entgegen seiner bekannten Tatkraft noch immer nicht in der angeordneten Schlachtfront befinde. Napoleon kannte Davout zu gut, um nicht zu wissen, daß dieser Tadel ihn zur Aufwendung der äußersten Mittel anspornen werde.

Vor allem aber galt es, dem weiteren Vordringen des rechten Flügels des Generalissimus Schranken zu setzen. Der Generaladjutant Lauriston erhielt den Befehl, die gesamte Artillerie der Garde heranzuführen und aus dieser und den Geschützen der italienischen Armee ein „Bouquet“ von über 100 Feuerschlünden zusammenzustellen, mit denen er der zwischen Aderklaa uud Breitenlee vorrückenden Angriffsfront ein Halt entgegenzudonnern hatte.

Dann ritt Napoleon zu Massena und setzte sich einige Minuten zum Marschall in den Wagen, um ihm den neuen Schlachtplan klarzumachen. Massena hatte das Korps nach Gerasdorf zurückzunehmen und nach Herstellung der Ordnung samt der Kürassierdivision St. Germain nach Eßling zu führen, um dem Vorstoß gegen die Brücken zu begegnen.

An die Stelle des 4. Korps und der Sachsen, denen Napoleon keine weiteren Leistungen zumuten durfte, hatten außer der großen Batterie rechts und links von Macdonald die Divisionen Pacthod und Durutte der italienischen Armee zu treten; als Rückhalt dieser Front wurden außer der Division Seras die Infanterie der Garde und die eben anrückende bayrische Division Wrede bestimmt, von der eine Zwölfpfünderbatterie zur Verfügung Lauristons gestellt wurde. Dagegen hatte das Korps Marmont in die durch die Verschiebung der italienischen Armee entstandene Lücke in der Front, links neben das Korps Oudinot zu rücken.

Die Ablösung der fechtenden Truppen vollzog sich unter persönlicher Anleitung Napoleons in Ruhe und Ordnung. Als er wahrnahm, daß die erschütterten Sachsen durch den Befehl, hinter Raasdorf zurückzugehen, um den Rest von Fassung gebracht wurden, sprengte er sofort zu ihnen und wurde nicht müde, den Leuten zuzurufen: „Saxons! Nix retirade! Manoeuvre!"

Seitens des Fürsten Liechtenstein waren die rückgängigen Bewegungen nicht unbemerkt geblieben und er schickte sich eben an, seine Regimenter zur Attacke zu sammeln, als die von Napoleon bereits mit Ungeduld erwarteten Batterien der Garde heranrasselten.

Wohl donnerten die österreichischen Kanoniere dem gefährlichen Feinde eine warme Begrüßung zu, in wirrem Knäuel wälzten sich Pferde und Bedienung so manchen abprotzenden Geschützes, doch hinderte dies nicht, daß immer mehr Feuerschlünde zu einem Konzert einsetzten, das alles, was bisher auf diesem Schlachtfeld von der Artillerie geleistet wurde, weit überbot. Der Boden zitterte, ohne Pause dröhnte der Kanonendonner und der Eisenhagel, der auf die Felder niederging, riß zahllose Furchen, als wenn frisch gepflügt worden wäre. Feuersbrünste, die auf den noch nicht abgeräumten Kornfeldern entstanden, erhöhten den Schrecken. Aderklaa ging in Flammen auf, die den Verteidigern das Ausharren bald zur Qual gestalteten. Die gegenüberstehende österreichische Artillerie, obzwar in der Minderzahl, hielt wacker stand und wurde von den flankierend wirkenden Batterien am Plateaurand trefflich unterstützt. Die Verluste in der mächtigen Geschützlinie häuften sich, doch die Bedienungsmannschaft, zu deren Unterstützung je 20 Mann jeder Kompagnie der alten Garde herangezogen wurden, fuhr mit ungeschwächter Heftigkeit fort, den Tod in die Reihen der österreichischen Massen zu schleudern. Die Bataillone Kolowrats und die Grenadiere blieben trotz schwerer Einbuße unerschütterlich, trotz des furchtbaren Eindruckes der Kanonade, die zuweilen weite Lücken riß, aber an ein weiteres Vortragen des Angriffes war nicht zu denken.

FML. Klenau war in der Zwischenzeit mit dem 6. Korps über Leopoldau gegen Aspern vorgerückt, während Boudet seine Division nördlich des Ortes in breiter Front aufgestellt hatte. Nach einer längeren Plänkelei der beiderseitigen Vortruppen im Raume zwischen Stadlau-Hirschstetten und Aspern ließ

Oberleutnant Rátky de Salamonfa erobert die Batterie Boudets.

Klenau sein Korps aufmarschieren, am linken Flügel zur Verbindung mit Kolowrat GM. Wallmoden mit den Liechtenstein-Husaren. Als die Franzosen die starke Front anrücken sahen, die Artillerie des 6. Korps, vom Oberleutnant Lenk trefflich geführt, den Angriff wirksam einleitete, die leichten Truppen unter GM. August Vécsey in Aspern und der Gemeindeau eindrangen, gleichzeitig Wallmoden von der 1. Majorseskadron Liechtenstein-Husaren unter dem Oberleutnant Rátky die französische Batterie überfallen ließ und sie wegnahm, ging die Division Boudet so eilig teils gegen Groß-Enzersdorf, teils in den Brückenkopf in der Mühlau davon, daß 10 Geschütze eine Beute der Husaren wurden.

Vielleicht hätte Klenau, nach Wegnahme von Aspern mit

dem 6. Korps gegen Raasdorf einschwenkend, dem Kampf eine entscheidende Wendung geben können. Er glaubte jedoch, seine Flügelanlehnung an der Donau nicht aufgeben zu dürfen, hatte wohl auch nicht die Übersicht, wie der Kampf eigentlich stand. So blieb er mit dem Gros vorwärts der Linie Aspern—Breitenlee. Ein Teil seiner Vortruppen, die rasch die am Vortage geräumten Schanzen bis zu jener bei Eßling besetzten, unternahm einen Angriff auf den vom 3. badischen Regiment verteidigten Brückenkopf in der Mühlau, wurde indessen durch das Feuer der nächsten Lobaubatterien bald zurückgescheucht.

Die Gelegenheit für Klenaus Eingreifen verstrich äußerst rasch. Gegen 11 Uhr vormittags zogen bereits Massenas wiedergeordnete Divisionen in kampfbereiter Kolonne gegen Eßling. Der Flankenmarsch an dem 3. Korps vorbei war eine Meisterleistung der Truppen. Unbeirrt durch das in die Kolonne einschlagende Artilleriefeuer marschierten sie in sengender Hitze und Sonnenbrand geschlossen und geordnet, wie bei einer Parade, südwärts. Einige Versuche der Reiter Kolowrats und Klenaus, den Marsch mit Attacken zu stören, wurden von Lasalle und Marulaz vereitelt. Saint Germains Kürassiere beteiligten sich daran nicht, da sie gleich anfangs vor dem Artilleriefeuer ausgewichen waren und die Kolonne auf der östlichen Seite begleiteten.

Während für den Erzherzog Karl mangels einer Reserve die Aussicht immer mehr schwand, dem Kampf des rechten Flügels eine entscheidende Wendung zu geben, sah Napoleon mit Befriedigung, daß seine Artillerie ihre Aufgabe in vollem Maß erfüllte. Seinem scharfen Blick war aber auch nicht entgangen, daß die lange Ausdehnung der österreichischen Front notwendigerweise deren Schwäche bedingen mußte. Dies wollte er ausnützen, um einen Erfolg zu erringen, der weit folgenreicher sein mußte, als die angestrebte Überwältigung des linken Flügels. Gelang der Durchbruch der vom Artilleriefeuer zermürbten Front, so war eine vernichtende Niederlage des Generalissimus unausweichlich. Ein Teil seines Heeres wurde in die Donau gedrängt, der andere im Verein mit Davouts Umfassung arg zerzaust.

Als gegen 11 Uhr vormittags die Meldung einlief, daß

Davout die befohlene Umfassung von Markgraf-Neusiedl endlich vollzogen habe und Hoffnung vorhanden sei, den Verteidiger in kurzer Zeit niederzuringen, säumte Napoleon nicht, den Durchbruch einzuleiten. Aber die bisherigen Mißerfolge, die Sorge vor einem Eingreifen des Erzherzogs Johann und das Bewußtsein, bei einer unvorhergesehenen Wendung ohne kampffähige Reserven die Armee beim langen Rückzug über die Ebene einer Katastrophe auszusetzen, blieben nicht ohne Einfluß auf den sonst so kühnen Kriegsmeister. Nicht die ganzen verfügbaren Kräfte setzte der Kaiser ein, sondern nur das Korps Macdonald, dem die Division Seras als Reserve folgen sollte. Süßenbrunn wurde Macdonald als Ziel seines Vorstoßes angewiesen, der sich somit gegen die eines 2. Treffens entbehrenden Grenadiere und den linken Flügel des Korps Kolowrat richtete. Das Loch, das er in die österreichische Front schlug, sollte Bessières mit den schweren Reitern Nansoutys und der Gardekavallerie zu einem vernichtenden Sturmritt ausnützen.

Lauriston erhielt den Auftrag, seine große Batterie noch ein Stück näher an die österreichische Linie heranzuführen und den Angriff mit einem mächtigen Feuer einzuleiten.

Macdonald formierte indessen sein Korps zum Angriff derart, daß Broussier rechts, Lamarque links, je 4 Bataillone im ersten Treffen entwickelten, die übrigen in Halbkompagniekolonnen mit halben Distanzen hinter den äußeren Flügeln folgten. Seras bildete das dritte Treffen, rechts hinter diesem stellte sich die leichte, hinter der Mitte die schwere Gardereiterei und links die Division Nansouty auf.

Als alles in Ordnung stand, verstummte plötzlich die große Batterie und aus dem vorlagernden Pulverdampf brach Macdonalds Masse hervor. Liechtenstein und Kolowrat hatten indessen längst erkannt, was sich vorbereitete und eingesehen, daß die Front diesem mächtigen Ansturm nicht gewachsen sei. Sie hatten deshalb den Grenadieren und dem linken Flügel des 3. Korps den Befehl erteilt, dem Stoß durch Abschwenken nach rückwärts auszuweichen. Macdonalds Massen drangen im Sturmschritt vor und gewannen mächtig Raum; je weiter sie aber gelangten, desto schlimmer wurde es für sie. Das Zurückschwenken beider Fronten hatte zur Folge, daß eine Art Sack entstand, dessen Spitze gegen Süßenbrunn gerichtet war. Salven der Infanterie und Kartätschlagen der Geschütze donnerten in beide Flanken der Angreifer. Liechtensteins Reiter stürzten sich auf die Franzosen. Wenn diese auch rasch Karres bildeten und den Angriff abwiesen, so boten dafür die dichten Haufen ein umso besseres Ziel. Die braven Truppen Macdonalds hielten stand. Wohl war es mit dem Vorwärtsstürmen zu Ende, doch entwickelten sie sich wieder und unterhielten ein nicht minder kräftiges Feuer gegen die österreichischen Bataillone. Als Macdonald diese durch die zurückgeworfene Kavallerie in Unordnung gebracht sah, hielt er den Augenblick für gekommen, mit der Reiterei das Werk zu vollenden. Doch Nansouty brauchte zu lange Zeit, um hinter der Infanterie herauszuschwenken. Als endlich seine Reiter gegen die Grenadierbataillone Portner, Georgi und Leiningen heranbrausten, war die Unordnung schon wieder größtenteils behoben. Die Attacke drang nicht durch. Wohl gelangte eine Abteilung bis an die Bajonette der festgeschlossenen Masse des Bataillons Georgi heran, doch brach sie hier unter dem Feuer zusammen, ein Eskadronschef wurde gefangen. Nach mehreren vergeblichen Angriffsversuchen, denen das Bataillon Portner sogar wiederholt mit dem Bajonett entgegenging, sahen sich die schweren Reiter endgültig zur Umkehr genötigt. Besonders tat sich bei diesen Kämpfen der Held von Ebelsberg, der Hauptmann Siegler hervor, der aus eigenem Antrieb mit seinem 3. Bataillon Karl Schröder Nr. 7 aus dem 2. Treffen herbeigeeilt war, als er die vor ihm stehenden Bataillone in Unordnung geraten sah. Im Verein mit einer rasch herbeigeholten Batterie schlug er den Reitersturm blutig ab.

Macdonald glaubte, daß eine Wiederholung der Attacke mit der Gardereiterei besseren Erfolg haben werde, doch deren Kommandant DG. Walther war gehalten, Befehle nur vom Marschall Bessières anzunehmen, den kurz vorher der Luftdruck einer vorübersausenden Kanonenkugel samt dem Pferd zu Boden geworfen hatte. So unterblieb diese Attacke.

Der Durchbruch war gescheitert. Der stehende Feuerkampf kostete massenhafte Opfer, immer mehr schmolzen Macdonalds Scharen zusammen. Broussiers acht Bataillone, nicht viel über 8000 Mann, ließen 2280 auf der Walstatt liegen, darunter 590 Tote. Das Zurückgehen von Begleitern der Verwundeten lichtete noch mehr die Reihen. Auch die österreichischen Bataillone bluteten stark. Der den linken Flügel des 3. Korps befehligende FML. Vukassovich beschloß hier mit dem Heldentode seine ruhmreiche Laufbahn.

Napoleon hatte begeistert dem Vordringen Macdonalds zugesehen, ein über das anderemal ausrufend: „Welch tapferer Mann!" Er mußte aber auch das endliche Stocken wahrnehmen und schließlich erkennen, daß er vergeblich das Blut von so vielen Tapferen geopfert hatte. In dieser Schlacht schien alles schief zu gehen und er wagte nicht, zur Fortsetzung des Angriffes Verstärkungen nachzusenden. Die einzige Hoffnung stand jetzt auf Davout und Napoleon wandte fortan seinen Blick lediglich gegen den alten Turm ober Markgraf-Neusiedl, um den ein heißer Kampf im Gange war.

Als ein Adjutant Massenas, der badische Fürstensohn Graf Hochberg, mit der Meldung heransprengte, daß Boudet total geworfen sei und seine Artillerie verloren habe, der Marschall selbst im Zweifel sei, ob er die bis Eßling vorgedrungenen Österreicher ohne weitere Verstärkungen zurückzuwerfen vermöge, machte dies auf Napoleon gar keinen Eindruck. Zur größten Verblüffung Hochbergs erhielt dieser nach einiger Wartezeit — just um die Mittagsstunde — den Befehl: „Eilen Sie zu Massena und sagen Sie ihm, daß er sofort angreifen soll und daß die Schlacht gewonnen ist, weil Erzherzog Johann noch nicht erschien."

In diesem Augenblick hatte Napoleon die ersten gegen Westen gerichteten Kanonenschüsse beim Turm von Markgraf-Neusiedl aufblitzen gesehen. Davout hatte seine Aufgabe erfüllt. Nach langem Bangen lächelte Napoleon wieder das ihm bei Aspern untreu gewordene Schlachtenglück. Wie groß die Spannung und Aufregung war, die sich seiner, der äußerlich zur Schau getragenen Ruhe zum Trotz, bemächtigt hatte, zeigte die Bemerkung, die er zu seiner Umgebung machte: „Dieser Teufelskerl von Davout gewinnt mir sogar noch diese Schlacht." Als Napoleon den Befehl an Oudinot ausgefertigt hatte, unverzüglich gegen Baumersdorf vorzugehen, warf er sich auf einen rasch ausgebreiteten Mantel und verfiel in einen halbstündigen tiefen Schlaf. Die Aufregungen der letzten Stunden waren selbst den Nerven dieses eisernen Mannes zu viel.

Der Entscheidungskampf bei Markgraf-Neusiedl.

Davout mußte vor Beginn seines Angriffes, den er mit den Divisionen Puthod und Gudin in der Front, mit Morand und Friant gegen die linke Flanke Rosenbergs führen wollte, eine sehr zeitraubende Verschiebung vollführen. Er benützte diese Pause, um seine Artillerie gegen die Stellung bei Markgraf-Neusiedl spielen zu lassen, wobei jene Oudinots unterstützend eingriff. Das Feuer wurde bald übermächtig und brachte die Geschütze des 4. Korps größtenteils zum Schweigen, worauf dichte Plänklerketten der Divisionen Puthod und Gudin gegen den Rußbach vorgingen.

Mittlerweile rückte die zahlreiche Kavallerie, Division Montbrun, der das 30. Linienregiment Morands beigegeben war, die Dragonerdivisionen Pully und Grouchy, unterstützt von Arrighis schweren Reitern, von Leopoldsdorf gegen Ober-Siebenbrunn vor, um die dort unter dem GM. Frelich aufgestellten österreichischen Eskadronen zu verdrängen, den Raum für den Aufmarsch der Divisionen Morand und Friant zu sichern und um sich als Keil zwischen Rosenberg und die von der March zu erwartende Kolonne des Erzherzogs Johann zu schieben. Als Frelich Ober-Siebenbrunn geräumt hatte, überschritt die Infanterie bei Leopoldsdorf den Rußbach.

Fürst Rosenberg hatte sein Korps und die Reste der Avantgarde Nordmann dieselbe Stellung wie am Vortag, linker Flügel der Hauptkraft beim alten Turm von Markgraf-Neusiedl, im Ort die Brigade Weiß samt den Walachisch-Illyriern, beziehen lassen. Gar bald nahm er wahr, was der Gegner im Schilde führte. Er beeilte sich, mit allen in der Front entbehrlichen Truppen eine Flanke zu bilden. Für deren Aufstellung bot sich zunächst ein Graben, der sich vom Südostausgang von Markgraf-Neusiedl in nordöstlicher Richtung zum Fuß des Rideaus hinzog und noch ein Stück längs desselben verlief.

Diesen Graben hatte der GM. Weiß mit 2 Bataillonen des Infanterieregiments Erzherzog Karl Nr. 3 besetzen lassen, während das 3. Bataillon und das zugeteilte 4. Landwehrbataillon des Viertels ober dem Manhartsberg nächst dem Turm als Geschützbedeckung standen. Nun beorderte Rosenberg noch das Jägerbataillon der Erzherzog Karl-Legion, das 2. mährische Frei- und das dem Infanterieregiment Erzherzog Ludwig Nr. 8 zugeteilte 1. Iglauer Landwehrbataillon in den Graben. Auf dem Rideau, dort wo der Graben aufhörte, marschierte die Brigade GM. Mayer auf, Infanterieregimenter Deutschmeister Nr. 4 und Kerpen Nr. 49, dabei das 5. und 6. Landwehrbataillon unter dem Wiener Wald. Dahinter bildeten die Reste von Bellegarde Nr. 44, Chasteler Nr. 46 und Beaulieu Nr. 58, im ganzen samt den zugeteilten Landwehrbataillonen 1. und 2. unter dem Wiener Wald und 3. unter dem Manhartsberg drei Bataillone formierend, eine Reserve. Am äußersten linken Flügel, gegen Meierhof „Sieh-dich-für“, vereinigte der FML. Nostitz, der sich angesichts des überlegenen Feuers der französischen Kavalleriebatterien im Vorfeld nicht hatte behaupten können, 46 Eskadronen, deren 1. und 2. Treffen unten in der Ebene, das 3., GM. Rothkirch mit den Dragonerregimentern Erzherzog Johann Nr. 1 und Riesch Nr. 6, oben auf dem Rideau stand. In der ursprünglichen Stellung oberhalb Markgraf-Neusiedl blieben die Infanteriebrigaden Hessen-Homburg und Swinburn. Das Korps war in ein einziges Treffen entwickelt, als Reserve blieben die schwache Brigade Riese und die Geschützbedeckung verfügbar. Rosenberg verkannte die Gefahr nicht, die seinen Truppen angesichts des sich immer deutlicher aussprechenden mächtigen Angriffes drohte und sandte zwei Offiziere hintereinander mit der Bitte um Verstärkung an das Armeekommando. Dieses verfügte indessen gleichfalls nicht über Reserven und setzte seine Hoffnung darein, daß das 4. Korps doch so lange standhalten werde, bis der Erzherzog Johann herankam.

Um 10 Uhr vormittags war der Aufmarsch des Korps Davout vollendet. Vor Ober-Siebenbrunn hatte sich die Division Morand entwickelt, links von dieser bis zum Rußbach die Division Friant, die Davout ansehnlich mit Artillerie verstärkt hatte. Deren Feuer kreuzte sich nun mit jenem der

Front. Am rechten Flügel der Infanterie war die Kavallerie aufmarschiert, zunächst angeschlossen die Kürassiere, dann die Dragoner und ganz außen die leichten Reiter Montbruns.

Als Davout die Umfassungsgruppe bereitgestellt sah, säumte er nicht, mit der Division Puthod rechts, mit jener des DG. Gudin links von Großhofen gegen Markgraf-Neusiedl und Rosenbergs Front energisch vorzugehen. Die vor dem Ort aufgestellten Plänkler wurden rasch vertrieben, doch nun entspann sich ein heißer Kampf. Wiederholt in den Ort eindringend, wurden die Franzosen von den Verteidigern, Regiment Stain Nr. 50, 4. Landwehrbataillon des Viertels unter dem Wiener Wald, walachisch-illyrische Grenzer, denen Rosenberg zwei Bataillone Coburg Nr. 22 zu Hilfe schickte, immer wieder geworfen. Nicht besser erging es dem linken Flügel Gudins, dessen Stürme auf das Rideau von Sztáray Nr. 33, Erzherzog Ludwig Nr. 8 und Hiller Nr. 2 blutig zurückgewiesen wurden.

Während dieser Zeit war die Umfassungsgruppe nicht müßig geblieben. Wenn Rosenberg auch alles, was er noch an Geschützen übrig hatte, gegen sie ins Feuer setzte, kamen die Franzosen doch immer näher heran. Insbesondere Morands 1. Treffen, 13. leichtes und 17. Linienregiment, gewann als äußerster rechter Flügel rasch Raum, während Friant sich mehr abwartend verhielt, um seiner zahlreichen Artillerie Zeit zur Wirkung zu geben. Morands Angriff war gegen die Brigade Mayer gerichtet. Salve auf Salve abgebend, schoben sich die beiden französischen Regimenter gegen die Höhe heran. Plötzlich lösten sich die beiden Bataillone am linken Flügel, 17. Regiment, von der Linie los und drangen im Sturmmarsch gegen die Brigade Mayer vor. Doch Deutschmeister und Kerpen ließen sich so etwas nicht bieten. Mit gefälltem Bajonett und unter Hurrageschrei stürzten sie sich von der Höhe auf die kecken Angreifer. Gleichzeitig schmetterten Attackesignale und die Erzherzog Ferdinand-Husaren Nr. 3 preschten auf das 13. leichte und das im 2. Treffen folgende 61. Linienregiment los.

Dem vorwitzigen 17. Linienregiment erging es recht übel. Es wurde vollständig geworfen und Morand konnte ihm augenblicklich nicht helfen, da seine anderen Bataillone genug zu tun hatten, den schneidigen Angriff der Husaren abzuweisen, deren Oberst Prinz von Sachsen-Coburg hiebei schwer verwundet wurde. Doch Friant hatte rechtzeitig die Bedrängnis der Nachbardivision bemerkt und den BG. Gilly mit dem 15. leichten und 33. Linienregiment zu Hilfe gesendet. Das Nahen dieser frischen Massen bewog den GM. Mayer, den Rückzug in die Stellung auf dem Rideau anzuordnen.

Indessen hatte das Ringen um Markgraf-Neusiedl für die Franzosen eine günstige Wendung genommen. Gudins rechter Flügel vertrieb ein Bataillon Coburg von der Mühle oberhalb des Ortes und drang flankierend in denselben ein, bald darauf glückte es Puthods rechtem Flügel, von Friants Artillerie wirksam unterstützt, am anderen Ende von Markgraf-Neusiedl einen Erfolg zu erringen. Gegenstöße, bei welchen der Oberst Gratze der Walachisch-Illyrier fiel, blieben vergeblich, bald hatten die Franzosen im Ort die Oberhand. Sehr bedenklich war die Lage für die im Graben aufgestellten Truppen, welchen aus dem Dorf herausbrechende Abteilungen in den Rücken zu kommen drohten. Doch der am rechten Flügel des 1. Iglauer Landwehrbataillons aufgestellte Oberleutnant Laurenz Kurz erkannte rechtzeitig die Gefahr. An der Spitze seiner Kompagnie warf er sich dem Feinde entgegen, der vor dem wuchtigen Anprall wich. Diese Tat, die mit dem Theresienkreuz belohnt wurde, ermöglichte den Truppen im Graben den Rückzug auf die Höhe, den Rosenberg bereits angeordnet hatte. Zur Aufnahme ließ er die rings um den Turm angelegten Jägergräben rasch von der Geschützbedeckung, 3. Bataillon Erzherzog Karl Nr. 3 und 4. Landwehrbataillon des Viertels ober dem Manhartsberg, besetzen, wodurch dem nachdrängenden Feinde ein Halt geboten wurde.

Längs der ganzen im Haken gebrochenen Front des 4. Korps tobte nun ein heißer Kampf. Immer wieder stürmten Gudin und Puthod den Hang des Rideaus hinan, gleichzeitig drängte die Brigade Gilly Friants mit dem 17. Linienregiment und unterstützt von dem 2. Treffen Morands gegen die Brigade Mayer vor. Noch hielten die Braven trotz aller Verluste stand. FML. Nordmann fiel, von einer Musketenkugel getroffen, eben als er die Infanterie zum Ausharren ermunterte, kurz darauf wurde der GM. Mayer, der sich hier das Theresienkreuz erstritt, verwundet, auch GM. Peter Vécsey erhielt die Todeswunde.

Die Franzosen wichen zurück, wurden aber bald vom 3. Treffen Morands aufgenommen und zu neuem Angriff fortgerissen. Ein Sturmritt von je 4 Eskadronen Blankenstein- und Hessen-Homburg-Husaren vermochte den Gegner nur kurze Zeit aufzuhalten, dann ging es mit Elan abermals auf die zermürbte Brigade Mayer los. Wieder setzte dieselbe energischen Widerstand entgegen, ja der Held von der Schwarzen Lackenau, der Oberstleutnant O'Brien, schickte sich eben an, den linken Flügel von Kerpen-Infanterie zum Gegenstoß mitzureißen, als ihn eine Kugel schwer getroffen zur Erde streckte. Im selben Augenblick, kurz vor Mittag, sah sich die Brigade in ihrer rechten Flanke bedroht. Friant hatte zum entscheidenden Angriff angesetzt und war bis zum alten Turm vorgedrungen.

Dies besiegelte das Schicksal des 4. Korps, das vergeblich auf Verstärkung oder das Erscheinen des Erzherzogs Johann bei Ober-Siebenbrunn gehofft hatte. Die Brigade Mayer unterlag dem Ansturm des Feindes, auch die zu ihrer Aufnahme vorbrechende schwache Brigade Riese vermochte sich nicht zu halten.

In diesem Augenblick jagte der Generalissimus Erzherzog Karl heran, der von Aderklaa herbeigeeilt war, als er von der Bedrängnis des 4. Korps erfuhr. Unterwegs hatte er dem FML. Hohenzollern befohlen, die Hohenzollern-Kürrassiere, dann drei Bataillone Frelich Nr. 28 und die Brünner Landwehrbataillone Nr. 1 und 3 samt den beim 2. Korps befindlichen 4 Eskadronen Hessen-Homburg-Husaren dem FML. Rosenberg zu Hilfe zu schicken.

Das persönliche Eingreifen des Erzherzogs brachte eine neue Schlachtlinie zustande. Zwei Bataillone Sztáray Nr. 33 des intakten rechten Flügels schwenkten derart ab, daß ihre Front gegen den alten Turm gerichtet war, die geworfenen Truppen schlossen sich an. Noch war der Generalissimus nicht gesonnen, das Spiel verloren zu geben. Er ordnete einen Vorstoß zur Rückeroberung des Turmes und zum Hinabwerfen der Franzosen vom Plateau an, gleichzeitig sollte der FML. Nostitz die gegnerische Kavallerie attackieren und mit deren Niederlage dem Kampf eine andere Wendung geben.

Doch auch Davout war nicht müssig. Zur Ausnützung des Erfolges hatte er die Kürassierdivision Arrighi zum Turm beordert. Sie vermochte wohl nicht zur Entwicklung zu gelangen, da ihr das Feuer der Infanterie arg zusetzte, wobei sich der Oberleutnant Kurz mit seinen Landwehrmännern abermals auszeichnete; überdies war das Terrain des vormaligen Lagers mit seinen Erdgruben sehr hinderlich. In der Zwischenzeit hatte aber Davout Geschütze zum Turme gebracht, unter deren Kartätschfeuer der mit Heldenmut angesetzte Anlauf der Regimenter Erzherzog Karl Nr. 3 und Stain Nr. 50 zusammenbrach.

Noch vermochte indessen Davout keinen durchschlagenden Erfolg zu erringen. Mit einer Zähigkeit sondergleichen stellte die Linie der Infanterie seinem Vordringen beharrlichen Widerstand entgegen, die Versuche Gudins, durch wütende Sturmläufe auf das Rideau den rechten Flügel des 4. Korps zu werfen, scheiterten an der Tapferkeit der Massen von Hiller Nr. 2, Erzherzog Ludwig Nr. 8 und je eines Bataillons Coburg Nr. 22 und Sztáray Nr. 33.

Mittlerweile spielte sich nächst dem Meierhof „Sieh-dich-für" ein großer Reiterkampf ab. Auch Davout hatte erkannt, daß die endliche Entscheidung durch die Kavallerie herbeigeführt werden müsse und dem General Montbrun den bestimmten Befehl zur Attacke erteilt. So bewegten sich gleichzeitig beide Kavalleriemassen seitwärts, um einander die Flanke abzugewinnen. Ziemlich überraschend stieß die Kolonne Montbruns auf die Brigade Wartensleben. Der Brigadier Jacquinot ließ die 5. und 7. Husaren und die 1. und 2. Jäger zu Pferd rasch aufmarschieren. Wartenslebens Blankenstein-Husaren und O'Reilly-Chevaulegers taten das gleiche. Kaum war indessen das erstgenannte Regiment in Linie aufgeschwenkt, als schon die 7. Husaren heranjagten, die im ersten Anprall die Oberhand gewannen. Schon nahten aber O'Reilly-Chevaulegers von der einen Seite und die Majordivision von Riesch von der anderen, während das Gros dieses Regiments und die Hohenzollern-Kürassiere, vom FML. Nostitz und GM. Rothkirch rechts der Brigade Wartensleben entwickelt, sich gegen die

Hauptmasse der Reiter Montbruns wandten. Erzherzog Johann-Dragoner waren noch weiter rückwärts und folgten als 2. Treffen.

Die 7. Husaren wurden rasch überwältigt. Verfolgt von der Brigade Wartensleben warfen sie sich auf die rechte Flanke der von Montbrun im 1. Treffen entwickelten Regimenter, gegen welche die Reiter des FML. Nostitz in der Front heranbrausten. Die Franzosen hatten die Attacke stehenden Fußes erwartet, doch tat ihre Karabinersalve wenig Wirkung. Durchbrochen und von der Flanke aufgerollt, stob die ganze Masse davon, die 4 siegreichen Reiterregimenter hinterher, bis in die der französischen Kavallerie beigegebene Batterie, der sie 10 Geschütze abnahmen. Doch nun wandte sich das Blatt. Das 12. Jägerregiment zu Pferd nahm die Fliehenden auf, das 11. drang von der östlichen Flanke auf die Verfolger ein und stieß mit Wucht auf die O'Reilly-Chevaulegers, von der anderen Seite führte Grouchy seine Dragoner in breiter Front zur Attacke heran.

In wildem Durcheinander kreuzten die Reitermassen ihre Klingen, doch blieb der Ausgang nicht lange zweifelhaft. FML. Nostitz und GM. Rothkirch wurden verwundet, der Oberst Sardagna von O'Reilly-Chevaulegers, dessen Pferd gestürzt war und der sich zu Fuß vergeblich gegen die andringenden Jäger zu Pferd wehrte, vom Ordonnanzoffizier Szymanowski gefangen., Immer mehr lösten sich österreichische Reiter aus dem Knäuel und jagten auf die Sammelplätze zurück, die Franzosen befreiten ihre Geschütze und wurden Herren der Walstatt. Allzu hitziger Verfolgung setzte die in der Zwischenzeit gesammelte Majordivision von Riesch-Dragoner durch eine erfolgreiche Attacke und das sich geschlossen dem Schwarm entgegenstellende Dragonerregiment Erzherzog Johann ein Ziel.

Davout hatte seine Absicht erreicht. Die österreichische Kavallerie konnte nach diesem Mißerfolg der von Grouchy eingeleiteten Überflügelung nicht mehr wirksam begegnen und mußte langsam den Rückzug antreten, um sich der Flankenbedrohung zu entziehen. Friant benützt dies wiederum, um seine Infanterie rechts ausholend zu verschieben. Wollte Rosenberg sein Korps nicht gänzlich umwickeln lassen und dadurch einer Katastrophe aussetzen, so blieb nichts anderes übrig, als den Rückzug anzuordnen. Dieser wurde, etwa um 1 Uhr nachmittags, in der Richtung Wendlinger Hof—Bockflüß angetreten. Rosenberg verwendete die ihm vom 2. Korps zu Hilfe gesendeten 5 Bataillone zunächst zur Aufnahme, dann als Nachhut. Dank ihrer guten Haltung ging der Rückmarsch über die Ebene in Ordnung und unter Mitnahme sämtlicher Geschütze vor sich. Die Reiterei, zu welcher sich die Erzherzog Ferdinand-, Stipsicz-, Hessen-Homburg- und Primatial-Husaren unter dem FML. Radetzky gesellt hatten, begleitete und deckte das in breiter Front zurückgehende Korps am linken Flügel.

Rückzugskämpfe.

Oudinot hatte unmittelbar, nachdem er Davouts Truppen beim alten Turm erscheinen sah, das 2. Korps zum Angriff gegen die Stellung bei Baumersdorf befehligt. Dichte Plänklerketten voraussendend, bewegten sich die Treffen unter mächtigem Artilleriefeuer gegen den Rußbach. Doch die Geschütze auf dem Rideau blieben nicht müßig und setzten den Franzosen hart zu. Der Angriff kam nicht vorwärts, die Vorstöße der Plänkler fanden seitens der an den Rußbach und in den Laufgraben bei Baumersdorf vorgeschobenen Schützenlinie energischen Widerstand. Erst als der Rückzug des 4. Korps begann und Davout seine Divisionen Puthod und Gudin längs des Rideaurandes gegen die Flanke des 2. Korps vorgehen ließ, während Friant, Morand und die Kavallerie dem Korps Rosenberg folgten, kam der FML. Hohenzollern, an dessen Flügel sich der FML. Dedovich mit den Regimentern Argenteau Nr. 35 und Vogelsang Nr. 47 des 1. Korps angeschlossen hatte, in arges Gedränge. Das Flankenfeuer der vom Turm vorrückenden Artillerie riß in die Massen weite Lücken und es blieb nichts anderes übrig, als den linken Flügel zurückschwenken zu lassen, um den andrängenden Truppen Davouts eine neue Front entgegenzustellen.

Nun erstieg auch Oudinots rechter Flügel, Division Tharreau und portugiesische Legion, östlich Baumersdorf die Höhe. Die Truppen kamen aber nun erst recht in eine Hölle. Aus den geschlossenen Massen sprühte ihnen das Feuer der Infanterie entgegen, dazwischen waren die Batterien Hohenzollerns aufgefahren und sandten Tod und Verderben in die französischen Reihen, die umsomehr im Nachteil waren, als sie ihre Geschütze nicht über den Rußbach hatten bringen können. GM. Hardegg ließ wohl Baumersdorf räumen, als er die Rückwärtsschwenkung des Korps erfuhr, doch war das 8. Jägerbataillon umgekehrt und rechtzeitig genug zum Laufgraben gekommen, um die dahin vordringenden Feinde abzuwehren. Erst nach viertelstündigem Feuerkampf, als übermächtige Linien bereits auf 50 Schritte herangekommen waren und in der linken Flanke Angreifer vordrangen, ging das brave Bataillon auf die Höhe zurück, ein Weg, der ihm schreckliche Verluste kostete.

Der Übergang für Artillerie und Kavallerie war endlich frei und Oudinot beeilte sich, seinen Truppen Geschütze auf die Höhe nachzusenden und der Reiterbrigade Colbert den Befehl zu erteilen, sich in die Schlachtlinie einzufügen. Es war zwei Uhr nachmittags, als diese Befehle vollzogen waren. Noch immer hielt Hohenzollern Stand und die Verluste häuften sich bei dem gewaltigen Feuer, mit dem beide Gegner einander überschütteten.

Generalissimus Erzherzog Karl befand sich bei seinem so wacker ausharrenden 2. Korps. Noch war die Schlacht nicht verloren, trotzdem Rosenberg zurückging. Hohenzollern hielt den Stoß der Umfassungsgruppe aus, Aderklaa war in eigenen Händen und das Zentrum vor Süßenbrunn hatte das Korps Macdonald gezwungen, ein beträchtliches Stück jenes Raumes zu verlassen, den es im kühnen Vordringen hinter sich gebracht hatte. Noch konnte das Erscheinen des Erzherzogs Johann umsomehr eine Wendung herbeiführen, als der Gegner dem Anmarsch gerade den Rücken zukehrte. Allerdings waren bei Raasdorf dichte Massen unangetasteter Truppen zu sehen, das Korps Marmont, die bayrische Division Wrede und die Infanterie der Garde, so daß Napoleon noch reichlich über Reserven verfügte, während der Generalissimus längst den letzten Mann verausgabt hatte, doch war es unberechenbar, welchen Eindruck es auf die vom heißen Kampf hergenommen Truppen Davouts und Oudinots machen würde, wenn hinter ihnen sich eine neue Gruppe zum Angriff entwickelte.

Da sprengte der Flügeladjutant Major Reuß heran und überbrachte dem Generalissimus eine um 10 Uhr 30 Min. vormittags von Marchegg abgesendete Meldung des Erzherzogs Johann. Dieser kündigte an, daß er noch das Nachrücken der Artillerie abwarten müsse, jedoch zuverlässig bis 1 Uhr nachmittags die Kolonne wieder in Bewegung gesetzt haben werde.

Dies bedeutete, daß die Verstärkung nicht vor 5 Uhr nachmittags Ober-Siebenbrunn erreichen konnte. Früher wurde ihr Anrücken jedenfalls nicht fühlbar, so lange konnte die Armee indessen ihren Widerstand nicht fortsetzen, ohne gänzlicher Zertrümmerung preisgegeben zu sein. Schon war auch ein Zurückweichen des rechten Flügels bemerkbar.

Massenas Anrücken hatte die Vortruppen Klenaus zur Räumung von Eßling gezwungen. Der Marschall, im Besitz des von Napoleon erteilten Angriffsbefehls, hatte sein Korps nach kurzer Rast entwickelt und den Vormarsch begonnen, vor dem Klenau um 2 Uhr nachmittags den langsamen Rückzug einleitete, wozu er sich umsomehr veranlaßt sah, als ihm der Mißerfolg bei Markgraf-Neusiedl keineswegs entgangen war und sein Nachbarkorps, jenes des FZM. Kolowrat, infolge des Zentrumstoßes Macdonalds den rechten Flügel aus der gegen das Neue Wirtshaus vorgeschobenen Stellung längst nach Breitenlee zurückgenommen hatte.

So mußte sich der Generalissimus zur Ausgabe des Rückzugsbefehles entschließen. Der rechte Flügel wurde angewiesen, die rückgängige Bewegung gegen den Höhenzug des Bisamberges in der Reihenfolge Bellegarde, Reservekorps, Kolowrat und Klenau durchzuführen. Das 1. Korps sollte hinter Gerasdorf, die Reservekavallerie vor dem Ort erneuert Stellung nehmen, Klenau rechts anschließend zwischen Gerasdorf und Leopoldau, in 2. Linie Kolowrat auf den Höhen von Stammersdorf, die Grenadiere bei Hagenbrunn.

Hohenzollern erhielt mündlich den Befehl zum Rückzug nach Enzersfeld, Rosenberg wurde durch einen Adjutanten verständigt, an der Straße nach Brünn die Hohenleiten zu besetzen und in der Folge seine Bewegung stets so einzurichten, daß die linke Flanke der nach Znaim zurückgehenden Armee gedeckt blieb.

Auch Napoleon hatte indessen in den Gang der Schlacht eingegriffen. Gegen 1 Uhr nachmittags, als er aus seinem kurzen Schlaf erwachte und die Fortschritte wahrnahm, die indessen Davout und Oudinot erzielt hatten, entschloß er sich, den früher gescheiterten Durchbruchsversuch zu wiederholen.

Der Vizekönig erhielt den Auftrag, die Division Puthod gegen Deutsch-Wagram, Durutte gegen Breitenlee loszulassen. Wrede und die Kavallerie des Vizekönigs hatten hingegen der Kolonne Macdonald direkt Hilfe zu bringen, auch die junge Garde wurde dahin gesendet, doch erhielt Reille den ausdrücklichen Befehl, diese Elitetruppe zu schonen. Das inzwischen bei Raasdorf gesammelte Korps Bernadotte hatte dem linken Flügel nachzurücken, um Massena erforderlichenfalls zu unterstützen. Noch immer behielt Napoleon die alte Garde und das Korps Marmont, das nur ein wenig zur Unterstützung des Angriffes auf Deutsch-Wagram vorrückte, in der Hand, um Rückschlägen, insbesondere einem Eingreifen des Erzherzogs Johann begegnen zu können.

Das Herankommen der Verstärkungen fiel mit dem Antritt des Rückzuges so ziemlich überein, nur Pacthods Angriff machte sich früher fühlbar. Er war nicht direkt gegen Deutsch-Wagram gerichtet, da dies wegen der flankierenden Front des 1. Korps nicht ging, sondern teils gegen dieses, teils gegen die noch immer am Rußbach zwischen Deutsch-Wagram und Baumersdorf aufgestellten Plänkler. Diese wurden vertrieben und schon schickten sich die Franzosen an, das Rideau zu ersteigen, wodurch sie den Truppen Hohenzollerns in den Rücken gekommen wären, als der Hauptmann Maurich des Generalquartiermeisterstabes mit einem Bataillon Vogelsang Nr. 47 und 2 Batterien herbeieilte und den bedrohlichen Angriff aufhielt.

Das aus der Richtung von Deutsch-Wagram herüberschallende Feuer und der Beginn des Rückzuges Hohenzollerns elektrisierte die Truppen Oudinots, die mit Elan vordrängten. Es kam infolgedessen zu höchst erbitterten Kämpfen. Um die Geschütze zu retten, unternahmen die zurückgehenden Bataillone wiederholt kühne Gegenstöße, dabei überbot sich die französische Artillerie an Feuerschnelligkeit und überschüttete die stets in dichten Massen geschlossenen Österreicher mit Granaten, die oft 12 bis 14 Mann auf einmal niederstreckten. Blut und Tod bezeichneten den Weg, den das 2. Korps bis zum Helmahof zurückzulegen hatte.

Oudinot, der in diesem grimmigen Kampf eine Wunde davontrug, ersah einen günstigen Augenblick, um seine Reiterei loszulassen. Colbert an der Spitze der 7. Jäger zu Pferd und die 9. Husaren ritten gegen die Massen von Zedtwitz-Infanterie an. Das erstgenannte Regiment erlitt große Verluste, auch Colbert wurde verwundet, die Reiter kehrten um. Besser erging es den Husaren. Sie sprengten ein Bataillon Zedtwitz, das sich auf das dahinter stehende Regiment Rohan Nr. 21 warf. Zum Unglück hatten beide gleiche Aufschläge, was die Unordnung erhöhte. Nun jagten auch die 20. Jäger zu Pferd heran. Major Chaudelot vermochte jedoch das 2. Bataillon Rohan rechtzeitig in Ordnung zu bringen und die Reiter abzuweisen, das 3. Bataillon wurde eine Beute des Feindes. Wer nicht niedergesäbelt zu Boden stürzte, fiel in Gefangenschaft. Hiebei ging die Fahne verloren.

Ein kritischer Moment war das Anlangen am Rußbach, der vom Korps beim Helmahof überschritten werden mußte. Dank dem standhaften Ausharren des 2. Bataillons Josef Colloredo Nr. 57 unter dem Obersten Elgger, des halben 4. Legionsbataillons, das sich im Graben festgesetzt hatte, endlich mehrerer Attacken der Vincent-Chevaulegers, vollzog sich der Rückzug über den tiefeingeschnittenen Bach ohne besonderes Mißgeschick. Die Kampfverhältnisse brachten es jedoch mit sich, daß ein Teil der Truppen Hohenzollerns nordwärts abgedrängt wurde und an das 4. Korps anschloß. Etwa um halb 4 Uhr nachmittags war der Rußbach überschritten, womit der Kampf auf diesem Teil des Schlachtfeldes ein Ende nahm.

Auch das 4. Korps löste sich bald aus dem innigen Kontakt mit dem Gegner. Beim Wendlinger Hof machte es einen längeren Halt, um das Passieren des Rußbaches seitens des 2. Korps abzuwarten. Schon hier hielt sich die Infanterie Morands und Friants auf größere Entfernung. Als Rosenberg in die Gegend von Bockflüß kam, war nur noch die Kavallerie des Generals Montbrun in der Verfolgung begriffen. Als aber die 12. Jäger zu Pferd auf die Masse eines Bataillons Kerpen Nr. 49 losgingen, empfing sie dieses mit so heftigem Feuer, daß zahlreiche Reiter die Sättel räumten. Gleichzeitig brachen 2 Eskadronen Erzherzog Ferdinand-Husaren hervor und zwangen die Franzosen zum Rückzug. Rosenberg vereitelte überdies den Versuch einer Kolonne, durch Vormarsch über Groß-Schweinbart dem 4. Korps auf der Brünner Straße zuvorzukommen, indem er den bewährten FML. Radetzky mit den Ferdinand-Husaren, Teilen von Stipsicz-, Hessen-Homburg- und Primatial-Husaren, den Prager Jägern, 1 Bataillon Bellegarde und einigen Landwehrabteilungen als Seitenhut ausschied. Diese nahm bei Groß-Schweinbart Stellung, das Korps auf der Hohenleiten.

Viel länger dauerten die Kämpfe bei dem gegen Gerasdorf und den Bisamberg zurückgegangenen rechten Flügel des österreichischen Heeres.

Liechtenstein mit seiner Kavallerie und den Grenadieren hatte die Deckung des Rückzuges der Korps Bellegarde und Kolowrat übernommen. Die Brigade Steyrer ging nach Süßenbrunn zur Aufnahme voraus, indessen zog sich die Brigade Hammer rechts aus Aderklaa, um die Stelle der ersteren in der Front einzunehmen, dann erst wurde der Rückmarsch angeordnet. Mittlerweile war bereits die 4. Nachmittagsstunde herangekommen.

Erst jetzt, als das Weichen der Grenadiere merkbar wurde, kam ein frischer Zug in die gegenüberstehenden Truppen, die sich bisher mit lebhaftem Artilleriefeuer begnügt hatten. Insbesondere gegen Aderklaa richtete sich die Wut des Angriffes und bereitete der Grenadierbrigade Merville beim Rückzug aus dem Ort einige schwere Augenblicke. FML. d'Aspre wurde bei dieser Gelegenheit durch eine Kanonenkugel tödlich verletzt, der Brigadier GM. Merville von einer Gewehrkugel getroffen, desgleichen der Oberstleutnant Brzezinski. Angesichts der in mächtigen Massen anrückenden französischen Kavallerie beeilten sich die braven Grenadiere nach dem Verlassen des Ortes, Karrees zu bilden. Dies und die drohende Haltung von Liechtensteins Reitern schreckte die Franzosen von ernstem Nachdrängen ab. Auch aus dem Artilleriefeuer kamen die Grenadiere bald, da sie nordwestlich abschwenkten, um Hagenbrunn zu erreichen, während der Gegner seinen Marsch gegen Gerasdorf richtete.

Bei Süßenbrunn eine Weile durch den Widerstand des 3. Bataillons Karl Schröder Nr. 7 unter Hauptmann Siegler aufgehalten, der den Ort als Nachhut des 3. Korps besetzte, aber rechtzeitig noch nach Gerasdorf entkam, blieb die französische Infanterie beträchtlich hinter den Reitern zurück. Inzwischen war das 1. Korps auf dem Höhenzuge nördlich Gerasdorf aufmarschiert und hatte den Ort vor der Front mit etwas Infanterie besetzt. Rechts bis zum Wirtshaus Post-Rendezvous hatte sich das 3. Korps angeschlossen, dessen Schwarzenberg-Ulanen sich mit den Klenau-Chevaulegers vereinigten, um den linken Flügel zu schützen. Liechtenstein erkannte, daß der ihm gewordene Auftrag, vor Gerasdorf stehen zu bleiben, undurchführbar war. Er hätte mit seiner Kavallerie nur die Artilleriewirkung aus der guten Stellung behindert. Darum schwenkte er gegen Seiring ab, um die neue Front gegen eine Umgehung und einen Angriff im Rücken zu schützen.

Die Franzosen blieben in achtungsvoller Entfernung stehen. Alsbald war eine lebhafte Kanonade im Gang, doch wurde es 7 Uhr abends, ohne daß ein Angriff erfolgte. Den französischen Führern erschien die Stellung nach den bereits erlittenen Verlusten wohl zu stark, um ein opfervolles frontales Anrennen zu versuchen. Endlich verschob sich die Gardekavallerie in die linke Flanke des 1. Korps, noch weiter griff die bayrische Kavalleriebrigade aus, die bis in die Gegend von Deutsch-Wagram gelangte, jedoch nicht mehr in den Kampf eingriff.

Als Bellegarde die Absicht des Gegners merkte, ließ er schleunig seine Infanterie Massen formieren. Da kamen auch schon die Garden heran. Vergeblich warfen sich die Klenau-Chevaulegers entgegen. Wohl brachten die Schwarzenberg-Ulanen, die ihnen folgten, einen augenblicklichen Umschwung in den Reiterkampf, als aber das französische 2. Treffen heranbrauste, wurden die Ulanen und Chevaulegers vollständig geworfen. Fliehend und verfolgend wälzte sich die Reitermasse gegen die Artillerie und Infanterie am linken Flügel des 1. Korps heran.

Eilig jagten die Batterien davon, doch ein Zwölfpfünder, dessen Bespannung erschossen war, blieb zur Beute des Feindes stehen. Indessen hatte der FML. Fürst Schwarzenberg, später Heerführer der Verbündeten im Befreiungskrieg, vom rechten Flügel des Kavalleriereservekorps das Mißgeschick bemerkt, das sein Ulanenregiment betroffen hatte. Unverzüglich eilte er herbei, sammelte um sich einige Ulanen und schrie mit weithinschallender Stimme, daß das Regiment nimmer seinen Namen führen dürfe, wenn es das Geschütz im Stiche ließe. Dies wirkte. Während der Stoß der Gardereiter an der guten Haltung des vom Hauptmann Haberein geführten 3. Bataillons Kolowrat Nr. 36 und dem beim Gros ver-

Rückzugskampf bei Gerasdorf.

bliebenen halben 4. Legionsbataillon unter Hauptmann Home scheiterte, rafften sich die Ulanen zu einem Gegenangriff auf. Die Garden wurden zurückgeworfen, das Geschütz von einigen Plänklern des Hauptmanns Haberein in Sicherheit gebracht.

Noch einmal kehrten die Garden zum Angriff zurück, drangen abermals bis zur Infanterie vor, hatten aber wieder keinen besseren Erfolg zu verzeichnen. Nun setzte die gesamte französische Kavallerie, schwere Reiter von Nansouty, Kavallerie der italienischen Armee und Garde, zu einem großen Sturmritt gegen Front und Flanke an. Doch auch dieser scheiterte, überdies kamen die von Liechtenstein zu Hilfe geschickten Brigaden Kroyherr und Theumern, Kaiser- und Moritz Liechtenstein-Kürassiere, Knesevich-Dragoner und Rosenberg-Chevaulegers, gerade rechtzeitig, um ihrerseits flankierend in den Kampf einzugreifen, wobei insbesondere die Liechtenstein-Kürassiere sich unter der geschickten Führung ihres Obersten von Flachenfeld hervortaten, was letzterem das Theresienkreuz eintrug. Damit nahm hier das Ringen etwa um 8 Uhr abends ein Ende.

Der Generalissimus hatte indessen eine Übersicht über die Stellung seiner Truppen gewonnen und erkannt, daß das 1. Korps schweren Unfällen ausgesetzt sein würde, wenn es über Nacht bei Gerasdorf verblieb. Er ordnete den Rückzug gegen den Abfall der Höhen des Bisamberges an. Das 3. Korps hatte, östlich der Brünner Straße die Höhen bei der Fasanerie nächst Post-Rendezvous zu besetzen, das 1. links anschließend vor Hagenbrunn sich aufzustellen, das Kavalleriereservekorps, zu dem die Division Nostitz von Bockflüß einrückte, den Zwischenraum zwischen dem 1. und dem 2. Korps bei Enzersfeld auszufüllen.

Der Rückmarsch vollzog sich ungestört vom Gegner, der bei Gerasdorf blieb. Die Truppen fanden nach langem Ringen endlich einen Augenblick der Ruhe und konnten vor allem an die Beschaffung von Wasser denken. Bei der großen Hitze des Tages waren viele Leute dem Sonnenbrand und dem Durst zum Opfer gefallen, auch jetzt konnte das Verlangen nach Wasser nicht vollkommen gestillt werden, da die meisten Brunnen bald ausgeschöpft waren.

Von Stammersdorf schallte zeitweise noch immer Kanonendonner herüber, der erst bei Einbruch der vollen Dunkelheit verstummte. Plänklerfeuer war bis Mitternacht hörbar. Marschall Massena hatte die Verfolgung des Korps Klenau langsam aber gründlich besorgt. Während sein Gros in breiter Front, vor derselben die Artillerie und Schützenlinien, unter stetem Feuer vorrückte, drängte eine starke Kolonne, dabei die Kavallerie, längs der Donau vorwärts, um dem 6. Korps die Flanke abzugewinnen. Hier kam es auch zu ernsteren Kämpfen.

Das 4. Landwehrbataillon unter dem Manhartsberg verteidigte zunächst Stadlau, dann den Rand der dahinterliegenden Au herzhaft. Die Verluste häuften sich, auch der tapfere Bataillonskommandant Major Graf Colloredo wurde verwundet. Als französische Kavallerie in den Raum zwischen Stadlau und Hirschstetten vorprellte, fürchtete der Interimsbataillonskommandant Hauptmann Freiherr von Seckendorff, abgeschnitten zu werden und ordnete den Rückzug an. $1^1/_2$ Kompagnien, die seitwärts im freien Felde zurückwichen, wurden von der Kavallerie umringt und zur Waffenstreckung gezwungen. Die übrigen entrannen nach mancherlei Fährnissen dem gleichen Schicksal und fanden den Anschluß an das 5. Korps, das beim Nahen des Feindes von der Donau gegen den Bisamberg zurückging.

Zur Zeit, als das Gros des 6. Korps erst die Höhe von Hirschstetten passierte, waren französische Kavalleristen schon bei diesem Ort eingetroffen und hatten mehrere zum Wasserholen abgesendete Leute gefangengenommen. Freiwillig erbot sich beim Vorbeimarsch des unter dem Major Graf Waldstein vereinigten 3. und 4. Wiener Freiwilligenbataillons der Feldwebel Martin Klein, die Gefangenen zu befreien. Mit fünf Mann überraschend im Ort erscheinend, nahm er den Franzosen nicht nur 30 Gefangene ab, sondern brachte auch noch zwei französische Jäger zu Pferd zum Bataillon.

Um der Umgehung Schranken zu setzen, hatte Klenau nach Kagran zwei Bataillone Dukă Nr. 39 geworfen, doch konnten diese den Ort, der bald vom Gegner umgangen war, nicht lange genug halten. Nach heftigem Kampf mußten sie auf das Gros weichen, dem die französische Kavallerie dadurch zuvorkam. Ihrem Vordringen setzte jedoch ein Bataillon Duka, das nach Leopoldau vorausgesendet worden war, Schranken. Gegen dieses richtete sich ein mächtiger Angriff. Während Infanterie und Artillerie in der Front vorgingen, kam die von Lasalle geführte Kavallerie dem Ort in den Rücken. Die Stellung des Bataillons wurde bald unhaltbar. Die französischen Granaten zündeten, die meisten Häuser standen in kürzester Zeit in Flammen. Es blieb nur der Rückzug übrig. Sich aus Zäunen und Hecken mühsam herauswindend, wurde das Bataillon eine leichte Beute der Reiter. Wen der Säbel verschonte, der fiel in Gefangenschaft. Als Lasalle siegestrunken über das Kampffeld ritt, schoß ein am Boden liegender verwundeter Infanterist sein Gewehr ab und traf den kühnen Reiterführer mitten in die Stirne. Lautlos sank der General vom Pferde, Napoleon hatte wieder einen seiner besten Paladine verloren.

Marulaz übernahm die Führung der Reiter, denen sich

Gelegenheit zu einer erfolgreichen Attacke zu bieten schien. da soeben die beiden Treffen Klenaus an Leopoldau vorüberzogen. Major Waldstein, dessen kombiniertes Wiener Freiwilligenbataillon zunächst bedroht wurde, war indessen auf seiner Hut. Als er die Vorbereitungen der Kavallerie zur Attacke bemerkte, nahm er seine Wiener in geschlossener Masse zusammen und rückte den Reitern mit gefälltem Bajonett entgegen. Diese ließen sich aber nicht abhalten und jagten mit hochgeschwungenen Säbeln heran. Nun beorderte Waldstein die Masse zum Halten. Während das 1. und 3. Glied dem Feinde einen Wald von Bajonetten entgegenstreckten, gab das 2. auf 20 Schritte eine runde Salve ab. Zahlreiche Reiter räumten den Sattel, die anderen kehrten um. Das Beispiel der Wiener Freiwilligen fand seitens der nächsten Massen, gegen die sich die Reiterwoge richtete, Nachahmung. Die Attacke war abgeschlagen und einige Abteilungen Kienmayer-Husaren, die zur Unterstützung herbeigeeilt waren, hieben in der Verfolgung kräftig nach, befreiten mehrere der früher in Gefangenschaft geratenen Leute von Duka und brachten überdies einige französische Reiter gefangen ein. Unter den Opfern dieser mißlungenen Attacke befand sich der General Marulaz, der zum Krüppel geschossen wurde und dem Dienst zu Pferd entsagen mußte.

Die französische Kavallerie begnügte sich fortan damit, den Marsch des 6. Korps, das um 8 Uhr abends die Höhen bei Stammersdorf erreichte, unter steter Attackedrohung zu begleiten, was die Infanterie zur Kampfbereitschaft zwang und der folgenden Artillerie Massenas eine günstige Wirkung in den dichten Massen sicherte. Unter diesen Umständen mußten viele Verwundete und auch einige hundert Leute, die aus Erschöpfung umsanken, ihrem Schicksal überlassen werden; die Offiziere hatten genug damit zu tun, die Gesunden in Ordnung beisammen zu halten.

Die französische Umgehungskolonne kam weit rascher vorwärts als das 6. Korps, nahm die Richtung über Strebersdorf und die Gefahr lag nahe, daß sie durch das Defilé von Langenzersdorf in den Rücken des Heeres gelangte. Das bei Post-Rendezvous vom 3. Korps beim Vormarsch zurückgelassene Detachement hatte jedoch frühzeitig diese Absicht gemerkt und zwei Bataillone Karl Schröder Nr. 7 rückten rasch mit der zugeteilten Batterie auf die Höhe des Bisamberges, wohin später noch vier Kompagnien Lindenau Nr. 29 mit einer Batterie des 5. Korps kamen, das sich auf den Höhen nördlich Strebersdorf festsetzte.

Die starke Stellung und das Feuer der Batterien des 5. und 6. Korps zwang endlich Massena, vom weiteren Vordringen abzulassen. Er versammelte das Gros seiner Truppen bei Beginn der Dunkelheit nächst Leopoldau, wo auch die Sachsen Lager bezogen. Die Vortruppen standen bei Groß-Jedlersdorf und plänkelten mit den vom GM. Wallmoden befehligten, in der Ebene zurückgelassenen Vorposten Klenaus.

So lagerte die Armee Napoleons in weitem Bogen über das Marchfeld verteilt: Massena und Sachsen bei Leopoldau, Bayern und das Gros der italienischen Armee um Gerasdorf, Gudin und Puthod vom Korps Davout, Pacthod von der italienischen Armee bei Deutsch-Wagram, Oudinot um den Wendlinger Hof, Davout mit Friant und Morand bei Bockflüß und Auersthal.

Napoleon hatte westlich Raasdorf inmitten der alten Garde und des Korps Marmont sein türkisches Zelt aufschlagen lassen. Als ihm von allen Seiten Meldungen über den glücklichen Fortgang der Offensive erstattet worden waren, begab er sich frühzeitig, von den Anstrengungen und Aufregungen der letzten Tage vollkommen erschöpft, zur Ruhe. Doch war sie ihm nicht lange vergönnt.

Kurz nach 8 Uhr abends entstand ein allgemeiner Alarm. Tausende von Flüchtlingen stürmten in wilder Hast „Sauve qui peut“ schreiend, über die Ebene den Lobaubrücken zu. Die Garde und das Korps Marmont traten sofort unter die Waffen und formierten ein großes Karree um das Zelt des Kaisers, der sich notdürftig bekleidet aufs Pferd schwang. Die Ursache der Panik war längere Zeit nicht zu erfahren, manchem Zeitgenossen blieb sie überhaupt verborgen. Endlich kam die Meldung, daß 30.000 Mann aus Preßburg im Anmarsch seien, bald berichtigte dies der Ordonnanzoffizier Turenne dahin, daß die Kolonne nur 10.000 zählte.

Erzherzog Johann war, wie er versprochen hatte, um 1 Uhr nachmittags von Marchegg aufgebrochen. Generalstabsoffiziere ritten voraus, um die Verbindung mit der Haupt-

Napoleon im Gespräch mit gefangenen Offizieren.

armee herzustellen. Sie langten beim Fürsten Rosenberg ein, als dieser sich bereits im vollen Rückzug befand; er gab ihnen die Meldung mit, daß alles vorüber und nichts mehr zu machen sei. Trotzdem setzte der Erzherzog den Marsch bis Ober-Siebenbrunn fort. Von ferne herüberschallender Kanonendonner lehrte, daß der Kampf sich bereits dem Bisamberg und der Hohenleiten näherte, die ganze Hauptarmee längst im Rückzug war. Die Truppen hatten 42 Kilometer Marsch im Leibe, weiter ins Ungewisse vorzustoßen, ging nicht an. So entschloß sich der Erzherzog, nach einer bis zum Abend währenden Rast, nach Marchegg umzukehren. Seine Husaren schwärmten indessen in die Ebene hinaus, gelangten bis in die Gegend von Deutsch-Wagram und waren die Ursache der Panik, die zuerst die den Truppen folgenden Marketender und Bedienten, dann die versprengt herumirrenden Leute und schließlich auch ganze Abteilungen ergriff und die Flucht einer solchen Masse von Leuten in die Lobau zur Folge hatte, daß die Brücken unter dem Andrang zusammenzubrechen drohten und die Inselbesatzung mit Gewalt einschreiten mußte, um die Ordnung wiederherzustellen.

Ergebnis der Schlacht bei Wagram.

Der Sieg Napoleons war keineswegs in jenem Stil erfochten, wie ihn der große Schlachtenmeister bisher gewöhnt war. Nach einer Reihe von Mißerfolgen war es ihm endlich um den Preis großer Verluste gelungen, die Armee des Generalissimus aus dem Marchfelde zu drängen, doch nur schrittweise hatten die Korps in imponierender Haltung ihren Rückzug vollzogen und wohl besiegt, aber keineswegs geschlagen, die Stätte blutigen Ringens verlassen.

War der Erfolg der Österreicher bei Aspern von hoher moralischer Bedeutung, so wurde Wagram trotz des ungünstigen Ausganges einer der schönsten Ehrentage der österreichischen Armee. Sie entwickelte in dieser großen Artillerieschlacht eine Tapferkeit und Zähigkeit, die ihrem Gegner die achtungsvolle Anerkennung abnötigte: „Man kann nicht ehrenvoller unterliegen!" Napoleon kam in große Bedrängnis und konnte seine Absicht, die Entscheidung mit einem Durchbruch herbeizuführen, nicht verwirklichen. Angesichts der festen Haltung der Österreicher, der Unsicherheit seiner durch das Korps Klenau und den vermuteten Anmarsch des Erzherzogs Johann bedrohten Rückzugslinie ließ er seine gewohnte Rücksichtslosigkeit missen, scheute sich, alle Reserven auf eine einzige Karte zu setzen und brachte es damit nur zu einem halben Siege. Nicht zu verkennen ist, daß ihm die Größe der Armee, die größte, die er bisher in seiner Hand auf einem einzigen Schlachtfeld vereinte, die Leitung der Schlacht wesentlich erschwerte. Wie viel mehr galt dies für den Generalissimus, dessen Front in weitem Bogen die französische Stellung umspannte. Dies schloß seine unmittelbare Einflußnahme auf die einzelnen Teile sehr zum Schaden des Ganzen aus. Wie immer, war er auch hier ein bewundernswerter Held, der sich in gänzlicher Verachtung persönlicher Gefahr in kritischen

Augenblicken mitten in das Kampfgetümmel warf und durch sein Beispiel Unordnung und Panik bannte. Nur das Verhängnis am linken Flügel, den er, auf die rechtzeitige Ankunft seines Bruders allzusehr bauend, genügend gesichert glaubte, vermochte er nicht zu beschwören und geriet damit in die Hinterhand gegenüber seinem großen Gegner, der sich mit Festigkeit und Ruhe zum endlichen Erfolge durchrang. Daß Napoleon zwischen 9 und 10 Uhr vormittags am 6. Juli die Kaltblütigkeit bewahrte, trotz des seine Flanke und die Rückzugslinie bedrohenden mächtigen Angriffes das Spiel nicht aufzugeben und das Ausreifen von Davouts Umfassung abzuwarten, ist eine der glänzendsten Proben seines Feldherrncharakters.

Die beiden Schlachttage kosteten beiderseits sehr große Opfer. Die Armee des Generalissimus verlor an Toten 4 Generale, 112 Offiziere, 4769 Mann, 1573 Pferde, an Verwundeten 11 Generale, 502 Offiziere, 13.711 Mann, 838 Pferde, 94 Offiziere, 6642 Mann und 163 Pferde wurden gefangen, 64 Offiziere, 12.486 Mann, 1008 Pferde vermißt, worunter wohl sehr viele zu den Toten zu zählen sind. Gesamteinbuße 15 Generale, 772 Offiziere, 37.608 Mann, 3582 Pferde. Weitaus am meisten verlor das 4. Korps samt der Avantgarde unter GM. Nordmann, mehr als ein Drittel des Gesamtverlustes.

Bezüglich der Armee Napoleons fehlt ein Ausweis. Bekannt ist jedoch außer dem Verlust der Hessen (926), der Badenser (363), der Sachsen (4235), der beiden Regimenter Dupas (2519) und der 8 Bataillone Broussiers (2280), der Name von 40 Generalen und 1782 Offizieren, die tot blieben oder verwundet wurden. Rechnet man nur 20 Mann tot oder verwundet auf jeden Offizier, so läßt dies auf einen Verlust von 35.000 Mann schließen. Gewiß büßten die Franzosen nicht viel weniger ein als die Armee des Generalissimus, insbesondere da diese 7000 Gefangene mit sich nahm, wie sie auch mehr Trophäen aufzuweisen hatte als die Sieger: 12 Adler und Fahnen, 21 Geschütze, dagegen die Franzosen nach ihrer eigenen Angabe 10 Fahnen und 20 Geschütze. Bekannt ist österreichischerseits nur, daß die Fahnen des 3. Bataillons Argenteau, Rohan, eines Bataillons Bellegarde in Enzersdorf, eine von den Sachsen am 5. bei Raasdorf vermutlich einem Bataillon Beaulieu abgenommene und wahrscheinlich eine von Duka bei Leopoldau in Feindeshand fielen.

Die großen Verluste, die unangenehmen Begleiterscheinungen, wie beispielsweise die abendliche Panik am 6. Juli, lassen es begreiflich erscheinen, daß Napoleon vom Ausgang der Schlacht nicht besonders befriedigt war. Obendrein wußte er am Abend nicht einmal, ob die Blutarbeit schon zu Ende sei. Die Art, in der sich der Rückzug der Hauptkräfte des Generalissimus gegen die Höhen vollzogen hatte und das Eintreffen einer frischen Kolonne bei Ober-Siebenbrunn ließen vielmehr annehmen, daß der Generalissimus die gute Verteidigungsstellung auf dem vom Bisamberg nordwärts streichenden Rücken zu neuerlichem Widerstand ausnützen und Napoleon zur Einleitung eines abermaligen Angriffes nötigen werde.

Kaum graute der Morgen des 7. Juli, als bereits der Kaiser mit seinem Stabe nach Seiring ritt, um Anordnungen für den Kampf zu treffen. Da jagten von allen Seiten Ordonnanzoffiziere mit der Meldung heran, daß der Bisamberg geräumt, die Armee des Generalissimus vollständig verschwunden sei. Jetzt erst sandte Napoleon die Siegesbotschaft mit hochtönenden Worten in alle Welt und begab sich zunächst nach Wolkersdorf, um in denselben Räumen sein Quartier aufzuschlagen, die der Kaiser Franz, während der beiden letzten Tage auf einem günstigen Aussichtspunkt in erwartungsvoller Spannung Zuseher des wechselvollen Kampfes, zeitlich früh verlassen hatte.

Erzherzog Karl erwog am Abend des 6. Juli sehr richtig, daß Napoleon den Angriff auf die Höhen jedenfalls wieder mit einer Umfassung des linken Flügels einleiten werde. Glückte ihm diese, so wurde die Armee gegen die Donau geworfen, die Niederlage endete mit einer Katastrophe und die Monarchie, ihrer Wehr beraubt, fiel auf Gnade oder Ungnade dem Sieger anheim. Das Wagnis war gegenüber der Hoffnung, in der starken Stellung, unterstützt vom Erzherzog Johann, einen Sieg zu erringen, viel zu groß, um es auf den Kampf ankommen lassen zu dürfen. Dies bestimmte den Generalissimus, bereits um 8 Uhr abends den Befehl zum Rückzug auf die Kreuzensteiner Höhen auszugeben. Das

Gros begann ihn um 10 Uhr nachts, um Mitternacht folgte Klenau mit dem 6. Korps. Hohenzollern erhielt den Befehl in Enzersfeld erst gegen Morgen und beeilte sich begreiflicherweise, nach Groß-Rußbach zu verschwinden.

Die Franzosen merkten von dem Rückzug nichts und waren am Morgen sehr überrascht, weit und breit keinen Feind zu sehen. Sie hatten derart die Fühlung verloren, daß Napoleon völlig im unklaren blieb, wohin sich der Generalissimus eigentlich gewendet hatte. Da überdies keine Meldung vorlag, wo sich der Erzherzog Johann befand, ein Vorstoß der in Ungarn südlich der Donau und in Steiermark verstreuten Gruppen gegen Wien keineswegs ausgeschlossen war, die französische Armee nach den heißen Kämpfen vorerst der Sammlung und Ordnung bedurfte, war Napoleons Lage trotz des Sieges keine sehr glänzende. An eine kräftige Verfolgung, sonst seine Hauptstärke und die eigentliche Gelegenheit, die Früchte des Sieges einzuheimsen, konnte er nicht denken. Die Fortsetzung von Operationen, die ihn von Wien entfernten, bereitete ihm überhaupt wenig Freude, da er stets für die Hauptstadt und ihre reichen Vorräte besorgt sein mußte und schließlich hatte er den Krieg, der ihm unter gewaltigen Blutopfern den recht unangenehmen Mißerfolg bei Aspern und den wenig erfreulichen Sieg bei Wagram bescherte, herzlich satt. Sein Friedensbedürfnis überwog das Gefühl der Rache, das ihn noch vor kurzem auf die gänzliche Zertrümmerung der Monarchie und Absetzung des Herrscherhauses sinnen ließ; er schreckte vor einem Verzweiflungskampf mit einer Streitmacht zurück, deren hohen inneren Wert er erst in den letzten Wochen voll zu erkennen vermocht hatte, zweifelsohne mehr bei Wagram als bei Aspern, weshalb der Julischlacht die erste Stelle in den Gedenkblättern des Heeres gebührt.

Matte Verfolgung.

Napoleon mußte seinen Truppen am Vormittag des 7. Juli Zeit zur Erholung und zur Sammlung gönnen. Inzwischen hatten die leichten Reiter Montbruns und Oudinots in nördlicher Richtung, jene Massenas gegen Westen zu streifen, um die Abzugsrichtung der Österreicher festzustellen. Letzterer brachte zuerst in Erfahrung, daß Korneuburg noch besetzt sei und leitete nachmittags den Vormarsch der Division Legrand dahin ein. Nachdem die Artillerie den Ort in Brand geschossen hatte, konnten die Badenser um 7 Uhr abends die Nachhut Klenaus vertreiben.

Rosenberg hatte den 7. dazu benützt, um sein Korps nach Mistelbach zurückzuführen. Radetzky hielt die verfolgenden Reiter bis zum Abend bei Gaunersdorf auf. Dieser hartnäckige Widerstand ließ Napoleon vermuten, daß der größere Teil des österreichischen Heeres auf der Brünner Straße zurückweiche, weshalb er um Mitternacht das mit der bayrischen Division verstärkte Korps Marmont der leichten Reiterei als Rückhalt nachfolgen ließ. Massena wurde dagegen angewiesen, die Verfolgung über Stockerau fortzusetzen, wo es sich entscheiden müsse, ob die vor ihm befindlichen österreichischen Kräfte auf der böhmischen Straße oder über Znaim zurückgingen. In letzterem Fall würden die gegen Brünn vorrückenden Truppen flankierend zu Hilfe kommen können.

Gegen seine sonstige Gewohnheit unterließ Napoleon somit die ihm so eigene großzügige Verfolgung. Die Erschöpfung seiner Streiter nach den harten Kämpfen und die Sorge vor einem Vorstoß aus Ungarn gegen Wien erklären sein Verhalten. Überdies sah er Friedensanträgen entgegen, zu welchen er gelegentlich der Rücksendung des mit besonderer Freundlichkeit behandelten, während der Schlacht zurückgehaltenen Parlamentärs FML. Weißenwolff bereits den kleinen Finger bot.

Der Generalissimus führte sein Heer in der Nacht zum 8. nach Göllersdorf zurück, die Nachhut Klenaus besetzte Stockerau. Diese nächtlichen Rückmärsche nahmen die Truppen sehr her. Während des Tages auf den sonnendurchglühten Feldern keine Ruhe findend, bei mangelhafter Verpflegung, verbrauchten sich die Truppen rasch. Viele Leute blieben erschöpft liegen und fielen in die Gewalt des nachrückenden Feindes.

Erst spät in der Nacht zum 8. erfuhr der Erzherzog Karl, daß Rosenberg in mißverständlicher Auffassung des ihm am 6. erteilten Rückzugsbefehles den Weg über Laa nach Znaim zu nehmen gedenke. Unverzüglich ging an ihn die Weisung ab, die Brünner Straße nicht zu verlassen und die Deckung von Mähren zu übernehmen. Dieses Schreiben langte aber erst am 8. abends beim 4. Korps ein, als dieses bereits in Laa war. Radetzky hatte dem Verfolger abermals sehr geschickt die Spitze geboten und konnte sich abends bei Siebenhirten behaupten.

Rosenbergs Marsch hatte zur Folge, daß auch Marmont die Brünner Straße verließ und jene gegen Laa einschlug. Seine Meldungen über den zähen Widerstand der österreichischen Nachhut bewogen Napoleon, ihm das Korps Davout mit den Dragonern Grouchys und den Kürassieren Arrighis nachzuschicken. Als aber Rosenberg am 9. zeitlich früh von Laa die Thaya abwärts rückte, um wieder an die Brünner Straße zu gelangen, blieb Marmont wohl im Marsch nach Laa, bewog aber Davout zur Vorrückung gegen Nikolsburg; jedenfalls war er froh, den ihm folgenden Marschall los zu werden und sich allein Gelegenheit zur Auszeichnung zu verschaffen.

Indessen war Massena am 8. bis Stockerau vorgedrungen, welchen Ort er vormittags nach einem längeren Kampf erstürmte. Er stellte den Rückzug des Generalissimus gegen Znaim fest, konnte aber angesichts der festen Haltung Klenaus mit dem stark auseinandergezogenen Korps die Verfolgung nicht weiter fortsetzen, so daß der Generalissimus in der Nacht zum 9. unbehelligt in das Lager bei Schöngrabern abzuziehen vermochte. Klenau nahm bei Ober-Hollabrunn Stellung.

Zur Mittagszeit des 9. stieß Massenas vorausgehende Kavallerie, General Piré mit den beiden vormals von Lasalle und Marulaz befehligten Divisionen, leichte Kavallerie der italienischen Armee und die Kürassierdivision Saint Germain, auf die Vorposten Klenaus und drängte diese gegen Ober-Hollabrunn zurück, wo die Artillerie des 6. Korps ein energisches Halt gebot. Während der Pause, die bis zum Herankommen der Division Legrand verging, brachte ein Parlamentär die Bitte um freies Geleit für den Fürsten Liechtenstein, den der Kaiser Franz über dringende Vorstellung des Generalissimus zur Anknüpfung von Friedensverhandlungen zu Napoleon senden wollte, wobei er allerdings nur bei guten Bedingungen auf ernstere Besprechungen einzugehen gesonnen war.

Kaum war Legrands Division eingetroffen und aufmarschiert, so begann ein heftiger, bis in die Nacht währender Kampf um Ober-Hollabrunn, währenddessen der Ort vollständig in Asche sank. GM. Graf Wallmoden mit Blankenstein- und Liechtenstein-Husaren, die St. Georger-Grenzer, die Wiener Freiwilligenbataillone Nr. 1 und 2, das 4. Landwehrbataillon Viertel unter dem Manhartsberg unter Major Colloredo leisteten mannhaften Widerstand, doch vermochten sie den Franzosen und Badensern schließlich das Eindringen in den Ort nicht zu verwehren. Ein Gegenstoß des Infanterieregiments Benjovszky Nr. 31, geführt vom GM. Freiherrn von Mariássy und dem Obersten Senitzer, warf aber den Gegner bald wieder hinaus, dessen weitere Stürme dank der guten Haltung des Regiments, das 498 Mann verlor, vergeblich blieben. Teile von Splényi, Nr. 51, Gyulai Nr. 60 und Klebek Nr. 14 brachten willkommene Unterstützung; hinter dem Ort stand auf den Höhen das Gros des 6. Korps in unerschütterlicher Ruhe, trotzdem die Kanonade manches Opfer forderte.

Während dieser Zeit beschäftigte sich der Generalissimus mit den Anordnungen zum Beziehen der guten Stellung hinter dem Pulkaubach bei Jetzelsdorf, wo er dem verfolgenden Gegner eine zweite Schlacht zu liefern gedachte. Da traf vom Kaiser Franz aus Znaim die ganz überraschende Nachricht ein, daß stark feindliche Kräfte bei Laa angelangt seien, denen keine Truppen gegenüberstanden, so daß ihnen der Weg in den Rücken des Heeres offen war.

Ein vom 2. Korps auf die Nachricht vom Abmarsch Rosenbergs an die Brünner Straße nach Laa abgesendetes Detachement, 800 Mann und 150 Reiter unter GM. Altstern, war zu spät gekommen. Marmonts Vorhut hatte sich bereits eines Thayaübergänges bemächtigt, so daß an Widerstand nicht gedacht werden konnte.

Der Generalissimus mußte seine Absicht, hinter dem Pulkaubach Stellung zu beziehen, aufgeben. Eilig wurden die Truppen, die Grenadiere und die Reiterreserve an der Spitze, nach Znaim in Marsch gesetzt. Das 5. Korps hatte das stark hergenommene 6. im Dienst der Nachhut abzulösen und samt der Kavalleriebrigade Wartensleben dem Nachdrängen Massenas Schranken zu setzen. Abermals im Dunkel der Nacht zogen die Kolonnen des Generalissimus gegen die Thaya.

Während die Ereignisse sich zu einem neuen großen Kampf bei Znaim zuspitzten, war Napoleon noch immer in Wolkersdorf verblieben. Am 9. hatte er aus den Truppen des Vizekönigs, den Sachsen und den Württembergern eine zur Deckung von Wien gegen Angriffe aus Ungarn bestimmte Armee ausgeschieden. Derart gegen Überraschungen in dieser Richtung gesichert, wandte er seine Aufmerksamkeit den Vorgängen in Mähren zu. Am 10. früh wurden die Garden, Nansoutys Kürassiere und Oudinot auf der Brünner Straße in Marsch gesetzt. Das Hauptquartier blieb aber noch in Wolkersdorf wegen der von Massena angekündigten Ankunft Liechtensteins, des vom Kaiser bereits herbeigesehnten und nach seinem eigenen Ausspruch mit vielem Vergnügen erwarteten Friedensunterhändlers.

Ehe Liechtenstein aber einzutreffen vermochte, erhielt Napoleon Nachricht vom ernsten Kampf bei Ober-Hollabrunn und von Marmonts Absicht, gegen Znaim vorzustoßen. Blitzschnell erkannte er jetzt den wahren Sachverhalt und gleichzeitig die Gefahren, denen sein allzukühner Unterführer entgegenging. Unverzüglich erhielten alle Gruppen den Befehl zum beschleunigten Vormarsch gegen Znaim; der Kaiser säumte nicht, in dieser Richtung aufzubrechen, um ehebaldigst dort, wo eine abermalige Entscheidung heranreifte, die Leitung der Operationen zu übernehmen. Trotz allen Siegesjubels über die Niederlage der Österreicher bei Wagram war Napoleon ernster Besorgnisse voll, welchen Ausgang das Abenteuer, in welches Marmont sich zu stürzen im Begriff war, nehmen werde.

Das Ende des Krieges bei Znaim.

Erzherzog Karl kam mit dem Reservekorps am 10. Juli gegen 9 Uhr vormittags bei Znaim an; bald darauf wurden französische Kolonnen von Laa her im Anrücken gemeldet. Die Grenadiere nahmen sofort eine alle Zugänge von Laa nach Znaim sperrende Stellung: Brigade vormals Merville mit drei Reiterregimentern am rechten Thayaufer, Brigade Steyrer nächst der Hauptstraße nördlich des Flusses bei Klein-Teßwitz, Brigaden Murray und Hammer als Reserve links rückwärts bei Zuckerhandel. Das Gros der Kavallerie, 6 Kürassier- und 3 leichte Regimenter unter dem späteren Sieger von Leipzig FML. Fürst Schwarzenberg, bildeten nördlich Znaim den linken Flügel der nach Osten gerichteten Front.

Marmont hastete indessen voll Begierde heran; dachte er doch, er werde nur noch die Nachhut des Generalissimus erwischen und im Verein mit Massena zermalmen. Als die vorne marschierenden Bayern bei Klein-Teßwitz Widerstand fanden, trieb Marmont sie sofort zum energischen Angriff, entwickelte rechts von ihnen die Division Clausel, dann am äußersten Flügel die Reiterei Montbruns und behielt nur die Division Claparède als Reserve zurück.

Der schneidige Angriff gewann beträchtlich Raum. Während dieser Zeit traf das österreichische 3. Korps ein und marschierte über die Brücken und durch Znaim, bald darauf erschien das 1. und begann die Furt bei Pumlitz zu durchschreiten. Marmont gelangte in diesem Augenblick auf die von den Bayern erstürmte Höhe östlich Klein-Teßwitz und mußte sofort erkennen, daß er nicht einer Nachhut, sondern überlegenen Streitkräften gegenüberstand. Doch schreckte ihn dies nicht von der Fortsetzung des Angriffes ab. Er rechnete auf das baldige Eingreifen Massenas von Süden her, weiter auf die Vorteile des flankierenden Angriffes gegenüber den noch im Flußübergang begriffenen Österreichern und brannte schließlich darauf, sich auszuzeichnen, wozu ihm Wagram keine Gelegenheit geboten hatte.

Die Bayern nahmen der Nachhut der Grenadiere Klein-Teßwitz ab und stürmten teils gegen die neue Stellung der Brigade Steyrer, teils gegen die Furt von Pumlitz vor, durch welche eben die Queue des 1. Korps rückte. Doch GM. Henneberg führte die Regimenter Kolowrat Nr. 36 und Erzherzog Reiner Nr. 11 trotz des heftigen Feuers geordnet durch den Fluß, trieb die Bayern zurück und eroberte im Verein mit einigen Grenadierbataillonen Klein-Teßwitz. Marmont wollte den Ort nicht so leichten Kaufes fahren lassen; er beorderte die Division Claparède zur Unterstützung der Bayern und es entspann sich ein erbittertes Ringen um den bald in Flammen stehenden Ort.

Die Division Clausel wurde mittlerweile in ihrem Siegeslauf durch das Gros des 1. und des 3. Korps aufgehalten, die Kavallerie Montbruns bekam von Schwarzenberg einen Denkzettel, der ihr das Vorbrechen gegen die Iglauer Straße gründlich verleidete. Südlich der Thaya war das 2. Korps eingetroffen und hatte die Grenadierbrigade abgelöst.

Es war etwa 5 Uhr nachmittags. Marmont sah seinen Angriff endgültig zum Stehen gebracht, gegenüber seiner Front große Massen aufmarschiert, dahinter eine unabsehbare über die Thaya und durch Znaim gegen Iglau ziehende Trainkolonne. Er konnte keinen Zweifel mehr hegen, daß er nicht einer Nachhut, sondern der ganzen Armee des Generalissimus die Spitze bieten mußte. Von Massena war aber weit und breit nichts zu erblicken. In der sicheren Erwartung, auf das Gros des österreichischen Heeres zu stoßen, ließ sich dieser Marschall vom Fürsten Reuß und dessen 9000 Mann bis in die ersten Nachmittagsstunden bei Schöngrabern, dann von der Nachhut bei Grund und Guntersdorf aufhalten, so daß er bis zum Abend nicht einmal über den Pulkaubach gelangte.

Dem General Marmont wäre es wohl übel ergangen, wenn der Generalissimus die zur Hand befindliche Übermacht zu einem energischen Gegenstoß ausgenützt hätte. Zu des ersteren Glück war das Kampfgelände östlich Znaim voll Hügeln und tiefeingeschnittenen Tälern, also ein Raum, der für die österreichische Kampfweise gar nicht geeignet war. In voller Erkenntnis der Eigentümlichkeiten seines Heeres unterließ der Erzherzog einen Angriff und sah mit Unbehagen selbst dem Verteidigungskampf entgegen, den er am folgenden Tag zu führen gezwungen war, um den Anschluß des 2. und 5. Korps abzuwarten und vor allem den Trains einen genügenden Vorsprung in den Defilés der Iglauer Straße zu verschaffen.

Da weiteres Blutvergießen wegen des Trains um so zweckloser erschien, als Liechtenstein bereits zur Anknüpfung von Unterhandlungen unterwegs war, entschloß sich der Erzherzog, dem General Marmont das stillschweigende Übereinkommen anzutragen, bis zur Rückkunft des Fürsten die Feindseligkeiten einzustellen. Es ist bezeichnend für die Denkweise der französischen Generale, daß Marmont, statt froh zu sein, aus der schlimmen Lage, in die ihn sein Wagemut gebracht hatte, so glimpflich herauszukommen, das Anbot rundweg abwies. Er habe den Befehl, den Angriff bis aufs äußerste fortzusetzen, übrigens erwarte er binnen kurzem Napoleon mit beträchtlichen Verstärkungen.

So ging der Kampf weiter, doch ließ es sich Marmont, als Klein-Teßwitz endgültig von den Seinen erobert war, wohlweislich mit der Festhaltung der eingenommenen Stellungen genügen. Abends überschritt das österreichische 6. Korps die Thaya und marschierte nördlich Znaim als Reserve auf. In der Nacht rückten das 2. und 5. Korps herüber, ersteres kam als Reserve auswärts hinter den linken Flügel, letzteres hatte die gegen die Thaya gerichtete Front zu halten.

Marmont lebte in der festen Überzeugung, am Morgen des 11. von den Österreichern bis auf eine Nachhut nichts mehr zu sehen und die Verschiebungen der Truppen zum Zweck der neuen Besetzung der Stellung weckten auch tatsächlich, als die Morgensonne ihr Licht über das Gelände goß, den Glauben, daß der Rückzug des Generalissimus bereits begonnen habe. Marmont fand aber die ihm gegenüberstehenden Kräften immer noch stark genug, um ihm das Abwarten von Verstärkungen rätlich erscheinen zu lassen. So kam es vorläufig nur zu unbedeutenden Plänkeleien der vordersten Linien.

Nach 9 Uhr vormittags erschien Massena mit der Division Legrand an der Thaya und ließ sofort den Angriff gegen die Brücke beginnen. Auch Marmont entwickelte jetzt eine lebhaftere Tätigkeit, doch kam er gegenüber der stark besetzten Front nicht recht vorwärts.

Nach 10 Uhr vormittags traf Napoleon an der Spitze der Reiterei ein. Von einem vorzüglichen Aussichtspunkt nächst Zuckerhandel, heute durch den Napoleonstein gekennzeichnet, überblickte der Kaiser rasch die Lage und erkannte, daß er vor dem Eintreffen der Korps Davout und Oudinot nicht daran denken könne, die starke Stellung der Truppen des Generalissimus, deren Standhaftigkeit trotz des Mißerfolges bei Wagram noch keineswegs erschüttert war, ernstlich anzugreifen. Er ließ Marmont und die Kavallerie wohl mehrmals vorgehen, doch nur in der Absicht, einerseits die Österreicher festzuhalten, anderseits das Vorgehen Massenas über die Thaya zu erleichtern.

So kam es nur südlich Znaim zu harten Kämpfen. Legrand bemächtigte sich nach längerem Gefecht der Brücken; wechselnd gestaltete sich hierauf das Ringen in den Vorstädten Alt-Schallersdorf und Klosterbruck, die Massena erst um 2 Uhr nachmittags vollständig eroberte. Um diese Zeit war seine Division Carra Saint Cyr herangekommen, während der Generalissimus das 5. Korps mit der Grenadierbrigade Murray verstärkte. Diese mußte hinreichen, um den Südrand von Znaim bis zur Dunkelheit zu behaupten. Sobald diese hereinbrach, sollte die Armee abmarschieren, wozu schon zu Mittag die Dispositionen ausgegeben wurden.

Massena führte indessen in wilder Kampfbegierde die Division Legrand zum Angriff gegen das Südtor von Znaim heran. Als sich die Kolonnen dem Eingang näherten, brach ein heftiger Wolkenbruch los. Gleichzeitig stürmte das Grenadierbataillon Leiningen in mächtigem Anlauf aus der Stadt hervor und warf die überraschten Franzosen und Badenser, gefolgt von den nächsten Truppen des 5. Korps, bis an die Thaya zurück. Schon waren viele abgeschnitten und gefangen, Massena selbst in höchster Gefahr, als eine Kürassierbrigade des Generals Saint Germain, eine Furt benützend, sich trotz des ungünstigen Geländes auf die durcheinander gekommenen Infanteriemassen warf, die Gefangenen befreite, einen großen Teil der Österreicher zur Waffenstreckung zwang und zwei Kanonen erbeutete. Mit dem Strom der Fliehenden drangen die Reiter schon fast in die Stadt, als ihnen die Wiener Freiwilligen des 5. Bataillons gerade rechtzeitig entgegentraten, den Schlagbaum herabließen und die Kürassiere zurückwiesen.

Alsbald ordnete Massena seine Truppen zum neuen Angriff und verstärkte sie mit den 3 französischen Regimentern Carra Saint Cyrs, endlich auch mit 3 hessischen Bataillonen, doch vermochten diese Vorstöße keinen durchschlagenden Erfolg zu erringen.

Napoleon sah indessen sorgenvoll die Sonne immer mehr dem Westen zueilen, ohne daß sich die Kolonnen Davouts und Oudinots blicken ließen. Bald war es klar, daß sie nicht vor dem nächsten Morgen zur Stelle sein konnten; bis dahin aber hatte sich der Generalissimus, wie der Kaiser treffend erriet, längst der Entscheidung entzogen. Wiederum mußten die Verfolgungsmärsche beginnen, der Krieg, den Napoleon nach dem so schwer errungenen und von keineswegs angenehmen Erscheinungen begleiteten Siege von Wagram herzlich satt hatte, sich ins Endlose verlängern und wer konnte wissen, ob sich nicht wieder ein Zufall wie eben mit Marmont ergab, den der Generalissimus besser auszunützen, vielleicht sogar dem Krieg dadurch eine andere Wendung zu geben vermochte?

Darum griff Napoleon auf das am Vortag gestellte Anbot einer Waffenruhe zurück, die zur Einleitung von Verhandlungen über einen Waffenstillstand dienen sollte. Ließ sich der Generalissimus im Vertrauen auf eine gütliche Übereinkunft dazu verleiten, bis zum Morgen in der Stellung zu verbleiben, so hatte Napoleon die Mittel zur Hand, eine Entscheidungsschlacht zu schlagen, falls dem Erzherzog die Bedingungen zu hart erschienen.

So ging denn nachmittags ein Parlamentär mit der Einladung zu Unterhandlungen ab, während welcher die Feindseligkeiten eingestellt werden sollten. Der Generalissimus erklärte sich sofort dazu bereit; war doch sein ganzes Streben seit Monaten darauf gerichtet, den zwecklosen und opfervollen

Krieg zu beenden. Der Generalstabschef Wimpffen kam mit Berthier zusammen, der die Bereitwilligkeit Napoleons zu einem längeren Waffenstillstand kundgab, falls bis zum Morgen eine Einigung über die Bedingungen zustande komme.

Der Generalissimus ging darauf ein und alsbald sprengten Adjutanten beider Teile über das Schlachtfeld, um die Einstellung des Kampfes zu verkünden. Es war zwischen 6 und 7 Uhr abends, als dies geschah. Nur mit Mühe konnte dem gerade mit großer Erbitterung südlich Znaim geführten Kampfe ein Ende gemacht werden.

In der festen Überzeugung, daß nur in einem baldigen Frieden das Heil des Staates liege, war der Generalissimus von Anbeginn entschlossen, einen das ganze Kriegstheater umfassenden Waffenstillstand abzuschließen, falls Napoleon seine Pläne, die auf eine Zertrümmerung des Reiches abzielten, aufgab. Daß der Eroberer nach Aspern und Wagram daran nicht mehr dachte, erfuhr der Erzherzog sofort nach Wimpffens Rückkunft und beließ deshalb die Armee, der eine Pause zur Erholung und endlichen Bereitung einer Kost wirklich not tat, in ihren Stellungen. Wohl gab er sich damit dem Gegner vollständig in die Hand und mußte am Morgen den Vertrag trotz aller harten Bedingungen unterzeichnen, doch konnte er formell geltend machen, daß ihm tatsächlich keine andere Wahl übrig blieb. Er wollte sie aber auch gar nicht haben, von dem Bewußtsein getragen, daß selbst der ungünstigste zum Frieden führende Waffenstillstand vorteilhafter war, als eine weitere Fortsetzung des die Mittel vollkommen erschöpfenden, zwecklos gewordenen Krieges. Ihm handelte es sich darum, die noch immer mächtige Kriegspartei am kaiserlichen Hofe vor eine vollzogene Tatsache zu stellen. Wußte er doch, daß ihm die unbeschränkte Machtvollkommenheit eines Generalissimus gar bald entzogen sein und unmöglich werden würde, einen Krieg zu beenden, in dem kein Umschwung mehr zu erhoffen war, wohl aber die schwerwiegende Errungenschaft auf das Spiel gesetzt wurde, welche die Armee mit ihrem Blute bei Aspern und nicht weniger bei Wagram erkauft hatte: die Erkenntnis der dem Heere und damit der Monarchie innewohnenden Widerstandskraft, die dem gefährlichen und mächtigen Gegner

Napoleon die Lust zur Verwirklichung seiner Zerstörungspläne gründlich benommen hatte.

Erzherzog Karl setzte sich damit in offenen Gegensatz zu seinem kaiserlichen Bruder und dessen Umgebung und er war dazu berechtigt, da er die militärischen Verhältnisse weit besser überblickte als jene und schließlich der alleinige Erzwinger jenes Erfolges war, auf den sie ihre Hoffnungen eines Umschwunges gründeten. Er war es, dessen Persönlichkeit die bedenklichen Krisen der Schlachten zu bannen vermochte und dadurch Aspern zu einem Siege, Wagram zu einer ehrenvollen Niederlage gestaltete. Wie sehr Napoleon davon überzeugt war, daß er bei Wagram nicht einen seiner sonstigen zerschmetternden Erfolge erstritten hatte, zeigte am besten sein Verhalten bei Znaim, wo er zu Verhandlungen seine Zuflucht nahm, da er mit dem Schwert seinen Zweck nicht zu erreichen vermochte.